Vicki Noble

SHAKTI

Die heilende Energie der Frau

Walter-Verlag Solothurn und Düsseldorf

Titel der amerikanischen Originalausgabe:
Shakti Woman: Feeling Our Fire, Healing Our World –
The New Female Shamanism.
Erschienen bei Harper San Francisco,
a division of HarperCollins Publisher Inc.,
San Francisco, California, U.S.A.
© 1991 Vicki Noble

Übersetzung aus dem Amerikanischen von Jacqueline Meier

Noble, Vicki:
Shakti : die heilende Energie der Frau / Vicki Noble. [Übers.
aus dem Amerikan. von Jaqueline Meier]. – Solothurn ;
Düsseldorf : Walter, 1994
    Einheitssacht.: Shakti woman < dt. >
    ISBN 3 - 530 - 61320 - 7

Satz: Jung Satzcentrum GmbH, Lahnau
Druck und Einband: Clausen & Bosse, Leck
Printed in Germany
ISBN 3 - 530 - 61320 - 7

Widmung

Dieses Buch, wie auch meine gesamte Arbeit, ist der
Dunklen Göttin gewidmet, die durch unsere patriarchalische Kultur zur Dämonin gemacht wurde und
die in jeder Frau schlummert. Ihr Erwachen erschließt
neue Energie und Heilkraft für uns als Individuen,
aber auch für unseren Planeten. Dieses Buch soll aktiv
zu diesem Prozeß beitragen. Möge Sie in uns wieder
erstarken und der Erde Frieden bringen.

Inhalt

Vorwort 9

Blut – Die Wurzel des Frauen-Schamanismus 21

Schamanismus auf der Ebene der Zellen:
Ihr Körper ist mein Körper 49

Synchronizität: Der Weg des Orakels 75

Astrologie: Die Grundlage des Frauen-Schamanismus 109

Die Träumerin: Ein Kanal Ihrer Macht 139

Trance- und Geistreisen 163

Schamanische Kunst: Die Manifestation der Kreativität 189

Die Sexualität der Frauen: Die Rückkehr in den Garten 219

Mutter und Schamanin: Artemis und ihre Jungen 249

Frauen-Schamanismus: Die Austreibung des Patriarchats . . . 275

Nachwort 297

Dank 300

Anmerkungen 303

Bibliographie 314

Register 317

Vorwort

Während der ersten drei Jahre meiner Ehe stritt ich mich regelmäßig mit meinem Mann, der Psychologe ist, über seine häufig geäußerte (und sehr liebevolle) Auffassung des Weiblichen. Für Jonathan hatte das Weibliche einen starken Bezug zum Planeten Neptun und dem schwer faßbaren Element Wasser. Aus dieser Auffassung des Weiblichen glaubte ich aber auch Eigenschaften wie Schwäche und Substanzlosigkeit herauszuhören; das Weibliche schien auf angenehme Weise gar nicht wirklich zu existieren. Die Jungsche Definition der «Anima» als verspielt und verführerisch, verlockend, aber doch für immer unerreichbar, verletzte mich in meinem Bewußtsein als Feministin und bedrohte letztendlich mein eigenes Selbstbild. «Wenn das ‹das Weibliche› sein soll», schrie ich jeweils meinen Mann an, «was bin denn ich?!»

Ich fühlte mich persönlich nicht akzeptiert, und die offenkundige Zwiespältigkeit meines Partners empfand ich als Verrat: Er hatte mich zwar als seine Frau gewählt, schien aber eine andere Art von Weiblichkeit als «das Weibliche» zu betrachten. Als ich mich etwas intensiver mit dem Leben des Kulturhelden und -mentors C. G. Jung beschäftigte, fand ich heraus, daß Jung selber nebst seiner Frau, die er liebte und mit der er zusammenlebte, auch eine Geliebte gehabt hatte, die die «spirituelle Anima» verkörperte, die er so ausführlich in seinem Werk beschrieben hat. Daraufhin wurde ich meinem Mann gegenüber noch wütender und intoleranter, und unsere sogenannten intellektuellen Diskussionen über dieses Thema wurden immer sprunghafter und irrationaler.

Eines Nachts erschienen mir im Traum Titel und Struktur des Buches *Shakti – Die heilende Energie der Frau*. Es sollte ein Buch

für Frauen werden, in dem ich eine Sicht des Weiblichen dar-
legen wollte, die in direktem Widerspruch zum Jungschen Konzept der «Anima» steht. Meine Version des Weiblichen war
kämpferisch und handfest; etwas, das sich im Hier und Jetzt zum
Ausdruck bringt, von dem man nicht träumt, sondern mit dem
man sich auseinandersetzen muß.

Dieser heilende Traum beendete die nutzlosen Streitgesprä-
che, die meinen friedfertigen Ehemann so verwirrt und mich jeweils zitternd vor Wut, Schmerz und Frustration zurückgelassen
hatten. Der Traum zeigte mir klar und deutlich, daß meine Aufgabe darin besteht, meine eigene Autorität anzuerkennen und
andere Frauen dazu zu ermutigen, dasselbe zu tun. Dieser Auf-
forderung meines Unterbewußtseins, meine Erfahrungen und
Erkenntnisse an die Welt weiterzugeben, anstatt mich mit Jonathan im beschränkten Rahmen unserer Beziehung darüber zu
streiten, konnte ich mich nicht verschließen. Jonathans Meinung
zu diesem Thema verlor für mich dadurch immer mehr an Bedeutung.

Einen solchen Perspektivenwechsel möchte ich den Frauen
vorschlagen, die meine Kurse besuchen oder die dieses Buch
lesen. Wir sind dazu erzogen worden, uns in erster Linie auf
Männer zu beziehen und insbesondere mit dem zukünftigen
Vater unserer Kinder eine Hauptbeziehung einzugehen, die die
primären, körperlichen Bedürfnisse sicherstellen würde. Dieser
Mythos wird sich jedoch heute nur noch für die wenigsten Frauen
verwirklichen lassen, denn die Struktur der Kernfamilie ist dabei
auseinanderzubrechen, und die Institution der Ehe selbst wird
ernsthaft in Frage gestellt.

Auf einer tieferen, strukturellen Ebene fühlen sich die Frauen
zweitrangig und neigen dazu, die Männer über die wichtigen
Dinge in ihrem Leben entscheiden zu lassen. Wir mögen zwar
reagieren und wütend auf sie sein, aber trotzdem erlauben wir
ihnen, uns zu definieren. Die meisten Psychologen und Psychia-
ter sind Männer, ebenso die Pfarrer und Priester, Anwälte und
Richter, Schriftsteller und Intellektuellen. Die Theorien über die
Gesellschaft stammen fast ausschließlich von Männern und erreichen die Massen über Fernsehen, Filme und die Nachrichten-

medien, die sich ebenfalls in Männerhand befinden. Nach zwanzig Jahren des aktiven Feminismus in den USA haben wir Frauen noch immer keine Ahnung, wie wir die Rechte zurückerobern können, die uns systematisch entzogen und auf die Männer übertragen worden sind, die heute auf allen Gebieten als Experten betrachtet werden.

Das offensichtlichste Beispiel dafür, wie weit wir uns von den Wurzeln unserer Frauenkultur entfernt haben, sind die Geburtspraktiken unserer Zeit. Wir Frauen glauben heute tatsächlich, daß wir nicht wissen, wie man Kinder bekommt. Die Vorstellung einer Geburt erfüllt uns mit Angst und Schrecken, und wir erwarten von den «Experten», daß sie uns helfen, das Richtige zu tun. Wir begeben uns weg von Heim und Familie in eine sterile, lieblose Welt, wo wir uns mit hochgelagerten Füßen hinlegen und einen Fachmann das Kind aus unserem Körper entfernen lassen. Wir sind zu der Überzeugung gekommen, daß es verantwortungslos und für unsere Kinder gefährlich ist, wenn wir sie auf eine andere Art zur Welt bringen würden. Wir folgen also ohne Widerrede den Ratschlägen des allmächtigen Herrn Doktors und seiner weißgekleideten Helfer, was zur Folge hat, daß wir eine extrem hohe Rate von Geburtskomplikationen hinnehmen müssen. Wir gehen ins Krankenhaus, wo wir «sicher» sind, nehmen Medikamente, die uns «helfen», es besser zu machen; wir halten uns an die Vorschriften und lassen uns unsere intimsten Bereiche rasieren und einschneiden, damit später nichts «reißt» und unser Kind nicht infiziert werden kann.

Wo bleibt da das Tier in uns? Was ist aus unseren Instinkten geworden? Was glauben wir denn, wie in all den Jahrtausenden Kinder zur Welt gekommen sind, bevor die Krankenhäuser erfunden wurden und die Männer auch bei den Geburten die Regie übernahmen? Wie es scheint, leiden wir alle unter einer Amnesie – wir können uns ganz einfach nicht daran erinnern.

Überall auf der Welt gibt es das Bild der zerstückelten Göttin – in Indien, Sumer und Mexiko. Diese weiblichen Figuren symbolisieren das Ende einer Welt, in der die Göttin verehrt wurde, und den Beginn des Zeitalters des «Herrschers», in dem wir heute leben.[1] Aus schamanischer Sicht stellen diese Bilder den Tod oder den Zerfall dar, die jeweils der Wiedergeburt einer neuen Form vorangehen. Historisch gesehen stehen diese Bilder für die grundsätzliche Zerstörung einer friedlichen Welt, die unserer von Kriegen zerrissenen Welt der letzten 5000 Jahre voranging. Der Akt der Zerstückelung geht ohne Ausnahme auf einen männlichen Gott zurück, der in der betreffenden Kultur die Göttin ersetzte. In Indien war es Indra, der die Göttin tötete und ihre Körperteile im ganzen Land verstreute; sie wurden zu heiligen Orten, die bis auf den heutigen Tag noch verehrt werden. In Babylon tötete der Gott Marduk die Dunkle Göttin Tiamat und schuf aus ihren Gliedmaßen eine neue Welt. In Mexiko tötete der Kriegsgott Huitzilipotli seine Schwester, die Mondgöttin Coyolxauhqui, und warf ihren Körper Stück für Stück von einem Berggipfel, um seinen Sieg zu demonstrieren.

Das Weibliche wurde zerbrochen, zerstört und über die ganze Erde zerstreut. Wir Frauen wurden voneinander isoliert und haben das Zentrum der Autorität in uns selbst verloren. Immer wieder erleben wir unsere kollektive Degradierung, sowohl auf psychischer als auch auf physischer Ebene: Alle dreizehn Sekunden wird in Nordamerika eine Frau vergewaltigt; Tag für Tag werden unsere Kinder sexuell mißbraucht und belästigt. Während der Zeit der Hexenverbrennungen verloren wir die unglaubliche Zahl von neun Millionen «Hexen» (Heilerinnen) – es waren die vier Jahrhunderte, die aus unseren Geschichtsbüchern gestrichen wurden und die dem Zeitalter der «Aufklärung» vorangingen. Dieser Verlust hat ebenfalls zu unserer kollektiven und individuellen Amnesie beigetragen. Sollten wir uns wieder erinnern, würden sie uns dann wieder massenhaft umbringen? (Mary Daly würde dazu sagen, daß sie uns schon jetzt durch die modernen Praktiken der Gynäkologie in großer Zahl töten oder verstümmeln.[2]

Während Jahrhunderten der Unterdrückung und der frühen, schon in der Kindheit einsetzenden, oft brutalen Konditionierung wurde uns Frauen aus unserem Innersten sehr viel gestohlen. Die Rückeroberung des Geraubten ist ein langwieriger Prozeß, der nur durch den Glauben an die eigene Sache, durch Wachsamkeit und die Bereitschaft, aus Erfahrungen zu lernen, gelingen kann.

1   Coyolxauhqui, die zerstückelte Mondgöttin der Azteken. In Mexico City, in der Nähe des *zocalo* oder zentralen Platzes, wo sich die Regierungsgebäude befinden, wurde 1977 ein Stein mit ihrem Bild ausgegraben. Ihr unerwartetes Auftauchen führte zur Entdeckung von Tenochtitlan, der alten Hauptstadt der Azteken. Die Ausgrabung dieses Steins signalisiert die Rückkehr der Göttin und die Wiedergeburt, die auf die Zerstückelung folgt. Die chaotische Zerstückelung des Lebens, wie wir sie heute kennen, könnte ein Prozeß des Sterbens und Wiedergeborenwerdens sein, der ein Teil der Initiation eines Schamanen ist. Die Frauen als Zellen des weiblichen Körpers der Erde können sich ihre eigene psychische Zerstückelung als Teil eines Prozesses vorstellen, der später zu Wiedergeburt und Erneuerung führen wird, welche durch Coyolxauhquis Schlangen symbolisiert werden.
Zeichnung von Ellen Fishburn.

Unsere weiblich-animalischen Instinkte sind verleugnet, unterdrückt und dann durch falsche, aufgezwungene Gesetze und Vorstellungen von uns selbst und der Welt ersetzt worden. Wir haben das instinktive, uns angeborene Wissen verloren, über das wir während der Jahrtausende vor der Entstehung der patriarchalischen Kultur und der Beherrschung durch die Männer verfügt hatten. Es geht nicht darum, die Zeit zurückzudrehen; wir wollen nur unseren Instinkt und die Fähigkeit, auf unseren Körper zu hören und danach zu handeln, zu neuem Leben erwecken.

Während Jahren haben die Feministinnen, genau wie ich mit meinem Mann, mit den Männern und der Gesellschaft über das Wesen des Weiblichen gestritten. Egal, was ich auch sagte, Jonathan konnte einfach nicht verstehen, worum es ging. Wie sehr ich mich auch ereifern mochte, er war nicht fähig, die Möglichkeit in Betracht zu ziehen, daß mein Standpunkt richtig und möglicherweise sogar zutreffender sein könnte als der seinige. Ich bin zu der Überzeugung gelangt, daß dies eine typische Reaktion der Männer und der Gesellschaft als Ganzes ist. Ich halte es für sinnlos und unnötig schmerzhaft für die Frauen, sich auf diese endlosen, unbefriedigenden und konfliktträchtigen Diskussionen mit den Männern einzulassen. Es ist aber auch nicht nötig, sich von ihnen abzugrenzen, sie auszuschalten oder eine Weltgemeinschaft der Frauen zu schaffen.

Wir Frauen müssen uns auf uns selbst besinnen und aktiv an einer Welt arbeiten, die unseren eigenen Vorstellungen entspricht. Das mag abstrakt, einfach und gleichzeitig unmöglich klingen, denn so einfach es scheint, sich auf sich selber zu konzentrieren, so unmöglich scheint es, die Welt zu verändern. Beides ist jedoch nicht richtig. Wenn eine Frau die Kontrolle über sich selber wieder gewinnen und ihr inneres Gleichgewicht finden will, so ist das eine monumentale Aufgabe, die jahrelange, harte und schmerzhafte Arbeit an sich selbst erfordert. Diese Arbeit nenne ich Frauen-Schamanismus – ein langsamer Prozeß, der die Erlangung der Selbstkontrolle und die Heilung bzw. Erholung von den chronischen Leiden unserer Zeit zum Ziel hat. Sobald eine Frau sich wiedergefunden hat, ist sie auch viel besser gerüstet, um die Welt wirklich zu verändern.

Für jede von uns, die diese tiefgehende Krise der Abhängigkeit durchmacht, die den Drang nach deren Überwindung und nach mehr Selbständigkeit verspürt hat, hat der Heilungsprozeß begonnen. Diese schamanische Krise der Heilung ist häufig begleitet von Krankheiten, Depressionen oder Verletzungen, die uns mit dem Tod konfrontieren und die es uns ermöglichen, uns bewußt für das Leben zu entscheiden. Wenn mehrere tausend Frauen gleichzeitig diese kritische Phase des Erwachens durchmachen, können wir davon ausgehen, daß es sich um ein weltweites schamanisches Phänomen handelt.

Überall in den Vereinigten Staaten befinden sich die Frauen auf dem Weg der Genesung. Wir wenden uns an Therapeutinnen und schließen uns Gruppen an, wo wir über unseren Schmerz und unsere Hilflosigkeit sprechen können, wo Themen wie Inzest, Vergewaltigung, Schwangerschaft, übermäßige Liebe, Freßsucht, Mißhandlung durch die Ehemänner, Abhängigkeit von den verschiedensten Mitteln, mit denen wir Schmerzen und unser Bewußtsein betäuben, und unsere Flucht in die Verleugnung, die bisher unser Leben geprägt hat, behandelt werden. Es ist an der Zeit, daß wir diese Genesungsbewegung als solche anerkennen; ihr gehören alle Frauen an, die sich auf dem Weg der Heilung befinden. Wir Frauen haben beschlossen, daß wir uns von der weltweiten Krankheit namens «Patriarchat» heilen wollen. Wir haben keine Wahl – wir haben als Kollektiv eine Nahtod-Erfahrung gemacht, und das blendend helle Licht, das wir dabei gesehen haben, hat uns gezeigt, wie wir unser Leben verändern können.

Die westliche Medizin hat einen derart starken Einfluß auf uns, daß uns eine Heilung ohne Medikamente, Operationen oder Eingriffe des Arztes unmöglich erscheint. Der Körper verfügt jedoch über seine eigenen Heilungsmechanismen; er weiß, was er benötigt. Freilebende Tiere, die erkranken, wissen instinktiv, bei welchen Pflanzen sie sich aufhalten oder welche sie fressen sollten. Auch der Mensch verfügt über einen Instinkt, aber wir Menschen der westlichen Welt haben uns sehr weit von unseren Wurzeln entfernt. Der Körper kann sich nicht selbst heilen, wenn wir ihn ständig mit irgendwelchen Giften vollstopfen. Wenn wir, anstatt auf unseren Körper zu hören, Medikamente, Chemikalien, Alkohol, raffinierten Zucker und andere verarbeitete Nahrungsmittel zu uns nehmen, werden die instinktiven Reaktionen abgeschwächt und bilden sich langsam zurück.

Das gleiche gilt auch für die Erde. Die ständige Vergiftung ihres Körpers durch Umweltverschmutzung, unterirdische Atombombenversuche, Lagerung von Atommüll, Uranförderung, Ölbohrungen und die Abholzung der Regenwälder lassen es nicht zu, daß sie sich auf friedliche Weise heilt. Der Heilungsprozeß kann nur noch mit Hilfe von Katastrophen erfolgen – wie beim menschlichen Körper, der die Giftstoffe durch Fieber, Erbrechen, Krämpfe, Durchfall und Furunkel auszuscheiden versucht. Aus dem Inneren der Erde kommt eine Bewegung, die wir (als Teil von ihr) einfach spüren müssen. Diese Bewegung wird durch dieselbe Heilkraft ausgelöst, die in unserem Körper aktiv wird, wenn eine Krankheit oder zuviel Giftstoffe vorhanden sind. Das Gift muß aus dem Körper geschafft werden, und das führt zur Mobilisierung von heilenden Kräften; es entstehen neues Gewebe, neue Zellen – neues Leben. Auf die Zerstörung folgt die Schöpfung – das ist der Weg der Göttin, der Shakti. Das Feuer frißt sich durch die alten Strukturen, zerstört sie und transformiert die Schwingung ihrer Energie. Diese kreative Energie heilt dann, woran auch immer der Körper gelitten hat – Krebs, Arteriosklerose oder eine gewöhnliche Erkältung.

Die Erde befindet sich jetzt in einem Stadium ihrer Entwicklung, wo wir ihr lästig geworden sind und wo wir ihr gleichzeitig auch als Katalysator für katastrophenreiche Umwälzungen dienen. Für die Erde, die in einer tiefen Krise steckt, sind wir Verbrauchsmaterial, und es ist gut möglich, daß wir, wie andere Lebewesen auch, aussterben werden. Ich glaube nicht, daß die Erde zerstört wird; für uns aber stehen die Chancen, diese Krise zu überleben, nicht so gut. Der Heilungs- und Reinigungsprozeß der Erde kann zur Freisetzung von Energien führen, die für uns Menschen zu gewaltig sind. Wir, sozusagen die Zellen ihres Körpers, haben den Kontakt zur Erde als unserer Lebensspenderin verloren.

Shakti-Frauen sind Frauen, die den Ruf der Dunklen Göttin

vernommen haben und die den aus der Tiefe des Planeten aufsteigenden Überlebenswillen spüren. Diese gewaltige Energie der Göttin des Todes, die alte Formen zerstört, um Neues zu schaffen, durchdringt uns und motiviert uns dazu, uns selbst zu heilen und uns wieder auf die Natur zurückzubesinnen. Warum die Frauen? Vielleicht hat das mit den biologischen Gegebenheiten, den Hormonzyklen zu tun, die uns unlösbar mit der Erde, dem Mond und den ständig wechselnden Gezeiten verbinden. Die Schicksalsgöttin spinnt unseren Lebensfaden; sie lenkt uns mit Hilfe des Mondzyklus, auf den unsere Körper reagieren, ohne daß wir den Grund dafür kennen. Unsere monatlichen Blutungen binden uns an die Erde. Die Männer scheinen diesem Schicksal weniger ausgeliefert zu sein und können sich eher von ihrer Sterblichkeit und den Begrenzungen des menschlichen Körpers lossagen. Sie erfinden Religionen, die die Transzendenz verherrlichen und die die Loslösung von weltlichen Wünschen und menschlichen Bedürfnissen praktizieren.

Unsere biologisch bedingte Veranlagung, auf natürliche Zyklen zu reagieren, ist für Frauen, die sich in einem Heilungsprozeß befinden, von besonderer Bedeutung. Durch diese «Bindung» an die Hormonzyklen, die wir jeden Monat erleben, und dank der Erziehung, durch die uns beigebracht wurde, unser Schicksal zu «ertragen», kann eine Frau diese Kräfte besser spüren und in sich aufnehmen. Innerlich sterben wir jeden Monat. Wir haben unsere Menstruation vielleicht noch nie bewußt als spirituellen Tod und nachfolgende Wiedergeburt betrachtet, aber unser Körper empfindet sie so. Jedesmal wenn sich die Gebärmutter der Schleimhaut entledigt, wie das die Schlange mit ihrer Haut tut, werden wir buchstäblich von unserer Vergangenheit – von dem, was hätte sein können – befreit und in die Zukunft entlassen. Es findet eine physische und emotionale Reinigung statt. Die Zusammensetzung der Hormone verändert sich, und wir durchlaufen die verschiedenen Phasen von Geburt, Tod und neuem Leben.

Ein hoher Anteil an Progesteron verursacht aggressive Launen und Träume – das prämenstruelle Syndrom, das für egoistische Tendenzen steht. Dann kommt Östrogen dazu, und mit ihm kehrt auch, wie die Mondsichel zu Beginn des neuen Mondzyklus, unsere Energie zurück. Wir strecken wieder unsere Fühler aus, packen neue Projekte an und knüpfen neue Kontakte. Alles ändert sich. Eine Schamanin wird der Schlange immer ähnlicher, die ihre alte Haut abstreift, sobald diese sich richtig ausgebildet hat. Das Alte loszulassen, bevor wir das Neue überhaupt wahrgenommen haben, kann für uns zur Selbstverständlichkeit werden, denn wir haben unbedingtes Vertrauen in die zyklische Wiederkehr, die einem Naturgesetz gleichkommt.

Da die Frauen in Sachen Intuition eine Monopolstellung innezuhaben scheinen, haben sie bei der Umstellung auf eine solche Lebensweise sicher eine Nasenlänge Vorsprung. Das Problem der Frauen ist jedoch, daß man uns zur Passivität erzogen hat. Wir dürfen wissen, d. h. unsere Intuition gebrauchen, aber man erwartet nicht von uns, daß wir dieses Wissen auch anwenden. Wir lernen zum Beispiel nicht, uns klar auszudrücken, wenn dies zu Konflikten in unserem Umfeld führen könnte. Man bringt uns bei, nicht aggressiv zu handeln, wenn es um uns selber geht, sogar wenn wir mißhandelt werden. Es ist also die Aufgabe einer modernen Schamanin, zu lernen, aktiv zu werden und umzusetzen, was ihr ihre innere Stimme sagt, auch wenn dies im Moment unangebracht scheinen sollte.

Während wir lernen, aus dem Bauch, unserem ursprünglichen Bewegungszentrum, heraus zu handeln, ist es wichtig, daß wir in unserem eigenen Namen und auch in dem unserer Kinder handeln. Das gibt uns Kraft – wir werden zu Medizinfrauen, zu Schamaninnen, zu einer Ganzheit: Unser Wissen und unser Handeln sind in Übereinstimmung und stehen nicht mehr im Konflikt zueinander wie bis anhin. Die Arbeit der Frau als Schamanin soll zum Ziel haben, den Frauen zu helfen für sich selber und die Erde einzustehen, sich verwurzelt und stark zu fühlen. Wir müssen unser Wesen, unsere Tiefen und unsere Fähigkeit, die Welt mitzugestalten, erforschen, damit wir dem entgegentreten können, was uns erwartet. Es handelt sich nicht nur darum, politisch aktiv zu werden, sich einer Sache zu verschreiben, auf die Straße zu gehen oder sich einer Gruppierung anzuschließen; wir müssen vielmehr fähig sein, wirklich in der Gegenwart zu leben und alle

Situationen zu bewältigen, mit denen wir konfrontiert werden können. *Shakti – Die heilende Energie der Frau* ist ein Buch über die Autorität der Frauen und die Heilung unseres Planeten. Es ist ein Handbuch für die spirituelle Heilung und für ein Erstarken durch die Kontaktaufnahme mit dem Ur-Weiblichen und der Dunklen Göttin. Ich schreibe dieses Buch als Reaktion auf das, was ich als den Überlebenskampf unseres Planeten sehe – eine radikale Veränderung im Körper der Erde, die vulkanisch, prompt und kompromißlos ist. Ich möchte alle Shakti-Frauen auffordern, sich mir in dieser globalen Reaktion auf eine Krise anzuschließen, die heute sämtliche Formen des Lebens bedroht. Mögen wir alle erwachen und uns mit vereinten Kräften für eine bessere Welt einsetzen.

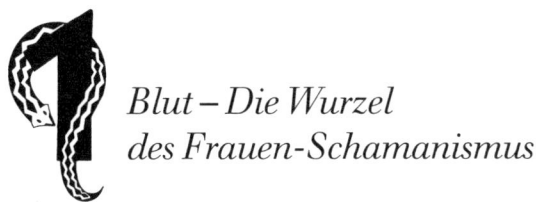

Blut – Die Wurzel des Frauen-Schamanismus

Der Frauen-Schamanismus basiert auf dem Blutzyklus. Wir westlichen Frauen haben die spirituelle Bedeutung des Menstruationszyklus vergessen und müssen uns diese wieder erarbeiten, wenn wir wieder zu vollwertigen Frauen werden wollen. Geburt und Menstruation, die beiden großen Mysterien des Blutes, stehen im Zentrum des Frauen-Schamanismus.

Die Schamaninnen der Mapuche, die in Chile, im südlichsten Zipfel der südlichen Hemisphäre leben, praktizieren noch immer ihre Mondriten zur Heilung von Stammesangehörigen. Die Mapuche-Schamanin klettert dazu auf einen siebenstufigen «Baum» und schlägt ihre *Kultrun*, eine Trommel, die sie selbst aus einem Baum geschnitzt und mit speziellen Kristallen und Steinen (u. a. dem erstaunlichen *piedra de la cruz*) gefüllt hat. Die Trommel ist mit selbstgegerbtem Leder bespannt, auf das sie rote Menstruationssymbole gemalt hat. Die Symbole bilden ein Kreuz mit gleichlangen Armen (wie das natürlich entstandene im Stein), und am Ende jedes Armes ist eine Mondsichel aufgemalt. Sie repräsentieren den vom Mond bestimmten Menstruationszyklus, auf dem die Kosmologie der Mapuche gegründet ist. Die Mapuche sagen, daß sie seit fünfundzwanzigtausend Jahren an diesem Ort gelebt und diese Art der Heilkunst ausgeübt haben.[1]

Viele Aspekte der schamanischen Heilkunst treffen unabhängig von den biologischen Unterschieden sowohl für Männer als auch für Frauen zu. Auf der ganzen Welt gibt es Schamanen beider Geschlechter, die ihre Trommeln schlagen, singen und heilen. An vielen Orten gehören sie jedoch vorwiegend entweder dem einen oder dem anderen Geschlecht an. Der Stamm der Huichol in Mexiko ist zum Beispiel auf die schamanische Heilkunst und andere Kunstformen spezialisiert. Zum größten Teil

2   Eine Mapuche-Schamanin *(Machi)* mit
ihrer Trommel *(Kultrun)*, die auf ihrem
siebenstufigen, heiligen Baum steht. Dort
erreicht sie den Trancezustand und übt ihre
Schamanenkunst aus. Die Symbole auf
ihrer Trommel stellen die Kosmologie der
Mapuche dar und beziehen sich vor allem
auf die vom Mond abhängigen Menstruationszyklen der Frauen, aber auch auf die
Wechselbeziehung zwischen Sonne und
Mond.
Zeichnung von Mariela Cortés, Chile.

sind dort die Männer die Heiler und Zeremonienmeister (die Schamanen und Priester), und die Frauen sind die Künstlerinnen. (Aber auch da gibt es Ausnahmen. In den letzten Jahren ist die Kunst der Wollfädenmalerei entstanden, die hauptsächlich von den Männern ausgeübt wird.) Die Männer und Frauen der Huichol haben auf ihren parallel verlaufenden Wegen zur Heilung und zur Kunst immer zusammengearbeitet. Mann und Frau absolvierten häufig gleichzeitig ihre Lehrzeit und brachten den verschiedenen Göttern, die der Kunst und der Heilung zugeordnet werden, gemeinsam Opfer dar. Zusammen versuchen beide, das Ziel zu erreichen, und sie ermutigen sich gegenseitig zum Weitermachen.[2]

Bei den Mapuche in Chile hingegen haben die Frauen die Rolle des Schamanen inne. So auch in Korea, im alten China, in Japan und in Indien. Der Schamanismus wurde aber allgemein als etwas Männliches definiert. Man verband Schamanismus vor allem mit der Ausübung von Macht und vergaß dabei die Heilkunst. Die westliche Welt hat sich bei der Betrachtung des Schamanismus hauptsächlich auf die exotischen, dramatischen Elemente wie Hexerei und ähnliches konzentriert, anstatt daß man versucht hätte, etwas über die tiefgreifenden Aspekte der Heilkunst zu lernen. In Anbetracht der Tatsache, daß wir von Transformation ungleich viel weniger verstehen als von Macht, ist das aber auch verständlich. Die westlichen Beobachter merken nur sehr selten, daß der Schamanismus etwas mit dem Weiblichen zu tun hat, obwohl alle Schamanen, egal aus welchem Erdteil sie stammen, immer im Reich des Weiblichen arbeiten. Sie beten zu der Mutter aller Tiere, der Mutter aller Dinge, der Dunklen Mutter, der Großmutter allen Wachstums, der Todesgöttin oder einer anderen Manifestation des weiblichen Aspektes des Göttlichen und ihrer dunklen, magischen Heilkraft. Damit ein Schamane seine Aufgabe erfüllen kann, muß er irgendwann mit der Göttin kommunizieren und in ihr Reich eintreten.

Geoffrey Ashe, ein britischer Wissenschaftler, der sich mit dem Schamanismus beschäftigt hat, schreibt, daß ursprünglich alle Schamanen Frauen waren. Die älteste Form dieses Wortes hatte die Bedeutung «weiblicher Schamane». Er sagt, daß sich die pa-

läolithische Gemeinschaft in mehrere Stämme mit unterschiedlichen Dialekten aufgespalten habe und daß das Wort «Schamane» erst im Tungus-Dialekt eine männliche Konnotation erhielt. Unser heutiger Begriff habe sich daraus entwickelt.[3] Ashe
sieht eine Verbindung zwischen dem alten Frauen-Schamanismus und der Sternkonstellation des Großen Bären und der Göttin
Artemis. Er betrachtet das Paläolithikum als dessen chronologi-
sche Heimat. Die Höhlenmalereien des Paläolithikums, die uns
bis heute erhalten geblieben sind, zeigen schwangere Frauen, die
mit Tieren tanzen; einige ohne Kopf, andere mit einem Vogelkopf
oder einer Maske, oder Bärenfetische, die die Kerben eines Men-
struationskalenders aufweisen – sie stimmen mit anderen Hinweisen auf Rituale und Zeremonien überein, die ein Merkmal
aller ehemals bewohnten Höhlen sind. Ashe äußert sich sehr klar
zu einem Punkt, der für mich von besonderem Interesse ist. Er
sagt, daß die Urform des Schamanismus kein individuelles Phänomen war, sondern daß alle Frauen eines Stammes daran beteiligt waren. Die Macht der Frauen begründete sich auf den beiden
Blutmysterien der Menstruation und der Geburt.

Einst hatten die Frauen, wenn der Mond eine bestimmte Phase
erreichte, ihre Blutungen gemeinsam. Bei vielen Frauen der
westlichen Kulturen ist dies heute noch der Fall, wenn sie in
Schlafsälen schlafen. Aber stellen wir uns vor, welche Energien
freigesetzt werden, wenn eine ganze Gruppe von Frauen gemeinsam jeden Leer- bzw. Vollmond ihre Blutungen hat. Um ein Gefühl dafür zu entwickeln, was das bedeutet, abgesehen vom synchronen Gruppenerlebnis, müssen wir die Eigenschaften des
Menstruationsblutes etwas genauer studieren. In unserer heutigen westlichen Kultur ist das Menstruationsblut tabu. Man erwartet von uns, daß wir ihm keine besondere Aufmerksamkeit
schenken, außer wenn es darum geht, es zu verstecken, uns vor
ihm zu schützen und andere möglichst nicht damit zu konfrontieren. Während unserer Blutungen versuchen wir so zu tun, als ob
nichts Außergewöhnliches stattfinden würde. Da die Männer
klar zu erkennen gegeben haben, daß sie uns während der «Tage»
schwierig finden, versuchen wir, unseren täglichen Aufgaben
nachzugehen, ohne eventuelle unangebrachte Aggressionen oder

Gefühle, die aufgrund unseres Hormonhaushalts entstehen, an die Oberfläche gelangen zu lassen. So baut sich ein gewaltiger Druck auf, der mit Sicherheit auch zur Entstehung von PMS, dem prämenstruellen Syndrom, wie unsere Gesellschaft diesen Zustand genannt hat, beigetragen hat. Zu all diesen Belastungen kommt noch unsere moderne, raffinierte und mit Chemikalien versetzte Nahrung, die wenig Nährwert hat und uns für sämtliche Beschwerden, die mit dem PMS verbunden sind, anfällig macht.[4]

Die Zeit der Menstruation ist tatsächlich absolut tabu, wenn man die älteste Bedeutung dieses Wortes, nämlich «heilig», anwendet. Es handelt sich nicht um etwas Gewöhnliches, und es ist deshalb nicht angebracht, daß wir uns in dieser Zeit mit alltäglichen Aufgaben befassen. Für den Menschen handelt es sich um das stärkste magische Ereignis des Monats. Es steht im Einklang mit dem Zu- und Abnehmen der Mondsichel und dem Anstieg und Rückgang der Ozeanfluten. Durch die Menstruation ist der Mensch mit dem Oben und dem Unten, dem Himmel und der Unterwelt der schamanischen Realität, verbunden. Monica Sjöö und Barbara Mor vertreten die Ansicht, daß die Menstruation der «Mechanismus für die Evolution der Frau» ist, weil sie der grundlegende Punkt ist, in dem sich unsere Sexualität von derjenigen unserer Schwestern bei den Primaten unterscheidet, deren Sexualleben auf die Brunstzeit beschränkt ist. Die Primaten bluten, wenn sie fruchtbar und für ihre Partner zugänglich sind; die Menschen bluten, wenn ihre Fruchtbarkeitsphase, die zu einem anderen Zeitpunkt des Zyklus auftritt, schon vorbei ist und sie nicht fruchtbar sind.[5] Diese Tatsache befreit die menschliche Sexualität vom Zwang der Fortpflanzung. Diese Freiheit wurde im Tantra formal definiert und festgelegt. Will man der westlichen Lehre der Magie glauben, so ist das Menstruationsblut aufgrund seiner Zusammensetzung die ungewöhnlichste und magischste Substanz dieser Welt. Professor Lawrence Durdin-Robertson, ein irischer Gelehrter auf dem Gebiet der Göttin-Religion, erinnert uns daran, daß das erste Blut am Altar Menstruationsblut war, nämlich das Blut der Priesterin, die ihr Blut der Mutter Erde zurückgab.[6] Noch heute verwenden tibetische Lamas die Kraft des Menstruationsblutes in ihren Ritualen zu Ehren der Göttin

Tara. Sie betrachten das erste Menstruationsblut eines Mädchens als das stärkste Heilmittel für die Gemeinschaft.[7]

Nach Durdin-Robertson liegt die Kraft des Menstruationsblutes in dessen Schwingungen, und die Erde verlangt dieses Blut als ein «Opfer», das kein Leben kostet. Die heutige Bewegung des biologisch-dynamischen Landbaus, die sich an Rudolf Steiner orientiert, verwendet verschiedene Mittel, deren «ätherische» und «astrale» Schwingungen ein reichhaltiges und gesundes Wachstum von Nahrungsmitteln auch unter schwierigen Bedingungen ermöglichen. Diese mit Hilfe von Magie gezogenen Nahrungsmittel sind merklich «glücklicher» und nährstoffreicher als herkömmliche Nahrungsmittel, insbesondere als diejenigen, die mit chemischen Düngemitteln und Pestiziden behandelt wurden.[8] Menstruationsblut ist ein unübertreffliches Düngemittel, wie dem Feminismus nahestehende Frauen herausgefunden haben, die ihre Zimmerpflanzen mit großem Erfolg damit begossen haben. Die Schamanen der Huichol gießen in ähnlicher Weise bei einer Zeremonie das Blut eines Stieres über junge Maispflanzen, was die Ernte segnen und die Fruchtbarkeit und den Wohlstand der Gemeinschaft sicherstellen soll. Früher verwendeten sie das Blut eines Rehs, bevor deren Zahl zu stark zurückging. Noch früher, als ausschließlich die Frauen den Ackerbau kontrollierten (gemäß dem *Popul Vuh* der Maya wurde er auch von den Frauen erfunden[9]), gaben sie den jungen Pflanzen zweifellos ihr Menstruationsblut als Dünger und Schwingungsverstärker. Denken wir daran, daß die Frauen den Ackerbau und alle damit verbundenen Rituale erfunden haben. Die alten europäischen und britischen Sagen, die erzählen, daß die Frauen nackt über die Furchen der frisch bepflanzten Getreidefelder rannten oder daß sich Männer und Frauen in diesen Feldern liebten, erhalten in diesem Licht einen geschichtlichen Hintergrund. Die positiven Schwingungen des Blutes und die Yoga-Sexualpraktiken, die während der Menstruationszeit angewandt wurden, wirkten sich positiv auf den Nahrungsanbau der Gemeinschaft aus. Es ist kein Zufall, daß die Venus von Laussel in ihrer Hand ein Füllhorn mit dreizehn Kerben hält, die den Menstruationszyklus repräsentieren.

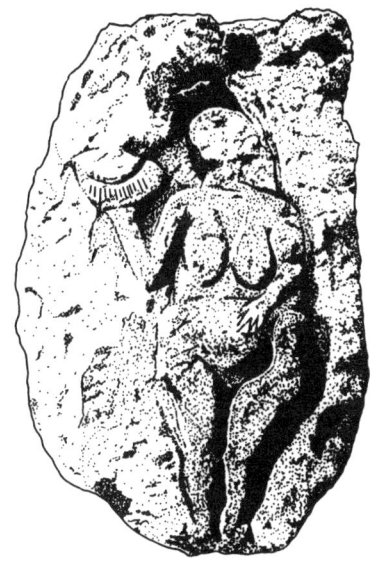

3 Die Venus von Laussel, die wahrscheinlich älteste Relief-skulptur auf diesem Planeten. Sie befindet sich über dem Eingang zu einer heiligen Höhle in Süd-frankreich, die im Paläolithikum für rituelle Zwecke benutzt wurde. Nebst dieser schwangeren Göttin, die uns ihren geschwolle-nen, magischen Leib und ihre dreizehn Menstruationszyklen zeigt, finden wir in der Höhle auch Bilder eines männlich-weib-lichen Tantra-Paars, Bilder von Geburten und die Figur eines männlichen Partners. Das geschwungene Horn ist ein Hin-weis auf die wilden Tiere, die der Göttin angehörten, und auf die Transformation, die der Abwurf eines Horns darstellte. Seine äußere Form erinnert außerdem auch an die Sichel des neuen Mondes. Ursprünglich war die Göttin ganz mit rotem Ocker bemalt, dem Farbstoff, der für die primitiven Völker das Menstrua-tionsblut symbolisierte. Zeichnung von Laurelin Reming-ton-Wolf.

Die Venus von Laussel (Frankreich), unsere älteste Relief-skulptur, wurde über dem Eingang zu einer Höhle in Stein geritzt und mit rotem Ocker bemalt. In ihrer rechten Hand hält sie ein Horn mit dreizehn Kerben; ihre linke Hand zeigt auf ihren schwangeren Leib. Es scheint, als erteile sie eine Lektion in Se-xualkunde und zeige allen, die in diese Ritualhöhle eintreten, ganz genau, was hier zelebriert werden soll. Die Steinzeitforscher – sogar die Feministinnen unter ihnen – haben ein seltsames Vor-urteil gemeinsam: Sie sind fast alle davon überzeugt, daß die

Steinzeitvölker von der Rolle des Mannes bei der Zeugung nichts wußten. Sie zitieren «primitive» Völker, die sagen, daß die Frauen durch einen Windgeist oder eine andere magische Kraft befruchtet werden, und gehen davon aus, daß es diesen Völkern an Wissen fehlt. Doch in dieser Höhle findet man Bilder von der Großen (schwangeren) Mutter, von ihrem Partner – einem männlichen Gott – und die Abbildung einer sexuellen Verbindung von Mann und Frau, die an eine Yoga-Stellung erinnert. Diese Abbildung ist einer indischen Tempelskulptur, die etwa 25 000 Jahre jünger ist, sehr ähnlich!

Lawrence Durdin-Robertson meint, daß man für Rituale und Magie, damit sie richtig und wirkungsvoll ausgeübt werden können, Blut benötigt und daß das einzige Blut, das auf ethische Weise gewonnen werden kann, das Menstruationsblut ist. Alle Arten von Blut haben einen Einfluß auf den Äther und können für magische Zwecke verwendet werden. Das Menstruationsblut ist jedoch stärker als alle anderen und kostet zudem nichts.[10] Die prähistorischen Frauen hatten einen Kreislauf aufgebaut, der aus Ritualen im Zusammenhang mit ihren monatlichen Blutungen bestand. Offenbar wurde alles, was als heilig betrachtet wurde, mit rotem Ocker bemalt – Statuen, Höhlenmalereien, Reliefskulpturen und die Knochen, die man in ihren Gräbern gefunden hat. Heutige Stammesvölker sagen, daß roter Ocker ein Ersatz für Menstruationsblut sei – das magische Lebenselixier.

Die ältesten Kunstgegenstände, die man gefunden hat, sind Knochen mit einem eingeritzten Menstruationskalender, die korrekte Mondzyklen aufweisen und mit deren Hilfe Schwangerschaft und Menstruation berechnet werden konnten. Diese Knochen wurden wahrscheinlich von den ersten Hebammen-Schamaninnen verwendet. Bevor sie wissenschaftlich untersucht wurden, mutmaßten die Forscher, daß diese Knochen rein ornamentalen Charakter hätten oder bestenfalls noch «Kommandostäbe» des Anführers wären. Nach der mikroskopischen Untersuchung durch Alexander Marshack wissen wir jedoch mit Sicherheit, daß die Kerben im Knochen genau mit dem Mondzyklus übereinstimmen. Sie sind Teil einer komplexen, mehrschichtigen Tradition, in deren Zentrum eine weibliche Schöp-

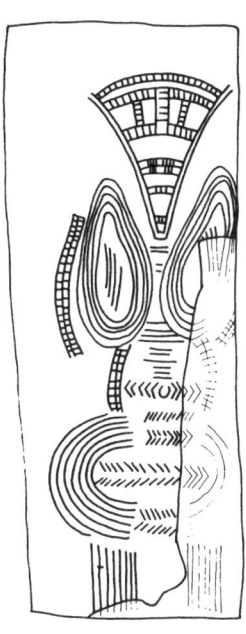

4   Diese in Tschechien entdeckte Göttin
ist zwanzigtausend Jahre alt und weist
die frühen geometrischen Markierungen
auf, die Marija Gimbutas als Vorstufe der
Aufzeichnung von Symbolen identifiziert
hat. Alexander Marshack vertritt die
Hypothese, daß die frühen Menschen,
die diese Figur geschaffen haben, über
eine ausgefeilte Tradition verfügten, die
sowohl Mathematik und Wissenschaft
als auch Erzählrituale umfaßte und in
deren Zentrum eine abstrakte, weibliche
Figur stand, die wir «die Große Mutter»
nennen.
Zeichnung von Laurelin Remington-
Wolf.

5   Diese jugoslawische Figur ist viel
jünger als diejenige der Abb. 4, aber sie
repräsentiert dieselbe Tradition der
Göttin und des Frauen-Schamanismus.
Ihre Vogelmaske und das Halsband
weisen sie als die heilige Vogelgöttin aus,
die Marija Gimbutas beschrieben hat.
Die Muster auf ihrem Kleid deuten auf
Webkunst und Textilien, die ihr zu
Ehren geschaffen wurden. Ihre Brüste
sind stark betont und heilig, denn sie ist
die lebensspendende, transformatorische
Göttin mit dem allessehenden, visio-
nären Auge der Eule.
Zeichnung von Laurelin Remington-
Wolf.

ferfigur mit all ihren charakteristischen Symbolen steht. Alexander Marshack sagt, daß diese Tradition Bestandteil eines größeren und komplexen Systems ist, welches die Themen Mathematik und Wissenschaft umfaßte. Diese Information bedeutet, daß das traditionelle Konzept der Vorgeschichte als überholt betrachtet werden muß, da nach Marshack für die Entwicklung eines solch komplexen Systems Jahrhunderte, wenn nicht Jahrtausende nötig gewesen wären.[11] Marija Gimbutas erklärt in ihrem Buch *The Language of the Goddess* die Struktur der alten Kulturen und ihrer Sprache aufgrund von Skulpturen der entsprechenden Kulturen, die sie sehr ausführlich beschreibt. Marija Gimbutas, deren interdisziplinäre Methode nebst der wissenschaftlichen Archäologie auch tiefe Kenntnisse der Mythologie, Folklore und Linguistik umfaßt, beschreibt eine ganze Kosmologie: die Göttin als Schöpferin mit ihren verschiedenen Formen und Attributen wie Schlange, Vogel, Bär, Blume und so weiter. Erst wenn wir die tatsächliche Produktivität und die Resultate der Kreativität der frühen Völker etwas genauer studieren, können wir uns langsam vorstellen, wie sie gelebt haben müssen.[12]

Da das «wissenschaftliche» Denken so geradlinig ist, bereitet es uns Schwierigkeiten, die vom Körper ausgehende Wissenschaft unserer Vorfahrinnen aus der Steinzeit zu verstehen. Was taten die ersten Hebammen-Schamaninnen mit diesen Menstruationsknochen? Was haben diese Knochen mit der Sternenformation des Großen Bären zu tun? Welche Bedeutung hat dies alles heute für uns? Um diese Wissenschaft verstehen zu können, müssen wir die Grundlagen der Astrologie verstehen lernen und sowohl unseren Körper als auch unsere Gefühle als Führer gebrauchen. Frauen, die Heilerinnen werden möchten, müssen ein Verständnis für ihr Leben in bezug auf die Bewegung der Planeten und Sterne entwickeln. Man hat die Schamanen der Maya, die im Hochland von Guatemala leben, nach der Bedeutung ihres uralten, heiligen und divinatorischen Kalenders befragt, dessen Zyklus 260 Tage umfaßt. Halbe Bibliotheken könnnte man füllen mit der theoretischen Literatur, die zu diesem wichtigen Teil des Kalenders geschrieben wurde; all diese Gelehrten wollten die einfache Erklärung der Eingeborenen einfach nicht hören. Die

Indianer selber sagen, daß die 260 Tage der Dauer einer menschlichen Schwangerschaft entsprechen. Berühmte Gelehrte verhöhnen diese Erklärung als zu simpel und «abergläubisch» und fragen: «Was in aller Welt soll Divination mit Schwangerschaft zu tun haben?»[13] Westliche Frauen brauchen eine gewisse Zeit, bevor sie die Bedeutung der Astrologie zu verstehen beginnen, aber bei den meisten von uns «klickt» es irgendwann. Auf einmal merken wir: «Aha! Was sich am Himmel abspielt, beeinflußt das Geschehen auf der Erde, und das wiederum hat einen Einfluß auf mein tägliches Leben – und ich kann mich mit Hilfe meines Körpers darauf einstellen, was dazu führt, daß sich mein Leben verändert. Welch ein Wunder. Wie kommt es, daß mir das vorher niemand gesagt hat?»

Anfängern mag die Astrologie abstrakt und sehr theoretisch vorkommen. Die beste Art, die Bedeutung der Zeichen und Planeten zu lernen, ist, sie mit unserem Körper zu spüren. Wenn der Mond seine Phasen des Zu- und Abnehmens, des Sterbens und Wiedergeborenwerdens als schmale Sichel durchläuft, spüren wir das auf körperlicher, emotioneller und seelischer Ebene. Wenn der Mond jeden Monat die zwölf astrologischen Zeichen durchläuft – von Widder zu Stier und so weiter, bis er die Fische als letztes Zeichen erreicht –, kann man dies ebenso im Körper, in den Gefühlen und der Seele mitverfolgen. Wenn man bedenkt, daß diese beiden Zyklen mit dem Menstruationszyklus einer Frau zusammenfallen können, begreift man mit der Zeit, wie komplex und interessant ein Studium dieser Wissenschaft für jede Frau sein kann. (Vgl. *Astrologie: Die Grundlagen des Frauen-Schamanismus*, Seite 109 ff.)

Das ist jedoch nur der Mondzyklus. In unserem Sonnensystem gibt es zehn Planeten, die uns bekannt sind. Es werden ständig neue entdeckt, und jeder von ihnen beeinflußt uns in jedem Moment unseres Lebens. Ihre Wirkung hat besondere Eigenschaften, die in der Astrologie definiert worden sind und die jeden Tag, jede Woche, jeden Monat und jedes Jahr auf Körper, Geist und Gefühle wirken. Die tantrischen Schriften in Indien enthalten Zeichnungen und Lektionen über die Bewegung des Mondes und derjenigen Planeten, die einen bestimmten Einfluß auf spezifische Körperzonen einer Frau haben, welche auf natürliche Art an den verschiedenen Tagen des Mondzyklus mit Energie aufgeladen werden. Ein Schüler des Tantra-Yoga lernt diese Bewegungen, um die verschiedenen erogenen Zonen des Körpers einer Frau kennenzulernen. Eine Priesterin des Tantra ist ein «Energiegefäß», und sie kann einen männlichen Yogaschüler während ihrer «roten» bzw. Blutungstage initiieren.[14] Wie weit zurück gehen diese Praktiken in der Evolution des Menschen? Vielleicht bis in die Zeit der Venus von Laussel oder noch weiter zurück. Eigentlich ist es nicht so wichtig, ob wir daran glauben oder nicht. Es funktioniert trotzdem. Es ist lächerlich, urzeitliche und heutige Schamanen studieren zu wollen, ohne erlebt zu haben, was sie waren (und noch sind). Ohne diese Erfahrung unterschätzen wir sie ständig, weil wir sie als «abergläubisch» oder «unwissenschaftlich» einstufen. In Tat und Wahrheit ist es so, daß wir unser Wissen verloren haben, als wir die Astronomie von der Astrologie, dem mehr körperlichen und lebensnahen Aspekt derselben Wissenschaft, abspalteten.

Unsere Wissenschaften haben die Tendenz, «wissenschaftliche» Gegenstände wie die «Kommandostäbe» automatisch der männlichen Welt zuzuordnen und dann davon auszugehen, daß die Männer sie für ihre «schamanischen Rituale» im Zusammenhang mit Jagd oder Religion verwendet haben. Die gemalten oder geritzten Figuren der Göttin auf den Höhlenwänden werden als Teil eines «Fruchtbarkeitskultes» eingestuft, der mit der «Religion» der Männer nichts zu tun hatte oder sie vielleicht in dem Sinn unterstützte, daß die Frauen, die tanzten und an diesem Fruchtbarkeitskult teilnahmen, für die Männer ein Jagdritual ausführten, währenddessen diese dabei waren, ihre Beute zu erlegen. Wie Alexander Marshack und Marija Gimbutas nachgewiesen haben, standen die weiblichen Figuren und Religionen zu dieser Zeit im Zentrum der menschlichen Gesellschaft. Die Funde unterstützen diese These lückenlos. Einige Gelehrte sind dieser Sicht der Dinge sehr nahegekommen, haben dann aber eine Theorie erstellt, die dies als «bloße» Zauberei abtut und die bestreitet, daß es sich dabei um eine Religion handelte. Und doch: Die Schamanen auf der ganzen Welt sehen eine andere

Realität, eine Realität, die sie durch direkte, praktische Erfahrung kennengelernt haben.

Was für eine Welt mag das gewesen sein, als wir durch unsere Körper in direktem Kontakt mit den universellen Strömungen standen? Was mag das für ein Gefühl gewesen sein, eins zu sein mit den Tieren, dem Mond und den Sternen; als wir zusammen mit den anderen Frauen der Gemeinschaft unsere heiligen Blutungen und Geburten hatten? Wie wäre es, wenn wir wie die Cherokee-Indianer noch heute wüßten, daß wir von den Sternen kommen? Genaugenommen von den Plejaden.[15] Was wäre, wenn wir wie das primitive Volk der Dogon in Afrika wüßten – mit Körper und Geist –, daß der Hundsstern Sirius und die Mutter-Göttin ein und dasselbe sind? Daß die Zivilisation auf diesem Planeten von dort (ihr) stammt und daß wir ein Überbleibsel des ursprünglichen Volkes auf diesem Planeten sind?[16] Wir würden uns verwurzelt fühlen und hätten ein Gefühl der Zugehörigkeit. Wie wäre es, wenn wir zu Beginn unserer Blutung das Gefühl hätten, an einem universellen Mysterium teilzuhaben – Verantwortung zu tragen für die Erhaltung der eigenen Art und für die Erhaltung eines heiligen Mysteriums der Schöpfung, das das ganze Universum einschließt? Was wäre, wenn Ihre Menstruation Sie zu einem Teil der menschgewordenen Göttin und der regierenden Macht Ihrer Gesellschaft machen würde?

Stellen Sie sich vor, daß Sie während Ihrer Blutung, dieser magischen Zeit des Monats, über übersinnliche Kräfte verfügen. – Die Frauen der Urzeit waren während ihrer Periode in der Lage, Kräfte und Visionen zu erleben, die die Entscheidungen und die Gesetzgebung innerhalb des Stammes beeinflußten. – Wie hätten Sie sich unter diesen Bedingungen gefühlt?

Ein Mann, der in Ihr Energiefeld eintreten durfte, hätte sich geehrt gefühlt, in Ihrer Gegenwart sein zu dürfen, weil Sie eine Frau sind. Er hätte Sie mit Respekt behandelt, sich auf die magischen Schwingungen, die von Ihnen ausgehen, einzustimmen versucht und mit Ihnen im Einklang mit Ihrer inneren Uhr und Ihren biologischen Bedürfnissen kommuniziert. Wenn Sie sich geliebt hätten, wäre es keine Eroberung gewesen, sondern eine Reaktion auf die Bedürfnisse Ihrer Körper. Wie würde das Ihr

Lebensgefühl beeinflussen? Ihr Selbstbild? Ihr Gefühl der eigenen Identität?

Als Kind hätten Sie alles über Menstruation und Geburt von Ihrer Mutter und den älteren Frauen des Stammes erfahren, die Sie respektiert und bewundert hätten. Sie hätten keinen «Vater» im biologischen Sinne gehabt, sondern es hätte in Ihrem Leben mehrere positive männliche Figuren gegeben. Einer von ihnen (z. B. der Bruder Ihrer Mutter) hätte vielleicht ein spezielles Interesse gezeigt, bei Ihrer Erziehung auf liebevolle Weise mitzuhelfen. Kein Mann hätte jedoch das Gefühl, daß Sie ihm gehören. Die Männer würden Ihre Mutter und die anderen Frauen Ihres Stammes respektvoll und als gleichwertig behandeln. Die Frauen würden Sie und die anderen Kinder des Stammes zusammen aufziehen. Wenn Sie etwas unbedingt hätten wissen wollen, hätten Sie sich ganz selbstverständlich an Ihre Mutter oder an eine andere Frau in der Nähe gewandt, um eine Antwort zu erhalten. Können Sie sich vorstellen, absolut darauf vertrauen zu können, daß Ihre Mutter jede Antwort kennt?

Die Mütter und die anderen Frauen und deren biologischer Zyklus von Blutung und Eisprung standen im Zentrum der Zeremonien, die jeden Tag, jede Woche, jeden Monat oder zum Wechsel der Jahreszeiten stattfanden.

Schwangerschaften und Geburten waren innerhalb des religiösen Lebens von zentraler Bedeutung. Möglicherweise sang die ganze Gemeinschaft, wenn eine Geburt bevorstand, wenn jemand geheilt werden mußte oder wenn alle Frauen zusammen menstruierten. Im Laufe dieser Zeremonien, die ein selbstverständlicher Teil des täglichen Lebens waren, hätte man vielleicht entdeckt, daß Sie eine ganz bestimmte Begabung auf diesem Gebiet haben; man würde Sie als junges Mädchen anerkennen und Ihnen eine Ausbildung zukommen lassen, damit Ihre wertvollen Talente zum Wohl der Gemeinschaft eingesetzt werden können.

In Nordamerika führen die Navajo (die ihren eigenen Namen *Dine* bevorzugen) für die Mädchen, die ihre erste Menstruation haben, noch heute während vier Tagen eine Initiationszeremonie durch. Das Mädchen wird isoliert und umsorgt, während es fastet und für die Gemeinschaft Maisbrot macht. Der Teig wird in einer besonders intensiven Zeremonie zubereitet und geknetet, dann wird das Brot nachts in einem Erdofen gebacken und später vom Mädchen an alle verteilt. Sie ißt selber nichts von dem Brot, sondern verteilt es nur an die anderen und repräsentiert so für ihr Volk die Göttin. Für sie hat das Mädchen Teil am Transformationsprozeß, den die Göttin an allen Frauen vollzieht und durch dessen Erlebnis die Frauen für immer verändert werden.[17] Vielleicht wurde früher (oder heimlich auch noch heute) dem Teig für das zeremonielle Brot nach altem Stammesrezept das magische Blut des Mädchens beigemischt. Ich komme zu dieser seltsamen These aufgrund von Assoziationen aus verschiedenen Kulturen rund um die Welt. Ich weiß, wie sehr die Tibeter die magischen Heilkräfte des Menstruationsblutes schätzen und wie es in den tantrischen Praktiken verehrt wird (sowohl heute als auch in der Vergangenheit). Die Tantriker vollzogen ihren Gottesdienst auf der Ebene der Chakren, wenn Mann und Frau, energetisch in Harmonie, sich sexuell vereinigten und die magischen Flüssigkeiten ihrer Körper austauschten: das rote Menstruationsblut und die weiße Samenflüssigkeit. Auch die Gnostiker bildeten einen gemischten Kreis, um sexuelle Praktiken durchzuführen und die heilige Kommunion von Blut und Samenflüssigkeit zu zelebrieren.[18] Die christliche Tradition, das Blut und den Leib Christi im Sakrament der heiligen Kommunion zu teilen, entstammt dieser alten Tradition. Lawrence Durdin-Robertson führt aus, daß das Wort *Charis* (der Name einer Göttin) «Grazie» bedeutet und vom Wort für Menstruationsblut abgeleitet ist, aus dem der Begriff *Eucharistie* entstand.[19]

Noch älter sind die in der Nähe einer Höhle in Frankreich entdeckten mehrere zehntausend Miniaturklingen, die aus dem frühen Neolithikum, den Anfängen des Ackerbaus, stammen. Zuerst gingen die Archäologen davon aus, daß hier ein Kampf stattgefunden haben müsse, bei dem (winzige) Menschen diese winzigen Klingen benutzt haben, um sich gegenseitig zu verwunden. Es gab aber keine weiteren Anzeichen für einen Krieg, und so faßte schließlich einer der Wissenschaftler den Entschluß, diese Klingen mikroskopisch analysieren zu lassen. Die Klingen waren mit dem Harz von Gräsern bedeckt. Man hatte sie um

12 000 v. Chr. bei der Ernte von wildem Getreide verwendet. Nicht weit davon entfernt fanden die Wissenschaftler die verkohlten Überreste eines Feuers, Mörser zum Mahlen der Körner und Brotreste, die in primitiven Öfen gebacken worden waren.[20] Dies alles ereignete sich in der Nähe von Höhlen, die für Rituale benutzt wurden; genau wie etwas später in Catal Hüyük wurde das Brot in den im Innenhof der Tempel errichteten Öfen gebakken, wo Priesterinnen die heiligen Zeremonien leiteten. Die Priesterinnen des Dianakults buken Mondkuchen oder Croissants, die sie zur Feier des Vollmondes unter sich teilten, wie das die Chinesen am anderen Ende der Welt noch heute tun. Heute noch backen die Nonnen (die ursprüngliche Bezeichnung für sie ist Priesterin) die Oblaten, die für die Kommunion in den Messen der katholischen Kirche verwendet werden. Heilige Frauen haben schon immer das heilige Brot gebacken, das in heiligen und rituellen Zeremonien verwendet wurde, genauso wie sie auch schon immer Menstruationsblut für ihre magischen Praktiken gebraucht haben. Wenn man das Menstruationsblut anderswo und zu anderen Zeiten als ein magisches Heilmittel für die ganze Gemeinschaft erkannt hat und sich der wichtigste Initiationsritus eines Indianermädchens um das Menstruationsblut dreht, wie ich es weiter oben beschrieben habe, könnte man doch davon ausgehen, daß ursprünglich das erste Menstruationsblut dem heiligen Brot beigefügt wurde. Man verteilte es dann an die ganze Gemeinschaft, um allen diese heilende Kraft für das kommende Jahr zuteil werden zu lassen. Nur unser striktes Tabu gegenüber dem «weisen Blut» konnte bewirken, daß wir diesen natürlichen Zusammenhang nicht sehen können.

In ihrem Buch *Wiederkehr der Göttin* stellen Monica Sjöö und Barbara Mor die These auf, daß die Tabuisierung der Menstruation «vorwiegend auf politische Motive» der Männer und der Gesellschaft zurückzuführen ist. Es war «eine der erfolgreichsten Methoden, um die Selbstakzeptanz, das Selbstverständnis und das Selbstvertrauen der Frauen zu untergraben. Es handelt sich um eine ständige Bekräftigung eines negativen Selbstbildes.»[21] Wie Robert Graves, der darauf hinweist, daß neue Religionen die Tendenz haben, die alten Gottheiten zu dämonisieren, zeigen auch Monica Sjöö und Barbara Mor, wie die «Imitationen des Blutrituals der Frauen im Zusammenhang mit ihren Körperfunktionen in Tabus gegenüber diesen Funktionen umgewandelt wurden»[22]. Wie Barbara Walker bezeichnen auch sie die alten Menstruationskulte und -riten als die Vererbungslinie des Stammeswissens, das von der Mutter an die Tochter weitergegeben wurde. Merlin Stone weist in *When God Was a Woman* nach, daß die frühen Tempelpriesterinnen das Vermögen des Stammes besaßen und verwalteten, ohne daß eine Klasseneinteilung oder eine Herrschaft der Priesterklasse dazu nötig gewesen wären.[23] Sogar das Volk der Irokesen in Nordamerika war zur Zeit der europäischen Einwanderung matrilinear, die Frauen regierten den Stamm.[24]

In *Wives of the God-King* beschreibt Frédérique Marglin die Freiheit und «glückliche Stellung» der indischen Tempeltänzerinnen sogar noch in diesem Jahrhundert. Sie waren die einzigen Frauen in Indien, die das Recht auf Besitz hatten, der «ausschließlich der Frau gehörte, ohne die normale soziale Bindung an einen Mann»[25]. Marglin zeigt, daß die Devadasis in Indien, bevor sie in den fünfziger Jahren verboten wurden, jeden Tag in den Tempeln sangen und tanzten und an den religiösen Feiern teilnahmen.[26] Während sie tanzten, hinterließen sie Tropfen einer Flüssigkeit, die durch die Ekstase ihres Tanzes entstand. Ihr Tanz war bekannt unter dem Namen «Die Gaben der Shakti»[27]. Diese Flüssigkeit heißt *Raja*, so heißt auch das Menstruationsblut; das Auftreten der Menstruation bei einem Mädchen zeigt, daß es stark genug ist, ein Kind zur Welt zu bringen, daß es «voller *Raja*» ist.[28] *Menarche*, das erste Blut, gilt als «glückbringend», obwohl die Menstruation «beschmutzt». Nach Frédérique Marglin entspricht das Wort für Jahreszeit *(Rutu)* einem der Wörter für Periode und ist so stark mit den Jahreszeiten des Ackerbaus verbunden. «Die Fruchtbarkeit der Erde und der Frau stehen in einer Wechselbeziehung, da beide durch den Mondzyklus beeinflußt werden.»[29] Eines der Festivals, an denen die *Devadasis* tanzten war das Raja-Samkranti-Festival – das Festival, an dem «die Menstruation der Göttin» gefeiert wird. Man glaubt, daß die Erde zu dieser Zeit menstruiert (während der vier Tage dieses Festivals), und alle Frauen werden als «unrein» betrachtet, so daß sie keine Hausarbeit verrichten dürfen. Die Männer kochen das Essen, die Frauen «spielen, singen Lieder und vergnügen sich auf speziell für diesen Anlaß gebauten Schaukeln. Die Männer dürfen weder die Erde pflügen noch sexuell mit den Frauen verkehren, die behandelt werden, als hätten sie selber ihre Periode.»[30]

In *The Cult of the Goddess* macht der Autor James Preston ähnliche Aussagen wie Frédérique Marglin, wenn er die «einmalige Ansammlung von Riten beschreibt, die in den Dörfern für Lakshmi, die Göttin des Wohlstands, ausgeübt werden». Man glaubt, daß sie «kurz vor ihrer Blutung steht». Es wird eine strikte, vegetarische Diät mit Früchten und Weizenkuchen eingehalten, und das Pflügen ist während drei Tagen tabu. Am vierten Tag «glaubt man, daß die Blutung beginnt, was Anlaß für eine gemeinsame Feier ist»[31].

In Indien gilt es als Tatsache, daß die Frauen zur Zeit der Menstruation zu den Mächten der Dunklen Göttin Zugang haben. In einem Essay aus einer Anthologie mit dem Titel *Mother Worship* (Hrsg. Preston) schreibt Pauline Kolenda: «Wut ist Hitze, welche im Denken der Hindus verwandt ist mit der ‹Böswilligkeit der Frau und göttlichen Macht›.» Sie sagt, daß die Hindus Wut und Leidenschaft den Frauen zuordnen und daß *Rajas* (Leidenschaft) deshalb buchstäblich menstruelle Unreinheit heißt. «Dies zeigt eine uralte Verbindung zwischen Leidenschaft (die Wut eingeschlossen) und weiblicher Unreinheit. Die *Shakti* (die Macht in ihrer weiblichen Form) wird normalerweise dargestellt als Wildheit.» Sie zitiert einen Mann, der zusammenfassend sagt: «Das weibliche Prinzip schafft immer Unruhe.»[32]

Barbara Walker stellt fest, daß «das am meisten gefürchtete Gift der von thessalischen Hexen gesammelte ‹Mondtau› war, unter dem man das erste Menstruationsblut eines Mädchens verstand, das während einer Mondfinsternis floß»[33]. Frédérique Marglin spricht von der «selbstgeborenen Blume», einem Stück Baumwollstoff, auf dem der erste Tropfen der ersten Menstruation eines indischen Mädchens eingefangen wurde.[34] Barbara Walker bezeichnet es als «hochgeschätztes Heilamulett»[35]. Lawrence Durdin-Robertson sagt, daß das Blut «die Vitalität steigert» und «die anderen Welten erreicht», indem es Formen für die dort lebenden Geister oder «Schatten» schafft und ihnen so hilft, «sich zu manifestieren und zu kommunizieren». Im Zusammenhang mit dem, was er die Macht des Altars nennt, das von Priesterinnen geopferte Menstruationsblut, sagt Lawrence Durdin-Robertson: «Die große Frage ist deshalb in allen Religionen: Wie kommen wir zu dieser Substanz? Von der Antwort auf diese Frage hängt die ganze Ethik dieser Religion ab.» Die Frau gibt die Substanz «auf natürliche und lebensbejahende Weise durch ihre monatlichen Blutungen»[36]. Monica Sjöö und Barbara Mor sehen das Menstruationsblut als «Medium für eine spirituelle Verbindung der Gemeinschaft», das durch die Beschneidung von männlichen Babys und die Einführung einer neuen «Männerversammlung» ersetzt wurde.[37]

Ist es nicht an der Zeit, daß wir wie in urgeschichtlicher Zeit unsere Kraft wieder einzusetzen beginnen? Die Macht des Menstruationsblutes ist ein zentrales Thema auf dem Weg zurück zu einem System, wo sich die Frauen wieder selbst regieren. Die Autoren von *Die weise Wunde Menstruation* glauben, daß der Menstruationszyklus der Frau die evolutionäre Neuerung war, die zur Entwicklung der menschlichen Gesellschaft und Kultur führte.[38] In ihrem umfangreichen Buch über urzeitliche Darstellungen der Göttin zeigt Marija Gimbutas auch eine Gruppe von weiblichen Figuren, die man in einer Vase gefunden hat. Sie sitzen im Kreis, wie eine Gruppe von Schlangen-Frauen, die sich beraten. Die Schlange hat sowohl mit der Menstruation als auch mit der *Kundalini*, und beide haben mit der Fähigkeit der Frauen zu tun, Informationen aus dem Reich der Geister zu empfangen und in der Form von Orakeln auszusprechen. Yoga war wahrscheinlich von menstruierenden Frauen erarbeitet worden, die lernten, mit den gewaltigen Energien und Kräften umzugehen, die ihnen während dieser zutiefst heiligen Zeit innerhalb des monatlichen Zyklus zur Verfügung standen. Stellen Sie sich vor, daß die Entscheidungsprozesse der Gruppe zu diesem Zeitpunkt stattfanden, ausschließlich im Interesse der Gemeinschaft. Vergleichen Sie dieses Bild mit dem, was die westliche Kultur aus uns gemacht hat, wo es während eintausend Jahren «den menstruierenden Frauen ausdrücklich verboten war, in die Kirche zu gehen»[39].

In ihrem Buch *Geheimes Wissen der Frauen*, das ein brillantes Kapitel zum Thema Menstruationsblut enthält, bezeichnet Barbara Walker dieses Blut als das höchste Gut des matrilinearen Clans, es enthält die Seele der zukünftigen Generationen.[40] Sie sagt, daß die Schöpferin, die älter ist als die Bibel, «die Frauen gelehrt hat, zum Schutz ihrer Schwangerschaft Puppen zu formen und sie mit Menstruationsblut zu beschmieren». Dies könnte eine Erklärung sein für die Tausenden von weiblichen Figuren, die man überall auf der Welt gefunden hat und die die Wissenschaftler mit großer Beharrlichkeit als «Schönheiten» oder «tanzende Mädchen» einstuften. Ihr Name ist *Adamah* und bedeutet «blutiger Lehm». Die Wissenschaftler haben es mit «roter Erde» übersetzt.[41] Erinnern Sie sich an Adams Rippe und «Gott», der den Kreaturen Leben einhaucht. Und dann rufen Sie sich in Erinnerung, wie die Bibel zur Zeit des Alten Testaments darauf fixiert war, jeden, der noch die alten «Götzen» in irgendeiner Form verehrte, zu eliminieren. Und dann denken Sie daran, daß unser kulturelles Erbe auch die Verbrennungen von neun Millionen Frauen enthält, die im Mittelalter stattgefunden haben. Ihr einziges Verbrechen bestand darin, Heilerinnen oder, in einem tieferen Sinn, Frauen gewesen zu sein. Frauen, die bluten. Die feministische Theologin Mary Daly sagt, daß die Frauen als «ontologisch unrein stigmatisiert sind und sie deshalb auf dieser fundamentalen und allumfassenden Ebene verhaßt sind»[42].

In einem wundervollen Buch über die spirituelle Entwicklung der Frauen, wie sie sie in ihrer feministischen Praxis für Psychotherapie täglich erleben, sprechen Polly Young-Eisendrath und Florence Wiedemann vom «grundlegenden Makel» oder der «verborgenen Häßlichkeit» all ihrer Patientinnen. «In unserer Therapie ist uns bis jetzt noch keine Frau begegnet, die nicht glaubte, daß sie einen geheimen Makel in sich trage, den die anderen irgendwann unweigerlich entdecken würden.»[43] Klingt das nicht ähnlich wie unsere Pubertätsängste, daß man die Binden durch den Rock hindurch sehen, daß der Tampon während der Pause herausfallen oder daß jemand den Geruch des Menstruationsblutes wahrnehmen könnte? Wie soll eine Frau in einer Gesellschaft aufwachsen, die ihre natürlichste und wichtigste biologische Funktion haßt und fürchtet, ohne daß sie das Gefühl bekommt, sie trage einen tiefliegenden, inneren Makel in sich? Das Buch *Female Authority: Empowering Women Through Psychotherapy* beschreibt die Verwandlung einer Frau, die durch die Konfrontation mit dem inneren Animus und demjenigen in der Außenwelt von einem negativen Selbstbild ohne innere Autorität zu ihrer eigenen Autorität findet. Die Autorinnen heben die Menstruation nicht speziell hervor, aber jedes Problem und jede Charakteristik, die sie beschreiben, könnte man ohne weiteres unter dem Begriff «Verinnerlichtes Menstruationstabu» einordnen.

Stellen Sie sich vor, daß tief in jeder Frau ein unbewußter Drang danach besteht, sich an die Ekstase dieses uralten, heiligen Aufeinandertreffens der Kräfte der Erde und des Himmels in ihrem Körper zu erinnern. Gleichzeitig wurde sie aber (durch frauenfeindliche Praktiken) dazu gebracht, sich zutiefst davor zu fürchten, ein solches Bedürfnis zum Ausdruck zu bringen. Kann man sich unter diesen Umständen noch über ein Phänomen wie PMS wundern? Was würde es brauchen, bis wir unseren Erinnerungen erlauben würden, an die Oberfläche zu kommen, so daß die Bruchstücke wieder zu einem Ganzen werden? Sylvia Perera hat über den Transformationsprozeß der Frau, wie sie ihn aus der Sicht ihrer eigenen Praxis und ihrer Untersuchung der sumerischen Legende von Inanna sieht, ein brillantes Buch geschrieben. Inanna ist eine schamanische Göttin, deren Abstieg in die Unterwelt auf uralten Lehmtafeln niedergeschrieben wurde. Vor über fünfzig Jahren hat man diese Tafeln im Nahen Osten ausgegraben und im Laufe der letzten zehn Jahre ins Englische übersetzt. *Der Weg zur Göttin der Tiefe. Die Erlösung der dunklen Schwester. Eine Initiation für Frauen* ist eine Anleitung für moderne Frauen, die sich in das Reich des Unterbewußtseins vorwagen und die Tiefe der weiblichen Urkraft erleben wollen. Die Geschichte von Inanna, die sich in die Unterwelt begibt, wo sie der Dunklen Göttin begegnet, stirbt und während drei Tagen verwest, könnte auch eine Metapher für die Menstruation sein. Es handelt sich hier um unseren ältesten mythischen Epos, der sich auf noch ältere Kulturen des Nahen Ostens bezieht, wie zum Beispiel Catal Hüyük, wo die Frauen regierten. Inanna, die den Ruf der Dunklen Göttin vernimmt, begibt sich freiwillig in die Unterwelt – und gibt dabei ihre ganze Identität auf –, um dort zu sterben und wiedergeboren zu werden. Sie kehrt als Heilerin wieder zu ihrer Gemeinschaft zurück. Der Held, der in späteren Geschichten die Unterwelt betritt, geht mit erhobenem Schwert dorthin, um die Dunkle Göttin zu töten und um sich niemals zu verändern.

Sylvia Perera vergleicht die «Depression und abgrundtiefe Agonie der Hilflosigkeit und Nutzlosigkeit – unerklärliche Bedürfnisse und transformativ/destruktive Energien, unmögliche Autonomie (das Bedürfnis nach Alleinsein und Selbstbestätigung), die sich abspalten, nach innen wenden und das Gefühl der Willenskraft und des Selbstwertes des Individuums zerstören»[44], unter der die Frauen heute leiden, mit der «unpersönlichen Yang-Energie» von Ereschkigal, der Dunklen Göttin. Für Sylvia Perera ist Inanna die erste, die uns den Weg durch Ereschkigals Reich zeigt, welches «grenzenlos, irrational, ursprünglich, völlig gefühllos, ja sogar die Individualität zu zerstören scheint»[45]. Inannas «Offenheit gegenüber dem, was sie erwartete, ist die Essenz dessen, was die menschliche Seele erlebt, wenn sie sich dem Transpersonellen gegenüber sieht. Es handelt sich nicht um Passivität, sondern um die aktive Bereitschaft zu empfangen.»[46] Sie spricht von Inannas Opfer dessen, was oben ist, für das, was unten ist, und dem «Austausch von Libido zur Erneuerung der Seele»[47]. All diese Gefühle sind denjenigen Frauen vertraut, die manchmal unter überwältigend starken Monatsblutungen leiden oder die sich auf dem schamanischen Pfad der Heilung befinden. Es geht um Transformation, um «die Zerstörung alter Verhaltensmuster»[48]. Dieser Mythos enthält soviel für uns, wenn wir es schaffen, dieses Erlebnis ohne Eingriff von außen durchzustehen. Das trifft sowohl auf unsere monatlichen Blutungen – keine Medikamente, keine Schmerzmittel – als auch auf unsere weniger regelmäßig auftretenden Depressionen oder ernsthafteren «Zusammenbrüche» zu.

Mit dem Blutzyklus verfügen die Frauen über einen Heilungsprozeß, durch den instinktiv alles, was in uns steckt, ausgestoßen wird. Unsere Bereitschaft, uns mit der dunklen Welt auseinanderzusetzen, ist der Schlüssel zu unserer Entwicklung. Das, vor dem wir uns fürchten, ist in Wirklichkeit der Schatz, der in unserem tiefsten Inneren ruht, die weibliche Urenergie, von der wir so lange abgeschnitten gewesen sind. Der Drache, der immer vom Helden getötet wird, das Monster, das im Meer lebt, das menschenfressende Ungeheuer, das sich im tiefsten Winkel der weiblichen Seele versteckt – sie sind die Befreier und Retter der Shakti-Frau. Die Sibyllen des Altertums und weissagenden Priesterinnen machten ihre Prophezeiungen während der Zeit ihrer Blutung. Delphi heißt «der Schoß». Natürlich begegnen wir bei diesen Reisen in die Unterwelt, die uns in die Tiefe unseres Unterbewußtseins führen, auch dem Schmerz. Eine der größten Bedrohungen sind die Erinnerungen an Inzest oder an sexuelle Belästigungen, mit denen so viele von uns schon früh konfrontiert worden sind. Sylvia Perera meint, daß «der Schmerz ein tiefgehender Weg ist»[49], und sie rät uns, uns der Dunklen Göttin auf ehrerbietige Weise zu nähern, auf jede Aktivität zu verzichten und einfach das über uns ergehen zu lassen, was uns in der Dunkelheit erwartet. Danach erwarten uns Befreiung und Erneuerung.

Wenn eine Frau sich in ihr dunkles Zentrum sinken läßt, ist Wut eines der Dinge, die sie dort antreffen wird. In der «oberen Welt» wird die Frau dazu erzogen, ihre Wut zu verleugnen, damit sie rund um die Uhr und während des ganzen Zyklus als Betreuerin und Ernährerin zur Verfügung steht. Während der Zeit des PMS fühlen sich die Frauen «bösartig»; wir sind nicht mehr bereit, uns aufzuopfern, unsere Instinkte zu ersticken, unsere natürlichen Reaktionen zu unterdrücken. Denken Sie an die wilde Kali, die Dunkle Göttin Indiens mit ihrem angeblichen Verlangen nach Blut, oder an Medusa, deren Blick die Männer in Stein verwandelte. Es ist gut möglich, daß wir, wenn wir regelmäßig die Macht unserer Menstruation erleben würden, nicht mehr länger «nette Mädchen» bleiben können. Es könnte sogar sein, daß wir ein gefährliches Ausmaß an *Raja* aufbauen, welches wir in Form einer Revolution in unserer Kultur zum Ausdruck bringen müssen! Zweifellos werden die Menstruationstabus aus diesem

Grund mit solcher Grausamkeit durchgesetzt. Barry und Ann Ulanov behandeln dieses Thema in ihrem wegweisenden Buch *The Witch and the Clown.* Sie beschreiben «die nicht freigesetzte Lebensfreude» und «das ungelebte Leben» einer modernen Frau. Die unterdrückte «Hexe» verursacht bei den Frauen chronische Depressionen und asoziales Verhalten, und selbst wenn wir uns nicht selber als Hexe bezeichnen, sagen die Ulanovs, dann wird es die Gesellschaft tun! «Das Bild der Hexe steht für die Kraft, die entsteht, wenn sich die Frauen selber formen wollen und sich nicht mehr mit einem Lebensinhalt begnügen wollen, der einzig aus der biologischen Fortpflanzung besteht.» Dazu fügen sie noch hinzu: «Das meiste, was als negative Auswirkungen der Hexe auf ihr Umfeld betrachtet wird, ist in Tat und Wahrheit das Resultat des Drucks, den das Umfeld auf sie ausübt.»[50]

Für die Shakti-Frau ist es von größter Bedeutung, all die negativen Attribute wieder für sich in Anspruch zu nehmen und sie sich voller Stolz wieder zu eigen zu machen. Starhawk, die bekannte Anführerin der Wicca (Hexenglauben), hat uns während einem Jahrzehnt demonstriert, daß wir die Bezeichnung als Hexe mit Freude akzeptieren müssen, damit wir unsere erdbezogene Heilkraft wieder beanspruchen und zu etwas Heiligem machen können. Zu dieser Bezeichnung würde ich auch Lesbe, Außenseiterin und all die Wörter zählen, die Mary Daly in ihrem Buch *Gyn/Ökologie* so überzeugend erarbeitet hat. Scheusale, alte Jungfern, Feen, Harpyien und Furien sind alles Namen, mit denen man alte Weiber oder weise Frauen betitelt hat. Mary Daly sagt: «Es gibt die *hags* (Scheusale, Hexen). Frauen, die sich in einem feministischen Raum-/Zeitbereich bewegen, tragen dazu bei, die ‹hagocracy› zu schaffen, den Ort, wo wir regieren.»[51] Das Wort *hag* ist aus der Wurzel mit der Bedeutung «heilige Frau» und «heiliger Hain» entstanden. Die Ulanovs beschwören das Bild der modernen Shakti-Frau: «Die ‹hag›-Frau (Hexe), die vor Energie strotzt und auf der Suche nach dem Sinn des Lebens ist. Sie fühlt, daß sie sich voll ausleben muß, bevor sie stirbt, daß sie irgendwie das Feuer der Wahrheit finden oder bei der Suche danach verbrennen muß.»[52] Das nächste Mal, wenn Sie irritiert sind und Ihre Periode nicht mehr weit weg ist, versuchen Sie,

Ihrem inneren Scheusal oder der inneren Hexe etwas Platz zu machen, damit sie sich ausleben kann. Die Ulanovs sprechen von der «hag» als jemandem «mit dem Bedürfnis nach eigenständiger Existenz, Unabhängigkeit von anderen, mit ihren eigenen Zielen, Fähigkeiten und tiefen Quellen, aus denen sie schöpfen kann»[53]. Das klingt wie diejenige Art von Kreativität, über die Frauen verfügen, die sich für eine bestimmte Zeit auf ihre eigenen Aufgaben konzentrieren können – das Schreiben von Büchern, das Erträumen von neuen Welten, das Einführen von Mitteln, die es uns erlauben, das zu erreichen, was wir für uns und unsere Kinder wollen.

Die Menstruation muß kein schmerzvoller Prozeß sein, wenn wir der Natur ihren freien Lauf lassen. Wenn wir die Energie der Menstruation jedoch unterdrücken, führt das dazu, daß unser Leben infolge dieser Repression «leblos» wird. «Die überwältigenden, auf dem Instinkt basierenden Energien, die sich im «hag»-Bewußtsein stauen, lassen sich durch das Ego weder umsetzen noch ausleben. Die ganze Energie fällt als intensive Angst, Enttäuschung und Wut auf uns zurück, welche so treffend im Bild des zähneknirschenden Scheusals dargestellt wird, das wie ein verwundeter Bär furchtbare, verbitterte Laute von sich gibt.»[54] Artemis, die gezähmte und enttäuschte Bärin, wird bösartig und innerlich krank. Ihre schamanischen Kräfte verwandeln sich in Depression oder Verbitterung.

Meine Verspannungs-Kopfschmerzen erreichten zum Beispiel während meiner Periode einen unerträglichen Höhepunkt. Frauen, die unter Migräne oder Herpes leiden, spüren, daß ihr Körper während dieser «Tage» völlig außer Kontrolle gerät. Die unglaubliche Isolation, in der wir während (aber auch außerhalb) unserer Menstruation leben, führt zu einem erdrückenden Gefühl der Hoffnungslosigkeit und Nutzlosigkeit, die in unserer Kapitulation vor dem medizinischen Establishment ihren Ausdruck findet, bei dem wir uns von unseren «Frauenleiden heilen lassen». Schauen Sie sich diese schreckliche Verunstaltung des heiligen Menstruationszyklus unserer Vorfahren an, der in den Augen der modernen Medizin zu einer Krankheit geworden ist!

Wir können unsere Isolation überwinden, wenn wir zusammenkommen, unsere Menstruation in der Gruppe erleben, Mondhäuser und Ruhephasen schaffen. Wir können singen, fasten, uns entspannen, träumen, Tagebücher schreiben, still sein oder mit den anderen Frauen die heiligen Bereiche besprechen, die wir während dieser magischen Zeit im Monat erreicht haben. Wir können uns künstlerisch betätigen und die Stimme der Göttin – das Orakel – durch uns in heilenden Worten und Bildern sprechen lassen. Wie die indischen Frauen können wir uns von den nie endenden Aktivitäten unserer modernen Welt erholen. Wenn wir keine verständnisvollen Partner an unserer Seite haben, die uns diese Erholung «erlauben», müssen wir in der Gemeinschaft Strukturen schaffen, die uns Frauen diese Phase der Erneuerung ermöglichen. Die Menstruation ist der richtige Zeitpunkt, um Rituale durchzuführen, denn wir können das Menstruationsblut als starkes Elixier für Magie und Visualisierungen verwenden. Machen Sie ein beschützendes oder heilendes Amulett für sich selber, und bestreichen Sie es mit ihrem eigenen heiligen Blut. Geben Sie Ihren Pflanzen davon, wünschen Sie sich das, was Sie sich vom Leben erhoffen. Verwenden Sie es nie, um jemandem zu schaden oder um jemanden zu beherrschen; überlassen Sie den Zauberern das Karma solcher Tätigkeiten. Projektieren Sie nur das, was Sie in dreifacher Stärke auch empfangen möchten. Geben Sie das Blut der Erde zurück, und spüren Sie Ihre Nähe zu den Priesterinnen, die den Ackerbau und die Zivilisation erfunden haben. Aufgrund unserer Erziehung gibt es auf diesem Gebiet einen Aspekt, der unsere Befreiung verhindert. Wir müssen das Tabu brechen, das um die Menstruation aufgebaut worden ist. Nur so können wir uns darauf vorbereiten, alte Weiber und «hags» zu werden; Frauen, die nicht mehr menstruieren, die sich nicht darum kümmern, was die Leute denken, und die viel freier sind, das zu tun, was ihnen gefällt, als jüngere Frauen.

Mary Daly spricht in bewegenden Worten vom «Gynozid» (Frauenmord) an Frauen, die keine Kinder mehr bekommen können. Die westliche Gynäkologie entstand nach dem Massaker an Heilerinnen, als männliche Ärzte deren Platz einnahmen.

Mary Daly behauptet, daß «der Zweck und die Absicht der Gynäkologie nicht die Heilung im tieferen Sinn ist, sondern die gewaltsame Erzwingung des sexuellen Kastensystems»[55]. In vorgeschichtlicher Zeit waren die Frauen in der Menopause die weisen Großmütter des Stammes, deren «weises Blut» im Körper blieb, so wie die Weisheit in der Seele aufbewahrt wurde. In unserer Kultur sind die Frauen ausgelaugt, verlieren ihren Wert und werden als Wegwerfware behandelt. Die große Häufung von Brust- und Gebärmutteroperationen ist für uns alle erschreckend. Es droht uns die Vernichtung im Alter. Wenn eine Frau in unserem Kulturkreis die Menopause erreicht, so empfiehlt man ihr, sich einer Östrogentherapie zu unterziehen, damit sie die Auswirkungen dieser Umwandlung nicht durchmachen muß. Warum? Damit sie nicht unter Wallungen leiden muß, den körperlichen Zeichen, daß ihr Körper irgendwie außer Kontrolle geraten und ganz offensichtlich nicht männlich ist. Ihr Körper reagiert auf Hormone und Veränderungen! Als psychische Unterstützung für die Frauen, die versuchen, ohne Medikamente die Menopause zu überstehen, möchte ich hier etwas erwähnen, das die westliche Medizin kürzlich herausgefunden hat. Wie es scheint, reagiert Krebs auf erhöhte Körpertemperatur. Mit anderen Worten heißt das, daß Krebs durch die Erhöhung der Körpertemperatur geheilt werden kann. Überlegen Sie sich das einmal. Wallungen haben ihren Sinn, abgesehen davon, daß wir mit Giftstoffen belastet sind und diese mit Hilfe von Hitze und Schweiß ausstoßen können. Die Menopause bereitet uns darauf vor, gesunde alte Frauen zu werden! Sie verursacht in Ihrem Körper während des Übergangs eine erhöhte Temperatur, was ihn wahrscheinlich von potentiellen Übeln wie Krebs befreit, der in diesem Moment vielleicht vorhanden ist. Mit all den Schadstoffen und Chemikalien, die in der Luft schweben, gibt es für keine von uns eine Garantie, aber, meine Schwestern – bitte genießt und schätzt Eure Wallungen. Begrüßt Eure Menopause mit Liebe. Wie die Zeit der Menstruation ist auch dies eine Kundalini-Erfahrung. Es braucht die Ekstase dazu. Stimmen Sie sich darauf ein, und überlassen Sie sich der Dunklen Göttin – ich weiß, daß darauf die Erneuerung folgen wird.

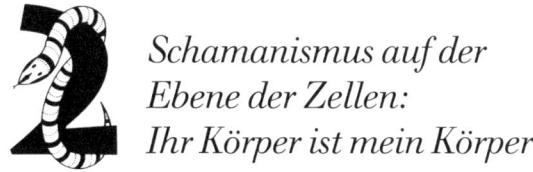

Schamanismus auf der Ebene der Zellen: Ihr Körper ist mein Körper

Die westliche Medizin neigt dazu, die einzelnen Körperteile und Organe als unabhängige Einheiten zu betrachten, als ob sie nicht Teil eines Ganzen wären. Eine Fehlfunktion des Herzens oder des Ellbogens wird behandelt, als wenn sie mit dem Rest des Körpers nichts zu tun hätte. Es stimmt etwas nicht mit diesen Gliedmaßen oder Organen, d. h., man muß sie reparieren. Der Arzt ist der zuständige Experte, der gerufen wird, um dies auszuführen. Er lernt dies nicht durch Erfahrungen am eigenen Leib, sondern durch das Auswendiglernen von Büchern und das Sezieren von Leichen. Um die Dinge noch weiter zu komplizieren, trennt die westliche Psychologie den Geist vom Körper und behandelt die beiden so, als ob sie kaum etwas miteinander zu tun hätten. Aus der Sicht der Psychologie wäre die Beherrschung des Körpers durch den Geist die ideale Beziehung zwischen diesen beiden Aspekten des Menschen. Im westlichen Denken, das durch die christliche Religion noch bestärkt wird, ist der Mensch etwas Besonderes, er ist nicht Teil der Natur und der Tierwelt auf der Erde und nimmt sich das Recht heraus, über sie zu herrschen. Sogar die Geschichte der Evolution des Menschen strotzt von Vorstellungen unserer Überlegenheit und unserer stetigen Entwicklung weg von der Tierwelt. Wenn wir jemanden beleidigen wollen, sagen wir, daß er sich wie ein Tier benimmt. In Tat und Wahrheit wäre es jedoch die schlimmste Beleidigung für jedes Wesen auf Erden, wenn man von ihm sagen würde, daß es sich wie ein Mensch verhält.

In den meisten Religionen wird der Körper mit der Erde und den Frauen gleichgesetzt. Seit Urzeiten war diese Verbindung offensichtlich und führte zu Verehrung und hohem Ansehen der Frau. Frau = Körper = Erde; das ist die uralte Definition der

Göttin. Mutter Erde. Creatrix. Sie, der Ursprung allen Lebens, die alles, was je existiert hat, wieder zu sich zurücknimmt. Sie, die uns hier in ewigem Wechsel und ständiger Veränderung hält und uns das Wunder des Generationenwechsels und der zyklischen Evolution zeigt. Matrix. Regeneratrix. Die Frau, ihre Tochter, besitzt die gleichen Eigenschaften, die gleichen Gaben. Aus ihrem heiligen Körper schafft oder zerstört sie nach dem Willen der Natur. Sie blutet, läßt neues Leben heranwachsen, trägt das Ungeborene in sich, gebärt es, betreut und ernährt ihre Jungen mit ihrem eigenen magischen und erotischen (d. h. lebendigen) Körper. Sie liebt, schafft Energie und Leben – alles in ihrem Körper. Ausgehend von ihrem praktischen Verhältnis zu ihren Kindern, das auf dem Teilen der Nahrung basiert, wurde die Frau zur Schöpferin von Sprache und Kommunikation, Werkzeugen, Töpferei und Kunst.[1]

Da der Körper der Frau, der der Erde so ähnlich ist, genug Nahrung für seine Kinder produziert, vertrauten unsere frühen Vorfahren auf die Mutter. Sie schufen Bilder der Großen Mutter mit großen, vollen Brüsten und einem runden, schwangeren Leib. Während Jahrtausenden – vielleicht seit dem Entstehen des Bewußtseins – liebte, dankte und lobpries die Gemeinschaft dieser Frauen zusammen mit ihren männlichen und weiblichen Nachkommen diese Erde. Die moderne Archäologie datiert die Venusbilder auf ca. 25 000 v. Chr. Neueste Forschungen in Großbritannien weisen jedoch auf ein Alter von drei Millionen Jahren für die ältesten Figuren der Großen Göttin hin. Das war der Anfang der menschlichen Evolution. Die ersten Menschen schufen aus Stein Bilder der göttlichen Frau. Deren Formen haben erstaunlicherweise bis heute überlebt. Nach dem Gelehrten Ron Williams wurden diese Feuersteinskulpturen als Handäxte identifiziert und werden deshalb völlig falsch verstanden. Wie bei so vielen anderen falsch identifizierten «Werkzeugen» fehlen diesen Objekten die Spuren, die ein Gebrauchsgegenstand (wie z. B. ein Hackwerkzeug) aufweisen muß. Diese sogenannten Handäxte, die man in großer Zahl an den meisten Rastplätzen im Freien gefunden hat, liegen heute größtenteils in den Schubladen der Museen verschlossen.[2]

Die traditionellen Wissenschaftler gingen ausnahmslos davon aus, daß die alten Völker um ihr Überleben kämpfen mußten und daß ihre Lebensqualität viel schlechter war als in unserem modernen, von der Technik beherrschten Leben. Immer wieder taucht das Bild der barbarischen Idioten auf, die einander angrunzen, vergewaltigen, verstümmeln und die vollkommen unzivilisiert und primitiv sind, wie wir diesen Zustand heute leider bezeichnen. Die archäologischen Funde erzählen jedoch eine ganz andere Geschichte, die aber für das etablierte Modell eine Bedrohung darzustellen scheint, denn sie wird nur selten in die modernen Lehrmittel aufgenommen. Sogar das feministische Buch *Ayla und der Clan des Bären*, das auch verfilmt worden ist, stellte die vorgeschichtliche Zeit und die Evolution des Menschen als eine Art Fred-und-Wilma-Feuerstein-Gesellschaft dar, in der die männliche Autorität und die Unterwerfung der Frau innerhalb des Stammes beschrieben werden. Anstatt die Evolution als linear und progressiv zu sehen, in der die männliche Dominanz die Norm war und ist, müssen wir uns mit der Vorstellung anfreunden, daß die alten Völker brillant und innovativ waren und daß sie im Vergleich mit unserer globalen Katastrophe ein gutes Leben geführt haben müssen. Nur schon die Tatsache, daß sie während Jahrtausenden in Gruppen zusammengelebt haben, ohne Krieg zu führen, sollte uns dazu veranlassen, unsere eigene Kultur in Frage zu stellen.

Die Wissenschaftler können sich nicht vorstellen, daß unsere Vorfahren ein glückliches und gesundes Leben geführt haben, denn wir, die völlig von der Natur und dem Tier in uns abgeschnitten sind, leiden und kämpfen tatsächlich gegen die Elemente, wenn wir das Pech haben, ihnen einmal direkt ausgeliefert zu sein. Wenn wir uns im Wald verirren, haben wir keine Ahnung, was zu tun ist. Wir wissen nicht, was eßbar ist und was nicht, und wir haben kaum Zugang zu solchen Informationen über die Bäume, Tiere oder Pflanzen selber. Ohne einen Vorrat an Fertigwaren in unserem Rucksack sind wir nicht in der Lage, für uns selber zu sorgen. Ohne Kompaß und Karte finden wir uns nicht zurecht. Dieses haarsträubende Bild projizieren wir auf die alten Kulturen, aber alles, was wir heute über das Leben der schamanischen Völker heute oder über deren Kunstgegenstände und Schriften aus früherer Zeit wissen, weist darauf hin, daß sie sich in der Natur heimisch und deshalb sicherer fühlen. Sie sind nicht nur gute Jäger und Sammler, sie sind auch gute Zuhörer und intensive Kommunikatoren. Sie leben mit den anderen Lebensformen auf diesem Planeten zusammen. Sie leben in Frieden mit allen lebenden Dingen, verwenden das, was sie um sich herum finden und sind dankbar für das Wunder dieses Überflusses. Sie haben Zugang zur Magie und zu konkreten (physischen) Methoden, um mit unsichtbaren Kräften zu arbeiten und zu kommunizieren. Bevor wir dies nicht als vollständig wahr akzeptieren können, werden wir das Objekt unserer Studien nie ganz verstehen.

Der Körper ist das grundlegende und wichtigste Werkzeug in der Magie. Alles, was man auf einer anderen Bewußtseinsebene gefühlt, gesehen oder erfahren hat, wird durch den Körper in die physische Wirklichkeit gebracht. Der Körper ist ein Gefäß, das alle Kräfte und Energien enthält, die wir benötigen, um alles für uns Vorstellbare tun zu können. Unsere fünf Sinne und die übersinnlichen Wahrnehmungsmöglichkeiten sind unsere Mittel zur Kontaktaufnahme. Mit dem Körper können wir Dinge vollständiger und echter wahrnehmen als mit dem Bewußtsein. Wir können reagieren, genau wie die Tiere, aber um zu verstehen, wie wichtig das ist, müssen wir erst wieder erfahren, über welche Art von Bewußtsein die Tiere verfügen. Die jüdisch-christliche Religion setzt den Körper mit der weltlichen, banalen Realität gleich. Wir glauben bestenfalls, daß der Instinkt untergeordnet oder, im schlimmsten Fall, daß er schlecht sei. Wir setzen alles daran, ihn loszuwerden. Da wir nicht sehen, wie die Tiere mit den unsichtbaren Kräften der Natur und des Universums im Einklang stehen, ist uns auch nicht bewußt, wie stark sie spirituell mit ihnen verbunden sind. Sie reagieren auf natürliche Impulse und nicht aufgrund von anerzogenem Suchtverhalten.

Die schamanische Arbeit beginnt für viele westliche Frauen mit der Überwindung von Süchten. Jede amerikanische Frau, die zur Heilerin berufen ist, wird wahrscheinlich durch ihre eigenen körperlichen oder psychischen Süchte behindert. Das ist gar nicht anders möglich. Nebst unserer falschen Sicht der Realität (was nicht gegenständlich und nicht sichtbar ist, existiert nicht) und unserem tiefsitzenden Minderwertigkeitskomplex (dem verhängnisvollen «Makel», den alle Frauen in einer patriarchalischen Gesellschaft in sich tragen), hat man uns auch dazu gebracht, von Dingen abhängig zu werden, die wir nicht wirklich brauchen und die unserer Gesundheit nicht zuträglich sind. Diese Süchte sind wie eine Art Reflex zu einem Teil von unserem Wesen geworden, sie lenken uns von unserem wahren Weg ab und verdunkeln unsere Sicht. Unsere Süchte machen uns zu Krüppeln; das Ungesunde schwächt uns, und wir sehen uns außerstande, in unserem eigenen Namen oder in dem unserer Kinder zu handeln. Es ist deshalb kein Wunder, daß die Frauen in Scharen Therapien machen, an Zwölf-Schritt-Programmen teilnehmen und Frauengruppen bilden, um sich mit Themen wie Inzest und Freßsucht auseinanderzusetzen. Dieser Trend ist ein Zeichen für eine umfassende, im Untergrund stattfindende Selbstheilung der Frauen.

1976 erlebte ich meine eigene schamanische Heilungskrise, was dazu führte, daß sich mein ganzes Leben veränderte. In den frühen siebziger Jahren war ich aktives Mitglied der Gesundheitsbewegung der Frauen (women's health movement) und der Frauenbewegung. In diesem Rahmen sprach ich in der Öffentlichkeit oft von der Notwendigkeit, unsere Vagina der Kontrolle des medizinischen Apparates zu entziehen, die Kontrolle über die Fortpflanzung wieder selber in die Hand zu nehmen und einen Weg zu finden, wie wir in unserem weiblichen Körper wieder ein gesundes und glückliches Leben führen können. Ich unterstützte sogar die Gründung einer feministischen Frauenklinik in Colorado, wo wir eine sehr gute Beratung zum Thema Empfängnisverhütung anbieten konnten und wo wir auch Themen wie Sexualität und Abtreibung behandelten. Ich war auch Mitautorin des Textes *Circle One: A Woman's Beginning Guide to Self-Health and Sexuality (Kreis eins: Handbuch zu Gesundheit und Sexualität der Frau).* Mein Bewußtsein war zwar aufgewacht, aber nur in Fragmenten. Als mein eigener, natürlicher Heilungsprozeß spontan seinen Anfang nahm, sah ich auf einmal den größeren Zusammenhang. Im nachhinein wurde mir bewußt, welch lächerliches Bild ich an nationalen Kongressen geboten haben muß, als ich mich mit der Zigarette im Mund über die Gesundheit der Frau ausließ. Diese Art der Zersplitterung reicht in alle Gebiete unseres täglichen Lebens hinein, und bevor wir uns nicht in einem Spiegel sehen können, der uns mehr als nur unsere kultivierte Persona zeigt, ist es schwierig, die Strukturen zu durchbrechen, die uns geprägt haben.

Ich brach sehr plötzlich und endgültig mit der Gesundheitspolitik der Frauen, denn ich konnte einfach nicht mehr in diesem Umfeld arbeiten. Das Konzept der ganzheitlichen Gesundheit beschäftigte mich voll und ganz, und mir war bewußt, daß ich alles ändern mußte.[3] Ich begann, mich spirituell zu öffnen, mir eine Grundlage aufzubauen und durch die Kraft, die ich als die Göttin verstand, eine Verbindung zum Universum zu spüren. Ich begann meine körperlichen Beschwerden als das Resultat meines falschen Lebensstils zu sehen. Die Kopfschmerzen, die mich während zehn Jahren geplagt hatten, wurden zu Marksteinen meiner schlechten Gewohnheiten, zu Signalen, die anzeigten, wann ich mich nicht richtig um mich selbst gekümmert hatte. Mein stetig wachsendes Magengeschwür veranlaßte mich dazu, meine Wut aufzugeben und etwas Neues auszuprobieren. Als ich das Rauchen aufgab, sah ich mich mit meinen eigenen Verhaltensmustern konfrontiert, was jeden Therapeuten überflüssig machte. Während vier Jahren hatte ich mir jedesmal eine Zigarette angezündet, wenn ich mich unsicher fühlte, gelangweilt war oder wenn mir das, was gerade vor sich ging, nicht paßte. Es war meine Art, mich zu trösten, die Zeit totzuschlagen oder mich von einer Situation abzulenken. Als ich aufhörte zu rauchen, war ich so zappelig, daß ich meine Gefühle nicht mehr unterdrücken konnte. Ich mußte mich mit Menschen auseinandersetzen, denen ich bisher ausgewichen war, und ich mußte meinen Tagesablauf so verändern, daß ich im Laufe der Jahre besser zu mir selbst finden konnte.

Es kann eine große Hilfe sein, wenn wir unsere schamanische Arbeit zusammen mit anderen Frauen ausführen. Gruppen zur gegenseitigen Unterstützung und rituelle Zirkel stehen im Zentrum der Arbeit und bilden Gefäße, die uns im Laufe unserer bewußten Transformation Halt geben. Eine auf sich selbst gestellte Frau, die sich spirituell zu öffnen und das Unsichtbare wahrzunehmen beginnt, könnte sehr leicht das Gefühl bekommen, verrückt zu werden, wie das in der Geschichte in verschiedenen Fällen vorgekommen ist. Wenn wir uns spirituell zu öffnen beginnen, findet ein strukturelles Phänomen statt, bei dem der Energiekörper erwacht. Dadurch fühlt sich der physische Körper «fließend» und veränderlich, anstatt fest und klar definiert an. In der «normalen» Realität scheint es, daß die Haut die Grenze eines Menschen darstellt. Wenn dieselbe Person sich jedoch spirituell öffnet, dann dehnt sich diese Grenze aus. Sie hat das Gefühl, als ob sie über den Körper hinausreiche, mehr Platz einnehme und die Dinge nicht mehr über die fünf Sinne wahrnehme. Was wir im körperlichen Bereich als selbstverständliche Art der Dichte wahrgenommen haben, wird auf einmal als Ganzes in Frage gestellt. Für das Ego ist es sehr schwer, sich an diesen Zustand anzupassen. Das führt oftmals zu emotionellen Schwierigkeiten. Die verborgenen Ängste der betroffenen Person erheben sich wie Gespenster und verfolgen sie mit Sätzen wie «Was passiert, wenn...?» und «Du darfst nicht...» usw. Glücklicherweise haben wir ein paar öffentliche Demonstrationen dieser anderen Realität in unserer Kultur erlebt. Sie reichen von Feuerlauf (unversehrt barfuß über glühende Kohlen gehen) über die spirituelle Chirurgie (philippinische Heiler, die mit den Händen in Körper hineingreifen und dabei Moleküle zur Seite schieben, um Tumore zu entfernen) bis zur Psychokinese (Verbiegen von Gabeln durch Willenskraft usw.). All diese Phänomene tragen dazu bci, dem Volk die paranormale Realität näherzubringen.

Gruppen bieten den Frauen einen Rahmen, wo sie zusammenkommen können, um diese Phänomene zu studieren, zu üben und zu besprechen. Der Zirkel bildet unsere Basis und hält uns und die Erde zusammen. Er macht die Arbeit sicherer und einfacher. Der praktische Teil der Arbeit konzentriert sich hauptsächlich auf zwei Gebiete: die Instinkte und die Intuition. Die Instinkte stehen für das «Tier» in uns, das im Körper auf Gefahr oder Krankheit reagiert. Die Intuition ist eine Art von Fühlen oder Wissen, die viel umfassender ist als der Intellekt und die normale Gedankenwelt und die diese weit hinter sich zurückläßt. Die Intuition geht vom Körper aus und kann als Gefühl im Körper, als Traum oder einfach als fertiger Gedanke, der einem als Information, Warnung oder ähnliches durch den Kopf schießt, in Erscheinung treten.

Unser Hauptproblem im Zusammenhang mit Instinkten und Intuition ist, daß sie bei den meisten von uns durch die Erziehung verschüttet oder verfälscht worden sind, die ihrerseits vorgibt, ein instinktiver Impuls zu sein. Unsere Kultur sieht und definiert unsere Süchte als Instinkt, den sie dann als etwas Negatives bewertet. Wir verachten und verunglimpfen die Intuition der Frau, wenn wir sie mit dem reinen Denken vergleichen, als minderwertig und unrealistisch. Wenn in den USA Geschworene ausgesucht werden, fragt man die Leute, ob sie ihre Gefühle vom Verstand trennen können! Ist es nicht unglaublich, daß wir meinen, nur jemand, der dies schafft, könne für Gerechtigkeit sorgen? Wenn jemand diese Frage mit «natürlich nicht» beantwortet, dann wird er/sie auf der Stelle aus der Gruppe der möglichen Geschworenen eliminiert. Unsere Kultur bezeichnet Vergewaltigung als instinktgesteuerte Handlungen und Mord als Verbrechen aus Leidenschaft. Wenn wir dann noch östliche Philosophien importieren, die die Ausrottung und Abtötung von Instinkt und Leidenschaft empfehlen, damit unsere Spiritualität ihre volle Blüte entwickeln kann, dann ist das Chaos perfekt.

Wenn ich von Instinkt spreche, dann meine ich eine Verbundenheit mit dem Wachstumskreislauf der Pflanzen und Tiere; ein Zeitempfinden, das auf den Jahreszeiten begründet ist; Geburt und Menstruation, die im Einklang mit den Mondphasen stehen; Kommunizieren mit den Samen, die wir aussäen, und dem Gemüse, das wir ernten. Ich denke daran, wie ein Mann weiß, wann die Frau, die er liebt, ihren Eisprung oder ihre Menstruation hat; oder daran, wie ich weiß, daß mich jemand anruft, bevor das Telefon klingelt. Ich spreche nicht von der schrecklichen Anzahl von grotesken und von Gewalt strotzenden Bildern, die unserem Unterbewußtsein durch die allgegenwärtige Fernsehröhre eingegeben wurden, oder von Pornographie, die Kinder in jedem Videoladen oder Zeitungsständer erhalten können, oder von

Plakatwänden, auf die das Auge trifft, wo immer es auch hinschaut, egal in welcher amerikanischen Stadt. Diese Verfälschung von natürlichen und menschlichen Dingen muß durch einen Reinigungsprozeß rückgängig gemacht werden, der ganz von selbst seinen Anfang nehmen kann, der aber auch durch speziell dafür entwickelte Methoden angeregt werden kann. Ganz einfach gesagt: Wenn sich eine Frau auf eine positive Heilung konzentriert, löst das diesen Reinigungsprozeß aus. Die Ablehnung von negativen, schädigenden Frauenbildern und die Weigerung, diese Bilder noch länger aufzunehmen, wird sofort eine Transformation herbeiführen. Der Körper kann endlich all den Schmutz loswerden, den er während der Konditionierungsphase aufnehmen mußte. Voller Enthusiasmus befreit er sich davon mit Hilfe von Krankheiten, Hautausschlägen, Schweiß, Furunkeln und anderen, weniger angenehmen Begleiterscheinungen eines solchen Vorgangs. Dieser natürliche Reinigungsprozeß hat zur Folge, daß sich der Körper feiner oder transparenter anfühlt, was zum Erwachen der Spiritualität und einer Ausdehnung der Zellen führt, so daß der Körper mehr Platz einnimmt. Diese molekulare Transformation ist wundervoll, denn sie öffnet ein Wesen dafür, sich selbst (vielleicht zum ersten Mal) zu spüren und so eine Verbindung zwischen Persönlichkeit und Seele herzustellen. Die Seele ist direkt mit dem Körper verbunden und drückt sich durch ihn aus. Wenn wir den Körper mit schlechtem Essen und Chemikalien vergiften und ihn mit negativen Bildern und falschen Vorstellungen von den Frauen überhäufen, verlieren wir die Seele, und wir geraten, wie das auch im Glauben der Hindus zum Ausdruck kommt, in das Gefängnis der rein körperlichen Erlebniswelt. Dies ist aber kein natürlicher oder biologischer Zustand, denn er wurde durch den Menschen herbeigeführt. Es ist nicht so, daß wir in unseren Körpern zwangsläufig ein elendes Leben führen müssen und gleichzeitig einen spirituell abgesegneten Weg suchen, um aus der Welt der Körperlichkeit entfliehen zu können. Wir brauchen unseren Instinkt nicht abzutöten, um ein spirituelles Leben führen zu können. Was wir loswerden müssen, sind unsere Konditionierung, unsere Verhaltensmuster, die uns umbringen, und die Lügen des Patriarchats über die Wirklichkeit. Wenn wir unsere Körper und Seelen von diesen falschen Vorstellungen befreien, müssen wir sie durch eine tiefere Verbindung zu unseren echten Instinkten ersetzen.

Es handelt sich dabei um einen Prozeß, durch den man sich mehr und mehr auf den Körper (der letztlich der Seele entspricht) einstellt und dabei den normalen Gedankengang in den Hintergrund gleiten läßt. Der Körper weiß, was er zu tun hat. Der einzige Grund, weshalb er das in der Vergangenheit nicht getan hat, ist die Tatsache, daß er ständig durch den Geist beherrscht und durch giftige Chemikalien außer Gefecht gesetzt wurde. Wenn er sich selbst überlassen bleibt, weiß er auf wunderbare und liebevolle Weise, was er braucht und wie er es bekommen kann. Wie die Tiere, die wissen, welche wilden Pflanzen sie fressen müssen, wann sie fasten sollen und wo sie sich für die beste «Energiebehandlung» hinlegen müssen, verfügt auch unser Körper über solche Instinkte. Wir unterdrücken unseren Körper, weil wir uns schämen würden, ihm auf natürliche Weise freien Lauf zu lassen. Auf einer tieferen Ebene fürchten wir uns auch davor, bestraft zu werden. Wir bringen unsere Kinder nicht mehr alleine zur Welt, wir heilen unsere Krankheiten nicht mehr selber, und wir verarbeiten unsere Nahrung nicht mehr selber. In all diesen Dingen hat man uns eingeredet, daß es Fachleute gibt, die das alles besser können als wir. Wir lassen unsere Angehörigen in einsamen Spitalbetten und an Maschinen angehängt sterben. Wir sehen tatenlos zu, wie unsere Regierung immer mehr Steuergelder für die Entwicklung von todbringenden Technologien ausgibt, während die Menschen in unseren Nachbarländern Hungers sterben. Wir sitzen in entnervenden Verkehrsstaus und atmen stundenlang Kohlenmonoxide ein, obwohl wir wissen, daß es (nebst dem Blei) giftig ist. Infolge von lebensfeindlichen Werbekampagnen rauchen wir (Frauen) Jahr für Jahr mehr Zigaretten und unterwerfen unsere Körper unnötigen chirurgischen Eingriffen durch unsere (männlichen) medizinischen Fachleute, die darauf bestehen, unsere weiblichen Geschlechtsorgane zu entfernen.

Ich besitze eine Boa constrictor mit Namen Bacchus – ein Geschenk einer meiner Schülerinnen –, die die meiste Zeit in ihrem

Käfig liegt. Sie mag es, wenn man sie hält und streichelt, wenn sie aber alleine ist, ruht sie aufgerollt in einem Trancezustand. Eines Tages begann sie, sich in ihrem Käfig zu bewegen, sie glitt die Wände hoch und war so unruhig, daß wir, als sie am nächsten Tag noch unverändert aktiv war, für sie Futter einkaufen gingen. Wir verstanden ihre Aktivität als ein Zeichen dafür, daß sie hungrig war. Schließlich stand sie mit der gesamten Länge ihres ungefähr ein Meter langen Körpers senkrecht an der Wand und preßte ihren Kopf dagegen, als würde sie lauschen. Nach ungefähr vierundzwanzig Stunden dieser unaufhörlichen Bewegungen wurde das Gebiet von San Francisco Bay von einem Erdbeben mit einer Stärke von 7,1 (auf der Richter-Skala) erschüttert. Es handelte sich um das stärkste Erdbeben, das wir je erlebt hatten, und es verursachte beträchtlichen Schaden. Nach dem Beben beruhigte sich Bacchus wieder, aber dieses Ereignis hatte unsere Aufmerksamkeit geweckt. Als sie eines Tages wieder während mehreren Stunden aufrecht stand und lauschte, lösten wir einen Telefonalarm aus, um die Leute wissen zu lassen, daß die Schlange «tanzte». Wir sagten kein Erdbeben voraus und gaben auch keine Warnung heraus, sondern forderten die Leute nur auf, wachsam zu sein. In dieser Nacht folgte ein schwächeres Beben, und die Leute waren dankbar, daß wir sie angerufen hatten.

Nach einigen Jahren in Kalifornien merkte ich, daß ich normalerweise ein paar Tage vor einem größeren Beben Kopfschmerzen bekam. Zwei Tage vor dem großen Erdbeben wachte ich mit Hustenreiz von einem Erdbebentraum auf. Da ich gerade eine Art Krise im Bereich meiner Arbeit überstanden hatte, ging ich davon aus, daß der Traum diese Erfahrung in Form eines Bildes wiedergab. Wahrscheinlich war das auch so, er informierte mich aber auch über das kommende Erdbeben. Wenn ich zurückdenke, erkenne ich drei Signale, die mit dem Erdbeben zusammenhingen: meinen Traum, den plötzlichen Hustenreiz in meiner Brust und die aufrecht stehende Schlange. Wir Kalifornier sind mit den Jahren etwas blasiert geworden, was Erdbeben angeht, denn wir haben so viele erlebt, und die meisten waren fast völlig harmlos. Wenn Sie sich um Ihr Überleben keine Sorgen machen, dann kann ein Erdbeben mit seiner Macht sehr interessant, ja sogar aufregend sein. Das nächste Mal würde ich, wenn diese drei Dinge wieder zusammen auftauchen, dem mehr Bedeutung beimessen und es ernster nehmen. Das Leben ist jedoch nur selten so. Normalerweise ereignen sich die Dinge nicht zweimal auf die gleiche Weise, und außerdem sind wir in unserer Kultur so überstimuliert (speziell in den Städten), daß es für uns schwierig ist herauszufinden, was welche Reaktion hervorruft. Oftmals sind die Ereignisse auch durch einen zeitlichen Abstand voneinander getrennt, und wenn wir keine Aufzeichnungen machen, können wir nicht einmal unsere Vorahnungen mit später eintreffenden Ereignissen in Verbindung bringen.

Unsere Körper können ungewöhnliche Bewegungen im Inneren der Erde problemlos wahrnehmen, doch unser Bewußtsein läßt es nicht zu, daß wir ausdrücken, was wir wahrnehmen. Die meisten schamanischen Traditionen kennen energiereiche Orte im Körper der Erde, wo die Energiestrahlen auch mit dem Körper wahrgenommen werden können. Die Wissenschaftler sind dabei, den Zusammenhang zwischen solchen «Energieorten» und den Grabenbrüchen zu erforschen. Man hat schon immer gewußt, daß Schlangen auf das Magnetfeld der Erde und seine sprunghaften Veränderungen reagieren. In grauer Vorzeit verfügten die Gemeinschaften über Orakelzentren, wo die Priesterinnen der Göttin Prophezeiungen für die Gemeinschaft machten. Sie hatten wie die berühmte Kassandra von Troja so empfindsame Körper, daß sie die Zukunft mit Hilfe von Träumen, Visionen, dem Essen oder Trinken von halluzinogenen Stoffen, der Einstimmung auf die Erdströmungen oder durch die Gegenwart und das Eingreifen der heiligen Schlangen, die mit den Frauen zusammen in den Orakeltempeln lebten, in die Zukunft sehen konnten. Manchmal handelte es sich dabei um giftige Schlangen, und die Forscher sind zum Schluß gekommen, daß für diese Priesterinnen ein Schlangenbiß nicht tödlich war, sondern als starkes Halluzinogen wirkte. Man weiß, daß für einen Menschen, der den ersten Biß überlebt, alle weiteren Bisse dank seiner Abwehrstoffe eine weniger starke Wirkung haben und er gute Überlebenschancen hat.

Als patriarchalische Völker die fünftausend Jahre alte Göttin-

Religion überrannten, fand eine der bedeutendsten Veränderungen in diesen Orakeltempeln statt. Das Buch von Robert Temple, *The Sirius Mystery*, erzählt diese Geschichte sehr detailliert. Ich fasse hier kurz die wichtigsten Punkte zusammen. Die Nachforschungen von Temple haben ergeben, daß die Orakelzentren in einem geometrischen Muster über die Erdkugel verteilt waren: Wie die acht Noten einer Tonleiter standen sie in einer musikalischen Beziehung zueinander. Er konzentriert sich hauptsächlich auf die altägyptischen Zentren, vertritt jedoch auch die Ansicht, daß die in der westlichen Geschichte besser bekannten Orte in Griechenland in derselben Art angeordnet waren. Delos, Dodona, Delphi – das sind drei der uralten Zentren, die die Menschen während des Jahres auf ihren Pilgerfahrten besuchten, wo sie die Mutter Erde verehrten und sich die Prophezeiungen ihrer Priesterinnen anhörten. Das Orakelzentrum in Delos gehörte ursprünglich zu Artemis und wurde später nach Delphi verlegt, wo es an den Gott Apollo überging. Die Funktion der Priesterin wurde aber weiterhin von einer Frau wahrgenommen, die auch noch immer eine Schlange besaß – die berühmte Python. Diese Pythia, wie sie genannt wurde, konnte während der Übergangsphase zwischen der alten Ordnung und dem Patriarchat vorhersagen, wer welche Schlacht gewinnen würde. Temple meint, daß die Leute entsprechend der Jahreszeit in einem musikalischen Zyklus, d.h. auch in einem Landschaftszyklus, ihre Reisen zu den Orakeln durchführten. Er glaubt auch, daß diese Zentren durch Brieftauben miteinander in Verbindung standen.[4] In diesem Zusammenhang ist auch die sehr interessante Tatsache zu beachten, daß die Göttin in der Ägäis immer mit der Taube in Verbindung gebracht wurde und daß sogar die alten Ruinen der Maya in Uxmal ein «Taubenhaus» beherbergten.

Auch Michael Dames schrieb über diese jahreszeitbedingte, zyklische Wanderung von einem Orakelzentrum zum nächsten, die die Anhänger der alten britischen Religion unternahmen. In *The Silbury Treasure* und *The Avebury Cycle* zeigt Michael Dames, daß die alten Briten die Erde als den Körper der Mutter betrachteten. Ihre prozessionsähnliche Wanderung führte sie von Ort zu Ort, wo sie ihren heiligen Körper verehrten und Hügel und

Steinbauten errichteten, mit denen sie bestimmte Aspekte ihrer Religion und Wissenschaft darstellten oder markierten.[5] Wie die alten Ägypter und Griechen wanderten sie während des Verlaufs eines Jahres und vollendeten in dieser Zeit einen Kreis und, wenn Temple recht hat, wahrscheinlich auch eine Tonleiter. Dieses Gefühl für den Körper der Erde stand in engem Zusammenhang mit dem Gefühl für den eigenen Körper. Die alten Völker kannten kein abstraktes, metaphorisches und rein geistiges Konzept, das sie regelmäßig im Rahmen einer Religion anbeteten. Sie registrierten die Signale und Botschaften der Natur mit ihren sensiblen Körpern und reagierten auf sie. Unsere Unfähigkeit, die planetaren Energien und Erdströmungen zu spüren und auf sie zu reagieren, bezeugt nicht unseren «Fortschritt», sondern ist ein trauriger Beweis für unsere noch nicht weit zurückliegende Abtrennung von der Lebensenergie. Der Körper war so eng mit dem Planeten verbunden, daß Kommunikation und Reaktion auf ganz natürliche Weise stattfanden. Unsere Vorfahren waren alles andere als barbarisch oder dumm – wie es scheint, sind wir diejenigen, die dumm genug sind, vergessen zu haben, wie eng unsere Bindung an die Erde ist.

Durch die Archäoastronomie und die Geomantie wissen wir, daß die alten Bauwerke in Großbritannien und anderen Ländern nach den «Drachenströmungen» ausgerichtet sind, also nach den Strömungen oder Energielinien, die durch die Erde und unter ihrer Oberfläche verlaufen. Sehr empfindsame Menschen oder diejenigen, die über die richtigen Instrumente verfügen, können diese Linien aufspüren. Einige Studenten der Geomantie sehen Übereinstimmungen mit der chinesischen Wissenschaft der Akupunktur und dem Chakrasystem der Hindus. Sie sind der Ansicht, daß die riesigen Monolithen möglicherweise in einer bestimmten Weise positioniert wurden, um bestimmte «Punkte» oder «Zentren» im Körper der Erde zu markieren oder zu aktivieren. Allein in Großbritannien gibt es über vierzigtausend solcher Bauten, ebenso auf der mexikanischen Halbinsel Yucatan. In Mexiko wurden später auf diesen Erdhügeln Tempel erbaut, doch zu Beginn waren die nackten Hügel die Tempel der alten Göttin-Religion.

Robert Temples Buch über die Orakelzentren ist rund um den Zauber und die Geheimnisse des hellerleuchteten Sterns Sirius aufgebaut. Sirius wurde von den Ägyptern Sothis genannt, was dem alten Namen der Göttin Isis entspricht. Nach der esoterischen Wissenschaft hat Sirius unserem Planeten Zivilisation, Ackerbau, Religion und all das, was die ersten Menschen erfanden, geschenkt. Robert Temple führt als Beispiel das Volk der Dogon in Afrika und deren alte, schriftlich festgehaltene Tradition an, die genaue Informationen über diesen Stern enthält, den unsere Wissenschaftler erst vor kurzer Zeit «entdeckt» haben. Er erklärt, daß die «moderne» (d. h. patriarchalische) Kultur zur Zeit der großen Dynastien die Orakelzentren in jeder Region an einem bestimmten Ort festlegte (Delphi in Griechenland, Memphis in Ägypten), als Eindringlinge sich endgültig in Gebieten niederlassen wollten, die von einem König regiert wurden. Denken Sie an die Geschichte von Apollo, dem Sonnengott, der die Python mit seinem Schwert erschlägt und sie in seinem historischen Sieg über die Religion der Göttin auf der Erde «festnagelt». Es war das Ende der Epoche der reisenden Orakelzentren, der Prozession von Menschen, die im Laufe des Jahreszeitenzyklus von Ort zu Ort wanderten. Auch die frei fließenden Kraft- oder Energieströme der Erde gerieten in Vergessenheit, und die Orakel von Delphi oder Memphis wurden zu offiziellen «Staatsorakeln». Sie gehörten dem König, dem Pharao oder anderen großen Anführern und unterstanden ihrer Aufsicht.[6]

In Tibet gibt es eine interessante Legende von einer alten «Dämonin», die in der Erde lebt. Wie die australischen Eingeborenen mit der «Regenbogenschlange» scheinen sie damit ein Wesen zu meinen, das sowohl die Erde schuf als auch die Erde selbst ist. Sie sprechen von ihrer uneingeschränkten Bewegungsfreiheit zu früheren Zeiten, bevor sie zu Boden gezwungen wurde und ihre natürliche Bewegungsfreiheit bewußt durch den Bau von buddhistischen Bauwerken in Tibet eingeschränkt wurde. Im Gegensatz zu der Python Apollos starb jedoch die tibetische Dämonin nicht; sie wurde lediglich von diesen Bauten daran gehindert, sich frei zu bewegen. Diese Dämonin namens Srin-Mo stellt die weit zurückliegende matriarchalische Vergangenheit Tibets dar, der Kultur, die vor der Invasion durch die Bon-Religion oder den Buddhismus dort ansässig gewesen war. Nebst der Tatsache, daß «die Frauen in der alten tibetischen Gesellschaft eine wichtige Stellung einnahmen», meint Janet Gyatso, daß die Dämonin Teil einer weltweiten Tradition der Eroberung und Beherrschung der ursprünglichen, chaotischen weiblichen «Materie ist, aus der die Welt besteht». Weil die Dämonin nicht getötet wurde, ist sie («die religiöse Kultur oder das Weltbild, das unterdrückt wird») sehr stark und «droht, sich zu befreien, sobald die Wachsamkeit nachläßt oder die Zivilisation degeneriert»[7].

Tibet ist heute von China besetzt, die alten buddhistischen Strukturen sind zusammengebrochen, und die tibetischen Lamas mußten ins Exil flüchten. Könnte es sein, daß sich die alte Dämonin wieder befreit, und handelt es sich dabei wirklich um den Erddrachen der alten Schamaninnen? Gleichzeitig werden die bisher geheimgehaltenen Lehren der tibetischen Schwarzen Dakini sogar im Westen zugänglich durch die Besuche von tibetischen Lamas, die Einweihungen durchführen und Rituale für diese Dunkle Göttin ermöglichen. Eines ihrer wichtigsten Attribute – und das Resultat ihrer Rituale – ist die Zerstörung von Epidemien und Angst. Das Chöd-Ritual insbesondere wird einer «Opferung» des physischen Körpers gleichgesetzt. So wie er ist, soll er die hungrigen Dämonen sättigen, damit sie ihren negativen Einfluß auf den Planeten reduzieren. Chöd enthält sowohl Elemente der alten schamanischen Bön-Religion als auch buddhistische Elemente. Chöd ist ein Ritual, bei dem der/die Ausführende seinen/ihren Körper opfert, der dann in Nektar verwandelt wird. Dieser Vorgang wird von der Schwarzen Dakini mit ihrem sichelförmigen Messer überwacht. Sie trennt damit das Ego und die Schädeldecke ab, um die Giftstoffe des/der Ausführenden in Nektar zu verwandeln. Namkhai Norbu weist darauf hin, daß, obwohl der Körper als «Festessen» geopfert wird, die inneren Dämonen, die ihn verspeisen werden, «all die normalerweise unterschwellig vorhandenen Ängste sind, wie zum Beispiel die Angst vor Krankheit oder vor dem Tod, die nur überwunden werden können, wenn sie in das Bewußtsein heraufgeholt werden. Es gibt aber auch Dämonen in Form von negativen Energien, die der/die Ausführende durch das Ritual magnetisieren und letztlich unter seine/ihre Kontrolle bringen kann.»[8] Namkhai Norbu betont, daß der Körper selber kein Problem darstellt, sondern ein «wertvolles Vehikel zur Erreichung der Realisierung» ist. Das Problem liegt beim Ego, das den Körper nicht loslassen will, und der daraus entstehenden Selbstschutzhaltung. Hier wirken die Schwarze Dakini und ihr Chöd-Ritual, um diese Aspekte abzutrennen.

Was wir brauchen, um den schamanischen Körper in Relation zum Planeten verstehen zu können, ist eine genaue Studie der physischen Phänomene der Erde selber. Da unsere Körper buchstäblich Zellen im Körper der Erde sind, spüren und reagieren wir auf alles, was sie mit ihrem Körper empfindet. Wir können das mit wissenschaftlichen Begriffen darstellen, indem wir die Gaia-Hypothese von sich überschneidenden Systemen verwenden. Oder wir können uns an die moderne Astrologie halten, um zu verstehen, daß die Planeten auf die Erde und dadurch auch auf uns einwirken.

Die direkte Erfahrung, sich mit dem eigenen Körper auf den Körper der Erde einzustimmen und zu fühlen, was sie fühlt, kann ekstatisch sein. Die Ekstase ist eine Reaktion des Körpers – Energie, die das ganze System durchflutet; prickelnde und orgasmusähnliche Gefühle, die sich entweder auf einen bestimmten Punkt konzentrieren oder den ganzen Körper erfassen. In seinem wegweisenden Werk *Schamanismus und archaische Ekstasetechnik* bezeichnet Mircea Eliade den Schamanen als einen «Techniker der Ekstase»[9]. Überall auf der Welt wurde in der Urzeit die Funktion des Schamanen von den Frauen erfüllt. Sie standen immer im Zusammenhang mit Prophezeiungen und mit den Bewegungen und Strömungen in der Erde, als ob sie nicht voneinander getrennt werden könnten. Schamaninnen und Priesterinnen sind häufig nackt dargestellt, fest mit dem physischen Körper verbunden, ganz offensichtlich geschlechtliche Wesen, die singen, Regentänze tanzen, heilen, gebären, Musik machen, weben, pflanzen und die körperliche Arbeit dieser Welt erledigen. Diese Gestalten bleiben für die Wissenschaftler ein Geheimnis und bringen sie in Verlegenheit. Es fällt ihnen nichts Besseres ein, als sie als Fruchtbarkeitsgöttinnen und tanzende Mädchen zu bezeichnen.

Unser sogenanntes Reptilhirn (welches die instinktiven Reaktionen steuert) gilt in der Wissenschaft als die älteste und primitivste Form der Intelligenz. Weil wir uns selbst von diesen Fähigkeiten während der letzten fünftausend Jahre abgetrennt haben und an eine progressive, evolutionäre Form der Entwicklung glauben, behaupten und glauben wir, daß diese Art zu denken minderwertig ist. Die Intelligenz des Körpers ist jedoch eindeutig ein Wunder; ohne sie wären wir dazu fähig, uns selbst auszurotten. Wir haben in den letzten fünfzig Jahren ernsthaft damit begonnen, den Planeten durch Verschmutzung und zahlreiche Vergiftungsversuche zu zerstören. Seit diesem Zeitpunkt erleben wir das Gegenteil der Ekstase, nämlich Krankheit und Tod. In unserer Isolation vom Leben verstehen wir nicht, daß wir das, was wir dem Körper des Planeten antun, gleichzeitig direkt uns selber antun. Das Reptilhirn oder für den Instinkt zuständige Hirn könnte uns diese Information liefern, doch wir haben gelernt, es zu ignorieren und seine Signale zu unterdrücken. Wir leiden in der zweiten Hälfte des zwanzigsten Jahrhunderts an Krankheiten, die es in der gesamten Geschichte der menschlichen Evolution nie gegeben hat und die uns in fast empidemischen Ausmaßen umbringen. Diese Degenerationskrankheiten können direkt auf die Chemikalien und Gifte zurückgeführt werden, mit denen wir bewußt unsere Körper und die Umwelt vollpumpen.[10]

Je länger sich die Wissenschaft mit schamanischen Phänomenen beschäftigt, desto mehr kommt sie zur Einsicht, daß das, was die Schamanen überall auf der Welt tun, mit den neuesten Erkenntnissen der Physik übereinstimmt. Die Schamanen wissen Dinge, von denen normale Menschen keine Ahnung haben; und Heiler scheinen «unmögliche» Taten vollbringen zu können, weil sie offenbar die geheimen Gesetze der Physik kennen. Denken Sie an die philippinischen Heiler, die mit ihrer Hand in einen physischen Körper greifen und einen Tumor entfernen können, ohne daß sie chirurgische Geräte verwenden und ohne daß ein Tropfen Blut fließt. Sie glauben, daß sich die Moleküle voneinander lösen, um ihre Hand durchzulassen. Die Physik ist damit natürlich einverstanden. Überall auf der Welt, wo man uralte Ruinen von Monumenten findet, erzählen die Eingeborenen, die in der Umgebung leben, Legenden von den Menschen, die diese Monumente erstellt haben. Die Legenden erzählen, daß diese Bauten mit Hilfe von Magie errichtet wurden. Egal wie häufig die Forscher mit solchen Erklärungen für den Bau von unmöglich großen und schweren Steinbauten konfrontiert werden, sie werden sie nie akzeptieren können. Es gibt aber sogar in diesem Jahrhundert Zeugen, die tibetische Lamas bei einem solchen Unterfangen, nämlich der Bewegung von großen Steinen für den Bau eines Tempels durch Klang, Geometrie und Gruppenkonzentration, beobachtet haben.[11] Nur unser Unglaube steht zwischen uns und dem Verstehen.

Wenn uns die westliche Wissenschaft gesagt hat, daß etwas «unmöglich» sei, und wir dann hingehen und genau dies tun, dann müssen wir konsequenterweise den Satz «Ich kann nicht» bewußt aus unserem Wortschatz streichen. Letztes Jahr hatte ich die Gelegenheit, zweimal unter der Leitung von Peggy Dylan über glühende Kohlen zu gehen. Sie ist eine der Initiatorinnen dieses Rituals in den Vereinigten Staaten.[12] Der Feuerlauf wird vorbereitet, indem man ein großes Feuer macht und niederbrennen läßt, bis es nur noch aus glühenden Kohlen mit einer Temperatur von sechshundertfünfzig Grad Celsius besteht, über die die Teilnehmer laufen. Man geht nicht barfuß über rotglühende Kohlen, weil man glaubt, daß es möglich ist. Man geht über die Kohlen, weil man für kurze Zeit den Glauben aufgibt, daß es nicht möglich ist.

Meine erste Erfahrung mit diesem Ritual machte ich während einer Frauenwoche, die in der Schweiz stattfand. Ich näherte mich dem Feuer ohne jegliche Gewißheit, daß ich über die glühenden Kohlen gehen könnte, ohne mich dabei zu verbrennen. Die erste Frau, die über die Kohlen ging, hatte ihr Baby auf die Brust gebunden. Ich wollte gerade die Arme ausstrecken, als mir klar wurde, daß sie beabsichtigte, ihr Kind mitzunehmen! Gegen das Ende des Rituals beschloß ich, über das Feuer zu laufen – auch wenn das Verbrennungen zur Folge haben sollte –, weil ich es nicht ertragen konnte, eine solche Gelegenheit zu verpassen.

Die Kohlen fühlten sich warm an und knirschten unter meinen Füßen. Danach war ich verwirrt und überhaupt nicht beeindruckt. Ich hatte das Gefühl, daß ich es nicht wirklich getan hatte, obwohl ich es doch geschafft hatte. (Peggy sagt, daß manche Menschen später argumentieren, daß die Kohlen «gar nicht heiß genug gewesen sind».)

Als ich bei einem Treffen in Kalifornien zum zweiten Mal über das Feuer ging, erlebte ich das Ganze völlig anders. Der Wandel begann damit, daß Peggy von dem Buschvolk der *Kung* erzählte, die sagen, daß man ohne sich zu verbrennen über das Feuer gehen kann, wenn das Num das Niveau des Feuers erreicht hat. Auf einmal verstand ich, daß das aktive Heilen mein «Num» immer nahe an das Niveau des Feuers bringt (bedenken Sie die intensive, heilende Wärme, die ich während des Handauflegens in meinen Heilungssitzungen ausstrahle), und da wußte ich mit meinem Intellekt, daß ich über das Feuer laufen konnte. Mein Glaube änderte sich in diesem Moment. Diese Gewißheit machte mich ekstatisch, und ich konnte es kaum erwarten, durch das Feuer zu gehen. In dieser Nacht ging ich nicht über die Kohlen, ich tanzte über sie! Es ist eine solche Erleichterung, sich von den falschen Begrenzungen zu befreien, die uns durch unsere Kultur aufgezwungen worden sind.

Was haben Orakel, durch Magie bewegte Steine und der Feuerlauf mit dem Körper zu tun? Bevor wir nicht unseren Körper anerkennen und voll in Besitz nehmen – sowohl körperlich als auch energetisch –, werden wir die Fähigkeiten der alten Kulturen weder verstehen noch imitieren können. Es gibt eine Fähigkeit, die moderne Spirituelle isoliert und als intuitives Wissen benannt haben. Es unterscheidet sich vom Hellsehen, das etwas bekannter ist und das sich auf das geistige Sehen bezieht. «Clairsentience» heißt, mit dem Körper zu wissen. Es handelt sich eher um ein Gefühl als um ein Bild. Wenn wir sagen: *Ich weiß, daß das richtig ist*, oder Empfindungen im Körper feststellen, die eine Bedeutung zu haben scheinen, dann ist das «Clairsentience».

Guatemaltekische Schamanen, die durch Handauflegen heilen, sagen, daß «das Blut spricht»[13]. Sie erhalten ihre Heilungsinformationen durch Energieströme, die durch ihre Adern (oder

Kanäle) fließen, welche sie zu einem aussagekräftigen und in sich geschlossenen System kombiniert haben, das durch ihre Tradition weitergegeben wird. (Diese Lehrtradition ist untrennbar mit dem heiligen, divinatorischen Kalender verbunden, der sich nach der Dauer einer Schwangerschaft richtet. Es sind dieselben Schamanen, die diesen Kalender für die Gemeinschaft bewahren.) Menschen, die heute mit dem Körper arbeiten, erleben ständig solche Phänomene. Meine wichtigsten Informationen während des Heilens kommen durch meinen Körper. Manchmal gehen während einer Heilungssitzung so viele körperliche Phänomene vor sich, daß sie einen stark ablenken können. Im Laufe der Zeit habe ich gelernt, auf diese Mitteilungen zu hören und zu beobachten, wann der Körper ruhig ist und wann er diese inneren Bewegungen oder Töne macht. Ich habe schon immer eine Art elektrisches Knistern in meinem Kopf gehört, wenn die Energie während einer Heilung durch Handauflegen durch meine Hände fließt.

Als der schamanisch-spirituelle Prozeß meiner Heilung begann, erlebte ich wie die Schamanen der ganzen Welt überwältigende und intensive Phänomene, für die ich keine rationale Erklärung finden konnte. Meine Träume waren außergewöhnlich, und ich schrieb sie alle auf, damit ich den Beweis für meine eigenen hellseherischen Fähigkeiten in meinen Aufzeichnungen finden könnte, wenn später etwas eintreffen sollte, das ich in meinen Träumen vorhergesehen hatte. Am Abend vor Allerheiligen (31. Oktober) 1977 hatte ich das, was ich aus schamanischer Sicht als einen Großen Traum bezeichnete. Ich träumte, daß meine Partnerin, meine Töchter und ich zu nahe bei einem aktiven Vulkan lebten, der kurz vor dem Ausbruch stand. Als ich von diesem Traum erwachte, nahm ich an, wie ich das durch die Traumdeutung gelernt hatte, daß der Vulkan tiefe, sich bewegende Kräfte in meinem Inneren darstellte, die in die äußere Welt ausbrechen wollten. Natürlich war das auch richtig. Im nächsten Frühling, als ich jeden Tag intensiv Yogaübungen machte und mich in esoterische Studien vertiefte, wurde ich krank und bekam einen großen Furunkel auf meinem Rücken. Und wieder, wie sich das für jemanden gehört, der alternative Medizin praktiziert, war ich offen für die Mitteilungen meines Rückens. Durch meine Träume in dieser Woche erfuhr ich, daß mein Körper Giftstoffe ausschied, die ihm zugeführt worden waren, als ich vier Jahre alt gewesen und von einem Hund gebissen worden war. Meine Eltern hatten mich zum Arzt gebracht (schreiend und mich sträubend), damit er mir während zehn Tagen jeden Tag Tollwutimpfungen machen konnte. Ich dachte, daß meine Yogaübungen einen Reinigungsprozeß ausgelöst hatten, durch den die alten Giftstoffe der Impfungen in der Form dieses Furunkels ausgestoßen werden sollten. Am sechsten Tag, als meine Partnerin Karen heiße Packungen auf meinem sehr großen und sehr schmerzhaften Furunkel anbrachte, sagte ich zu ihr, daß sich der Furunkel wie ein Vulkan anfühlte, der ausbrechen wollte. Am nächsten Tag brach der Vulkan Mount St. Helens aus, und dasselbe tat mein Furunkel.

In diesem Moment klärte sich für mich vieles auf: *Die Erde lebt. Sie und ich sind dasselbe.* Mein Körper ist nicht von ihr getrennt und unterscheidet sich auch nicht von ihrem Körper. Die Narbe auf meinem Rücken ist für mich so etwas wie ein Ausweis für meine schamanische Berufung. Ich zeige sie jeweils den Schülerinnen in meinen Schamanismus-Kursen. Ich lese, studiere und lerne Dinge von verschiedenen Quellen. Ich ziehe die wichtigsten Lehren aus den schamanischen Stammeskulturen der ganzen Welt und lehre das, was ich durch meinen eigenen Körper erfahren habe. Ich weiß, wenn sich die Kundalini in mir regt, daß sie heilig und nicht gefährlich ist; sie lebt, und ich lebe auch. Meine Sexualität, meine Gabe der Heilung und meine im Überfluß vorhandenen Energien sind alle ein Teil desselben Geschenkes der Göttin in meinem heiligen Körper. Der Körper ist mehr als nur ein mit Sinnen ausgestattetes Empfangsgerät, mehr als ein physisches Fortbewegungsmittel, er ist ein Instrument des übersinnlichen Bewußtseins, das direkt mit der Seele verbunden ist. Wenn er wach ist, weiß, versteht und offenbart uns der Körper das Mysterium. Der Körper ist das Vehikel, durch das wir auf dem schamanischen Weg weitergehen können und mit dem wir mit dem Unbekannten, dem Unsichtbaren und den intuitiven Kräften auf dieser Erde kommunizieren. In uralter Zeit stellte der weibliche

Körper durch die Verwendung von Menstruationskalendern und die komplexen astronomischen Beobachtungsmethoden, die zur Entstehung von Stonehenge und anderen megalithischen Bauten führten, die Verbindung zwischen Himmel und Erde, rationalen und nichtrationalen Informationswelten dar.

Die uralten, «groben» Abbildungen der Muttergöttin drücken all dies in der Form des Körpers aus. Die Wissenschaftler erstellen Theorien über das nicht vorhandene Gesicht der Venus von Willendorf und anderer ähnlicher Figuren und kommen schließlich zum Schluß, daß das betreffende Volk die «Individualität» zu dieser Zeit noch nicht gekannt hatte und deshalb keine persönlichen Züge auf den Figuren angebracht worden waren. Sie konzentrierten sich dafür auf die Geschlechtsbereiche – Brüste, Gesäß und das göttliche Dreieck der Schambehaarung. Hände und Füße wurden nur angedeutet. Weshalb? Diese Figuren sind Abbildungen der Erde als fruchtbarer Mutter, Creatrix, und wunderbarer physischer Körper. Diese kleinen Figuren scheinen zu sagen: «Nach ihrem Bild sind wir alle entstanden.» Die alten Völker kon-

6   Die Venus von Willendorf, die berühmteste Statue aus dem europäischen Paläolithikum. Diese kleine Göttin (ca. 20 cm hoch) muß hergestellt worden sein, um in der Hand gehalten zu werden oder um im Sand auf einem Höhlenaltar zu stehen. Ihre Gesichtslosigkeit setzt sie in bezug zu der alten Matrixfigur, der ewigen Mutter-Göttin im Zentrum der «Geschichtstradition», die durch die schamanischen Rituale der Cro-Magnonmenschen überliefert wurde und die Alexander Marshack beschrieben hat. Ihr fruchtbarer Leib und die vollen Brüste weisen auf das Geheimnis der Schwangerschaft und des Stillens hin und stellen zweifellos auch die Erde selbst als nährende Mutter dar. Zeichnung von Laurelin Remington-Wolf.

7 Gefäß in der Form einer stillen-
den Mutter, die ihre Brustwarze nicht
nur ihrem Kind hinhält, sondern
anscheinend auch der Welt als Ganzes. Diese peruanische Venus ist die
Pacha Mama, die Mutter Erde, die
den nährenden weiblichen Planeten
darstellt, der für das Leben und die
Nahrung seiner Kinder sorgt. Solche
aus uralter Zeit stammende Gefäße
in Form einer Frau, häufig mit
Brüsten versehen, findet man überall
auf der Welt.
Zeichnung von Laurelin Remington-
Wolf.

zentrierten sich nicht auf das Thema der Fruchtbarkeit, weil ihr
Leben hart war und sie gegen den Hungertod kämpften. Sie verehrten die Erde und stellten fest, daß wir, wie die Erde mit ihren
Bergen und Tälern, mit unseren seltsamen und mit Symbolen
versehenen Körpern die Botschaften der kosmischen Kräfte spüren und auf sie reagieren können. Wir nehmen sie mit geschlossenen Augen und ohne zu denken wahr und genießen sie, jenseits
des rationalen Denkens, in das wir uns in unserer modernen Zeit
selber eingekerkert haben. Weil wir ein Teil von allem sind, können wir alles gleichzeitig wahrnehmen. Wir brauchen weder Spe-
zialgeräte noch Technik – es ist alles da, in diesem Moment, in
unserem Körper. Die Vergangenheit, die Gegenwart und die Zukunft existieren in uns nebeneinander. Wir können sie kennenlernen und uns mit Hilfe des Körpers auf sie einstellen.
   Die Frauen, die als Körper definiert wurden und sich mit ihm
identifiziert haben, sind speziell geeignet für die Arbeit als Schamanin. In und durch unsere heiligen, physischen Hüllen erleben
wir hochdramatische Vorgänge, die gleichzeitig spiritueller und
materieller Art sind. Durch das Gebären öffnen wir uns auf psychischer und körperlicher Ebene stärker, als es möglich scheinen
würde. Wir durchlaufen die Höhepunkte der Freude und die Tie-

fen des Schmerzes, die häufig gleichzeitig auftreten. Während unserer Menstruation verfügen wir über vielfältige paranormale Fähigkeiten und erleben auch dementsprechende Phänomene. Diese biologischen Fähigkeiten sind natürlich, normal und ein vollständiger Bestandteil des normalen Tagesablaufes einer Frau. Unser Sexualleben ist multiorgasmisch, so daß die Erfüllung zu einem Tor wird, durch das wir zu weiterer Erfüllung gelangen. Diese hochaktive Sexualfunktion ist nicht direkt an die Fortpflanzung und die Brunst gebunden wie bei den Tieren. Es ist vielmehr eine heilige, magische und in sich geschlossene Welt, die über außergewöhnliche Heilkräfte verfügt, die allen alten yogischen und schamanischen Traditionen als gesundheitsfördernd und lebensverlängernd bekannt war.

Evas Wissen im Garten Eden war auf dem Körper begründet. Die Schlange, die zu ihr sprach, war das uralte Totem der Weisheit aller Frauen auf der ganzen Welt, das uns die Geheimnisse durch unsere instinktbetonten, psycho-sexuellen Körper übermittelt. Ein mexikanischer Wissenschaftler hat nachgewiesen, daß die Klapperschlange, die er als SIE bezeichnet und die die alte Architektur der Maya dominierte, den Kalender und den Kosmos repräsentiert; ihre Klapper steht für die Plejaden, die die Griechen als die Sieben Schwestern kannten. Unsere Verstoßung aus dem Garten durch den eifersüchtigen Jahwe ist nichts anderes als die Siegesgeschichte einer patriarchalischen Machtübernahme und der Exilierung und Unterdrückung der alten schamanischen Religion der Großen Göttin in der westlichen Kultur. Unsere Rückkehr in den Garten ist eine Frage der Bereitschaft und Offenheit für die Weisheit der Schlange, die durch unsere Körper zu uns spricht. Können wir es ertragen, das Orakel zu hören? Hinter die Illusionen zu blicken? Den Naturgesetzen zu gehorchen? Wenn wir jetzt nicht mit unseren Körpern hinhören, werden wir sie nicht vor Tod und Aussterben bewahren können. Die Erde schreit unter unserem Angriff; wir Frauen müssen diesem Schmerz eine Stimme verleihen und diesen heilenden Ausbruch so zum Ausdruck bringen.

Wenn ich einer Patientin zur Heilung meine Hände auflege, fühlt es sich an, als ob meine Hände eigene Augen und einen eigenen Willen hätten. Die Hände wollen heilen, und der Körper weiß, was nötig ist. Die Hände des Heilers wirken als Katalysator und erwecken den Körper der Kranken, damit ihr innerer Heilmechanismus auf natürliche Art in Gang gebracht wird. Die Bewegungen sind vom Instinkt gesteuert – wieviel Druck, wo berühren –, die Hände werden von einer nicht-rationalen Kraft geführt, die vom Körper kommt und deren Ziel es ist zu heilen. Wir vereinen uns – Heiler und Patient –, und die Heilung wird durch unsere Vereinigung ermöglicht, durch unsere gemeinsame Bereitschaft zur Veränderung und Transformation. Manchmal steigen Bilder und Erinnerungen aus dem Körper der Kranken auf, manchmal sind Töne und Tränen nötig. Manchmal geht die Patientin unter der Einwirkung der heilenden Hände in eine tiefe Trance, wo sie Zugang zu holistischen Informationen und Anleitungen hat. Manchmal wird sie mit pulsierender Energie überflutet. Der Körper als Gefäß der Transformation ist unheimlich. Alles ist möglich, wenn die Bedingungen stimmen und der heilige Lebenswille vorhanden ist. Das Feuer, das durch Körperarbeit oder Heilung durch Handauflegen entzündet wird, erhöht die Temperatur, mobilisiert die Körpersäfte und übermittelt den Zellen eine Botschaft der Hoffnung und Zuversicht. Das mag ungenügend erscheinen in einem Zeitalter, das sich auf hochkonzentrierte Chemikalien und operative Eingriffe spezialisiert hat; aber sogar die Wissenschaft sagt uns heute, daß eine erhöhte Körpertemperatur Krebs heilen kann und daß die T-Zellen des Immunsystems auf Stimmungen reagieren.[14] Wenn der Körper sich für die Heilung öffnet, dann kann der Geist folgen. Die Muster, die die Heilung verhindern, brechen dann auseinander und lösen sich auf. Sie hinterlassen einen Freiraum, der den Glauben an die alltäglichen Wunder in sich birgt.

Synchronizität:
Der Weg des Orakels

Vor ungefähr zwölf Jahren, mitten in meiner sehr intensiven, drei Jahre dauernden schamanischen Heilungskrise, begab ich mich in einen Lebensmittelladen, der nicht weit von meinem Haus entfernt ist, um Gemüse für das Abendessen zu kaufen. Während die Kassiererin meine Einkäufe einpackte, stellte ich völlig gedankenlos einen kompletten Scheck mit dem genauen Betrag und meiner Unterschrift aus. Daran ist eigentlich nichts Außergewöhnliches, abgesehen davon, daß die Kassiererin meine Rechnung noch gar nicht fertiggestellt hatte. Als sie alles in die Kasse eingetippt hatte – wir waren mittlerweile soweit, daß wir nervös lachten und voller Spannung auf das Resultat dieser Übung warteten –, unterschied sich der Endbetrag von der Zahl auf meinem Scheck um einen Cent. Sie erklärte sich bereit, die Differenz zu übernehmen. Das war eines von diesen absolut ungewöhnlichen Erlebnissen, die unwiederholbar zu sein scheinen. Ich wußte nicht, wo anfangen. Ich hatte keine Ahnung, wie das geschehen konnte, ganz zu schweigen davon, wie ich das geschafft hatte. Ich bin dafür bekannt, daß ich beim Einkaufen die Preise nicht einmal anschaue. Nicht einmal mein Unterbewußtsein hätte sie zusammenzählen können! Es war ganz einfach ein Wunder, das zwar ohne besondere Bedeutung für die Welt war, das mich aber an jenem Tag aufweckte. Obwohl ich noch immer, wie alle anderen auch, in der sogenannt materiellen Welt lebe, ist mir trotzdem bewußt, daß hier mehr vor sich geht, als man denkt. Heute schätze ich diese kleinen Wunder der «Synchronizität» oder «bedeutungsvollen zufälligen Aufeinandertreffen von Ereignissen» zwischen der inneren und der äußeren Welt. Sie sind Wegmarkierungen der Schamanin – subtile Hinweise, auf die wir uns verlassen können und die uns den richtigen Weg zeigen werden.

Die Schamanin muß lernen, ihren Instinkten und ihrer Intuition zu vertrauen. Für eine Frau, die als Mitglied eines Stammes aufgewachsen ist, ist dies ganz normal: Sie wächst in der freien Natur auf, sie führt ein auf den Körper abgestimmtes Leben, das den Ackerbau, den Wechsel der Jahreszeiten, natürliche Geburtspraktiken und Erziehungsmethoden, Musik, religiöse Feste und eine von allen geteilte Vorstellung des Heiligen umfaßt. Eine weiße Nordamerikanerin muß es irgendwie schaffen – eingeschlossen in eine Kultur, die ihre Wahrnehmung der Realität nicht akzeptiert – an das zu glauben, was sie als wirklich wahrnimmt und erkennt. Wie kann sie das erreichen? Die Erde lebt, und die helfenden Geister sind aktiv; die Elementarkräfte sind immer vorhanden und bereit, sich mit unseren Aktivitäten zu verbinden und daran teilzuhaben. Weil sich der Durchschnittsmensch unter dem Einfluß seiner Kultur ausschließlich auf die Wissenschaft abstützt und über ein Weltbild verfügt, das die Existenz dieser Elementarkräfte in Frage stellt, ist ihr Einfluß in den Hintergrund gedrängt worden. Wenn eine moderne Frau ihre Gegenwart spüren will, auch wenn sie sie nur als eine Möglichkeit ansieht, werden sie plötzlich und so eindrücklich sichtbar, daß ihre Existenz nicht mehr angezweifelt werden kann. Es ist, als ob ihre Augen eine neue Art des Sehens entdeckt hätten.

Eine meiner Schülerinnen erzählte mir kürzlich einen Traum, der dieses Phänomen ganz klar aufzeigt. In ihrem Traum befindet sie sich am Strand an einer Versammlung. Mit Fanfarenklängen wird eine neue Briefmarke gefeiert, auf deren rechter Seite zwei Männer abgebildet sind, die sie für den Präsidenten Bush und dessen Stellvertreter Dan Quayle hält.

«Diejenigen, die über schamanische Kräfte verfügen, können eine andere Schicht auf der Briefmarke erkennen, etwas, das im Muster der Tinte verborgen ist. Die meisten anderen sehen nur Büsche oder Blätter. Wenn ich es betrachte, sehe ich ... [eine Frau aus unserer Gruppe, die ihre Geliebte ist] zusammen mit anderen Frauen, die tanzen, lachen und winken. Dieser Teil der Briefmarke erscheint lebendig, dreidimensional und voller Bewegung. Er scheint mit mir sogar in Kontakt zu stehen, denn sie rufen meinen Namen, erkennen mich und winken mir von dieser ‹anderen›

Szene aus zu. Ich finde die Leute an der Versammlung, die diese ‹andere› Szene sehen, indem ich die Briefmarke beiläufig als Erkennungsmittel benütze. Ich weiß, daß ich mich mit ihnen treffen soll. Links von diesen Frauen gibt es noch eine weitere Schicht, die ich aber nicht sehen kann. Ich erkenne nur einen dunklen, verschwommenen Bereich. Ich weiß, daß er sich dort befindet, und ich frage mich, was diese nächste Schicht sein könnte. Ich fühle mich dazu berufen, dorthin zu gehen.»[1]

Der Traum dieser Frau zeigt auf kreative Weise die magische Art, wie wir uns treffen und einander «erkennen»; ebenso die Art, wie unser Verbindungsnetz auf der materiellen Ebene dadurch funktioniert, daß wir mit der unsichtbaren, kausalen Welt im Einklang stehen, die sich nahe bei und hinter der «Wirklichkeit» befindet. Der Präsident und der Vizepräsident am «rechten» Rand mögen für die meisten Menschen besser zu erkennen sein, aber die verborgene Wirklichkeit der Frauen auf der «linken» Seite, die die Lebenskraft zelebrieren, ist stark und wächst weiter an. Die Mitglieder der «Findhorn Foundation» in Schottland sprechen von Lichtern – Lichtpunkten, die von verschiedenen Menschen und Gruppen gehalten werden –, die auf dem ganzen Planeten gemeinsam das große Werk der «Wiedervereinigung» anpacken. Es ist unter Hexen und Magiern allgemein bekannt, daß diejenigen, die das «Gesicht» nicht haben, solche, die es haben, nicht erkennen können. Diejenigen, die es besitzen, erkennen einander jedoch ohne Ausnahme. Wir stehen nicht nur im körperlichen, sondern auch im zeitlichen Raum miteinander in Verbindung. Manchmal sind solche Treffen aufgrund der Vertrautheit, die mit ihnen einhergehen, ein Schock. Es scheint uns, als ob wir nur für ein paar Minuten voneinander getrennt gewesen wären und nicht während mehreren Leben.

Wenn sich eine Frau für die schamanische Heilung öffnet, macht sie eine klassische Identitätskrise durch und vielleicht auch ein Nahtod-Erlebnis im Zusammenhang mit ihrer körperlichen Gesundheit. Dies geschieht auf der ganzen Welt auf diese Art. Wenn es jedoch eine moderne westliche Frau betrifft, wird die Krise aufgrund der nicht vorhandenen kulturellen Basis in Form von Unterstützung und Erkennung anders wahrgenommen. Die Kassiererin im Lebensmittelgeschäft und ich verfügten über kein Erklärungsmodell, das mein vorzeitiges Wissen um den Gesamtpreis verständlich und nachvollziehbar gemacht hätte. Es hing zwischen uns wie eine seltsame Abnormität. Wer hat schon davon gehört, daß sich so etwas im normalen, alltäglichen Leben ereignet hätte? Und wenn ich diese Fähigkeit habe (wenn wir sie alle haben), warum konnte ich diese Leistung bei späteren Gelegenheiten im selben Geschäft nicht wiederholen? Weshalb kann ich meine seherischen Kräfte nicht immer anwenden, wenn ich sie brauche, wenn sie doch so überraschend und zufällig verfügbar sein können? Was für einen Unterschied macht es schon, daß ich an jenem Tag an der Kasse den richtigen Betrag nannte? Und wen kümmert es schon, daß ich zu einem späteren Zeitpunkt meiner «Entwicklung» regelmäßig einen idealen Parkplatz auftreiben konnte, wenn ich einen brauchte? Ich staunte jeweils über diese Fähigkeit und fragte mich, warum ich meine wichtigeren und komplizierten Träume nicht mit demselben außergewöhnlichen Erfolg zurückrufen konnte, wenn mir das hier doch so leicht fiel.

Die Mythologie der Indianer betont die trügerische Natur der Kräfte des Universums. Das Bild des Koyoten, der immer dann auftaucht, wenn man ihn am wenigsten erwartet und in den meisten Fällen nur Schwierigkeiten macht, erinnert an die tibetische Dakini. Dakinis und Koyoten sind Personen oder Situationen, die während einer begrenzten Zeit die sinnvollen chaotischen Elemente in unserer Umwelt verkörpern und ihnen Gestalt geben. Sie tauchen in Form derjenigen Ereignisse auf, die uns von unserem Weg abbringen, uns von unseren Zielen wegführen, und die bewirken, daß wir uns außer Kontrolle und irgendwie hinters Licht geführt fühlen. Sie geben uns so zu verstehen, daß wir nur ein kleiner Teil einer viel größeren Bewegung sind. Dieses Wissen, daß etwas Größeres als wir in dieser Welt wirkt, weckt in uns ein Gefühl der Demut. Manchmal sorgt der «Schwindler» für Erlebnisse, die uns ein momentanes Gefühl der Macht vermitteln (wie mein Erlebnis mit dem Einkauf), läßt dann aber eine demütigende Erfahrung folgen, die uns unsere Hilflosigkeit und Verletzlichkeit bewußt macht. «Ich habe diese umwerfende Tat vollbracht, aber ich kann sie anscheinend nicht wiederholen. Heißt das, daß ich sie wirklich vollbracht habe, oder hat jemand oder etwas es durch mich getan? Was geht hier eigentlich vor?» Dakinis und Koyoten sind bekannt dafür, daß sie mit uns in Gestalt von anderen Menschen, insbesondere durch diejenigen, in die wir uns verlieben, ihr Spiel treiben. Wir öffnen uns all dem, was wir durch den magischen Kontakt zu dieser anderen Person verfügbar glauben, worauf der Auftritt des «Schwindlers» folgt, der uns den Teppich unter den Füßen wegzieht. Solche Ereignisse sind dazu da, unser Ego vor der Verknöcherung zu bewahren.

Ein verhärtetes Ego widerspricht der Veränderlichkeit des Universums. Je mehr sich eine Identitätsstruktur gefestigt hat, desto mehr hat jemand zu verlieren, wenn Veränderungen eintreten. Die westliche Wissenschaft hat Strukturen geschaffen, die unflexibel sind und die dem natürlichen Fluß der Natur feindlich gegenüberstehen. Als ein Volk, das durch westliche Erziehungsstrukturen geformt worden ist, haben die Nordamerikaner ein Glaubenssystem gemeinsam, das besagt, daß alle Dinge der physischen Welt konkret und stabil sind. Wir glauben, daß unser Körper solid ist und daß ein Tisch oder ein Stuhl unbeweglich oder tot ist. Das ist das Herzstück des Materialismus, der gleichzeitig die eigentliche Religion der Vereinigten Staaten ist. Man hat uns gelehrt, daß es des Teufels ist, wenn man Geister sieht oder hört. Wenn wir es doch tun, dann muß es sich um eine Halluzination handeln, und wir müssen unter Drogen gesetzt und eingeschlossen werden, bis das Problem weggeht («geheilt» ist). Wir gehören buchstäblich der einzigen Kultur der Welt an, die sich weigert, die Gegenwart des «kleinen Volkes» in Form von Feen, Naturgeistern, Pflanzengöttern, Totems, Elfen oder wie immer sie auch heißen mögen, anzuerkennen. Sogar in Rußland, wo es angeblich keine Religion geben soll, verfügt das Volk noch immer über eine Mythologie, die diese Kreaturen, die Seite an Seite mit uns leben, anerkennt und einbezieht. Etwas in der Waisenkindnatur unserer verpflanzten und relativ jungen Kultur der Vereinigten Staaten bewirkt, daß wir ein absolut mechanisches Weltbild haben – ein Erbe derjenigen Europäer, die unsere Vorfahren waren. Jede Philosophie oder Erfahrung, die andere Informationen vermittelt, ist eine schreckliche Bedrohung für das Denken der Amerikaner.

Die petrochemische Industrie produziert zum Beispiel seit dem Zweiten Weltkrieg extrem gefährliche und tödliche Chemikalien, die sie an die Bauern verkauft, damit diese sie über ihren Feldern und Pflanzen versprühen, um Schädlinge fernzuhalten und den Boden zu düngen. (Es handelt sich um dieselben Substanzen, die die Nazis für die Gaskammern im Holocaust verwendeten!)[2] Heute wird es immer offensichtlicher, daß diese Art des Landbaus nicht funktioniert, denn alles stirbt – der Boden, die Saat, die Bäume, die Tiere und die Menschen –, alles, außer die widerstandsfähigsten Schädlinge. Als Reaktion auf diese Krise des Landbaus ist deshalb eine neue, weltweite Bewegung entstanden. Es handelt sich dabei um den biologischen Landbau, wovon die biologisch-dynamische Anbaumethode von Rudolf Steiner ein spezifisches und sehr interessantes Teilgebiet ist. Die Methode von Steiner ist für die meisten westlichen Menschen bizarr, denn er verwendet durch Medien erhaltene Informationen zur Produktion von Düngemitteln und «homöopathischen» Ernteverbesserern, die den Boden regenerieren und heilen sollen. Diese Methode funktioniert so gut, daß einfache Bauern auf der ganzen Welt überzeugt werden konnten, sie anzuwenden. Das schließt unter anderem auch ein Mittel ein, das man erhält, indem man liebevoll Kuhhörner mit Kuhmist füllt, die den Winter hindurch in der Erde bleiben. Dann werden sie herausgeholt, der Inhalt wird mit Wasser vermischt, auf eine genau vorgeschriebene Weise geschüttelt und dann in winzigen Dosierungen auf dem Feld verteilt. (Es funktioniert nur, wenn man den Kuhmist in ein Kuhhorn füllt, denn nur dort verwandelt er sich in perfekten, frischen Humus. Das erinnert mich unweigerlich an die ägyptische Isis/Hathor und ihren Kopfschmuck aus Kuhhörnern, die aus dem Land stammen, wo die Frauen den Ackerbau erfanden.) In Australien und auch in Europa verwenden immer mehr Bauern Steiners Methode für den Ackerbau, *weil sie funktioniert.* Die Vorteile überwiegen jegliche Nachteile, die durch die eigenartige Methode verursacht werden könnten.

In Nordamerika sind die Bauern weniger offen für diese seltsamen Methoden, die die Autoren von *Die Geheimnisse der guten Erde* anführen, weil sie nach «Hexerei» klingen. Obwohl ein Bauer in Minnesota sieht und hört, daß andere Bauern mit dieser Methode mehr Erfolg haben als mit den Chemikalien, die ihn langsam an den Rand des Ruins bringen, fällt es diesem Bauern sehr schwer, auf die andere Methode umzustellen, weil er sich vor dem «Dämonischen» fürchtet. Die Ergebnisse dieser ungewöhnlichen Methoden sind tatsächlich, wie dieser Bauer es befürchtet, absolut umwerfend. Es ist ein Teil der amerikanischen Tragödie, daß er es nicht wagt, etwas auszuprobieren, das nicht auf hyperrationale Weise erklärbar ist.[3] Damit wir Amerikaner das lebendige Spiel der Geister akzeptieren können, müssen wir unsere Identität um einiges mehr erweitern als die Völker anderer Länder. Diese Angst der Amerikaner vor dem Übernatürlichen, die unsere Kultur auf allen Ebenen durchdringt, gestaltet das Studium und die Ausübung des Frauen-Schamanismus um vieles komplizierter und schwieriger, denn die Frauen waren schon seit jeher dafür berüchtigt, daß sie den Tabuthemen wie Geister und Magie offen gegenüberstanden. Die Medien haben dank der Ausstrahlung von Horrorshows in Kino und Fernsehen gerade eine Blütezeit erlebt. Diese Produktionen, die seltsame, groteske, gewalttätige und abartige Verhaltensweisen zeigten, welche mit all dem zu tun haben, was außerhalb des «normalen» Christentums liegt, waren sehr erfolgreich. Wie als Antwort auf eine Wunschvorstellung entstanden sogenannte «Satanskulte», als Resultat desselben fundamentalistischen Standpunktes, der absolut nichts mit der Göttin oder mit «Hexen» zu tun hat. Trotzdem sind sie aber im Denken der stark manipulierten Mehrheit untrennbar mit diesen beiden Gebieten verbunden. Ich denke da auch an meine eigene protestantische Familie mitten in Iowa zurück, wo ich vor dreiundvierzig Jahren aufgewachsen bin und mir meine Mutter beigebracht hat, wie man sich mit der Unterstützung von weißen Pferden und dem ersten Abendstern etwas wünscht. Ich mußte auch meine Milchzähne für die Zahnfee aufheben und glaubte an den Nikolaus und so weiter. Diese mythologischen Lehren waren für mich weit eindrücklicher als all das, was man mir in der presbyterianischen Sonntagsschule beizubringen versuchte, obwohl ich anfangs mit großer Wahrscheinlichkeit für beides offen gewesen war.

Es stellt sich also die Frage: «Sind die Frauen wirklich stärker mit ihrem Instinkt verbunden als die Männer? Ist unsere Affinität zum Reich der Geister durch unsere biologische Konstitution oder unseren Hormonhaushalt bedingt? Ist die ‹weibliche Intuition› wirklich von Natur aus geprägter? Sind wir ‹der Erde näher›?» Ich glaube schon. Ich fürchte mich nicht vor dem, was einige Feministinnen als Folge eines solchen biologischen Determinismus auf sich zukommen sehen. Betrachtet man den Zustand der Erde in diesem Moment, wäre es wirklich besser für uns, wenn jemand mit der Erde verbunden wäre. Die Frauen werden mit ihrem Körper die nächste Generation in diese Welt bringen. Wenn ich mich auf der Erde umsehe, sehe ich überall nur Krieg und Mord und Totschlag, die in den meisten Fällen von den Vereinigten Staaten noch unterstützt werden. In lateinamerikanischen Ländern, in Afrika, Indien und dem Nahen Osten helfen wir Gruppen mit unterschiedlichen religiösen und politischen Ansichten, sich gegenseitig zu töten und täglich ihre Kinder zu verstümmeln, nur weil sie alle ihren Willen und ihre abstrakten Ideen durchsetzen wollen. In all diesen Ländern sind es die Frauen, die damit beginnen, sich über die Grenzen und religiösen Unterschiede hinweg die Hände zu reichen, um Frieden zu schaffen. Die australische Kinderärztin Helen Caldicott, die «Ärzte für die soziale Verantwortung» (Physicians for Social Responsibility) ins Leben gerufen hat, hat dieser «einfachen» Sorge um die Kinder und die nachfolgenden Generationen eine eindringliche Stimme verliehen. Wir müssen uns in den Vereinigten Staaten für diese natürliche, instinktive Fähigkeit der Frauen in aller Welt öffnen und ansprechbar machen.

Die schamanischen Praktiken erwecken unsere natürlichen Instinkte und Impulse und sorgen dafür, daß wir in unserem Körper verankert sind, damit wir aus unserem Inneren heraus handeln können. Überall auf der Welt sind die Schamanen auf die Hilfe und Führung aus der Welt der Geister angewiesen. Sie anerkennen die Beschützer und Helfer in der unsichtbaren Welt, ohne deren Hilfe sie weder heilen und lehren noch ihr Volk führen könnten. Die meisten Schamanen führen einen mehr oder weniger ununterbrochenen Dialog mit der Welt des Unsichtbaren, erhalten Informationen, verarbeiten sie und handeln dann aufgrund dieser Informationen. Die Schamanen sind erdverbunden. Sie sind weder Schwärmer noch Theoretiker, sondern stehen mit beiden Füßen fest auf dem Boden. Sie scheinen anders zu sein als «normale» Menschen, weil sie Dinge sehen können, die für andere Menschen nicht sichtbar sind. Sie können zum Beispiel die Ursachen erkennen, die bestimmten Krankheiten zugrunde liegen, und konzentrieren sich dann auf die Beseitigung der Ursachen, anstatt sich einfach mit den äußerlichen Erscheinungen zu beschäftigen. In allen Kulturen, in denen der Schamanismus beheimatet ist, dauert die Lehrzeit eines Schamanen sehr lange. Es braucht viele Jahre des Studiums, der Übung und eine stetig zunehmende Selbstdisziplin, bevor jemand in Notlagen und gefährlichen Situationen voll da sein und auf ruhige und effiziente Weise handeln kann.

Für westliche Schamaninnen kann dieser Lernprozeß noch länger dauern, denn wir müssen nicht nur unseren Beruf erlernen, sondern zuerst unseren Geist so verändern, daß er überhaupt fähig wird, diese Art von Tätigkeit auszuführen. Wir müssen uns so gut wie möglich von der kulturellen Konditionierung befreien, die unsere Arbeit sehr stark behindert. Wir müssen, wie das in der Tradition des Yoga heißt, das «dritte Auge öffnen», um das schlafende Zweite Gesicht zu erwecken. Dann müssen wir uns selber beibringen, an die Dinge zu glauben, die wir sehen, denn unsere Kultur anerkennt sie nicht als wirklich. Wenn wir nicht aufpassen, wird man uns dafür einsperren. Wir müssen die schamanischen Weltbilder und Praktiken anderer Kulturen studieren, um unsere eigenen Erfahrungen auf dem Weg des Schamanen verstehen zu können, denn unsere Kultur verfügt weder über Literatur noch Traditionen, die als Grundlage für diese Lehren dienen könnten. Dann müssen wir diese verschiedenen Methoden auf unsere Realität des zwanzigsten Jahrhunderts übertragen, damit wir das Gelernte und Erlebte in unser tägliches Leben integrieren können. Nebst all diesen Vorbereitungen müssen wir aber auch die Übungen durchführen, die uns zu mehr

Selbstdisziplin und schließlich zur Vollendung unserer Ausbildung im Reich des Unsichtbaren verhelfen sollen. Wir brauchen Zeit, um diese Arbeit durchzuführen, und Geduld, um das hervorholen zu können, was in unserem Innersten wartet. Es wäre schön, wenn jede von uns einen Lehrer oder eine Lehrerin hätte, die uns persönlich auf unserem Weg begleiten würde, doch dies ist nur sehr selten möglich. In der Realität sieht es so aus, daß sich jede von uns irgendwie durch die Traumdeutung und ihre Visionen festigen muß, um Hilfe aus der Welt des Göttlichen und der Geister betet und die Dinge nach bestem Wissen zu interpretieren versucht, während sie Schritt für Schritt auf ihrem Weg weitergeht.

Die moderne Schamanin darf nicht mehr nach den anerzogenen, kritiklos übernommenen und ungesunden Gewohnheiten leben; sie muß anfangen, von innen heraus zu handeln. Während sie die kulturellen Faktoren eliminiert, die ihre Wirklichkeit verzerrt und programmiert haben, wird eine Frau mit dem Gefühl von einem erweiterten, offeneren, freieren Raum konfrontiert. Diese Wandlung von der Dichte zur Leichtigkeit kann Angstgefühle verursachen und eine scheinbar «loslösende» Wirkung haben. Es ist möglich, daß sie sich «außerhalb ihres Körpers» oder «schwebend» und substanzlos fühlt. Möglicherweise beginnt sie, um ihren Geist zu fürchten, versucht deshalb, sich unter Kontrolle zu bringen, was zusätzliche Verspannungen und Schmerzen im Körper verursachen kann. Die betroffene Frau braucht in diesem Fall eine Beschäftigung, die ihr hilft, die erwachende Energie als Teil ihres Körpers zu integrieren. Zudem ist auch eine Änderung ihrer Einstellung nötig, die es ihr ermöglicht, diese neuen Gefühle als etwas Gutes zu sehen. Das heißt nichts anderes, als daß wir die unumgänglichen Veränderungen in unserer Wahrnehmung und unserem Energiehaushalt akzeptieren müssen. Es ist nicht nötig, daß wir während der Transformation ein Gefühl der «Normalität» aufrechterhalten. Diese neuen Gefühle und Erfahrungen, die neuen Empfindungen und Bewußtseinszustände können für das Ego eine große Bedrohung darstellen. Genauso wie das Ego einen Reinigungs- und Entprogrammierungsprozeß braucht, der es von seinen alten Vorstellungen und Strukturen befreit, braucht es auch ein gewisses Maß an Bestätigung, daß das, was mit ihm geschieht, in Ordnung ist.

An einem bestimmten Punkt in der Entwicklung der Schamanin nimmt die Kundalini-Energie sprunghaft zu. Der Energiestrom, der sich in den Körper ergießt, kann sich in Form von überschäumender Freude, plötzlicher Hochgefühle, Ekstase, Euphorie oder überwältigender Angst ausdrücken. Stellen Sie sich vor, daß das ganze Gewicht der kulturellen Konditionierung wie ein tonnenschwerer Zementklotz auf der aufgerollten (latenten) Kundalini-Energie gelegen hat. Für diese Energie gab es vorher ganz einfach keine Möglichkeit, sich selbst zu befreien, deshalb wurde sie wahrscheinlich auch noch nie wahrgenommen. Wenn sie erwacht und sich im Körper bewegt, fühlt sich das (nach Beschreibungen von Tantrikern) fast so an, als ob sich eine Riesenkobra regen und aufrichten würde oder man vom Blitz getroffen würde. Der ganze Organismus wird elektrifiziert. Ich konnte während einiger Wochen nicht mehr schlafen. In dieser Zeit machte ich mir abwechslungsweise Sorgen über meine Gesundheit (denn es ist ja bekanntlich nicht gut, wenn man nicht schläft, oder?) und genoß die lebhaften Träume, die ich in einem seltsamen Trancezustand hatte, der an die Stelle des Schlafes trat. Diese Erfahrung ist keineswegs ungewöhnlich und wurde von vielen anderen auch so erlebt. Unter diesen Umständen stellt man am besten dieser überschäumenden Energie einen Kanal zur Verfügung, durch den sie sich ausdrücken kann. Von diesem Zeitpunkt an verfügte ich über ein Übermaß an heilender Energie und legte mit Begeisterung jedem, den ich kannte, meine Hände auf. Ich blieb lange auf, las Bücher und begann zu zeichnen. Jeden Tag machte ich stundenlang Yogaübungen, einschließlich eines zehnminütigen Kopfstandes, und arbeitete intensiv mit meinen Träumen. Manchmal dauerte das Niederschreiben eines Traums länger als die halbe Nacht. Ich träumte und schrieb die ganze Nacht durch. Ich mußte mir immer wieder sagen, daß ich nicht verrückt sei, weil ich eine solche Erfahrung machte. Ich las deshalb esoterische Bücher, die diesen einzelnen Erlebnissen einen Namen gaben und sie zu einem System von Gedanken und Übungen zusammenschlossen.

Dieses Erlebnis von erhöhter Starkstromenergie dauert nicht ewig. Irgendwann stabilisierte sich die Situation ebenso wie die Gefühle, die als Reaktion darauf aufgekommen waren. Die Schamanin muß nun sowohl die Energie als auch die Gefühle stabilisieren, sich weiterentwickeln und ihre Persönlichkeit transformieren, ohne das Gleichgewicht zu verlieren. Dazu können Meditationsübungen von Nutzen sein, durch die man lernt, die geistigen Aktivitäten zu beobachten, ohne ihnen große Bedeutung zukommen zu lassen (ohne das Bedürfnis, auf alles zu reagieren); vielleicht kann auch das den Körper integrierende Hatha-Yoga zu einer besseren Handhabung dieser Energie beitragen. Es regt die Drüsenfunktion an und führt einen Trance- oder Glückszustand der Betreffenden herbei, durch den sie ihr Bewußtsein willentlich verändern kann. Auch Akupunktur kann dazu beitragen, die scheinbar ungezähmte Energie in ein Gleichgewicht zu bringen, und die Ausübung einer Kampfsportart ist eine wunderbare Möglichkeit, den Blitz zu verinnerlichen und zu kanalisieren. Ich glaube, daß es vor allem wichtig ist, diesem Prozeß mit Freude und Begeisterung gegenüberzustehen und so die Gefühle der Lebensfreude und Leidenschaft, die durch den Körper fluten, auszudrücken. Schauen Sie sich die alten Bildnisse von heiligen Frauen mit ihren wilden Augen, Tanzbewegungen und Yogastellungen an. Machen Sie Liebe, allein oder mit Ihrem Partner. Legen Sie sich auf die Erde, und lassen Sie die überschüssige Energie aus Ihrem Körper in den Boden fließen. Bitten Sie die Erde um Heilung und Unterstützung, um Schutz und helfenden Kontakt. Vertrauen Sie auf die grundlegende Positivität dieses Vorganges, die positive Macht der äußerst starken Heilkraft. Wenn es Ihnen unter solchen, sich jeglicher Kontrolle entziehenden Umständen überhaupt möglich ist – genießen Sie es! Wenn wir nicht solche Angst hätten vor etwas, das so anders ist als unsere bisherigen Erfahrungen, würden wir es für Ekstase halten und es kultivieren.

Dieses Erlebnis elektrischer, hochaktiver Energie wäre nicht so ungewohnt für uns, wenn mehr Frauen auf natürliche Art gebären würden. Die Kundalini ist eine biologische Energie, die im Körper ruht und darauf wartet, daß sie gebraucht wird. Das Ge-

8 Bei dieser Figur aus einem indischen Tempel sieht man eine Schlange, die aus der Vulva hervortritt: ein starkes und sehr bildhaftes Symbol für die erwachte, aktive Kundalini im Leben einer Frau. Dieses Bild wurde von westlichen Kommentatoren oft als phallisch eingestuft, wird aber in Indien als einfache Darstellung der natürlichen, biologischen Kräfte verstanden, die jede Frau besitzt – als eine Darstellung der «Shakti». Seit langer Zeit schon wird die Schlange mit Frauen und heilenden, regenerierenden Kräften in Verbindung gebracht. Die Schlange, die ihre Haut abstreift, ist das perfekte symbolische Bild für eine Frau, die jeden Monat ihre Blutung hat. Die Schlange tut dies, weil sie zu groß geworden ist, die Frau, weil in diesem Monat kein Kind in ihrem Leib wachsen wird. Die Schlange ist oftmals giftig und verkörpert so die dunklen Aspekte der Menstruation und den Tod. Abgedruckt mit der freundlichen Genehmigung von Thames & Hudson aus *Tantra* von Philip Rawson.

bären ist der beste, natürlichste Zeitpunkt für ihre Aktivierung im Körper einer Frau und für ihre Unterstützung. In anderen Kulturen gilt das Gebären als Initiationsprozeß. Das ist nicht nur so, weil es sich um einen Übergangsritus *(rites de passage)* von einer Lebensphase in die nächste handelt, wie die Anthropologen dies nennen, sondern weil dadurch auf natürliche Weise die schlafende Macht der Schlange stimuliert und erweckt wird. Das Gebären ist eine biologische Gelegenheit, durch die anspruchsvolle, körperliche Begegnung mit den Mächten des Lebens und des Todes initiiert zu werden. Eine Frau, die gebärt, steht auf der Schwelle zwischen Leben und Tod, um (der Erhaltung ihrer Art

9 *Die Krönung* von Judy Chicago, eines der vielen überwältigenden Bilder von gebärenden Frauen des *Birth Project.* Die schamanische Kraft der erweckten und aktiven Kundalini ist ganz offensichtlich; genauso wie die Ekstase, die häufig mit einem solchen weit offenen geistigen Zustand einhergeht. Eine Frau, die auf natürliche Art gebärt (weniger als ein Prozent von uns tun das noch), erlebt einen solchen energiegeladenen Zustand. Im Krankenhaus wird ihr aber nicht erlaubt, ein solch dramatisches Erlebnis durchzumachen. Anscheinend ist es zu unangenehm für ihre Helferinnen, denen es lieber wäre, wenn sie sich etwas unauffälliger benehmen würde. Abgedruckt mit der freundlichen Genehmigung von Judy Chicago.

zuliebe) eine neue Seele von jener Welt in diese Welt zu bringen. Was könnte schamanischer sein? Es erstaunt deshalb nicht, daß nach Aussagen der Indianer die Krieger den Sonnentanz tanzen, um eine Erfahrung zu machen und den nötigen Mut aufzubringen, die der Erfahrung und dem Mut einer gebärenden Frau entsprechen. Da aber weniger als ein Prozent von uns Frauen noch zu Hause gebären, gehört diese spezielle Art der Initiation heute der Vergangenheit an. Die Künstlerin Judy Chicago, die Begründerin des Birth Project (Geburtsprojekt), weist darauf hin, daß es

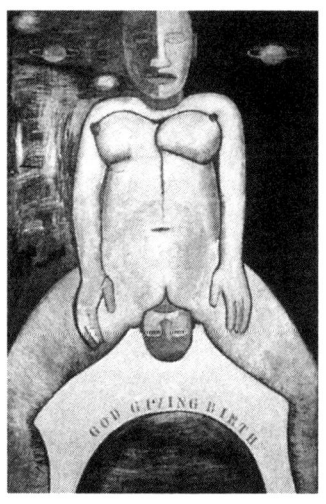

10 *God Giving Birth* der Schwedin Monica Sjöö, die jetzt in England lebt. Monica Sjöö schuf dieses Gemälde, nachdem sie in den späten 6oer Jahren ihren Sohn zu Hause geboren hatte. Das Bild verursachte in England einen Aufruhr, da man es als blasphemisch und obszön betrachtete. Alle Gemälde von Monica Sjöö haben die Göttin zum Thema und drükken eine weibliche Welt aus. Sie stellen eine Verbindung zwischen modernen Frauen und unseren Ahninnen dar.

seit zweitausend Jahren in der westlichen Kunst keine Bilder von gebärenden Frauen mehr gegeben hat![4] Eine andere feministische Künstlerin, Monica Sjöö, mußte in England in den siebziger Jahren wegen «Obszönität und Blasphemie» vor Gericht, nachdem sie ihr Gemälde *God Giving Birth* (Gebärender Gott) ausgestellt hatte. Das Gemälde war 1961 entstanden, nachdem sie in ihrem Haus in Bristol ihren zweiten Sohn auf natürliche Weise geboren hatte. Dieses Erlebnis hat sie nach eigener Aussage für die Große Mutter geöffnet, weil sie «wirklich erlebt hat, daß die gebärende Frau die ursprüngliche Schamanin ist»[5]. Und heute wird die westliche Methode (wo die Frau passiv ist und der Arzt sie «entbindet») überall auf der Welt verwendet, sowohl bei Stammesvölkern als auch in den Städten. Sogar der Instinkt zum Stillen wird absichtlich erstickt, dank Nestlé und anderen Herstellern von Babynahrung.[6]

Es sollte jetzt langsam klar geworden sein, daß die Arbeit einer Schamanin, sogar in der modernen westlichen Kultur, ein enormes Maß an Mut, Engagement und Stehvermögen erfordert. Eine Schamanin erlebt ständige Herausforderungen an ihren Körper, ihren Geist und ihre Seele. Man folgt dieser Berufung nicht, weil sie glanzvoll oder aufregend ist, sondern weil man einen unwiderstehlichen Drang danach verspürt. Die Schamanin muß eine Art unumstößlicher Loyalität gegenüber ihrem Weg zeigen, trotz der damit verbundenen Unannehmlichkeiten, Zweifel und Ängste. All die Übungen, die in diesem Buch erwähnt werden, wirken als Stimulator für den Prozeß selber, oder sie dienen als Mechanismus, mit deren Hilfe die Energie verarbeitet werden kann, die durch die Arbeit wachgerufen wird. *Der Prozeß, dem sich die zukünftige Schamanin geöffnet hat, ist ein Prozeß des Sterbens.* Sie wird nie wieder dieselbe Person sein wie zu Beginn ihrer Entwicklung. Sie befindet sich auf einem Weg, der unweigerlich zu ihrem Tod führt, zum Ende ihrer eigenen Identität. Für die Frauen ist der Tod des Egos jedoch ein eigenartiger Prozeß, denn das Ego, das sie aufgeben, war mit ziemlicher Sicherheit sowieso falsch. Man könnte dazu sagen, daß natürlich jede Art von Ego falsch (Schein) ist und daß das für Männer und Frauen in gleichem Maße zutrifft. Ich spreche hier jedoch vom Ego als einem Ausdruck der Seele in dieser Welt, einem kreativen Fahrzeug des Selbst, das es während der Phase seiner körperlichen Existenz bewohnt.

Wie Sylvia Perera in ihrem Buch *Der Weg zur Göttin der Tiefe. Die Erlösung der dunklen Schwester: eine Initiation für Frauen* so klar darlegt, haben die Frauen ein «Animus-Ego» entwickelt anstatt ein Ego, das unser inneres Wesen ausdrückt. Obwohl das Loslassen für uns alle schwierig ist, ist dieses Loslassen von dem, was ihre authentischen Erlebnisse verdeckt hat, für eine Frau eine große Befreiung. Die Freiheit nach dem Verlust der Persona ist, vom spirituellen Standpunkt betrachtet, von großem Vorteil. Die Kreativität, die im Inneren freigesetzt wird, kann überwältigend sein und erlaubt der Frau, sich selber in einer «echteren» Form neu zu schaffen. Diesen Prozeß nenne ich Frauen-Schamanismus – ein stetiges Abstoßen von falschen Identitäten, damit authentischere Ausdrucksformen aktiv entwickelt werden können. Die Schlange ist weltweit das älteste Totem der Frauen. Sie steht in engem Zusammenhang mit der sehr stark vom Mond beeinflußten biologischen Evolution der Frau. Das natürliche Zeitgefühl einer Frau ist zyklisch, kreisförmig, spiralförmig, nicht-

11   Die Karten *Der Tod* und *Die Welt* von Karen Vogel und Vicki Noble
für (c) *Motherpeace*. Der Tod stellt traditionellerweise die Transformation dar, hier als eine Schlange, die ihre Haut abstreift, und als Herbst-
blätter, die vom Baum herabfallen. Die Wiedergeburt ist im Wissen
enthalten, daß der Frühling wieder kommen wird, genauso wie die
Seele wieder in einen anderen Körper geboren werden wird. Die Welt
zeigt den Abschluß einer harten Arbeit und den Höhepunkt oder die
Erfüllung, auf die man gewartet hat. Sie symbolisiert die Befreiung von
Bindungen und Hindernissen und einen Durchbruch für den ganzen
Organismus.

linear und nicht-rational. Die Frauen müssen ihre kristallisierten
Identitäten, nachdem sie zerbrochen oder durch den schamanischen Prozeß aufgelöst worden sind, durch eine ausgesprochen
flüssige Ego-Identität ersetzen. Wenn eine Frau den Wert einer
sich ständig verändernden, fließenden, niemals stillstehenden
Identität zu schätzen und zu pflegen beginnt, dann nähert sie sich
langsam dem, was Schamanen und Buddhisten als «Realität» bezeichnen. Diejenigen, die über die Fähigkeit verfügen, in die
Welt der Energie zu blicken, erkennen, daß alles aus Energie besteht, und die Energie ist immer in Bewegung. Der Rest der Arbeit besteht im ständigen Versuch, diese Sicht der Realität als
wirklich zu akzeptieren, denn sie steht im Widerspruch zu all
dem, was man uns ursprünglich beigebracht hat.

Grundsätzlich bewegt sich die moderne Schamanin auf ihrem Weg nach den Spielregeln dessen, was ich «Synchronizität» nennen möchte und was C.G. Jung als das Gesetz «der bedeutungsvollen Zufälle» definiert hat. Der Weg der Schamanin ist ein nie endender Dialog mit der Natur, der Welt des Unsichtbaren oder mit der Göttin. Dieser Dialog sieht so aus, daß Sie eine Frage stellen, darauf eine Antwort erhalten, die Information verarbeiten und dann die nächste Frage stellen. Diese Fragen und Antworten entsprechen den Stufen auf dem Weg der schamanischen Heilung. Zu anderen Zeiten und in anderen Kulturen war diese Methode unter dem Begriff Divination bekannt. Das bedeutete, die Antworten auf die Fragen Ihrer Seele durch den direkten Kontakt mit dem Unsichtbaren zu «erspüren». Heute ist die Divination nur noch wenig bekannt, wenn man von den paar wenigen absieht, die mit dem Tarot oder dem I Ging experimentieren oder die die Zukunft aus dem Kaffeesatz oder den Handlinien lesen. Sie alle, das Motherpeace-Tarot[7] eingeschlossen, sind verschlüsselte Orakelsysteme. Alles im Leben kann jedoch ein Orakel sein. Orakel sind subtile Botschaften des Universums, das uns umgibt. Sie lehren und führen uns auf unserem Weg. Wir brauchen kein rationales Erklärungssystem, um diese Botschaften verstehen zu können.

Wir alle sind mit allem, was existiert, vernetzt. Dieses Netz ermöglicht es uns, mit dem in Verbindung zu bleiben, was Arnold Mindell als «Traumkörper» und Peter Redgrove als das «unsichtbare Reelle» bezeichnet haben.[8] Die alten Völker verehrten dieses Netz über alles und beteten zu der Mondgöttin als der Weberin des Schicksals: eine riesige Spinne, die im Zentrum des Universums sitzt und aus ihrer Mitte das Universum erschafft. Ohne Hilfsmittel kreiert sie aus ihrem Bauch; alles entsteht in ihrem Inneren. Wie das Spinnennetz, das unendlich empfindsam auf Vibrationen reagiert und jede kleinste Bewegung über das ganze Netz weiterleitet, so verspüren alle Wesen, die sich im Netz des Lebens befinden, jegliche Aktionen und Reaktionen, die dort stattfinden. Alle Ereignisse, wo immer sie auf der Erde (oder in unserer Galaxie, wenn Sie wollen) auch stattfinden, wirken sich auf uns alle aus, und wir nehmen sie auf einer bestimmten Ebene

12   Diese Spindel mit einge-
schnitzter Spinne wurde in den
Hügeln von Iowa entdeckt, der
Heimat der Autorin. Spinnen
werden vielfach mit Frauen und
ihrem Handwerk verglichen, weil
die weibliche Spinne aus nichts
etwas schafft, und zwar aus ihrem
Körper heraus. Die Spinne ist
eine Form der Shakti als Schöpferin, die aus sich selber heraus
das Universum erschafft. Als Kali
nimmt sie es am Ende der Zeit
wieder zu sich zurück.
Zeichnung von Laurelin Remington-Wolf.

unseres Wesens auch wahr. Jedes Leben ist wichtig; gleichzeitig
ist jeder einzelne aber nicht mehr als ein winziger Punkt innerhalb des Großen Ganzen, das uns umgibt. Wir müssen nur anfangen, die Bewegungen des Netzes in unserem Leben wahrzunehmen.

Eine Schamanin muß lernen, wie die Spinne, die ihre Fäden
spinnt, aus dem Bauch heraus zu handeln. Um unsere Aufmerksamkeit vom Kopf auf den Bauch und vom Geist auf den Körper
übertragen zu können, müssen wir die Signale verstehen lernen
und ihnen Vertrauen entgegenbringen. Sonst werden wir nie
ganz sicher feststellen können, wo der Unterschied zwischen Intuition und diesen leisen, ängstlichen Stimmen im Kopf liegt, die
der Schamanin einflüstern: «Sei vorsichtig, paß auf, nicht weitermachen, tu's nicht», und so weiter. Sie braucht etwas, das ihre intuitiven Erkenntnisse bestätigt; sie braucht einen Lehrer, einen
Helfer. Dieses Etwas ist die Synchronizität als aktiver Teil ihres
Lebens, ein Weg der konstanten Beobachtung und Reaktion auf
die kleinen Botschaften, die jeden Tag aus der Umgebung zu uns
kommen: Empfindungen im Körper, Begegnungen und Ereignisse, die sich in unserem Umfeld abspielen, die Art, wie sich gewisse Dinge in einer linearen Abfolge ereignen, all die kleinen

Wunder. Man kann ein systematisches Orakel wie das Tarot als Hilfe benützen, durch das man mit der Zeit ein Gleichgewicht in der eigenen Welt findet und so stark mit dem Körper verbunden ist, daß man schließlich meistens ganz auf dieses Hilfsmittel verzichten kann. Ich habe den Tarot während mehrerer Jahre verwendet, um meine zunehmenden intuitiven Kräfte verstehen und bestätigen zu können. So konnte ich mein Handeln mit größerem Vertrauen auf dieses Bewußtsein abstützen. Das sah häufig so aus, daß ich einen Impuls verspürte, den ich dann durch das Ziehen einer Karte nachzuprüfen versuchte, die entweder meinen ursprünglichen Impuls bestätigte oder auch nicht. Heute weiß ich, wie es sich anfühlt, wenn meine Intuition und meine Instinkte am Werk sind – ich kann es buchstäblich in meinem Bauch fühlen. Wenn ich dieses Gefühl nicht habe, dann warte ich.

Es gibt eine tiefe, unterschwellige Struktur, die die alten Völker kannten und in ihrem täglichen Leben anwandten. Was die Geomantiker «Drachenpfade» nennen und die englischen Pendler als «Leylinien» bezeichnen, ist Teil eines Netzes, das den Planeten umschließt; sich überkreuzende Linien von frei fließender Energie und Kraft, die der Mensch verspürt und die er sich bis zu einem gewissen Grad auch nutzbar machen kann.[9] Die Erbauer der Megalith-Bauten (wie z. B. Stonehenge) kannten dieses Netz und errichteten ihre Bauwerke über wichtigen Energiepunkten oder -strömen; auf dem amerikanischen Kontinent errichteten die Menschen an solchen Orten Hügel und mit der Zeit auch Tempel (wie die Maya). Im Zusammenhang mit diesen Erdpunkten, die starke Energien empfingen und ausstrahlten, verwendeten die alten Völker ihr Wissen über dieses netzförmige System auch, um ihre im Ablauf der Jahreszeiten stattfindenden Feste auf einen bestimmten, genau definierten Zeitpunkt festzulegen, der von der Bewegung der Planeten und Sterne im Vergleich zur Erde abhängig war. Die acht Sabbate der modernen Hexen und Heiden sind ein Überbleibsel dieser wichtigen Energiepunkte, die im Laufe eines Jahres beachtet wurden. Es gibt Hinweise dafür, daß sich die ersten Tempelbauer auf diesem Planeten nach diesen besonderen Punkten im Kalender gerichtet haben.

Diese heiligen Feiertage sind universell in ihrer Bedeutung; auch die Aktivitäten, die die Menschen als ihnen zugehörig betrachteten, sind weltweit dieselben. Sie stammen aus den frühesten Zeiten der Menschheit und tauchen in der Geschichte der Menschheit in vielen Ländern immer wieder auf; sie sind sogar in unserem heutigen weltlichen Kalender enthalten. Die Sonnenwenden und Tagundnachtgleichen sind in unserer Kultur bekannt als Anfang einer Jahreszeit und erscheinen als solche in unseren Kalendern als erster Winter-, Frühlings-, Sommer- und Herbsttag. Wenn man sich die Mühe nimmt, etwas genauer hinzuschauen, wird einem klar, woher die beiden wichtigsten christlichen Feiertage stammen: Die Wintersonnenwende wurde im Julianischen Kalender zu Weihnachten gemacht, ebenso wie die Frühlings-Tagundnachtgleiche zu Ostern wurde. Die vier wichtigen heiligen Tage, die auf die Zeit zwischen den Sonnenwenden und den Tagundnachtgleichen verteilt sind, gehen jedoch relativ unbemerkt vorüber. Meistens sind sie zu «Kinderfesten» geworden, wie zum Beispiel der Abend vor Allerheiligen (Halloween). Diese Tage in der Hälfte eines Vierteljahres verfügen jedoch aus astronomischer Sicht über die größten Energien und werden von anderen Kulturen auf der ganzen Welt als heilige Tage gefeiert, die der Göttin (dem zutiefst Weiblichen) gewidmet sind.

Meine eigene Einführung in die heiligen Feiertage demonstriert vielleicht am besten, wie diese jahreszeitlich bedingten Feiertage uns zutiefst mit einer heiligen Struktur verbinden, die ein aktiver Teil unseres Lebens ist, egal ob wir an sie glauben oder nicht. 1976 zog ich mit meiner Partnerin Karen Vogel und meinen zwei Töchtern nach Berkeley. Ab 1977 waren Karen und ich in Nachforschungen vertieft und versuchten, soviel wie möglich über die uralten Kulturen herauszufinden, die die Göttin verehrt hatten. Wir vergruben uns in Kunstbüchern, Geschichtsbüchern und Klassikern, beschäftigten uns mit Archäologie und Anthropologie und versuchten zu verstehen, was mit der Macht der Frauen geschehen war. Wohin war sie verschwunden? Und warum? Ab 1978 besuchten wir Kurse zum Geistheilen und hatten uns selber Yoga beigebracht. Irgendwann einmal fing ich an, in Berkeley «Mondyoga»-Kurse zu geben. Ich war gerade dabei,

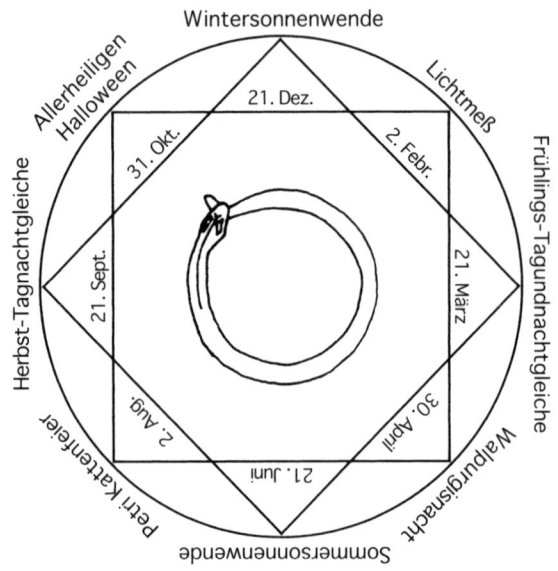

Wintersonnenwende

Allerheiligen Halloween

Lichtmeß

Herbst-Tagnachtgleiche

Frühlings-Tagundnachtgleiche

Petri Kettenfeier

Walpurgisnacht

Sommersonnenwende

21. Dez.

31. Okt.

2. Febr.

21. Sept.

21. März

2. Aug.

30. April

21. Juni

13   Dieses Rad der heiligen Feiertage, das den Hexen und Stammesvölkern auf der ganzen Erde bekannt ist, zeigt eine Schlange, die sich in
den Schwanz beißt. Dieses Symbol verbindet den Zyklus der Jahreszeiten mit Regenerierung und Wiedergeburt und zeigt uns, wie die Göttin uns in ihrem zyklischen Zeitablauf festhält, der durch diese acht
speziellen Energiepunkte des Jahres repräsentiert wird. Die keltischen
Völker feierten bis vor kurzem diese Feiertage mit großen Freuden-
feuern. In der Schweiz findet der Nationalfeiertag am 1. August statt
und wird mit solchen Feuern begangen. Es gibt noch viele unver-
fälschte Überbleibsel dieser alten Traditionen unserer Vorfahren, die
diese Zyklen verehrten und sich ihnen unterwarfen. Sogar das Murmel-
tier, das sich am 1. Februar auf die Suche nach seinem Schatten macht,
ist ein Hinweis auf die Orakelenergien, die zu dieser Zeit vorhanden
sind, und auf die Prophezeiungen, die früher im Namen von Brigit
gemacht wurden.

meine Augen zu heilen, und las und schrieb über alles, was mit Magie und Esoterik zu tun hatte. Ich machte jeden Tag meine Yogaübungen und schrieb zusammen mit Karen einen Roman. Anfang 1978 ereignete sich etwas, das ich später als Kundalini-Erfahrung verstehen lernte, als ich ein Buch fand, das ähnliche Zustände beschrieb. Aus unerfindlichen Gründen erwachte ich mitten in der Nacht. Ich befand mich in meinem Bett, und mein Geist war in einer leichten Trance. Ich spürte etwas, das ich als sexuelle Energie empfand, als ich plötzlich einfach aus meinem Kopf herausschoß und im schwarzen Raum des nächtlichen Himmels verschwand. In meinem Kopf blieb die Mitteilung zurück: «Ich bin eins mit allen Hexen zu allen Zeiten.»

Diese Erfahrung war außergewöhnlich tief und heilig für mich. Ich stand auf und schrieb darüber in meinem Tagebuch. Nach dieser Erfahrung akzeptierte und verstand ich ohne den geringsten Zweifel das Konzept der Reinkarnation, ohne daß es mich jemand gelehrt hätte. Mehrere Monate später war ich dabei, ein Buch zu lesen. Ich befand mich mit Karen in unserem Zimmer und blätterte in Anne Kent Rushs neuem Buch *Moon, Moon*.[10] Dort fand ich eine einfache Version des heiligen Kalenders, gezeichnet von Hallie Igelhart Austen. Jeder der acht Tage des Jahreszeitenzyklus war mit zwei Sätzen beschrieben. Lichtmeß am 1. Februar, sagte sie, war Hexeneinweihung. Meine Nackenhaare sträubten sich, ich sprang auf und holte eiligst mein Tagebuch hervor, um das Datum meiner Kundalini-Erfahrung nachzusehen. Natürlich war es der Vorabend von Lichtmeß gewesen, wenn nach alter Legende die Göttin Brigit (wie ich viel später herausfand) kommt und ihre Anhänger mit Heilkraft berührt. Ich war baff. Mein Geist öffnete sich schlagartig, ich spürte einen Druck auf meinem Kopf und eine unübersehbare Gegenwart im Zimmer. Dann sagte Karen, daß sie spüre, wie sich das Zimmer bewegte.

Dann begannen sich die Wände zu wellen, und ich hatte die schamanische Vision meines Lebens. Im Zeitraum von etwa zwanzig Minuten wurde ich wieder in die uralte Religion der Göttin eingeweiht und in meine Bestimmung für dieses Leben entlassen. Wir hatten einen wunderschönen, blauen, afrikanischen

Batik-Wandbehang an unserer Schlafzimmerwand hängen. Das Zentrum der Spirale öffnete sich und wurde zu einer Leinwand, auf der intensive Bilder erschienen, als ob jemand eine Diashow durchführen würde. Ich sah drei Bilder der Göttin – als Amazone, als Vollmond und als altes Weib. Ich sah auch ihre Tiere – Bullen, Vogel Greif, Löwen, Spinnen – und die Planeten, die sich auf ihren Bahnen um die Sonne und die Milchstraße bewegten; alles drehte, wirbelte und bewegte sich. Während all dies geschah, liefen mir die Tränen übers Gesicht, ich war in einem Zustand religiöser Ekstase erstarrt und vergaß beinahe zu atmen aus Angst, dieser unermeßlich wertvollen Erfahrung ein vorzeitiges Ende zu setzen. Ein Tunnel erschien vor mir, der mich zu rufen schien. Ich hatte Angst. Dann erschien ein Stein mit Buchstaben in einer mir unbekannten Sprache; ich hatte schreckliche Angst, daß mir etwas Wichtiges gezeigt würde, das ich nicht lesen konnte. Die Buchstaben lösten sich daraufhin auf und bildeten sich neu auf englisch: Helena, Hell No, Heal All (Helena, Hölle Nein, Heile Alle). Zum Schluß erschien in großen einfachen Buchstaben der Satz I AM ALL (Ich bin alle/alles), der sich ununterbrochen wiederholte, sich wand wie eine Schlange und sich mir auf tiefster Bewußtseinsebene einprägte. Zwei Spinnen kamen zusammen, Bauch an Bauch, und formten so das Symbol für das Tierkreiszeichen Krebs. Langsam verblaßten die Bilder, und die Show war zu Ende. Ich habe mich seit damals ohne Unterbruch ganz geliebt, beschützt und behütet gefühlt. Ich habe niemals die Gegenwart und konkrete Existenz der Göttin in ihrer inneren Göttlichkeit und Weisheit bezweifelt. Ich fühlte mich nie mehr in meinem Leben allein im Universum.

Mehr als zehn Jahre später erfuhr ich, daß dieser Prozeß sehr ähnlich ist wie derjenige, den der tibetische Lehrer Namkhai Norbu bei der Besprechung des Dzogchenwegs beschrieben hat.[11] Dzogchen gehört sowohl zum tibetischen Buddhismus als auch zur alten schamanischen Bön-Religion, die vor dem Buddhismus in Tibet verbreitet war, und hat mit der Ursprungsenergie zu tun. Norbu beschreibt diesen Weg als direkte, mit Hilfe von Symbolen stattfindende Übermittlung zwischen Lehrer und Schüler. Er spricht von der «Sprache der Dakinis» als einer Form, in der die uralten, geheimen Lehren festgehalten und kodiert sind, bis bestimmte, dazu ausersehene Menschen auf der ganzen Welt Teile davon entdecken. Ihre Aufgabe ist es dann, diese Lehren in die kulturelle Sprache ihrer Zeit und ihres Ortes zu übersetzen. Um dieser Linie anzugehören, muß diese Person nicht einer bestimmten Religion wie dem Buddhismus angehören, obwohl der Lehrer, der für die Übermittlung verantwortlich ist, sehr wohl Buddhist sein könnte. Ich habe immer eine starke Verbindung zum tibetischen Buddhismus gespürt und habe mich sogar im Wachzustand an ein vergangenes Leben in Tibet erinnern können. Ich nehme deshalb an, daß ein großer Teil meines Wissens aus dieser Linie stammt. Norbu beschreibt die direkte Dzogchen-Übermittlung als ein Erlebnis, das alle Zweifel des Schülers restlos beseitigt, weil er diese Erfahrung direkt gemacht hat. Ich fühle noch immer die Gegenwart, die zum Zeitpunkt meiner Vision im Zimmer war; ihr starker Schutz und ihre göttliche Natur haben sich mir für immer eingeprägt.

Es handelt sich um eine klassische schamanische Erfahrung. Um eine solche direkte Reaktion des Universums zu erhalten, beten die Indianer inständig um eine Vision. Dieser Vision, die ich hatte, folgten mehrere Synchronizitäten. Ich fand wenig später Alice Baileys *Eine Abhandlung über Kosmisches Feuer* auf dem Flohmarkt in Berkeley; ich las in Robert Graves *Die weiße Göttin* von den uralten, heiligen in Runen niedergeschriebenen Manuskripten, die die Priesterinnen der Göttin im Mittelmeerraum bewahrt hatten; ich erfuhr vom Tunnel, durch den die Schamanen von dieser Welt in die unsichtbare Welt in einer anderen Dimension reisen. Ich lernte natürlich auch mehr über die alten Darstellungen der Göttin und schuf die Motherpeace-Tarotkarten (vgl. *Schamanische Kunst: Die Manifestation der Kreativität*, Seite 215 f.). Als ich viele Jahre später (1982) einen Kurs zu *Motherpeace* gab, war unter meinen Schülern auch die Tarot-Lehrerin Mary Greer. Sie führte mich in das Konzept der Lebenskarte aus dem großen Arkana ein. In diesem auf Numerologie basierenden System verfügt jeder über eine Seelen- und eine Persönlichkeitskarte, die durch das Geburtsdatum bestimmt werden. Meine Seelenkarte ist Nummer II, die Hohepriesterin: Sie erfährt das Mysterium durch direkten, seherischen und unmittelbaren Kontakt mit dem Göttlichen; meine Persönlichkeitskarte ist Nummer XX, das Gericht, das Aleister Crowley Aeon nannte und von dem Professor Durdin-Robertson sagt, daß es sich auf Helena bezieht, die Personifizierung des ewig-göttlichen Weiblichen. Erinnern Sie sich daran, daß in meiner Vision eines der Wörter «Helena» war, was zu diesem Zeitpunkt noch keine besondere Bedeutung für mich hatte! Im nachfolgenden Frühling, als Mount St. Helens ausbrach, tat das auch mein Furunkel, wie auf Seite 70 beschrieben.

Diese schamanische Erfahrung hatte eine umfassende Auswirkung auf mein Leben. Lichtmeß, Kundalini, meine schamanische Vision, Helena, Mount St. Helens, der Vulkantraum, der Vulkan, mein Furunkel – ich wußte mit tiefer Gewißheit, daß die Erde und ich in einem Boot sitzen; die damit verbundene Choreographie ist ehrfurchterweckend. Ich bin nicht voll dafür verantwortlich, aber ich bin auch nicht einfach nur eine Schachfigur. Wie funktioniert das Ganze? Ich weiß es nicht – ich kann es nicht wissen –, weil es Gott sei Dank, gnädigerweise sehr viel umfassender ist, als mein Geist in Form von Ideen und Konzepten je zu erfassen in der Lage sein wird. Diese Arbeit kann nicht gelehrt werden, sie kann aber übermittelt und empfangen werden. Einige von uns sind ansprechbar dafür, andere nicht. Ich empfing sie aufgrund einer unglaublichen Anhäufung von Zufällen, die sich in diesen drei Jahren in meinem Leben ereignet hatten, und ich empfange sie noch heute auf die genau gleiche Art. Als ich verstanden hatte, wie sehr ich ein Teil des Jahreszyklus im heiligen Kalender war, konnte ich ein entspannteres Leben führen und lernte, offener zu sein für die Dinge, die die Natur im Ablauf der Jahreszeiten für mich bereithielt. Unsere Welt betrachtet alte und primitive Völker als Kinder, weil sie abwarten und auf die Natur reagieren. In Tat und Wahrheit sind sie aber in ihrem Denken reifer als wir.

Obwohl es für Leute, die sich an eine bestimmte Form halten wollen, genügend Bücher mit ausführlichen Beschreibungen der Feiertagsrituale gibt, ist es nicht nötig, sich speziell zu verhalten, um die heiligen Tage zu feiern. Das wichtigste ist die Kraft des

Moments. Diese Feiertage sind ein Teil einer Struktur von Kräften und Strömungen, die uns auf vielerlei Arten beeinflussen und die uns spirituell bewegen und führen, egal ob wir davon wissen oder nicht. Wenn Sie diesbezüglich noch Zweifel haben, sollten Sie einfach zu einem solchen Zeitpunkt, insbesondere an den vier Hauptfesten, während ungefähr einer Woche die Ereignisse in ihrem Umfeld beobachten, und Sie werden sehen, wie die Leute durchdrehen! Zu diesen Zeiten nimmt die Intensität zu, und die Türe zwischen der sichtbaren und der unsichtbaren Ebene öffnet sich. Die Leute reagieren darauf mit Ärger, Wut, Euphorie, Energieausbrüchen und Krankheit. Sobald Sie diesen Ablauf kennen, brauchen Sie sich nur etwas Raum zu verschaffen, um die vorhandenen Energien aufnehmen zu können. Nehmen Sie sich Zeit zum Träumen und Erinnern, zum Nachdenken und Beobachten, bleiben Sie wach! Was auch immer sich zu diesen Zeiten in Ihrem Leben ereignet, darf als Orakel verstanden werden – es sagt oder zeigt Ihnen etwas. Es gibt Ihnen Mitteilungen, Zeichen und Omen, die in engem Zusammenhang mit Ihrem Leben stehen. Es ist sehr gut möglich, daß Sie jetzt neben anderen ungewöhnlichen Ereignissen aus diesem Bereich auch eindrückliche Träume haben werden. Es können synchronistische und magische Ereignisse auftreten, und es kann zu Zusammentreffen mit für Sie wichtigen Leuten kommen. Oftmals versteifen wir uns im Westen darauf, an den Feiertagen etwas unternehmen zu wollen, anstatt daß wir es den Feiertagen überlassen, mit uns etwas geschehen zu lassen.[12]

Es gibt kein allgemeingültiges System und keine bestimmte Form der schamanischen Arbeit. Sie basiert auf der Erde, schöpft aus dem vollen und manifestiert sich auf verschiedenste Arten auf der ganzen Welt. Es irritiert mich, stark vereinfachte Systeme zu sehen, die das Heilen und die Kosmologie erklären wollen. Es macht Spaß, über die Gesetze und Prinzipien des Heilens zu diskutieren, es ist, als ob man wieder und wieder etwas umkreist, das man gerne betrachtet und das man aus Leidenschaft studiert. Wenn die Leute aber damit beginnen, das Heilen zu definieren und die Prinzipien auf vorgeschriebene Formen zu reduzieren (mit Vorschriften über das, was man tun und lassen soll, was gut oder schlecht ist), werde ich mißtrauisch und unruhig. Die Wahrheit kann nur aus uns selbst kommen: durch unsere Träume und Visionen, die unser Bewußtsein durch diejenigen Kanäle erreichen, die gerade offen sind und die wir durch diejenige Brille sehen, die wir gerade tragen. Bei der schamanischen Arbeit ist es nötig, etwas zu erfahren und dann von dieser starken Basis aus zu handeln.

In der Literatur über die Schamanismus-Forschung herrscht ein überheblicher Tonfall vor. Es scheint, daß die westlichen Wissenschaftler nicht anders können, als sich davon zu distanzieren und sich dem Gefühl hinzugeben, «recht» zu haben im Vergleich mit denjenigen, die andere Wege gehen. Wir stellen also fest, daß die Stammesvölker auf der ganzen Welt (und vermutlich auch die Völker vor ihnen) einen direkten Kontakt mit ihrem Umfeld zu besitzen scheinen. Die Tatsache, daß wir das sehen, zwingt uns dann offensichtlich dazu, dem Phänomen einen Namen zu geben: die geheimnisvolle Teilhabe. Dadurch daß wir ihm einen Namen geben, machen wir es sofort zu etwas, das «anders» ist als unsere eigene wissenschaftliche Methode, die nach unserer Vorstellung «wahrer» ist als deren Methode. Kulturell bereitet es uns keine Schwierigkeiten, die Techniken oder Praktiken, ja sogar einen Teil des Glaubens (wie wir ihn verstehen) der Eingeborenen auszuborgen (einige Leute würden sagen: zu stehlen). Es ist jedoch höchst selten, daß ein Nordamerikaner in der Lage ist, sich in die Perspektive seiner Studienobjekte zu versetzen. (Ich verwende hier absichtlich die männliche Form, denn der größte Teil der Forschungsarbeit wurde von Männern durchgeführt oder im Rahmen des akzeptierten Stils dargestellt, der eindeutig männlicher Natur ist.) Wenn also ein Anthropologe einen peruanischen oder afrikanischen Heiler befragt, wird er Kommentare zum «Animismus» abgeben und andeuten, daß diese Person «projiziert» oder «sich vorstellt», daß die Krankheit durch einen bösen Geist verursacht wurde. Im besten Fall haben die westlichen Forscher den Glauben und die Praktiken zu psychologisierten Versionen verdreht, die aussagen, was sie sich vorstellen, was bei einer schamanischen Heilung wirklich geschieht. Während der afrikanische Schamane ganz klar sagt, daß er oder sie mit unsichtbaren Geistern kommuniziert oder zu tun hat, wird der westliche Psychologe, der sich diese bestimmte Trancetechnik zur Heilung dieser Krankheit ausleiht, eine übersetzte und umformulierte (und verzerrte) Erklärung darüber abgeben, was er glaubt, was wirklich vor sich geht. Es scheint den betreffenden Forschern nie in den Sinn gekommen zu sein, daß sie das, was der Schamane sieht, ganz einfach nicht sehen können, weil ihre seherischen Fähigkeiten nicht genügend entwickelt sind.

Die Schamanen erfahren ihre Reisen oder die unsichtbaren Geister nicht als imaginär. Das müssen sie auch nicht. Sie wissen, weil sie sehen. Sie erfahren westliche Menschen als unwahrscheinlich begrenzt in ihren Fähigkeiten (und ihrer Weigerung), die Realität zu verstehen. Unter den Anthropologen kursiert ein alter Spruch, der besagt, daß die Indianer, die von ihnen befragt werden, sie auslachen, ihnen Lügen erzählen und sich ganz allgemein über sie lustig machen. Wen wundert's? Je regelmäßiger jemand die schamanische Heilkunst praktiziert und entwickelt, desto schwieriger wird es, sie auf rationale und lineare Weise bis ins kleinste Detail zu erklären. Die Erlebnisse sind so direkt und meist so tiefgründig, daß es eine zusätzliche geistige Anstrengung bedeutet, sie in Worte zu fassen und als Konzepte zu formulieren – es braucht zwischen dem Erlebnis und dessen Kommunikation eine Verarbeitungsphase. Die englische Sprache und die westliche Kommunikationsweise stehen der Darstellung schamanischer Wahrheiten feindlich gegenüber, nur schon dadurch, daß sie schon vor langer Zeit viele Dinge aus ihrem Wortschatz gestrichen haben. Es ist schon fast eine Binsenwahrheit, daß die Eskimos ungefähr zwanzig verschiedene Wörter für Schnee kennen, während wir uns kaum vorstellen können, wozu diese große Anzahl wohl nütze sein könnte. In der Sprache der Irokesen gab es vor der europäischen Invasion weder ein Wort noch ein Konzept für die Vergewaltigung. Es war ganz einfach undenkbar.[13]

Nach Zeichen und Omen Ausschau zu halten und sie auch zu beachten, ist eine Arbeit, die sich der Sprache entzieht. Irgendwann konnte ich nicht mehr alles in mein Tagebuch eintragen, weil alles, was ich über meine Erfahrungen sagte, sie gleichzeitig verniedlichte und übertrieben aufblähte. Heute hingegen nehme ich direkt auf, ohne durch den Umsetzungsprozeß verstehen zu wollen, was es zu bedeuten hat. Ich sage innerlich: «Ja, danke.» Oder ich sage: «O. K., ich werde das tun», oder: «Ich werde das nicht tun.» Ich weiß, was mir geraten wird. Ich weiß, was die Mitteilung bedeutet, aber wenn ich es mit jemandem besprechen müßte, würde es zu wörtlich verstanden werden und sich mit der Zeit verrückt anhören. Die Subtilität der Orakel ist ein Teil ihrer Magie. Die ganzheitliche Art, mit der sie in das Bewußtsein eintreten, kann nur schlecht in einzelne Bedeutungsstücke oder lineare Verständnisschritte unterteilt werden. Das Orakel ist keine rationale Kommunikation, sondern kommt meist in Form einer Metapher, die vorsichtig von einer Existenzebene in die andere transferiert wird, ohne daß dabei die Bedeutung verlorengeht. Unsere westliche Art, an so etwas heranzugehen, zeichnet sich durch große Plumpheit aus. Wir bleiben immer an der Oberfläche, beim Wörtlichen, wenn wir versuchen, etwas zu übersetzen. Es scheint, daß wir alles Tiefgründige an die Oberfläche, in unsere Welt, holen müssen, als ob wir es durch den Prozeß des Verstehens erobern könnten. Durch diesen Versuch, das Orakel zu erobern, versuchen wir gleichzeitig auch einmal mehr, die Natur zu erobern.

Ich hatte einen Anlaß geplant, der zu einem unerfreulichen und vorzeitigen Ende kam. Als für mich der Zeitpunkt des Loslassens gekommen war und mir das, auf mich allein gestellt, Schwierigkeiten bereitete, hatte ich einen Traum von einem Tor; zusammen mit anderen Leuten war ich im Begriff, es zu durchschreiten. Im Tor sah ich jedoch eine riesige gelb-schwarze Gartenspinne, die in der Mitte eines Netzes saß. (Weiteres zu der Bedeutung von Spinnen im Kapitel *Die Träumerin: Ein Kanal Ihrer Macht*, Seite 139 ff.) Ich blieb wie angewurzelt stehen, und die Leute um mich herum drängten mich, sie aus dem Netz und unserem Weg zu schlagen. Ich empfand große Verehrung für sie und weigerte mich weiterzugehen. Ich sagte zu ihnen: «Nein, das ist ihr Tor. Wir werden hier nicht durchgehen.» Als ich erwachte, sagte ich den betreffenden Anlaß ab und verschob ihn auf später, wenn ich in der Lage sein würde, das Ganze richtig zu machen.

Es gibt Leute, die behaupten würden, daß ich auf diese Art meine Energie an etwas außerhalb von mir weggebe, daß ich meinen freien Willen verliere oder daß ich ganz einfach meiner zügellosen Phantasie freien Lauf lasse. Mein Körper und meine Seele kennen jedoch diese Zeichen und Omen. Sie sprechen mit mir, und ich höre ihnen zu. Wir führen einen Dialog. Ich bin froh, nicht allein zu sein im Universum. Ich fühle mich durch die helfenden Geister unterstützt, geleitet und geschätzt. Und ich spüre die Göttin, die mich meiner Bestimmung zuführt. Heute bin ich dankbar, wenn ich ein klares Zeichen wie das oben beschriebene erhalte, auch wenn ich im Moment traurig und enttäuscht bin. Ich habe genug Zeit in meinem Leben damit verbracht, blindlings vorwärts zu stürmen, ohne die Zeichen und Signale zu beachten; ich folgte nur meiner Leidenschaft, ohne die karmischen Folgen zu bedenken. Es ist wahr, daß wir einen freien Willen haben; es ist aber auch wahr, daß wir karmische Fehler machen, deren Bewältigung lange dauern wird. Wenn jemand gelernt hat, diese Zeichen zu verstehen, und es besser wissen müßte, können die anspruchsvollen karmischen Entscheidungen zu einer Gefahr für ihre Gesundheit werden. Unschuld schützt, und Fehler sind die Voraussetzung für einen Lernprozeß; Wissen verlangt aber die unbedingte Beachtung der Naturgesetze.

Stammesvölker, die wie die Huichol in Mexiko den Schamanismus praktizieren, glauben, daß eine Person auf dem schamanischen Weg zur Vervollkommnung krank wird, wenn sie ihr Gelübde bricht, und daß katastrophale Ereignisse ihr Leben durcheinanderbringen werden. Zwischen der betreffenden Person und der Natur besteht ein Abkommen, und es gibt keinen einfachen Ausweg. Wenn eine Frau beschließt (oder dem machtvollen Ruf Folge leistet), eine schamanische Heilerin zu werden, dann macht sie zuerst eine Probezeit durch, die sie für den Weg öffnen soll. Von einem bestimmten Punkt an betritt sie jedoch den Weg (die Esoteriker nennen das den Beginn der Jüngerschaft), und von dort gibt es kein Zurück mehr. Die Schamanen der ganzen Welt erzählen Geschichten von Problemen, die auftauchten, als sie versuchten, sich aus diesem Vertrag zu lösen, ihre Übereinkommen zu widerrufen oder alte Verhaltensweisen wieder aufzunehmen, die vor dem Beginn dieser Arbeit noch in Ordnung gewesen waren. In unserer Kultur drückt sich das darin aus, daß Essen und Getränke in der Jugend im Übermaß genossen werden können, wenn man die spirituellen Kräfte in sich noch nicht entdeckt hat. Früher konnte ich meinen Körper mit Alkohol, Zucker und Fleisch übersättigen, ohne direkte Konsequenzen befürchten zu müssen. Als ich aber damit begonnen hatte, meinen Körper zu reinigen und die Energie zu entdecken, die Gifte und negativen Aspekte meiner Vergangenheit auszustoßen, und größere Heilkraft durch mich strömte, wurde es mir unmöglich, Fast Food zu essen, ohne gleich darauf Durchfall zu bekommen; oder Wein zu trinken ohne darauffolgende Kopfschmerzen; oder zuviel Zucker zu konsumieren, ohne daß ich einen verkrampften Nacken bekam. Dasselbe gilt für Klatsch oder Lügen. Früher handelte es sich dabei um gutartige Vergehen, doch das ist vorbei. Jegliches negative Verhalten ruft in dem Moment ein inneres Gefühl hervor (innere Bewegung, Signale, Warnungen) und sofortige Folgen, die ich in meinem Leben lieber nicht mehr durchmachen möchte. Die Art und Weise, wie wir in diesem Netz gehalten werden, führt dazu, daß alles Negative uns selbst und allen anderen Schaden zufügt. Die Folgen bekommen wir innerhalb kürzester Zeit zu spüren. Die «Bestrafung» kommt von der Natur und nicht von einer äußeren Autorität, wie etwa der Polizei.

Um Schamanismus praktizieren zu können, muß man bereit sein, in seinem Leben Ordnung zu schaffen und sich einer positiven Verhaltensweise zuzuwenden, ohne daß irgend jemand einen dazu zwingt. Ich denke gerne an die alten Völker und Stammesgemeinschaften, wo jeder jeden kennt und sieht, was die Leute mit ihrem Leben anstellen. Wir als Mitglieder einer modernen Kultur scheinen zu glauben, daß keiner etwas erfährt, wenn wir niemandem davon erzählen. Wir lügen und praktizieren die chronische Verweigerung im Glauben, daß das Recht auf ein Privatleben wichtiger ist als die Pflicht, die Wahrheit zu sagen. Welch ein Unterschied zu den Stämmen der Huichol, wo die Leute regelmäßig, im Rahmen eines zeremoniellen Rituals und in der Gegenwart des Schamanen (und ihrer Götter) «Gruppenbeichten» ablegen, wo jegliche Verletzungen des Verhaltenskodexes gestanden werden. Diese Gruppenreinigung ist ein Vorgang, der bei regelmäßiger Durchführung den Stamm gesund erhält und für Ausgewogenheit sorgt. Ich denke an die sogenannte Mondpyramide am Ende der Straße der Toten in den Ruinen von Teotihuacán in Mexiko. Dieses beeindruckende Bauwerk befindet sich am Ende der Hauptstraße der Stadt, und alles ist nach ihm ausgerichtet. Während der Ausgrabungen fanden die Archäologen eine Göttinnenstatue, die aus einem Stein gehauen war. Sie glaubten, daß sie einmal auf dem Gebäude gestanden hatte und so über das ganze Gelände blicken konnte. Ihre Augen hatten den trance-ähnlichen, starren Blick, der typisch ist für alle altmexikanischen Göttinnen. Sie hätte einem das Gefühl einer Gottheit vermittelt, die einen ständig beobachtet, Tag und Nacht. Anscheinend wurde sie von den Spaniern, die im 16. Jahrhundert auftauchten, heruntergestürzt und vergraben.

Stellen Sie sich vor, wieviel Macht damit verbunden ist, so betrachtet zu werden! Die Göttin, die uns zuschaut, uns liebt und uns verantwortlich macht. Unser Leben wird um so vieles reicher, wenn wir die Kraft verstehen, die sich uns erschließt, wenn wir das Richtige tun. Wenn wir wieder zu erkennen beginnen, daß wir alle verbunden sind und daß unser Verhalten alle anderen stark beeinflußt, wird es uns leichter fallen, unsere Süchte zugunsten von positiveren Verhaltensweisen aufzugeben. Das Gefühl, unsere Entscheidungen ganz allein fällen zu können, ohne auf die Natur oder andere Menschen Rücksicht nehmen zu müssen, führt dazu, daß wir uns selbst überschätzen und glauben, die Gesetze der Natur ungestraft übertreten zu können. Das wiederum macht uns krank und bringt uns aus dem Gleichgewicht, was ein weiteres Fehlverhalten zur Folge hat. Die Einführung von spirituellen Lehren aus dem asiatischen Raum in Nordamerika führte zu einer Art Ersatzgewissen für die Anhänger eines Gurus. Sie schließen einen Vertrag, der sie verpflichtet, sich an gewisse Verhaltensweisen und Praktiken zu halten, die den Regeln des Zentrums oder Ashrams entsprechen. Dies ist ein Schritt in Richtung der Entwicklung einer Art der inneren Autorität, die ich zu beschreiben versuche. Ich nehme an, daß auch der katholische Glaube versucht, dasselbe Gefühl des Gesehen-, Erkannt- und

Verantwortlich-gemacht-Werdens zu kreieren. Was wir aber jetzt, hier und heute, wirklich brauchen, ist ein Weg, durch den wir für unser Verhalten und unsere Entscheidungen die direkte Verantwortung übernehmen und durch den wir unsere eigene, tiefe spirituelle Autorität ausbilden können.

Astrologie: Die Grundlage des Frauen-Schamanismus

Ursprünglich war die Astrologie körperbezogen und biologisch gewesen. Sie begann als körperliche Erfahrung, aber nach dem Beginn der patriarchalischen Zivilisation wurde sie zu einer «Wissenschaft» im modernen Sinn des Wortes. Unter den ersten, von Menschenhand geschaffenen Gegenständen der europäischen Erdschicht aus dem Paläolithikum befanden sich Kalender, die darauf hinwiesen, daß die Frauen ihre Menstruationszyklen mit Hilfe des Mondes aufgezeichnet hatten. Diese frühen Kalenderknochen sind genaue Aufzeichnungen der Mondbewegungen, die man für einen Teil eines umfassenderen mathematischen und wissenschaftlichen Systems hält (siehe Seite 24). Schamaninnen oder Hebammen verwendeten diese kleinen Knocheninstrumente vor rund dreißigtausend Jahren, um ihre biologischen Gruppenerfahrungen zeitlich zu erfassen. Man findet die erste Sprache – bildliche Symbole – auf diesen uralten Gegenständen; sie taucht später in der Weberei und Töpferei des Neolithikums (Ackerbauzeit) wieder auf. Schamanismus und Astrologie wurden erst zu einem sehr späten Zeitpunkt in unserer Geschichte voneinander getrennt, als man zwischen der Natur und unseren Körpern zu unterscheiden begann. Die ersten westlichen Tierkreiszeichen gehen auf die Übergangszeit nach 3000 v. Chr. in Ägypten und dem Nahen Osten zurück. Sie standen in Zusammenhang mit der Göttin, wie der Tierkreis an der Decke des Hathor-Tempels in Dendera (Ägypten) zeigt. Mit dem Aufstieg der Dynastien in Mesopotamien, Indien, China, Mexiko und Ägypten begann man die Astrologie (wie Yoga und den Schamanismus) zu systematisieren und in diejenigen Disziplinen aufzuteilen, die wir heute kennen.

Überall auf der Welt haben uns alte Völker die Zeugnisse ihres

14 Bilder in der Art dieser Darstellung der ägyptischen Himmelsgöttin Nut befanden sich häufig im Inneren von Sarkophagen. Sie wird oft dargestellt, wie sie jeden Abend den Sonnengott verspeist und ihn jeden Tag wieder neu gebärt. Die Sterne, aus denen ihr Körper besteht, repräsentieren das Interesse der Ägypter für Astronomie und Astrologie und weisen auf eine Verbindung zwischen dieser alten Wissenschaft und dem Weiblichen hin.

Studiums der Sterne zurückgelassen. Die Archäologen gehen davon aus, daß die auf der Steinplatte eines paläolithischen Kindergrabs eingravierten Kreis- und Schalen-Markierungen entweder Brüste oder eine bestimmte Konstellation darstellen. Der Stein wurde mit der Abbildung nach unten über das Grab gelegt: beschützend und nährend wie die späteren Abbildungen der Himmelsgöttin Nut in den ägyptischen Sarkophagen. Die Anaszasi, Pueblobewohner des Chaco Canyons, erbauten ein astronomisches Observatorium auf einem hohen Hügel in Neumexiko, wo ein sogenannter Sonnendegen oder Lichtstrahl beobachtet werden kann, der genau durch drei Monolithen auf eine Felsfläche mit einer eingeritzten Spirale trifft. Der Lichtstrahl bewegt sich wie in einem Labyrinth; er wandert zum Zentrum und verläßt es jedes Jahr zur Wintersonnenwende. Später, zur Zeit der Frühlings- und Herbst-Tagundnachtgleichen, bewegt er sich seitwärts ins Labyrinth. Die komplexe, esoterische Sonnenfinsternis, die alle neunzehn Jahre auftritt, ist an diesem Ort ebenfalls festgehalten worden, wie auch in Stonehenge und anderen alten Steinbauten. Ähnliche Bauten, wo Lichtstrahlen an bestimmten Tagen, die man markieren und besonders beachten wollte, in einen Raum eintreten, findet man auch in New Grange in Irland, der Großen Pyramide in Ägypten und so weiter auf der ganzen Welt. Die alten Schamanen im Chaco Canyon, wie auch diejenigen in China, zeichneten auf bildliche Art die eindrückliche Supernova des 11. Jahrhunderts v. Chr. auf. Die Anasazi ritzten Symbole für dieses Ereignis in Fels, die man heute unter einem Vorsprung in großer Höhe und in der Nähe einer heiligen, ovalen Ruine bewundern kann.

Die alten Völker schafften, verstanden und benutzten diese heiligen Orte zu bestimmten Zeiten für ihre spirituelle Arbeit. Der Name der aus Babylon stammenden Ishtar bedeutet «Stern», und ihr «Gürtel» war der Tierkreis. Ihre monatliche Menstruation war unser erster Sabbat. Die Ureinwohner Mexikos beobachteten die genauen Laufbahnen von Venus und Mars und verfolgten die Bewegungen aller Planeten, als ob sie für ihr tägliches Leben von großer Bedeutung wären. In der Mitte ihres Kalenders zeichneten die Azteken die furchterregende Erdgöttin, die mit ihrer heraushängenden Zunge und den hervorquellenden Augen an Medusa oder Kali erinnert. Die Schamanen der Maya im Hochland von Mexiko und Guatemala verwenden noch heute ihren heiligen Kalender, den sie als Darstellung des menschlichen Schwangerschaftszyklus betrachten.[1] Die Wissenschaftler glauben, daß Orte wie Stonehenge und andere Hügel- und Tempelstrukturen auf der ganzen Erde nicht nur als Observatorien verwendet wurden – um astrologische Ereignisse zu beobachten und aufzuzeichnen –, sondern daß sie auch ein Ort für Rituale waren, mit denen man diese Ereignisse beging, indem man den Körper als Medium für die übermittelten Kräfte benutzte. Die Energien, die von verschiedenen Sternen und Planeten zu verschiedenen Zeitpunkten im kosmischen Zyklus zu uns gelangen, sind von großem Wert für den Menschen: Sie heilen und erneuern uns. Wir können diese Energie zum Wohle unseres ganzen

Planeten aufnehmen und weiterleiten. Wir sind eigentlich Vehikel oder Gefäße für die Transmission dieser himmlischen Energien auf die Erde. Die Monolithen, Tempel und Kammern, die die früheren Menschen in genauer Ausrichtung auf die Planeten und Sterne errichtet haben, empfangen und leiten diese heilenden, magischen Kraftströme weiter.

Der Tierkreis wird als bildliche Darstellung von Sternkonstellationen betrachtet, deren Einfluß auf der Erde spürbar ist. In der europäisch-westlichen Astronomie befinden sich die Sternzeichen entlang der Bahn, die die Sonne im Laufe eines Jahres zurücklegt (Sonnenastrologie). Für die peruanischen Indianer ist jedoch nicht die Laufbahn der Sonne, sondern diejenige der Milchstraße der Ort, wo sich die Tierkreise befinden. Sie betrachten die Milchstraße (den himmlischen Fluß) als irdisches Gegenstück zum Vilaconatofluß, der durch Cuzco fließt. Im Zusammenhang mit der Astronomie der peruanischen Indianer sagt der Wissenschaftler Gary Urton, daß «man den Himmel nicht verstehen kann, bevor man die Erde nicht versteht»[2]. Die Indianer beobachten und verehren nicht nur die sichtbaren, hell leuchtenden Sternbilder, sondern auch die «Konstellationen der Dunklen Wolke», die sie als ausgesprochen weiblich empfinden. Die Wetterkräfte der Regenzeit, die in Peru während einer Hälfte des Jahres aktiv sind, werden mit dem Element Wasser und der Fruchtbarkeit gleichgesetzt. Die Regenbogen sind Schlangen; die Milchstraße ist ein Fluß, wo die Seelen der Verstorbenen wohnen, und es gibt eine dunkle Konstellation mit Namen «die Schlange», die den Nachthimmel während der ganzen Regenzeit dominiert. Aus unserer Perspektive erhebt sich der Kopf der Schlange während der ersten Augustwoche (dem heiligen Tag Petri Kettenfeier / Lammas, den die Hexen zelebrieren) und verschwindet in der ersten Februarwoche (Lichtmeß). Außerdem schlüpfen gleich nach Beginn der Regenzeit zwischen September und Oktober die Jungen der echten, in Cuzco (auf einer Höhe von über 3600 Metern) lebenden Schlangen. Diese Tatsache weist auf eine natürliche Verbindung zwischen den himmlischen Tieren und ihren irdischen Verwandten hin.[3]

Gary Urton kommentiert in einer außergewöhnlich einfühlsamen Studie die Beziehung zwischen den Frauen und dem Mond, die nach seiner Aussage «weder nur in den Anden verbreitet, noch völlig aus der Luft gegriffen ist ... Daß die Bedeutung, die dem Mond in bezug auf die Frauen zukommt, auch für die anderen Sterne gilt, wird jedoch weitgehend nicht akzeptiert.» Er weist auch darauf hin, daß die weibliche Periodik zur Entwicklung von «persönlichen Mondzeichen» führen könnte, die sich dann zu einem standardisierten Tierkreis weiterentwickeln könnten, da Frauen, die zusammen leben, dazu neigen, sich aufeinander abzustimmen und gemeinsam zu bluten. Er erinnert in diesem Zusammenhang an die «Sonnenjungfrauen» der Inka, die in Cuzco (und Machu Picchu) in einer Gemeinschaft lebten, die Rituale und Zeremonien der Religion der Inka durchführten und auch als «biologischer Richtwert» gedient haben könnten, der die Grundlage eines koordinierten Mond-Tierkreises hätte bilden können. Vielleicht waren sie auch die «Beobachter der himmlischen Zyklen am Nachthimmel». Mit anderen Worten heißt das, daß die Frauen in den Anden und auch an anderen Orten wahrscheinlich die Entdeckerinnen der Astronomie und Astrologie waren. Gary Urton führt an, daß seine Informantinnen immer den Mond als Orientierungspunkt verwendeten, und wenn sie Konstellationen auf einer Sternkarte lokalisieren sollten, waren die Frauen «fast immer verwirrt durch die Abwesenheit des Mondes auf der Karte ... Für männliche Informanten schien die Abwesenheit des Mondes aber kein Problem darzustellen.»[4]

Gary Urton fordert die Wissenschaftler eindringlich und mit überzeugenden Argumenten dazu auf, die Sonne und den Mond auf neue Arten zu studieren, denn «wir sind vom Reich der Sonne in Amerika geblendet worden und haben dadurch die Fähigkeit verloren, die wahre Tiefe und Bedeutung des Gesamtsystems zu erkennen. Erst in letzter Zeit [...] wurden wir darauf aufmerksam gemacht, von welcher Bedeutung der Mond in den Ritualen, der Symbolik und dem Kalendersystem der Inka ist.» Er meint, daß wir «davon ausgehen sollten, daß es in den peruanischen Anden spätestens seit der Chavin-Zeit (d. h. seit ungefähr 1200 v. Chr.) komplexe astronomische und kosmologische Systeme gegeben hat»[5]. Er stellt mehr als einmal fest, daß «der wichtigste Aspekt der Mondastrologie und ihrer Symbolik, ihrer Beziehung zu den Frauen und dem Menstruationszyklus weitgehend noch nicht studiert worden sind». Er meint, daß dies hauptsächlich darauf zurückzuführen sei, daß die meisten Wissenschaftler Männer sind und daß die Männer von den Frauen, die sie studieren, die nötige Information nicht erhalten können, weil Indianerinnen nicht dazu bereit sind, mit männlichen Anthropologen über Menstruationszyklen zu sprechen. «Das ist das Gebiet innerhalb der Ethno-Astronomieforschung, welches über das größte Potential verfügt, um unser Wissen über die Kalendersysteme der Kechua und Inka bedeutend zu erweitern und um festzustellen, ob es einen standardisierten Mond-Tierkreis der Frauen gibt oder gegeben hat.»[6]

Das westliche persönliche Horoskop entspricht einem Schnappschuß zum Zeitpunkt der Geburt, der festhält, wo sich die Planeten des Sonnensystems vor dem Hintergrund des Universums zum Zeitpunkt unserer Inkarnation in dieses Leben befanden. Diese Aufzeichnung kann zur Erforschung der eigenen Psyche verwendet werden. Nach unserer Geburt bewegen sich die Planeten jedoch weiter auf ihrer Bahn und bilden durch ihre stetige Wanderung eine Beziehung zu den stationären Planeten in unserem Horoskop. Diese Beziehungen (die Transite genannt werden) sind sehr wertvoll, um unseren Lebensweg und unsere Erfahrungen verstehen zu können[7]. Die alten Völker beobachteten die zyklische Bewegung der Planeten vor dem Hintergrund des Sternenhimmels und verehrten diese Zyklen als universelle Mutter, die über Zeit und Schicksal herrscht. Was wir als Astrologie bezeichnen, umfaßte eigentlich das gesamte kosmologische Weltbild und die Lebenseinstellung dieser Völker. Sie wußten instinktiv, was wir heute mit unserem Verstand Stück für Stück zu rekonstruieren versuchen.

Die Frauen, die sich heute mit der feministischen Astrologie befassen, sind dabei, eine gemeinsame Sprache zu rekonstruieren, die es uns erlaubt, problemlos über Dinge zu sprechen, die sich jeder Erklärung entziehen. Die Astrologie war ein wichtiger Teil meiner ersten schamanischen Vision (siehe das Kapitel *Syn*-

chronizität: Der Weg des Orakels), und ich bin der festen Überzeugung, daß ich durch sie ein tieferes Verständnis der Realität erlangen kann als durch ausschließlich aus unserer westlichen Welt stammende Untersuchungsmethoden. Nur schon die Tatsache, daß ich vom Einfluß der Bewegungen und gegenseitigen Bezüge der Planeten am Himmel weiß, hilft mir, die Welt, in der ich lebe, besser zu verstehen. Die Planeten sind wie Figuren, die aufeinanderzutanzen und sich dann wieder voneinander entfernen. Die Auswirkungen dieser Tänze sind buchstäblich weltbewegend. Die unglaublichen Ereignisse der späten sechziger Jahre überall auf der Welt müssen als Folge des Zusammentreffens der beiden stärksten äußeren Planeten unseres Sonnensystems, Uranus und Pluto, eingestuft werden. Wenn Uranus und Pluto zusammentreffen, führt das nach den Regeln der traditionellen Astrologie zu Revolutionen.

Die westliche okkulte Wissenschaft Astrologie ist intellektualisiert worden und scheint ihren Bezug zum Körper verloren zu haben. Die Frauenastrologie baut jedoch auf dem Körper auf und ist mit allen intuitiven Vorgängen eng verknüpft. Die Anwendung der Lehren der Astrologie erdet uns und befreit uns von einigen unserer Ängste, die durch die unsichere Zeit, in der wir leben, hervorgerufen werden. Man darf sich durch die sie umgebende Mystik – die unzähligen Details und Dinge, die man auswendig lernen muß – nicht abschrecken lassen. All das gehört zu einem Schleier, der gelüftet werden kann. Sobald diese verborgene Türe aufgestoßen ist, beginnt die Initiation. Wir beginnen mit dem Mond und lernen zu spüren, wo wir von einem Augenblick zum anderen stehen. Sobald man die subtilen Veränderungen und die zyklischen Bewegungen der Mondphasen erkennt, können wir diese Erkenntnis dazu verwenden, die größeren und «wichtigeren» Planeten am Himmel und ihre Auswirkungen auf uns zu verstehen. Die Astrologie gibt uns ein Mittel in die Hand, mit dem wir die tieferen Strukturen, die unserem täglichen Leben zugrunde liegen, spüren können, ohne daß uns dabei jedoch vorgegaukelt würde, daß wir sie jemals werden entschlüsseln können. Je mehr sich die Astrologie uns erschließt, desto weniger wissen wir aus wissenschaftlicher Sicht über sie. Die Türe, durch die wir schreiten, wenn wir uns mit der Astrologie zu beschäftigen beginnen, ist eine Türe zum Mysterium. Ehrfurcht ist das einzige Gefühl, das in einem solchen Moment angebracht ist.

Wir alle haben Dinge erlebt, die uns transformiert haben und die man als transpersonal beschreiben könnte – jenseits des Egos oder des normalen Bewußtseins. Diese Ereignisse können nicht selten unangenehm oder beängstigend sein. Wir verlieren durch den Tod oder das Auseinanderbrechen einer Beziehung eine geliebte Person, wir verlieren eine Stelle oder brechen uns das Bein. Wenn wir Glück haben, erreichen wir durch einen solchen Verlust eine Art Erleuchtung oder ein neues Verständnis – es findet ein Wachstumsprozeß statt. Wir werden dazu gezwungen loszulassen, wir verändern uns. Das ist eine Transformation. Für viele von uns scheinen diese Erlebnisse nichts mit dem täglichen Leben zu tun zu haben. Sie treffen uns von außen, aus «heiterem Himmel», und sie erscheinen uns als ungerecht, grausam und schicksalhaft im schlechtesten Sinne. Sie verursachen häufig Bitterkeit und ein Gefühl der Hilflosigkeit. Menschen, die Selbstmord begehen, müssen bei ihrem Tod fest davon überzeugt sein, daß die grausamen Erfahrungen niemals enden werden, daß sich nichts verändern wird und daß ihr Schmerz unvermindert bis in alle Ewigkeit andauern wird. Sie verfügen über keine Struktur, die sie an die Zukunft und die grundsätzliche positive Natur des Lebens glauben läßt. Weil wir in unserer Kultur keine echte spirituelle Grundlage haben, durchdringen diese Leere und dieser Mangel an Wissen unser ganzes Leben. Anläßlich des Konzils von 400 n. Chr. erklärte die Kirche, daß Wiedergeburt und jeglicher Glaube an Lebenszyklen Häresien seien, und jeder, der diesen Standpunkt nicht akzeptiere, sollte vernichtet werden. Ist es da ein Wunder, daß wir in der westlichen Welt von Lebenszyklen keine Ahnung haben?

Als Karen Vogel und ich mit dem Studium des Tarot und der uralten Kulturen der Göttin begannen, widmeten wir uns auch der Astrologie. Während ich esoterische Texte über den Tarot, die Kabbala, westliche Magie und das Okkulte las, begann ich über das Sonnensystem nachzudenken und machte eine intuitive Zeichnung der Planeten. Obwohl alles hier übermäßig sonnenorientiert (yang) war, glaubte ich, daß es auch ein entsprechendes Mondsystem (yin) geben müßte, welches unser Sonnensystem ergänzt. Ich zeichnete ein anderes Zentrum, das genaue Gegenstück zur Sonne, das aber unsichtbar ist und die Nacht beherrscht; das spirituelle Zentrum des Universums, in dem wir leben. Ich stellte mir vor, daß dieses starke weibliche Zentrum für all jene zugänglich war, die in unserer Zeit die Göttin wiederentdecken. Später fand ich heraus, daß die Laufbahnen von Neptun und Pluto so unregelmäßig sind, daß sogar Astronomen die Meinung vertreten, daß diese beiden Planeten möglicherweise gar nicht zu unserem Sonnensystem gehören, sondern um ein anderes – unsichtbares? – Zentrum kreisen. Zur selben Zeit erschien Mary Dalys Buch *Gyn/Ökologie*, in dem sie schrieb, daß die «patriarchalische Fassade» der materiellen Welt von den modernen Frauen überwunden werden kann, wenn sie «sich jenseits der Grenzen des patriarchalischen Raums begeben» und so in den «matriarchalischen Hintergrund» unserer uralten, wiederentdeckten Vergangenheit gelangen.[8] Kürzlich las ich etwas über eine Schwarze Sonne, wobei man die Vermutung anstellte, daß es zumindest theoretisch einen unsichtbaren Punkt im Raum gebe, einen direkten Gegenpol zu unserer Sonne, wie ich geahnt hatte.

Weil der Frauen-Schamanismus auf dem Körper aufbaut und mit dem Blutzyklus verbunden ist, besteht der erste Schritt beim Studium der Astrologie darin, die eigene Menstruation wieder in den Griff zu bekommen. Eine Frau muß ihre Perioden und den Mondrhythmus, den diese in ihr Leben bringen, wieder bewußt wahrnehmen. Die Menstruation ist der Herzschlag der Schamanin, und sie muß mit ihr vertraut sein und sich in ihr wohl fühlen. Fangen Sie damit an, die Daten Ihres Eisprungs und Ihrer Periode aufzuschreiben, und fügen Sie Bemerkungen zu eventuellen Träumen und Aktivitäten hinzu, die sich in dieser Zeit ereignet haben.[9] Stellen Sie fest, wie viele Tage Ihr Zyklus normalerweise dauert und ob Sie regelmäßige Zyklen haben oder nicht. Verschaffen Sie sich einen Überblick. Wenn Sie diese Arbeit innerhalb von einer Frauengruppe durchführen, kann es gut sein, daß sich Ihre Zyklen bald aufeinander einpendeln werden. Sie können also davon ausgehen, daß sich Ihr Zyklus in Richtung der Periode der anderen Frauen zu verschieben beginnt. Die Zyklen können sich auch aus anderen Gründen verschieben; beobachten Sie ihn also gut, und versuchen Sie, ein Gefühl dafür zu entwikkeln, wann Ihr Rhythmus beginnt. Wenn Sie eine bestimmte Regelmäßigkeit in Ihren Aufzeichnungen erkennen können, besorgen Sie sich einen astrologischen Kalender (es gibt viele davon)[10], und schenken Sie den Voll- und Leermondtagen besondere Aufmerksamkeit. Finden Sie heraus, ob es einen Zusammenhang gibt zwischen Ihrem Menstruationszyklus und den Mondphasen. Viele Frauen bluten bei Neu- oder Vollmond und haben ihren Eisprung am anderen Ende des Spektrums. Vielleicht können Sie das aus Ihren Aufzeichnungen herauslesen. Wenn eine Frau in der Gruppe über einen sehr starken Zyklus verfügt, kann es sein, daß sich ihr die anderen Frauen anpassen.

Jeden Monat beginnt der Mond seinen Zyklus als schmale Sichel, die langsam zunimmt und voll wird; dann nimmt er ab und wird wieder zu einer schmalen Sichel in den frühen Morgenstunden, bevor er endgültig verschwindet. Die Sumerer (und später die Babylonier) verehrten die Göttin Inanna (später Ishtar). Ihr Mondzyklus wurde zum Ritual, das einmal im Monat an einem Sabbat gefeiert wurde, der ihre Blutung repräsentierte. Merlin Stone hat uns darauf aufmerksam gemacht, daß das Wort «Sabbat» von «sabbatu» abstammt, welches «Herzpause» bedeutet.[11] Die Geschichte von Inanna selber – unser erster epischer Mythos – ist, ganz einfach betrachtet, eine Menstruationsmetapher; die Reise der Mondenmutter durch ihren monatlichen Zyklus des Zunehmens, Vollwerdens, Abnehmens, Sterbens und Wiedergeborenwerdens.

In Indien gibt es noch immer Tempel, in denen zu Ehren der regelmäßigen Menstruation der Göttin Rituale durchgeführt werden.[12] Elinor Gadon erklärt uns, daß das Sanskritwort «ritu» «Menstruation» bedeutet und die Wurzel des Wortes «Ritual» ist.[13] Wir müssen nur verstehen lernen, daß die *monatliche Menstruationszeit die wesentliche rituelle Erfahrung ist*, entsprechend der Zeit des Dunklen Mondes – der unwahrscheinlich magischen Zeit, wenn der Mond vom Himmel verschwindet und dann durch eine wunderbare Wiedergeburt wieder erscheint; und die unglaublich magische Zeit, in der die Frauen ohne jegliche Verletzung während drei Tagen aus der heiligen Yoni bluten.

Alte semitische Völker teilten den Monat in vier gleiche Teile auf, so daß jede Woche ein Sabbat stattfand. Sie feierten weiterhin die heilige Mondhochzeit Ishtars, und zwar so lange, daß sie als jüdisch-religiöse Instruktion in den hebräischen Texten verblieb und es für jüdische Männer und Frauen zur Pflicht wurde, sich am Freitagabend zu lieben. Alle Planeten können auf einer ähnlichen Laufbahn beobachtet werden, die in vier Teile aufgeteilt wird, was die Beobachtung jedes einzelnen dieser wichtigen «Quadrate» oder Aspekte erlaubt, die der Planet zu sich selbst bildet, während er sich um die Sonne bewegt. Der Trigonalaspekt – die Aufteilung des Kreises in drei Teile (die dreifache Göttin: Jungfrau, Mutter, Greisin) – und der quadratische Aspekt – die Aufteilung des Kreises in vier gleiche Teile – sind die wichtigsten Aspekte, die wir beachten müssen, um fast alles, was uns im Laufe des Studiums der Astrologie begegnen wird, verstehen zu können. Die heilige Drei und die heilige Vier ergeben zusammen die heilige Zwölf des astrologischen Kreises. Die drei Kreuze und vier Elemente ergeben zwölf Zeichen und Häuser. (Merken Sie sich vorläufig nur, daß diese Struktur derjenigen des Tarot entspricht, wo es drei Kreise des Großen Arkana und in den Kleinen Arkana vier Farben/Elemente gibt.)[14]

Wenn Sie einmal gelernt haben, wie man die einzelnen Mondphasen erkennt und sie mit dem Menstruationszyklus vergleicht, gibt es noch einen Weg, wie man sich auf den sich stetig wandelnden Mond einstimmen kann. Wenn Sie Ihren astrologischen Kalender betrachten, sollten Sie erkennen können, daß der Mond ungefähr alle zweieinhalb Tage durch ein anderes Tierkreiszeichen wandert. Dieser Mondzyklus ist etwas länger als der Zyklus des Zu- und Abnehmens. Der Zyklus einer Frau kann sich ebensogut nach diesem eher esoterischen Mondzyklus ausrichten wie nach den Mondphasen. Wenn Ihre Blutung wie bei mir dann beginnt, wenn der Mond in ein bestimmtes Zeichen eintritt, beispielsweise Widder, dann werden Sie nicht immer bei Neu- oder Vollmond bluten, sondern im Laufe des Jahres gewisse Veränderungen erleben. Im Frühling fällt der Neumond in den Widder, was bedeutet, daß Sie bei Neumond bluten werden; im Herbst ist das Gegenteil der Fall. Dann ist der Mond voll, wenn er sich im Widder befindet, und Sie werden bei Vollmond bluten.

Dadurch, daß Sie die Wanderung des Mondes durch die Zeichen des Tierkreises beobachten und aufzeichnen, lernen Sie auch, wie sich die Zeichen anfühlen. Der Mond eignet sich dazu besonders gut. Sie lernen die zwölf Zeichen und ihre Elemente (Erde, Wasser, Feuer, Luft) kennen und merken, wie Sie durch sie in Ihrem Körper, Ihrem Geist und Ihren Gefühlen stimuliert werden. Wenn Sie aufmerksam sind und Ihre Beobachtungen über längere Zeit festhalten, werden Sie bestimmte Charakteristiken der verschiedenen Zeichen mit Ihrem Körper bestimmen können, Charakteristiken, die Sie nicht mit Ihrem Intellekt in irgendeinem Buch gefunden haben. Sie können Ihre Beobachtungen und Gefühle mit dem vergleichen, was die Experten in den Astrologiebüchern sagen, aber dann werden Sie schon über genügend Erfahrung aus erster Hand verfügen und diese als den besten Lehrer erkennen können. Wir Frauen sind sehr stark mit dem Mond verbunden, und die weibliche Natur weist schon von ihrer Biologie her ausgeprägte Mondeigenschaften auf. Wenn Sie sich mit dieser Mondkomponente anfreunden können, wird Ihnen dies alles weitere erleichtern. Es ist etwas anderes, zu lesen oder zu hören, daß Zwillinge leicht und luftig sind, als Ihre Gefühle, Gedanken und Impulse während der zwei Tage zu studieren, an denen sich der Mond im Zeichen Zwilling befindet. Verfügen Sie einmal über genügend Übung, werden Sie in der Lage sein, anhand von Ihren Gefühlen und Reaktionen in Körper und Geist festzustellen, welches Zeichen der Mond gerade durchwandert. Beachten Sie auch speziell die Übergänge, wenn der Mond von einem Zeichen in das nächste wandert. Ein Erdzeichen fühlt sich deutlich anders an als ein Luftzeichen, genauso wie sich Feuer und Wasser stark unterscheiden. Sie werden zu der Überzeugung gelangen, daß es keine Zufälle gibt, sondern nur eine großartige Choreografie, und daß unsere Impulse und Erlebnisse als Resultat dessen entstehen, was die Buddhisten das Entstehen in Abhängigkeit nennen.

Die Entwicklung der körperlichen Empfänglichkeit für die Bewegungen des Mondes und der Planeten unterstützt die Entstehung der hellseherischen Fähigkeiten des Körpers. Man arbeitet dabei mit dem Intellekt, der aber nicht allein bestimmend ist. Hier ist eine weiterreichende Intelligenz am Werk, die sowohl den Intellekt als auch Gefühle, Empfindungen, Träume, Wünsche, Bilder, Hoffnungen und Eindrücke umfaßt. In diesem Umfeld kann eine Frau damit beginnen, dem Prinzip der Synchronizität zu folgen, das im vorhergehenden Kapitel ausführlich erklärt ist. Wie der Buddhismus fordert auch die Synchronizität ihre Schüler dazu auf, alles selber auszuprobieren und sich nicht auf die Erzählungen anderer zu verlassen. Wenden Sie diese Lektion auch auf die Astrologie an. Wenn Sie in einem Buch lesen, daß ein Zeichen oder ein Planet auf eine bestimmte Art und Weise funktioniert oder eine bestimmte Bedeutung hat, sollten Sie das erst glauben, wenn Sie es wirklich selbst erlebt haben. Nur so können Sie Ihre eigene innere Autorität entwickeln. Wenn Sie einmal die Mondzyklen im Griff haben, können Sie sich auch mit anderen Aspekten der Astrologie beschäftigen. Gehen Sie langsam, Schritt für Schritt, vor, so daß Sie wirklich verstehen, wie es funktioniert. Als nächstes können Sie damit beginnen, den Mond, den Sie jetzt schon etwas besser kennen, der Sonne in Ihrem Horoskop gegenüberzustellen.

Lassen Sie sich ein Horoskop erstellen. Sie können ein Computerhoroskop bestellen, welches manchmal auch einen Ausdruck der Planeteninterpretation und eine Analyse der verschiedenen Beziehungen zwischen den Planeten enthält.[15] Wahrscheinlich werden Sie ein Arbeitsbuch brauchen, um eine Einführung in die grundlegenden Aspekte Ihrer astrologischen Voraussetzungen zu erhalten. Demetra George und Douglas Bloch haben mit *Astrology for Yourself*[16] ein leicht lesbares und detailliertes Werk geschaffen, anhand dessen Sie auf logische Weise Schritt für Schritt eingeführt werden. Jonathan Tenney und ich haben zusammen das *Motherpeace Tarot Playbook*[17] geschrieben, welches die Motherpeace-Bilder zum Studium der astrologischen Prinzipien anwendet. Besorgen Sie sich ein oder zwei Arbeitsbücher, und füllen Sie nach und nach die vorhandenen Lücken, indem Sie sich jeden Tag oder jede Woche für eine

Weile damit beschäftigen. Machen Sie sich keine Sorgen, wenn Sie nicht alles verstehen oder wenn Sie sich von einer Informationsflut überwältigt fühlen. Astrologie besteht für eine Weile größtenteils aus Zahlen und Namen, bis Sie eines Tages auf ganz wunderbare Weise alles verstehen. Nehmen Sie sich die Zeit, alles, was Sie interessiert, ohne Streß zu studieren, und vergleichen Sie es mit Ihren Beobachtungen und Erfahrungen.

Ich verwende jeden Tag Horoskope, um festzustellen, ob jemand bei mir einen Kurs besuchen soll oder nicht, um die Bedeutung von Ereignissen zu ermitteln oder um mich in diejenigen Dinge zu vertiefen, die ich sonst als bedeutungslos oder chaotisch einstufen würde. Wenn sich in meinem Leben etwas Außergewöhnliches ereignet, dann will ich sofort wissen, wo die Planeten stehen und welche Auswirkungen das Ganze für mich persönlich haben könnte. Durch mein Wissen über die Planeten erschließen sich mir eine Art symbolische Sprache und eine ganz neue Perspektive, die es mir erlaubt, die Realität zu beobachten und zu verstehen. Wenn Sie nicht wissen, wie man die Ephemeriden[18] verwendet, können Sie sich Computerausdrucke beschaffen, die Ihnen sagen, wo sich die Planeten befinden und wie sie Ihr persönliches Horoskop beeinflussen. In früheren Zeiten besaß die ganze Gemeinschaft aufgrund ihrer Erfahrungen lebendige Kenntnisse dieser Kunst. Dieses allgemeine Wissen müssen wir uns wieder erarbeiten, damit wir in diesen chaotischen Zeiten möglichst gut leben können. Die früheren Schamaninnen verarbeiteten astrologische Phänomene, indem sie ein Verständnis dafür zu entwickeln versuchten und die Ereignisse als ein Ganzes betrachteten, das auch die ganze Gruppe betraf. Nicht einmal die mondabhängigen Menstruationszyklen waren damals wahrscheinlich persönlich oder individuell, denn vor der Erfindung der Elektrizität bluteten die Frauen gemeinsam. Der Menstruationskalender wurde vielleicht von einer Buchführerin oder einer Hebamme geführt, die die Zyklen des ganzen Stammes aufzeichnete, einschließlich etwaiger kleinerer Abweichungen, die es unter Umständen gegeben hat.

Das Buch *Mysteries of the Dark Moon* (Harper San Francisco, noch nicht erschienen) von Demetra George ist eine große Hilfe für Frauen, die versuchen, die Struktur des Lebens aus einer weiblichen Perspektive zu verstehen. Sie verwendet den Mond als Beispiel, damit wir den Grundzyklus verstehen lernen: Geburt, Erfüllung und Tod, gefolgt von Wiedergeburt und einem neuen Zyklus. Demetra lehrt uns, vorerst eine klare Vorstellung von der grundlegenden, weiblichen Metapher dieses Zyklus zu gewinnen, dann die Beziehung zwischen Sonne und Mond zu beurteilen. Wir studieren die Stellung des Mondes in einem Horoskop im Vergleich zur Stellung der Sonne. Stellen Sie sich erst einmal vor, daß sich der Mond bei Neumond nur ein paar Grade von der Sonne entfernt befindet und sich von ihr weg bewegt (d. h. er ist zunehmend), bis er die der Sonne gegenüberliegende Seite erreicht (Vollmond). Dann nimmt er wieder ab und bewegt sich auf die Sonne zu, bis er stirbt.

Einzelne Charakterzüge oder Typologien eines Menschen können Sie nur schon an dieser Stellung erkennen. Jemand, der bei zunehmendem Mond geboren wurde, wird eine andere Persönlichkeit und ein anderes Schicksal haben als jemand, der bei abnehmendem Mond geboren wurde; alle Menschen, die entweder bei zu- oder abnehmendem (balsamischem) Mond geboren wurden, haben eine grundlegende Eigenschaft gemeinsam, die sich wie ein roter Faden durch ihr Leben zieht. Da es in der westlichen Kultur praktisch keine weiblichen Wachstumsmetaphern gibt, handelt es sich hier um einen erfrischenden neuen Ansatz. Das Wiedererwachen des Frauen-Schamanismus und der Religion der Göttin sind Reaktionen auf ein starkes Bedürfnis in uns. Das Problem bei der Systematisierung des weiblichen Prozesses liegt in seiner ausgeprägt intuitiven und spirituellen Funktionsweise. Wenn wir Frauen in einem Kreis zusammenkommen, um uns dieser Arbeit zu widmen, ist es sehr wahrscheinlich, daß sich dabei unser Menstruationszyklus verändern wird. Vielleicht durch unser Zusammensein, vielleicht durch die Aufmerksamkeit, die wir dem Zyklus selber widmen, oder vielleicht wegen beidem zusammen, wer weiß? Es ist sehr schwierig, sich aus der Erfahrung herauszunehmen, die man zu beobachten versucht. Der Frauen-Schamanismus versucht das auch in keiner Weise zu tun; er respektiert die absolut frei fließende Natur der psychophysischen Realität der Frauen. Die Astrologie ist eine intuitive Disziplin, durch die wir lernen, daß wir Teil einer zutiefst heiligen Struktur sind, ohne daß man dabei diese Struktur soweit analysieren könnte, daß man glaubt, sie verstanden zu haben. Sie repräsentiert so eine Türe, die direkt zum Mysterium führt und uns gleichzeitig tiefe Demut und ein Gefühl des Vertrauens in das Universum lehrt.

Lernen Sie, wie man die Ephemeriden liest. Besorgen Sie sich einen astrologischen Taschenkalender und merken Sie sich, wo sich die Planeten jeden Tag befinden. Schreiben Sie nicht nur Ihr Verhalten und äußere Ereignisse auf; halten Sie auch Ihre Gedanken, Gefühle, Launen, Impulse, das Wetter, die Zahl der Sirenen, die Sie an dem Tag gehört haben, Verkehrsstaus, Vogelgesang und die Menschen in Ihrem Leben und deren Beziehung zu Ihnen fest. Lassen Sie nichts aus, alles ist wichtig. Wenn Sie ein Traumtagebuch führen, können Sie diese beiden Aufzeichnungen miteinander vergleichen und dazu noch die Daten Ihrer Menstruation hinzufügen. Unsere Loslösung von der Natur tritt nirgends klarer hervor als in den Gräben, die zwischen unserer inneren und äußeren Realität liegen. Wenn Ihnen dies am Anfang zu kompliziert und aufwendig erscheint, können Sie sich auf einen einzelnen Planeten beschränken, den Sie nebst dem Mond beobachten wollen. Nehmen Sie den Planeten, der Ihr Horoskop beherrscht. Um das tun zu können, müssen Sie erst einiges über die Astrologie lernen. Das aufsteigende Zeichen in Ihrem Horoskop ist Ihr Aszendent; der Planet, der dieses Zeichen beherrscht, beherrscht auch Ihr Horoskop. (Genaues dazu finden Sie im *Motherpeace Tarot Playbook*.) Was auch immer dieser Planet tut, wird Sie stark beeinflussen. Wollen Sie ihn nicht kennenlernen? Schauen Sie in Ihrem Horoskop nach, in welchem Haus er sich befindet; dann können Sie damit beginnen zu beobachten, wo er gerade am Himmel steht und welchem Abschnitt das in Ihrem Horoskop entsprechen würde. Mein Aszendent ist zum Beispiel das Zeichen Widder, welches traditionellerweise vom Mars beherrscht wird. Bei mir befindet sich Mars ebenfalls im Zeichen Widder, was bedeutet, daß Mars mein dominanter Planet ist. Seine Bedeutung wird in meinem Horoskop noch verstärkt, weil er sich in seinem eigenen Zeichen befindet, wenn auch nicht im eigenen Haus. Die üblichen Beschreibungen der Mars-Persönlichkeit entsprechen aber nicht meiner Erfahrung, weil sie so männlich ausgerichtet und stark an unsere Kultur gebunden sind. Ich mußte das Ganze also ein bißchen umgewichten: Die Astrologen sehen in Mars den kämpferischen Kriegsgott, während Mars für mich Shakti verkörpert, die kreative Göttin des feurigen, kreativen Willens.

Versuchen Sie, mit Ritualen zu arbeiten. Rufen Sie die vier Himmelsrichtungen an, die Sie sich als die vier Elemente der Astrologie vorstellen können. Stellen Sie sich vor, wo Sie in diesem Kreis aufgrund Ihres Sonnenzeichens, Ihres Mondzeichens usw. stehen würden. Spielen Sie damit – das ist viel interessanter als ein Dogma. Jonathan Tenney hat mich dazu angeregt, die Astrologie mit Hilfe von Bewegung, Theater, Visualisierungen und dem Heiligen Spiel, wie wir es nannten, zu erforschen. Während vieler Jahre hat er sich mit einer Männergruppe getroffen, deren Mitglieder im Bay-Gebiet experimentelle Astrologie betrieben. Die Esoterik-Lehrerin Alice Bailey hat vorausgesagt, daß die intuitive Astrologie, die am Ende des zwanzigsten Jahrhunderts entdeckt werden wird, eine der wichtigsten Wissenschaften sein wird. Hier ist sie also. Mehr als alles andere brauchen wir einen ganzheitlichen Zugang zur Natur und zum Universum. Diese Art der Astrologie eröffnet uns die Möglichkeit dazu. Sie können sich beim Studium der Astrologie auch auf die Bilder des *Motherpeace-Tarot* stützen. Wenn Sie nebst Konzepten auch mit Bildern arbeiten, integrieren Sie die Konzepte in Ihren Körper. So können Sie intuitiv die Bedeutung der verschiedenen Planeten und Zeichen erfassen. Um mehr über Ihre Sonnen- und Mondzeichen zu erfahren, können Sie sich das Kapitel über die Hofkarten im *Motherpeace Tarot Playbook* anschauen, um die beiden Elemente jedes dieser sechzehn Bilder herauszufinden. Wählen Sie ein oder zwei Bilder aus, die beide Elemente enthalten, die aufgrund Ihrer Sonne und Ihres Mondes zu Ihnen gehören. Damit werden Sie über etwas verfügen, mit dem Sie sich identifizieren können. Dasselbe können Sie mit Mars und Venus tun und so weiter, wenn Sie wollen. Mein Mars im Zeichen Widder könnte beispielsweise durch die Tochter der Stäbe oder die Schamanin der Stäbe repräsentiert werden. Beide Bilder beschreiben meine Erfahrungen und helfen mir, die Elemente zu verstehen. (Dieses Thema wird im Teil über die Astrologie, also in der zweiten Hälfte des *Playbook* besprochen.)

Um das Konzept der Transite verstehen zu lernen, kann es sehr hilfreich sein, jeden Monat den Neumond zu errechnen. Machen Sie Grad und Zeichen des Neumondes in Ihrem astrologischen Kalender ausfindig, und fügen Sie ihn in Ihr Horoskop ein. Natürlich befindet sich der Neumond für alle beim selben Grad desselben Zeichens, doch in jedem Horoskop befindet sich dieser Punkt an einem anderen Ort – in einem anderen «Haus». Der Anfangspunkt des Mondzyklus ist wichtig. Die Plazierung in einem bestimmten Haus ist der Ausgangspunkt für diesen Monat, und es lohnt sich immer, diesem etwas Aufmerksamkeit zu schenken. Fügen Sie dann den Grad und das Zeichen des Vollmondes ein. Der Vollmond – und das Haus, wo er sich befindet – wird aufzeigen, wie sich der *Mondzyklus* in diesem Monat in Ihrem Leben auswirken wird. Was auch immer zu Beginn des Zyklus gesät wurde, wird bei Vollmond erblühen, dann verwelken, am Ende des Monats sterben (abgeschlossen werden) und Raum schaffen für einen neuen Beginn bei Neumond. Wenn Neu- oder Vollmond mit einem Planeten in Ihrem Horoskop zusammenfallen, dann ist das von besonderer Bedeutung. Sie können das feststellen, indem Sie exakt festhalten, welche Planeten sich innerhalb von drei Grad rund um Neu- oder Vollmond befinden. Verbringen Sie den Rest des Zyklus damit zu beobachten, was sich ereignet und wie es sich anfühlt. Aus diesen Beobachtungen können Sie Genaueres erfahren über die astrologischen Charakteristiken des Zeichens, Hauses und Planeten in Ihrem Leben.

Ich war zum Beispiel einmal zu einer einwöchigen Konferenz in Kanada eingeladen, wo indianische und weiße Frauen zusammenkommen sollten, um sich selbst zu heilen. Mir fiel auf, daß in diesem Monat Neumond auf einen sehr wichtigen Punkt in meinem Horoskop fiel, nämlich den aufsteigenden Mondknoten. Dieser Punkt im Geburtshoroskop sagt etwas über den Weg zu Ihrer Bestimmung und über neue Richtungen aus. Gleichzeitig

befand sich Mars (mein dominanter Planet) auf dem Weg zu seinem «Ausgangspunkt» zum Zeitpunkt meiner Geburt, was er alle
zwei Jahre tut. Obwohl ich nicht voraussagen konnte, wie diese
Konferenz mich beeinflussen würde, war mir klar, daß es sich um
etwas Wichtiges handeln würde, weil sie zu einem für mich so
günstigen Zeitpunkt stattfand. Ein anderes Mal beobachtete ich
den Planeten Mars, der sich scheinbar rückwärts über einen
wichtigen Punkt in meinem Horoskop bewegte, und zwar in seinem eigenen Zeichen Widder. An dem Tag, als Mars genau über
diesem Punkt stand, wurde ich in einen unvermeidbaren Auto-
unfall verwickelt, den ich nicht verursacht hatte – ein Auto war
von hinten in meines gefahren und stieß mich in den vorderen
Wagen. Ich wurde dabei an Rücken und Schultern verletzt. In der
traditionellen Astrologie ist Mars häufig für Unfälle und Verletzungen zuständig.

Irgendwann fällt der Groschen, und man sieht auf einmal ganz
klar. Sie müssen daran glauben, daß man Astrologie nicht wirklich lehren kann; man kann sie aber studieren, bis man den Punkt
erreicht, wo man merkt, worum es geht. Wenn Sie sie in Ihre Beobachtungen und Reaktionen auf die Hinweise und Signale der
Natur und des Universums integrieren, werden Sie mit ihr über
ein weiteres Werkzeug verfügen, das Sie bei Ihren Entscheidungen und Ihrem Vorgehen unterstützen wird. Wenn Sie die Wirkungsweise der Planeten in Ihrem täglichen, monatlichen und
jährlichen Zyklus spüren können, wird es Ihnen besser gelingen,
sich den Kräften zu fügen, die viel stärker sind als wir. Wenn Sie
tatsächlich zu einer solchen Unterwerfung oder Aufgabe des
Egos fähig sind, wird sich Ihr spirituelles Leben über die Grenzen
hinaus erweitern, die Sie sich selber durch Ihre Fixierung auf das
Ego gesetzt hatten. Man muß einen sicheren Boden unter sich
spüren, damit man aufhören kann, nur im Kopf zu leben, und
sich wieder nach dem Bauch, den Instinkten und dem Bewegungszentrum ausrichtet. Diese Veränderungen können Sie
nicht im Abstrakten durchführen, denn sonst würden Sie keinen
Boden unter den Füßen spüren und hätten Angst. Sich mit dieser
auf dem Körper aufbauenden Astrologie zu befassen heißt, einen
konkreten Weg einzuschlagen, der zu einer Verlagerung des

Hauptgewichts vom Kopf zum Bauch und vom Denken zu einem umfassenderen Prozeß führt, der Teil Ihrer Gesamtintelligenz ist. Sie können noch immer logische Entscheidungsmethoden verwenden, Sie werden aber zusätzlich zu Ihrem rationalen Geist auch unsichtbare Aspekte Ihrer Realität beim Aufspüren Ihres Weges berücksichtigen.

Wenn Sie den zyklischen Prozeß wirklich verstanden haben – vom Zeitpunkt des Säens über das Erblühen, Sterben, die Destillation und die Wiedergeburt –, dann können Sie dieses Verständnis auch auf den Jahreszyklus der Sonne anwenden, indem Sie die acht heiligen Feiertage als Orientierungspunkte verwenden. Die Wintersonnenwende entspricht der dunklen Phase, dem Säen, wie der Neumond; Lichtmeß im Februar ist die Phase des Aufgehens, des Sprießens; die Frühlings-Tagundnachtgleiche ist das erste Quartal und entspricht dem zunehmenden Mond; Beltane ist das zunehmend heller werdende Licht, und die Sommersonnenwende ist das vollständige Erblühen. Hier beginnt das Sterben: Petri Kettenfeier (Lammas) ist die kreative Phase des Ausstreuens; die Herbst-Tagundnachtgleiche entspricht dem letzten Quartal und der Erntezeit; Allerheiligen ist der Niedergang, die balsamische Phase, in der wir wieder in die Dunkelheit zurückkehren und zur Wintersonnenwende gelangen, wo das Licht aus der dunkelsten Nacht geboren wird. Die Zeit zwischen Allerheiligen und der Wintersonnenwende entspricht dem Verschwinden des Mondes vom Himmel während dieser geheimnisvollen drei Tage. Dieser Zyklus – oder diese Bahn – läßt sich auf alle Planeten des Sonnensystems anwenden. Dies ermöglicht es uns, uns die verschiedenen Phasen der zwei Jahre langen Bahn des Planeten Mars oder der vierundachtzig Jahre langen Umlaufbahn des Uranus vorzustellen. Wie bei den chinesischen Schachteln handelt es sich um denselben Zyklus in verschiedenen Größen. Die ganze Astrologie baut auf diesen Planeten und den Aspekten auf, die durch die Interaktion der Planeten untereinander und mit Ihren Geburtsplaneten entstehen. Unsere Vorfahren wußten das und verwendeten die Zahl Acht als Symbol für Ishtar und ihren Planetengürtel. Der achtzackige Stern war in verschiedenen Kulturen von Bedeutung und taucht in den heiligen Kalendern verschiedenster Herkunft auf. Das sogenannte aztekische Kalenderrad weist beispielsweise ganz unverkennbar diese acht Punkte des Zyklus auf, die die acht heiligen Feiertage des Jahres und die acht heiligen Phasen der Planetenzyklen symbolisieren.

Wenn Sie die Phasen des Planetenzyklus verstanden haben, können Sie damit beginnen, deren Transite am Himmel zu beobachten. Nachdem Sie schon erfahren haben, wie sich die verschiedenen Elemente (Erde, Wasser, Feuer und Luft) anfühlen, indem Sie die Bewegung des Mondes durch die verschiedenen Zeichen verfolgt haben, können Sie dieses Wissen jetzt auf eine erweiterte Bewußtseinsebene übertragen. Das Element des Mondes ist Wasser, und er hat mit der Welt der Gefühle zu tun. Verfolgen Sie nun also die Sonne auf ihrem alljährlichen Weg durch die Tierkreiszeichen, und denken Sie daran, daß man früher den jährlichen Zyklus in dreizehn Mondmonate aufgeteilt hatte. Die «dreizehnte Fee» aus dem Dornröschen-Märchen ist der Mondmonat, der durch die patriarchalische Jahresaufteilung verdrängt wurde. Die Spindel der Alten, die Dornröschen an ihrem sechzehnten Geburtstag in den Finger sticht, steht für die erste Menstruation, die für das ganze Königreich zu einem Fluch wird und jedermann in einen hundertjährigen Schlaf versetzt. Seit Julius Cäsar haben wir im Westen nur immer zwölf Monate zur Kenntnis genommen, gaben dem zusätzlichen Vollmond einen speziellen Namen und schufen abergläubische Mythen im Zusammenhang mit der heiligen Zahl dreizehn. Sie können aber trotzdem feststellen, wie sich ein feuriger Planet anfühlt, wenn er sich in den verschiedenen Zeichen befindet, und diese Information speichern. Sie haben ungefähr dreißig Tage Zeit, um herauszufinden, wie sich das Zeichen Widder im Vergleich zu Stier, Zwillinge usw. anfühlt. Beobachten Sie auch die Leute. So werden Sie langsam die Zyklen Ihrer Kultur aus astrologischer Sicht zu verstehen lernen.

Wenn Sie «ein Jahr und einen Tag» damit verbracht haben, das Gefühl des Mondes, der dreizehnmal die Tierkreiszeichen durchläuft, und der Sonne, die jedes Zeichen einmal besucht, kennenzulernen, dann sind Sie bereit für die Arbeit mit den anderen Planeten. Die Methode ist genau die gleiche. Folgen Sie den Ephemeriden, und merken Sie sich, wie Sie sich fühlen und was in Ihrem Leben passiert, wenn der Planet ein bestimmtes Zeichen durchquert. Im allgemeinen können Sie Merkur, Venus und Mars in ähnlicher Weise beobachten wie die Sonne. Sie können aber auch die Bewegung dieser Planeten in bezug auf Ihr Horoskop beobachten. Verfolgen Sie die Bewegung des Mondes Grad für Grad, wenn er sich im Laufe eines Monats durch die Tierkreiszeichen bewegt. Dasselbe können Sie mit der Sonne während eines Jahres tun. In einem Jahr zieht die Sonne an jedem Planeten in Ihrem Horoskop vorüber und wirkt als Katalysator für bestimmte Erfahrungen, die man spüren und beobachten kann. Alle anderen Planeten tun dasselbe, nur in einem anderen Zeitraum. Merkur ist schnell und erreicht Ihre Planeten schneller als die Sonne; die Venus braucht dazu etwas länger als ein Jahr. Mars braucht zwei Jahre und Jupiter zwölf. (Jupiter war der Himmelsgott, der Herr der «neuen Zeit» des Julianischen Kalenders mit seinen zwölf Jupiter-Monaten.) Saturn ist sehr viel langsamer und braucht fast dreißig Jahre, um seine Bahn zu vollenden. Die Rückkehr des Saturn zum Punkt Ihrer Geburt findet ungefähr in Ihrem neunundzwanzigsten Lebensjahr statt und steht für das Erwachsenwerden und Reifen.

Bei der Beobachtung Ihrer Transite ist es jeweils tröstlich zu sehen, daß alles buchstäblich einen Anfang, eine Mitte und ein Ende hat. Der vorüberziehende Planet nähert sich irgendeinem Planeten in Ihrem Horoskop und bildet eine Konjunktion zu ihm. Häufig machen die Planeten eine Phase durch, wo sie sich scheinbar rückwärts bewegen und so nochmals auf Ihren Geburtsplaneten treffen (Konjunktion). Der dritte Transit über Ihren Geburtsplaneten bildet schließlich den Abschluß dieses Prozesses, bis sich die Wege der beiden Planeten zum nächsten Mal kreuzen. Sie können frühzeitig herausfinden, wann ein solches Zusammentreffen beginnt, wie lange es dauern wird und wann der Planet zum letzten Mal in Konjunktion mit Ihrem Planeten tritt. Wenn Sie dann die Auswirkungen erleben, werden Sie ein tiefes Gefühl für den Sinn und Zweck haben, auch wenn Sie die Art, wie es zum Ausdruck kommt, nicht angenehm finden. Sie können zum Beispiel erkranken und für eine Weile außer Gefecht gesetzt werden, so daß Sie all Ihre Energie für den Heilungsprozeß einsetzen müssen. Jede Schamanin wird darin einen Sinn erkennen, ja muß es sogar, um richtig damit umgehen zu können. Wenn Sie jedoch aufgrund Ihrer astrologischen Kenntnisse sehen, daß Chiron, der Planet der Schamanen oder «verwundete Heiler», gerade an einem Planeten Ihres Horoskops (Neptun oder Uranus) vorüberzieht, dann liefert Ihnen dieses Wissen einen Rahmen oder Kontext, der Sie bei der Erarbeitung Ihrer persönlichen Mythologie unterstützen wird.[19] Oder Sie verlieben sich, heiraten und bekommen ein Kind, und das alles innerhalb von sehr kurzer Zeit, sagen wir einem Jahr. Es könnte sich um einen höchst dramatischen Vorgang handeln: eine Frau, die zu sehr liebt, oder Pluto, der über Ihrer Sonne steht – eine Erfahrung von Tod und Wiedergeburt, die mit vergangenen Leben und Reinkarnation in Verbindung steht und die Energie, Transformation und eine für immer abgestreifte Identität mit sich bringt.

Wenn Sie soviel von der Astrologie wissen, daß Sie das Gelernte anwenden können, werden Sie Hunderte von verschiedenen Arten entdecken, wie Sie dieses Wissen zu Ihrer Unterhaltung verwenden können. Sie können die Planeten jeder wichtigen Person in Ihrem Leben von dem Zeitpunkt an verfolgen, als Sie sie kennenlernten. Sie können auch Paarhoroskope, Babyhoroskope, Horoskope für Anlässe, Gruppenhoroskope usw. erstellen. Es wird einem dabei nie langweilig; man lernt immer etwas Neues und gewinnt neue Erkenntnisse, auch auf der alltäglichsten Ebene. Sie können die Transite in Ihrem Ehehoroskop verfolgen; die Planeten, die in Zusammenhang mit Ihrer Frauengruppe stehen, beobachten und alle wichtigen Phasen und Aspekte, die die äußeren Planeten (Uranus, Neptun und Pluto) zu Ihren persönlichen Planeten während Ihres ganzen Lebens bilden, und sich dabei die Frge stellen: Was ereignete sich, als Uranus einen wichtigen Aspekt zu Sonne, Mond, Mars usw. in meinem Geburtshoroskop bildete? Was war anders, wenn es sich um Neptun oder Pluto handelte? Mit Hilfe eines Computers können Sie eine Liste von den Daten erstellen lassen, an denen die äußeren Planeten Quadrate oder Oppositionen zu sich selber in

Ihrem Horoskop bilden (genau gleich wie erstes Quartal, Vollmond und letztes Quartal des Mondzyklus auf einen viel größeren Zyklus angewandt).[20] Im Kapitel *Schamanische Kunst: Die
Manifestation der Kreativität* beschreibe ich, wie ich aus den
Überresten einer überfahrenen Eule, die ich vor vielen Jahren in
der Nähe meines Wohnorts gefunden hatte, eine Puppe mit Eu-
lenflügeln und Krallen hergestellt habe. Der ganze Prozeß vom
Anfang bis zur Vollendung dauerte mehrere Jahre. In dieser Zeit
fanden verschiedene außergewöhnliche Transite statt: zuerst von
Neptun (das Bild kam zu mir wie eine Vision) und dann von Uranus (ich vollendete die Puppe und verstand sie in einem weiteren
Sinn). Die Transite ereigneten sich in einem esoterischen Teil
meines Horoskops namens *Black Moon Lilith* (Schwarze Mondlilith), der mit der Eule und ihrer Weisheit eng verbunden ist
(siehe Seite 154).

Es kann sehr aufschlußreich sein, auf das eigene Leben aus der
Perspektive der astrologischen Transite zurückzublicken, denn es
hilft uns, die archetypische Bedeutung der äußeren Planeten
Uranus, Neptun und Pluto zu verstehen und in uns aufzunehmen. Diese Planeten beherrschen die Großen Arkana des Tarot,
die sich auf Kräfte im Universum beziehen, die stärker sind als
wir und auf die wir nur reagieren können. Sie sind diejenigen
Planeten, die das Schicksal repräsentieren und die von uns ein
gewisses Ausmaß an Unterwerfung fordern. Ihr Aufeinandertreffen mit unseren persönlichen Planeten kann häufig vernichtende
Folgen haben und einen Menschen überwältigen, wenn er den
tieferen Sinn ihrer Wirkung nicht kennt. Sie alle repräsentieren
einen bestimmten Aspekt des Sterbens. Wenn sie auftauchen,
muß als erstes das Ego aufgeben. Jegliche Art der Verbundenheit, die in das Gebiet des betroffenen Planeten fällt, wird im
Zeitraum von ungefähr einem Jahr aufgelockert werden. Jeder
der äußeren Planeten wirkt auf seine eigene Weise und arbeitet
mit einer anderen Methode. Diese charakteristischen Methoden
kann man spüren, und man kann auf sie reagieren. Uranus – der
elektrische Planet – zerstört Strukturen; seine Auswirkungen auf
unser Leben sind deshalb schockierend, einschneidend und bringen uns aus dem Gleichgewicht. Uranus verursacht eine Hyper-

aktivität des Nervensystems, die uns entweder mit neuer Energie versorgt oder uns verrückt macht. Neptun hingegen, der zwar ebenfalls eine Veränderung herbeiführen will, arbeitet ganz anders, nämlich durch die Auflösung. Neptun gehört zum Element Wasser und produziert Nebel, die uns einhüllen, so daß wir die Orientierung und jegliche Klarheit verlieren. Er verwirrt uns, nimmt uns die Illusionen, und wir fühlen uns schläfrig und ausgelaugt. Pluto – der äußerste Planet mit einer Umlaufbahn von 240 Jahren – wirkt so stark auf die Zerstörung unserer Ego-Strukturen hin, daß wir uns wie Inanna in die Unterwelt gerissen fühlen, wo wir liegengelassen werden und vermodern. Pluto-Transite sind niederdrückend und können sehr entkräftend sein. Wenn sie jedoch vorbei sind, wird der betroffene Planet stärker und wirkungsvoller als zuvor, und man hat eine tiefere Authentizität erreicht, so daß wir uns wie Inanna, die aus der Unterwelt zurückkehrt, echter fühlen.

Die Auswirkungen der Transite auf unsere Persönlichkeit scheinen auch davon abhängig zu sein, wie vertraut die Planeten für uns von unserem Horoskop her schon sind. Uranus ist zum Beispiel in meinem Horoskop ziemlich stark (Quadrat zu Venus), und seine Transite fühlen sich für mich bekannt an, obwohl auch sie unangenehm sein können. Ein solcher Transit kann mich die ganze Nacht lang wachhalten, aber daran kann ich mich anpassen. Neptun, der Wasserplanet, fühlt sich fremd an, und ich fühle mich nicht so, wie ich mich sonst als Widder kenne: diffus und irgendwie unter Druck. Wenn es einem äußeren Planeten gelingt, im Laufe weniger Jahre auf mehrere Planeten in einem Horoskop einzuwirken, dann wird der Inhalt dieser planetaren Energie für eine Weile bestimmend in unserem Leben, bis das erwünschte Resultat erreicht ist. Sie bearbeiten uns, bis wir schließlich aufgeben. Sie bearbeiten uns, bis sie schließlich durch uns arbeiten können. Sie bringen uns Transformation und Wachstum, die wir uns weder hätten vorstellen können noch herbeigewünscht hätten, denen wir aber letztlich nicht widerstehen konnten. Ihre Wirkung in unserem Leben macht uns zu den Menschen, die wir durch den Reifungsprozeß geworden sind. Sie sorgen für Harmonie und formen uns, wenn nötig mit Gewalt.

Unsere Entwicklung hängt teilweise von unseren kreativen Reaktionen auf diese wunderbaren Himmelskörper ab, und je länger wir uns mit ihnen auseinandersetzen und über ihre Wirkungsweise in unserem Leben nachdenken, desto ausgewogener wird unser Leben.

Früher waren die Planeten personifizierte Aspekte der Göttin und repräsentierten Geburt, Ernährung, Tod, Transformation und Regenerierung. Acht der zehn Planeten in der modernen Astrologie sind männlich. Die (im Englischen) männliche Sonne steht für die bewußte Identität eines Menschen; der (im Englischen) weibliche Mond repräsentiert unser Unterbewußtsein. Merkur ist ein männlicher Gott, der den Magier/Betrüger darstellt. Venus, die einzige traditionelle weibliche Kraft nebst dem Mond, ist das Liebchen und steht für unser körperliches Wohlbefinden, unsere Wünsche und sexuelle Anziehungskraft. Alle anderen sind männlich: Mars, der Gott des Krieges und der Leidenschaft; Jupiter, der große «Wohltäter»; Saturn, der furchtbare, aber weise alte Mann und Vater Zeit; Uranus, der Zerstörer; Neptun, der Gott des Meeres mit seinem Dreizack, und Pluto, der Gott der Unterwelt, der Persephone vergewaltigte und entführte. Es gibt noch einen Planeten, der außerhalb von Pluto kreist und den einige moderne Astrologen versuchsweise Persephone nennen. In den traditionellen Computerhoroskopen taucht er aber unter dem Namen Transpluto auf. Es scheint, als ob die patriarchalische Kultur sich eine Welt der Männer ausgedacht hätte, die nur zwei unumgängliche weibliche Nebenfiguren enthält, nämlich die Mutter, die männliche Kinder gebärt, und das Liebchen als Partnerin für den Mann.

Vor nicht allzu langer Zeit haben die Astrologen damit begonnen, mit den Asteroiden zu arbeiten. Dieser Gürtel von Himmelskörpern, die sich auf einer Laufbahn zwischen Mars und Jupiter bewegen, sind Bestandteile eines größeren Planeten, der anscheinend explodiert ist. (Das ist vor allem interessant im Zusammenhang mit dem weltweiten Thema der zerstückelten Göttin, die von ihrem Bruder, dem Kriegsgott, zerstückelt und verstreut wurde, um die Erde zu schaffen oder um heilige Schreine auf die Erde zu bringen. Wenn eine frühere menschliche Rasse die Welt zerstört hat, wie das in den esoterischen Wissenschaften gelehrt wird, dann handelte es sich vielleicht um den Planeten der Göttin, der dabei explodierte.) Die vier größten Asteroiden wurden alle nach Göttinnen benannt und erschließen uns einen direkten und sinnvollen Weg, wie wir das Weibliche in die Astrologie integrieren können. Ceres, die Mutter und Göttin des Getreides; Pallas Athene, die Amazone, die die Weisheit verkörpert; Juno, die Gattin und treue Partnerin, und Vesta, die Tempelpriesterin – sie alle sind heute in den Computerprogrammen enthalten, die Horoskope erstellen. Diese Asteroiden wurden in den letzten hundert Jahren «entdeckt» und getauft, und man hat herausgefunden, daß sie den Mythen entsprechen, denen sie durch ihre Namen zugeordnet worden sind. Ceres steht in Verbindung mit Themen wie Ernährung und Eßstörungen; Pallas Athene ist zuständig für Arbeit und Unabhängigkeit; Juno hat mit Beziehungen und Verpflichtungen zu tun, und Vesta steht für die selbständige, heilige Sexualität und zielgerichtete Arbeit. Es gibt Hunderte von kleineren Asteroiden, die man im Raum aufspüren kann und die über Ephemeriden verfügen, die man studieren und mit denen man arbeiten kann.

Als Demetra George vor ein paar Jahren zum erstenmal meine Asteroiden auf ihrem Computer errechnete, waren wir beide erfreut, als wir sahen, daß der Asteroid Victoria genau mit meinem Aszendenten zusammenfällt. Ein Zufall? Schicksal? Glück? Das ist sehr unwahrscheinlich, und die Synchronizität ist wundervoll. Ihr Buch *Das Asteroidenbuch* wird Ihnen fürs erste sehr tiefgründiges Material über die vier Hauptasteroiden liefern.[21] Danach können Sie sich mit Demetras Unterstützung mit den drei Liliths beschäftigen – dem Asteroiden Lilith, der Dunklen Mondlilith und der Schwarzen Mondlilith – und schließlich die Schatten in Ihrem Leben verstehen lernen, die Anwesenheit der Dunklen Göttin, Ihre Verbindungen zu der Alten Religion; und Sie werden auch verstehen, wie Sie in diesem Leben Ihre Wut äußern und Konflikte lösen werden.[22] Ich entdeckte, daß der Asteroid Lilith zu meinem Mondknoten ein Quadrat bildet, was direkte Auswirkungen auf mein Schicksal hat, und daß die Dunkle Mondlilith in genauer Opposition zu meiner Sonne steht. Die Schwarze

Mondlilith steht in Konjunktion mit meiner Juno an der Spitze meines Horoskops, was mich, gelinde gesagt, zu einer sehr schwierigen Ehefrau macht. Diese beiden stehen in genauer Konjunktion mit der Dunklen Mondlilith meines Mannes, was der jahrhundertealten Intensität unserer Beziehung noch Verrat hinzufügt.

Ich fand auch heraus, daß der Asteroid Bacchus nebst Merlin in Konjunktion zu meinem Mond steht – sie sind beide männliche Aspekte der alten Religion der Göttin und repräsentieren Magie, Tantra und die ekstatische Religion. Ich war fasziniert von der Art, wie die alten Völker die Monolithen bewegt hatten, mit denen sie ihre Tempel und Steinkreise erbaut hatten. Man sagt, daß Merlin Stonehenge in einer Nacht mit Hilfe von Klängen und Magie geschaffen hat. Der Asteroid Arabia steht in genauer Konjunktion mit meiner Sonne. Ich habe mein ganzes Erwachsenenleben damit verbracht, Material über die alte Göttin auszugraben, deren Wurzeln mich immer wieder in den Nahen Osten und zu den neolithischen Kulturen gebracht haben, welche Inannas Vorfahren gewesen waren. Außerdem haben sie auch die ersten Schriften, die Dichtkunst, die Weberei, den Ackerbau, die Priesterinnen-Tempel und bleibende Bilder des göttlichen Weiblichen erfunden. Die arabische Welt ist auch der Ort, wo die Astrologie ihren Anfang nahm. Durch die Astrologie erfuhr ich, daß mein Pluto (Transformation und Macht) sich im Aszendenten meiner beiden Töchter befindet; daß sich der Chiron (Heiler) meines mongoloiden Sohnes genau über meinem aufsteigenden Mondknoten befindet, der das Schicksal repräsentiert. Ich erfuhr auch, daß sich Uranus gerade im Transit über meinem absteigenden Mondknoten (vergangene Leben) befand, als mein Mann Jonathan in meinem Leben auftauchte und ich ihn sofort heiratete. Astrologie macht tiefgründigen Spaß, ist ein heiliges Spiel und gründliches Studium zugleich. Jeder Weg führt zu neuen Fragen, und jede «Antwort» eröffnet eine ganz neue Welt, die es zu erforschen gilt. Es ist unmöglich, all das in einem Leben voll auszuschöpfen – es gibt also keinen Grund, sich überwältigt oder im Hintertreffen zu fühlen.

Auf dem Weg der Schamanin heißt es, sich öffnen und ein weites Gefäß werden. Früher verbrachten die Frauen einen großen Teil ihrer Zeit damit, heilige Gefäße aller Art herzustellen: große, kleine, viele mit Brüsten und einem göttlichen Dreieck. Es muß schön gewesen sein, immer solche heilige Gefäße um sich zu haben, die nach dem Vorbild des weiblichen Körpers geformt sind und die uns daran erinnern, daß unsere Existenz in der Welt der Formen einen tiefen Sinn hat. Wir Frauen schaffen in unseren heiligen Gefäßen neues Leben. Der heilige, in sich geschlossene Raum der Gebärmutter nährt das entstehende Wesen und wird aktiv, wenn es an der Zeit ist, in die Welt hinauszugehen. Jeden Monat sterben wir und werden wiedergeboren, wie der Mond. Unser Gefäß füllt sich auf und entleert sich wieder, um dieses Ereignis zu zelebrieren. Die moderne westliche Frau verfügt über so vieles, das sie in der Welt einbringen könnte, weiß aber nicht, wie das anzustellen ist. Alle Erfahrungen unserer vergangenen Leben sind in ihrer Essenz in uns. Sie liegen bereit, um in dieser Inkarnation zum Ausdruck zu kommen, aber die Formen, die uns in diesem Jahrhundert gegenüberstehen, sind außergewöhnlich beschränkt und eng begrenzt. Man sagt uns, daß wir entweder Ehefrau oder Blaustrumpf sein können, daß wir zwischen der Mutterrolle und einem unerfüllten Leben wählen müssen. Wir können entweder arbeiten oder unsere Kinder aufziehen.

Die Astrologie ist das ideale Studiengebiet, wenn es darum geht, sich zu strecken und das Paradoxe zu akzeptieren. Um Astrologie ganz verstehen zu können, müssen Sie loslassen und im Zustand des Nichtwissens verharren. Um die Planeten kennenzulernen, müssen Sie bereit sein, sie vollständig auf sich einwirken zu lassen. Sie müssen sich dem unterwerfen, was von Ihnen verlangt wird, und gleichzeitig kreativ sein bei den Entscheidungen auf Ihrem Lebensweg. Sie müssen viel lernen und nur wenig denken. Lassen Sie das, was Sie durch Ihre Lebenserfahrung, Ihre Intuition und Ihre Träume wissen, an die Oberfläche treten. Es ist, als ob das Leben ein Fluß wäre. Sie befinden sich in einer Art Boot mit einem Ruder zum Steuern. Es ist Ihre Aufgabe, diesen Fluß auf kreative Weise hinter sich zu bringen, und Ihr Ziel soll es sein, diese Fahrt zu genießen, nirgends hängenzubleiben, weder zu sinken, noch zu ertrinken, und wenn Sie dort ankommen, wo der Fluß ins Meer einmündet, dann müssen Sie Ihr Boot geradeaus ins offene Meer segeln lassen. Ich bin der festen Meinung, daß die Astrologie ein äußerst wichtiges Werkzeug ist, um dieses Leben zu einer aufregenden Fahrt voller Freude und ohne Angst zu machen.

Die Träumerin:
Ein Kanal Ihrer Macht

In vorgeschichtlicher Zeit war das Träumen heilig, denn es bot
Gelegenheit dazu, mit der Welt der Geister in Kontakt zu treten
und Rat und Heilung zu finden. Die Höhlenmalereien im alten
Europa und die Felsmalereien in Afrika und Australien belegen,
daß die früheren Völker in der Lage waren, mit der Welt der Tier-
geister und Traumhelfer zu verschmelzen. Zweifellos riefen sie
sie an mit Hilfe von dem, was wir heute «Visionssuche» oder «In-
itiationsriten» nennen. Die ungewöhnlichsten Malereien und
Zeichnungen findet man in Höhlen, die schwer zugänglich sind,
so daß sich der Initiant über längere Distanzen im Dunkeln auf
dem Bauch vorwärts bewegen mußte. Die unglaublichen Tier-
menschen, die man an den Wänden der Höhlen von Lascaux
oder Pech-Merle in Frankreich bewundern kann, könnten das
Resultat von heiligen Träumen und Visionen von alten Schamanen oder Schamanengruppen sein.

In der Übergangszeit – als die Verehrung der Großen Mutter in
Verehrung für einen himmlischen Vater umgewandelt wurde –
erbaute man in Griechenland und anderswo Tempel für die Initi-
ierten, die sich dort hineinbegeben mußten, um zu schlafen und
heilende Träume zu haben. Solche Tempel standen unter der
Aufsicht von Priesterinnen der Göttin Hygieia oder später von
Priestern heilender Götter, wie zum Beispiel Asklepios. In Malta
hat man Statuen einer schlafenden Göttin gefunden, vielleicht
einer Träumerin oder einer Priesterin, die wie eine moderne
Schamanin für einen Hilfesuchenden einen Traum in sich auf-
nahm. Diese Statuen aus der Zeit von 3000 v. Chr. sind die Nach-
folger ähnlicher Darstellungen aus dem Paläolithikum (ca.
25 000 v. Chr.): Auf beiden Seiten des Eingangs zu einer der alten
Höhlen hatte man die Figur einer «liegenden» Frau in den Fels

15 Hygeia, die Göttin der Gesundheit, ist das letzte Überbleibsel der Heilkunst der Frauen, die in der Welt der Griechen einst so weit verbreitet gewesen war – ihre Tempel gingen über in den Besitz von männlichen Göttern. In dieser Abbildung wird sie mit ihren magischen und prophetischen Schlangen gezeigt. Die Schlangen wurden irgendwann zum Symbol der *American Medical Association*, was eher ein Akt der Ironie ist, wenn man bedenkt, daß die westliche Medizin auf den Leichen von europäischen Heilerinnen und weisen Frauen aufgebaut wurde. Gynäkologie und Geburtshilfe waren die Erfindung von Männern, die davor die Zange erfunden und patentiert hatten.
Zeichnung von Laurelin Remington-Wolf.

gehauen. In der Archäologie wird diese Haltung als Bild für die weibliche Trägheit angesehen, während diese Figuren mit absoluter Gewißheit heilig waren und entweder einen Trancezustand, das Träumen oder das Gebären darstellten, das im Inneren des Höhlentempels stattgefunden haben muß.

In der menschlichen Geschichte galten Träume schon immer als Wege zur Welt der Geister und als Mittel, um göttliche Hilfe oder Zustimmung für bestimmte Handlungen zu erhalten. Römische, chinesische und aztekische Kaiser neigten dazu, den Ratschlägen ihrer magischen Berater zu folgen, die für sie träumten. Noch im zwanzigsten Jahrhundert hörte der russische Zar auf den Rat seines Merlin-ähnlichen Magiers Rasputin. Nur wir in den westlichen Industrieländern haben vergessen, wie man träumt und wie man diese Träume ernst nimmt und miteinbezieht. Wir können Träume nicht als wichtig anerkennen, weil im sogenannten Zeitalter der Aufklärung die «Wissenschaft» neun

16 Diese schlafende Frau von der Insel Malta ist wahrscheinlich mit
der Inkubation eines Traums beschäftigt, oder vielleicht wartet sie – wie
einige Wissenschaftler glauben – auf den Geist eines verstorbenen Vorfahren, der als Kind wieder in ihren Körper eintritt. Dieses Warten fand
vier Stockwerke unter der Erde im Hypogäum statt, wo die Toten
begraben waren, ein Raum, der nach Elinor Gadon anscheinend
auch für Orakel, Prophezeiungen, Rituale und Zeremonien benutzt
worden war. Zeichnung von Laurelin Remington-Wolf.

Millionen Heilerinnen («Hexen») ersetzte, die während der Inquisition für ihre Träume, Visionen und anderes «Teufelswerk»
auf dem Scheiterhaufen verbrannt worden waren.

Heute ist es besonders in Nordamerika so, daß die Menschen
derart unter dem Einfluß von Drogen stehen und von den Medien mit so viel Information überflutet werden, daß es ungewöhnlich ist, wenn man sich nur schon an einen Traum erinnern kann.
Wen wundert es da, daß wir unsere Träume nicht ernst nehmen?
Es ist ziemlich normal, einen Nordamerikaner sagen zu hören,
daß er überhaupt nicht träumt, was aus biologischer Sicht unmöglich ist. Zum Erwachen der Schamanin gehört auch unbedingt das Öffnen der Traumkanäle und das Heraufholen von er-
staunlichem und aufschlußreichem Stoff aus unserem Unterbewußtsein. Träume wahrzunehmen ist an und für sich schon ein
Heilungsprozeß, der uns in direkten Kontakt mit unserer Innen-
welt bringt. Normalerweise wird ein solches Erwachen durch

etwas Bestimmtes ausgelöst – eine Reinigung irgendeiner Art, eine Zeit der Zurückgezogenheit oder einen Heilungsprozeß. Was auch immer das Träumen oder die Erinnerung daran blokkiert hat, muß beseitigt werden, bevor die Traumarbeit richtig beginnen kann.

1976 sagte ich mich los von der traditionellen Medizin und meiner Abhängigkeit von Chemikalien zur Behandlung von Verspannungskopfschmerzen. Kurz darauf eröffnete sich mir meine Traumwelt, mühelos, ohne daß ich bewußt die Absicht dazu gehabt hätte. Die Aufgabe der chemischen Medikamente, die ich meinem Körper während zehn Jahren zugemutet hatte, bedeutete eine solch gründliche Reinigung, daß die Prozesse aus meinem Unterbewußtsein ans Tageslicht gelangten. Die meisten von uns haben keine Ahnung, welche Folgen täglich eingenommene Medikamente haben können. Der Durchschnittskonsum an «gewöhnlichen» Beruhigungsmitteln wie Valium ist in der Bevölkerung (insbesondere bei Frauen) derart hoch, daß jeder Stammesschamane entsetzt wäre. Wir nehmen diese Medikamente in solch rauhen Mengen ein, daß sich unser ganzes Land in einem Zustand der Betäubung, wenn nicht gar des Stumpfsinns befindet, und blockieren so den natürlichen Heilungsprozeß durch das Träumen vollständig ab. Wenn Sie dazu noch den Berg von Alkohol, Marihuana, Kokain und Schlaftabletten hinzufügen, den die Amerikaner zusätzlich zu den vom Arzt verschriebenen Medikamenten gegen verschiedene Leiden einnehmen, dann muß jedem klar werden, daß wir es mit einer ernst zu nehmenden, kollektiven Krise zu tun haben. Die Unfähigkeit zu träumen führt zu noch mehr Spannungen, die oftmals mit Hilfe von noch komplexeren Medikamenten «geheilt» werden, die man in immer größerer und häufigerer Dosierung einnimmt.

Ein weiteres Hemmnis, das uns daran hindert, uns an unsere Träume zu erinnern und sie zu verstehen, ist die Schnellebigkeit, der sich die meisten Bewohner der westlichen Welt fügen müssen und die keine Zeit zum Nachdenken läßt. Abends sitzt ein Großteil der Amerikaner nach dem Genuß eines fleischhaltigen Nachtessens während mehreren Stunden vor dem Fernseher, trinkt Bier und konsumiert Zucker, Kartoffelchips und andere mit Chemikalien versetzte Lebensmittel. Die Amerikaner gehen meist spät zu Bett, schlafen nur ein paar Stunden und werden dann von einem Wecker unsanft aus dem Schlaf gerissen. Sie springen aus dem Bett, duschen, ziehen sich eiligst an und essen im Vorbeigang ihr Frühstück, setzen sich ins Auto und fahren irgendwohin, wo sie den ganzen Tag arbeiten und abends wieder dort aufhören, wo sie angefangen haben. Wen erstaunt es also, daß wir nicht viel über unsere Träume nachdenken und daß wir die Vorstellung, daß sie von Bedeutung sein könnten, lachhaft finden? Für die meisten von uns braucht es eine revolutionäre Transformation der Einstellung gegenüber dem täglichen Leben, wenn wir beginnen wollen, uns an unsere Träume zu erinnern und kreativ mit ihnen zu arbeiten.

Um gut träumen zu können, sollten Sie vor dem Schlafen nur wenig essen und einige Stunden vor Mitternacht zu Bett gehen. Wie viele moderne Frauen können sich an einen solchen Zeitplan halten? Wenn Sie sich außerdem an Ihre Träume erinnern wollen, sollten Sie am Ende einer Traumsequenz ganz von selber langsam aufwachen und den Traum aufschreiben, noch bevor Sie sich ins Badezimmer begeben. Dieses sanfte Erwachen stimuliert das Traumbewußtsein, sich an tiefere Träume zu erinnern, die Sie am Anfang der Nacht hatten – die Träume hinter den Träumen –, und an eine größere Zahl von Details, die sonst beim Aufstehen im Unterbewußtsein verschwunden wären. Es gibt spezielle Techniken, die den Traumprozeß fördern können, wie zum Beispiel das Schlafen auf der rechten Seite, eine Tasse Beifuß- oder Safrantee vor dem Schlafen, das Verbrennen von Räucherstäbchen oder die Verwendung von Kristallen und Traumkissen. So schaffen Sie eine optimale Traum-Atmosphäre, durch die Sie Träume anregen und als etwas Heiliges und Heilendes verstehen können. Wir können auch eine kurze Meditation zur Einordnung der aktuellen Geschehnisse des Tages vor dem Schlafen durchführen, was dazu führt, daß die Träume auf einer tieferen Ebene beginnen und so bis zum Morgen bedeutungsvollere, größere Träume stattfinden können.

Wenn es möglich wäre, würden mit Bestimmtheit alle Frauen ihre normale Routine unterbrechen, um sich den heiligen Träumen zu widmen. Ich weiß noch, wie ich mich über meine kleinen Kinder ärgerte, als ich damit begann, mich an meine Träume zu erinnern und mit ihnen zu arbeiten. Sie wußten nicht, wie wichtig das alles war, platzten mit ihrem Morgenprogramm in mein Schlafzimmer herein und unterbrachen meinen Aufwachprozeß, so daß ich die Träume verlor, als wären sie in einem Tunnel verschwunden. Ich konnte den Träumen nicht folgen und sie auch nicht wieder heraufholen. Ich mußte eine echte Abgrenzung zu meinen Kindern schaffen, eine feste Regel, die es ihnen nicht erlaubte, mich zu stören, bevor ich wach und bereit war, mich mit ihnen zu beschäftigen. Es dauerte eine Weile, bevor es funktionierte, aber ohne diese Abgrenzung hätte ich mich jeden Tag über meine Töchter geärgert. Das Resultat rechtfertigte dann auch diese Anstrengungen, denn ich konnte damit beginnen, meine Träume aufzuschreiben und sie für mich auszuwerten, was mir sehr gut tat.

Während mehrerer Jahre führte ich ein ausführliches Traumtagebuch und arbeitete jeden Tag mit meinen Träumen. Da ich weder eine Lehrerin noch eine Heilerin zur Verfügung hatte, die mich unterstützen konnten, handelte es sich dabei um einen wichtigen Lernprozeß. Ich las Bücher über das Träumen und wendete die Methoden an, die sie vorschlugen. Ich lernte tibetisches Traumyoga (nebst anderen Formen von Yoga und tibetischen Disziplinen) und verschlang daneben esoterische Abhandlungen und philosophische Traktate. Ich lernte, wie man Tarotkarten liest, und schuf in dieser Zeit schließlich die *Motherpeace*-Karten. Wenn ich morgens von einem Traum erwachte und ihn aufschrieb, entdeckte ich häufig Informationen darin, die sich auf die *Motherpeace*-Karte bezogen, an der ich gerade arbeitete.

Die Krafttiere, die mir in meinen Träumen erschienen, waren der stärkste Anreiz für meine Traumarbeit und halfen mir, mit dieser Arbeit weiterzufahren. Mein erstes Krafttier nach dem Beginn meiner schamanischen Heilungskrise 1976 war eine riesige, mexikanische Gelbknietarantel, die so groß war wie ich. Als Kind hatte ich mich vor Spinnen schrecklich gefürchtet. Ich hielt es nicht aus, mit einer Spinne im selben Raum zu sein, und schrie, bis jemand kam und sie herausholte oder umbrachte. Nachts hatte ich regelmäßig Alpträume von Spinnen, die über meinen Körper, unter dem Bett hindurch und an den Wänden hochkrabbelten. Meine Eltern und Geschwister hatten Verständnis für diesen Tick von mir und «erlösten» mich davon, wann immer sie konnten. Ich lernte, mich im Zusammenhang mit diesem Feind auf die Hilfe der anderen zu verlassen.

Als ich etwa neun Jahre alt war, unterlag ich während einiger Wochen einem schrecklichen, geheimen Zwang. Wir waren aus einer kleinen Stadt in Iowa in eine etwas größere umgezogen, und ich beschäftigte mich damit, in unserem Garten gelb-schwarze Gartenspinnen zu fangen, obwohl ich mich schrecklich vor ihnen fürchtete, und sie in ein Glas zu stecken. Aus irgendeinem Grund, den ich auch heute noch nicht nachvollziehen kann, zündete ich dann in unserer Garage kleine Feuer an und warf sie in die Flammen, wo sie zischten, bis sie tot waren. Ich führte diese zwanghafte Tat immer wieder durch, und zwar mit einer schrecklichen Faszination, die sonst nie wieder in meinem Leben aufgetaucht ist, weder vorher noch nachher. Ich war ganz offensichtlich besessen.

Das Ganze ging dann irgendwann vorüber, und ich führte mein sehr normales Vorstadtleben im amerikanischen mittleren Westen weiter und lebte mich in der neuen Nachbarschaft ein. Meine hysterische Angst vor Spinnen behielt ich bis zum Ende meiner ersten Ehe im Jahr 1972. Nachdem ich mich entschieden hatte, meinen Mann zu verlassen und allein mit meinen beiden Töchtern zu leben, entwickelte ich eine andere Beziehung zu diesem Schreckgespenst meiner Kindheit. Eines Tages, nachdem ich meine Kinder von der Krippe zu unserem kleinen Haus in Colorado Springs gefahren hatte, wo wir mit ihrem Vater gewohnt hatten, machte ich mich daran, das Garagentor zu öffnen, während meine Töchter im Auto warteten. Als ich das Tor öffnete, begrüßte mich eine sehr große, glänzend schwarze Spinne, die auf Augenhöhe an ihrem eigenen klebrigen Faden vor meinem Gesicht hing. Ich wußte sofort, daß es sich um eine «Schwarze Witwe» handelte, obwohl ich noch nie zuvor eine gesehen hatte. Anstelle meiner üblichen Reaktion, die darin bestand, schreiend davonzurennen, überlegte ich mir ganz klar meine Lage. Meine

Kinder und ich lebten hier allein. Wenn ich sie laufen ließ, könnte sie ihnen Schaden zufügen. Ich zog meinen Schuh aus und stieß sie sanft vom Tor. Dann tötete ich sie nachdenklich, ohne ihren Körper zu zerquetschen, drehte sie um und rief meine Töchter herbei, um ihnen ihre erste «Schwarze Witwe» zu zeigen und sie darüber aufzuklären. «Rührt niemals eine solche Spinne an», sagte ich ganz ruhig, «sie könnte euch weh tun.»

Dieses Ereignis veränderte mein Leben. Von diesem Zeitpunkt an machte mich die Vorstellung, daß ich tagsüber die Welt mit Spinnen teilen mußte, nicht mehr hysterisch. Fünf Jahre danach, als sich mir der Weg der Schamanin auftat und die Spinnen mich in numinosen Träumen zu besuchen begannen, schien mir das aus kosmischer Sicht richtig zu sein. Die erste Vision meiner mexikanischen Tarantel war ausgesprochen dämonisch in ihrer Auswirkung auf meine Seele. Sie war riesig, dunkel und haarig mit Knien aus orangefarbenem Kristall, wie Edelsteine, phantastisch. In diesem Traum tanzte sie, sprang herum und verhöhnte mich. Ich empfand Ehrfurcht vor ihr, ich fühlte mich wie ein Zwerg und hatte Angst. Ich erwachte völlig hysterisch und in kalten Schweiß gebadet. In den kommenden Jahren sollte ich ihr immer wieder im Traum begegnen, da ein langsamer Prozeß der Heilung und Wiedergeburt stattfand. Ich fürchtete ständig ihre Rückkehr, aber paradoxerweise freute ich mich auf jede Gelegenheit als eine Initiation, durch die ich mir selber beibringen konnte, diese Begegnungen mit mehr Mut und Kreativität zu meistern. Im Laufe der Jahre wurde ich in meinen Träumen von schwarzen Samttaranteln besucht, wovon einige ineinander verschlungene rote Ringe auf dem Rücken hatten, und schließlich von einer, die mein Liebling wurde und Milch aus einer Tasse trank, die ich für sie auf den Boden stellte. Schließlich tanzte ich mit ihnen.

Für mich repräsentierte die Spinne Shakti, meine Lehrerin für das Yoga, das ich jeden Tag ausübte und auch begonnen hatte, in der Gemeinde zu lehren. Ich stellte sie mir tanzend, stets aktiv und kreativ vor, wie sie sich um ihre Angelegenheiten mit Macht und Autorität kümmerte, so wie ich dies zu tun lernen mußte. Ich sah in ihr eine dunkle, juwelähnliche sexuelle Kraft, eine rohe Potenz, die ich als tantrisch erkannte und die ich später als schamanisch, weiblich und von der Dunklen Göttin kommend verstehen sollte. Ich verkörperte sie 1980 auf künstlerische Weise als Teil eines Theaterstücks, das ich gemeinsam mit Cassandra Light, Karen Vogel und anderen Künstlern der Bay Area aufführte. Ich stellte sie in Form einer Lehmfigur dar, die in einem riesigen, rot-schwarz-weißen Spinnennetz saß, den Farben der Mondgöttin. Diese künstlerische Darstellung starb schließlich 1983, dem Jahr der Hohepriesterin, als ich sie am Ende einer Beziehung von einem Haus ins andere transportierte. Als ich die Straße herunter fuhr, fiel sie von meinem Wagen und zerbrach. In derselben Zeit brachte mir eine Teilnehmerin einer meiner ersten *Motherpeace*-Kurse die abgestoßene Haut ihrer mexikanischen Gelbknietarantel namens Gertrude. Erst da verstand ich das Symbol: Taranteln wechseln – wie Schlangen – ihre Haut. Wenn ich heute merke, daß in meinem Haus Schwarze Witwen leben, lebe ich entweder harmonisch mit ihnen zusammen oder geleite sie höflich aus meinem Haus und an einen für sie besser geeigneten Aufenthaltsort. Ich fühle mich geehrt durch die Gegenwart von Spinnen und sehe sie als Botschafter der Großen Göttin in meinem Leben. Sie sind in meinen Träumen nicht mehr meine Feinde, sondern meine Freunde.

Der Inhalt unserer Träume läßt sich auf vielerlei Arten interpretieren und analysieren. Alle Techniken, die dem Verständnis und der Arbeit mit Träumen dienen, können interessant sein für die psychologische Entwicklung, das seelische Wachstum, Selbst-Verständnis und so weiter. Auf einer tieferen Ebene können Träume aber nicht verstanden oder eingeordnet werden. Aus schamanischer Sicht liefern sie uns direkte, holistische Informationen, zu denen wir tagsüber keinen Zugang haben. Wir werden die Gestalten in unseren Träumen oder die wirkliche Bedeutung ihres Besuchs vielleicht nie verstehen lernen. Ich könnte seitenweise Jungsche Interpretationen von Spinnen, von Indianermythen oder kulturübergreifenden Geschichten über Spinnen und die Spinnenfrau schreiben, aber das würde das Weshalb des Traums nicht wirklich erklären. Das einzige, das wirklich zählt bei der Traumarbeit, ist die persönliche Erfahrung – die gespürte, miterlebte Erfahrung, die ich nie vergessen werde.

Die Gelbknietarantel verändert sich in meinem Traumgeschehen nie. Sie ist immer genauso kraftvoll und geheimnisvoll-gött-
lich wie damals, als ich sie zum erstenmal erblickte. Ich weiß, daß
sie ein echtes Wesen ist, das lebt und in einer anderen Dimension
existiert. Ich befinde mich immer im selben heiligen Ort, wenn
ich an sie denke oder sie mir vorstelle. Ab und zu kehren die rot-
schwarzen Samtspinnen in meine Träume zurück und signalisie-
ren mir irgendeinen neuen Aspekt meiner Shakti-Arbeit. In den
letzten Jahren tauchte die gelb-schwarze Gartenspinne in regelmäßigen Abständen als Orakel auf, wie das Beispiel im Kapitel
Synchronizität: Der Weg des Orakels zeigt. Es ist interessant,
Unterschiede festzustellen; Taranteln spinnen nicht, sie tanzen
und springen und wechseln ihre Haut. Die Gartenspinne sitzt
ganz still und spinnt ein Netz, das im Sonnenlicht glänzt; eine
Kreation, die sie aus ihrer eigenen Substanz schafft, um ihre Nahrung zu fangen. Diese Unterscheidungen sind aber für mich nur
Hinweise auf die tiefe, heilige Wahrheit, wie sie in der Erfahrung
der Träume direkt zum Ausdruck kommt. Sie sprechen nicht von
der numinosen Gegenwart der Kreatur selber. Ihre Interpretation
entfernt mich bis zu einem gewissen Grad sogar von meiner Beziehung zu den Tieren oder Traumgestalten, welche letztlich das
einzig wichtige sind.

Da wir komplexe menschliche Wesen sind, können wir auf ver-
schiedenartigste Weise mit unseren Träumen umgehen. Sie können alle Spaß machen, zufriedenstellend sein und zu Heilung
oder zusätzlicher Kraft führen. Wenn wir träumen und diese
Träume studieren, ist es wichtig, die Tatsache nicht zu vergessen,
daß das Mysterium unergründlich bleiben muß. Träume kommen aus dem Mysterium und sind Manifestationen des ewig Un-
ergründlichen, des Geistes und sogar der Welt jenseits des Geistes. Sie sprechen zu uns in einer Sprache, die kulturübergreifend
und frei von Rassismus ist. Sie erlauben eine Kommunikation mit
allen, überall und ganz gleich, welcher Art sie angehören. Sie
sind für uns eine telepathische und allumfassende Verbindung
mit allem zu jeder Zeit. Träume übersteigen die Verständnismög-
lichkeiten unseres Verstandes. Jegliche Traumarbeit dient nur
der Durchdringung der ersten Schichten mit Hilfe unseres ratio-

nalen Denkens, damit wir den Stoff aus der archetypischen Welt in unser alltägliches Bewußtsein des Wachzustandes integrieren können. Das Mysterium selber können wir in Form eines unendlich großen Netzes spüren, das den Kontakt und eine unleugbare Verbindung schafft zwischen den Menschen untereinander und zwischen unseren Identitäten aus all unseren vergangenen Leben.

Nachdem ich zum erstenmal von der mexikanischen Tarantel geträumt hatte, begab ich mich ins große Aquarium von San Francisco, wo ein lebendiges Exemplar in einem Käfig gehalten wurde. Ich stand lange Zeit vor dieser lebenden Verkörperung meiner Traumgestalt und starrte sie an. Ich war irgendwie erregt, fasziniert und empfand gleichzeitig Abscheu vor ihr. Ich wollte natürlich meine Angst überwinden, mich mit ihr anfreunden und dadurch schließlich ein besserer Mensch werden. Während einer ganzen Weile konnte ich jedoch meinen Horror vor ihr nicht überkommen. Dann bewegte sie sich auf einmal. Es lief mir kalt den Rücken hinunter, und ich bekam eine Gänsehaut. Spürbare Reaktionen, die mir an die Nieren gingen, unheimlich und beängstigend: Wie konnte ein Wesen so haarig sein? Wie konnte ein Insekt so groß werden? Natürlich sind Spinnen keine Insekten, und diese hier schien ein Bewußtsein zu haben, das wir als charakteristisch für ein Säugetier betrachten. Es war ein Tier! Ich betrachtete sie und dachte lange Zeit über sie nach. Irgendwann fühlte ich einen Kontakt mit ihr, denn sie begann auf mich zu reagieren. Dann ereignete sich etwas Außergewöhnliches: Mein Herz öffnete sich ihr. Meine Brust wurde warm und prickelte, und warme Energiewellen strömten aus meinem Zentrum zu dieser Kreatur, die ich zu lieben versuchte. Ich begann zu schwitzen und hatte Tränen in den Augen.

Als ich sie das nächste Mal besuchte, brachte ich meinen Zeichenblock mit, um sie zu zeichnen. Danach wurden meine Träume etwas freundlicher, und die Spinne besuchte mich in kleinerer, fast lebensgroßer Form, nicht mehr als übergroßer Riese wie in meinem ersten Traum. Schließlich fiel mir ihre mexikanische Herkunft auf, was dann in mir nach und nach eine tiefe Liebe für dieses Land und seine Bewohner wachrief. 1983

17 Diese Zeichnung entstand zu Beginn einer fünf Jahre dauernden Traumarbeit im Zusammenhang mit der Tarantel, einer erschreckenden Verkörperung der Shakti, oder dem dynamischen, kreativen, weiblichen Prinzip.

heiratete ich in Mexiko meinen Mann, nachdem wir dort während einiger Wochen auf der Suche nach einer starken Verbindung aus einem vergangenen Leben herumgereist waren. Ich hatte an einem Buch über die Göttin in Mexiko gearbeitet, das in dem Jahr Form annahm, als wir dort waren; sie wird *La Diosa Escondida* (Die Verborgene Göttin) genannt. Heute reise und lehre ich in Mexiko und habe auch etwas Spanisch gelernt. Ich bin überzeugt davon, daß die Gelbknietarantel, mein schamanisches Erwachen und meine Wurzeln im alten Mexiko alle auf esoterische Weise verbunden und ein Teil des unfaßbaren Mysteriums von Leben, Tod und der Göttin sind.

Ein weiteres Krafttier, das schon früh in meinen Träumen erschien und als persönliche Beschützerin geblieben ist, ist die Riesenschlange. Die Schlange steht seit ältester Zeit in Verbindung mit der Schöpfung und Heilung und wurde vor dreißigtausend Jahren an den Wänden paläolithischer Höhlen in nassen Lehm gezeichnet. Seit dieser Zeit kann man sie überall auf der Welt finden. In Indien stellt die Schlange die göttliche Energie der Kundalini dar, die durch die Chakras aufsteigt und denjenigen, die Yoga praktizieren, Heilung, Erleuchtung und spirituelles Wachstum bringt. Ihre Verehrung wurde in Indien auch nach dem Ende des Matriarchats ohne Unterbruch weitergeführt. Sie steht in direkter Verbindung mit dem weiblichen Körper und seiner Biologie. Man könnte die Schlange ganz allgemein als das Totem der Frauen bezeichnen.

Die Riesenschlange zeigte sich mir zum ersten Mal zu Lichtmeß 1981. Während fünf Jahren hatte ich bewußt ein absolut

männerfreies Leben geführt, um mir eine dringend benötigte Er-
holungspause von den Dramen und Kämpfen zwischen den Geschlechtern zu verschaffen. In dieser Zeit schufen Karen Vogel
und ich die *Motherpeace*-Tarotkarten, ich heilte mich von meinen
schwersten körperlichen und seelischen Leiden und erzog meine
beiden Töchter. Zur Wintersonnenwende 1980 lernte ich einen
Mann kennen, der während zwei intensiver Jahre des Wachstums und gemeinsamen Erlebens mein Geliebter und kreativer
Partner werden sollte. Sechs Wochen später, zu Lichtmeß – dem
Tag, an dem wir unsere Beziehung anfangen sollten –, erwachte
ich von folgendem Traum: Ich stolpere unabsichtlich in das Nest
einer Riesenkobra, und, bevor ich fliehen kann, erhebt sie sich –
riesig und grün – und greift mein Herz an. Während ich aufwa-
che, fühle ich noch den Stich im Zentrum meiner Brust, und ich
weiß, daß ich im Sterben liege.

Nach so langer Zeit wieder mit einem Mann mit solch großer
Leidenschaft und Tiefe Liebe zu machen, bedeutete natürlich für
meine Identität den Tod. Diese Beziehung fühlte sich eindeutig
wie eine Verbindung aus vergangenen Leben an und erweckte in
mir meine Erfahrungen als Tempelpriesterin. Der Zufluß an
Energie, der daraus resultierte, stand in direkter Verbindung
zu meiner Kundalini-Energie und den tantrischen Praktiken.
(Meine Vesta befindet sich über seinem absteigenden Mondknoten, der für tantrische Verbindungen aus vergangenen Leben
steht.) Ich schrieb leidenschaftliche Gedichte und spürte einen
Energieschub in meinem System, der sowohl erotischer als auch
kreativer Natur war. Ich besuchte damals wieder das große Aquarium von San Francisco, wo meine liebe Tarantel lebte, um eine
Riesen-Netzpython zu besuchen, die mich schon immer fasziniert hatte. Die Python – gut neun Meter lang – hatte bisher immer aufgerollt geschlafen (oder meditiert), wenn ich das Museum
besuchte. An diesem speziellen Tag aber, als ich zum Käfig lief
und das große Tier betrachtete, belebte sich ihr riesiger Körper,
und sie kam direkt zu mir herüber, wo wir uns Auge in Auge
gegenüberstanden. Ich war überwältigt. Als ich diese erstaunliche, wunderschöne, mächtige Kreatur in ihrem Wachzustand
bestaunte, wirbelte die Kundalini-Energie durch meinen Körper,

auf und ab wie ein Wind, der durch mich hindurchfuhr. Das damit verbundene Gefühl war nicht erotisch, aber enthielt etwas, das mit der Sexualität verwandt ist. Da wurde mir bewußt, daß die Schlange nicht auf mich – Vicki – ansprach, sondern auf MEINE SCHLANGE und mit ihr kommunizierte! In dem Moment verstand ich auch körperlich, was in der Anthropologie so unangemessen als Totemismus oder Animismus bezeichnet wird. Die Urvölker sagen, daß bei der Geburt eines Kindes gleichzeitig (irgendwo in der freien Natur) auch ihr Totem zur Welt kommt und daß das Leben des Tiers parallel mit demjenigen des Kindes verläuft. Meine Schlange, die ich an diesem Tag in meinem Körper spürte, war sehr real und greifbar und für die wirkliche Schlange in ihrem Käfig offensichtlich gut sichtbar.

Obwohl ich seither unzählig viele Schlangenträume gehabt habe, gibt es einen weiteren Traum, den ich als Meilenstein in meinem Leben betrachte. Gegen das Ende unserer zweijährigen Beziehung (die nicht nur zu Lichtmeß begann, sondern auch an diesem Feiertag endete), war ich hin und her gerissen zwischen meinen emotionalen, beschützerischen Bedürfnissen und dem Versuch, meinen eigenen Lebensunterhalt zu verdienen. Dieser Traum half mir mehr als alles Nachdenken auf der Welt: Ich stehe auf rotem, nassem Lehm, der sich auf einmal zu bewegen beginnt. Ich bemerke, daß er lebt, und fühle mich bedroht. Hastig versuche ich wegzukommen und klettere, so schnell ich kann, eine riesige Klippe hoch, während sich der rote Lehm in eine riesige rote Schlange verwandelt. Als ich über meine Schulter zurückschaue, sehe ich, daß die Schlange noch größer und weiß geworden ist. Sie überragt mich und lacht aus tiefstem Herzen und sagt (mit männlicher Stimme): «Wann wirst Du mich endlich für Dich sorgen lassen?» Als ich erwachte, fühlte ich mich so stark vom Universum gehalten, daß ich damit aufhören konnte, mir Sorgen zu machen, und dafür den stets neu erforderlichen Prozeß des Loslassens und Vertrauens anfangen konnte. Wieder einmal hat die greifbare Gegenwart dieses Totems mein Leben vereinfacht, indem es mir einen unbestreitbaren und direkten Kontakt zur Natur und ihren kosmischen Kräften verschafft hat.

Die meisten Frauen haben schon einmal einen Schlangentraum gehabt. Viele Frauen haben Angst davor, betrachten ihn als etwas Bizarres oder möchten, daß er vorbeigeht. Wenn die Frauen aber lernen, daß die Schlange, die zusammen mit der Dunklen Göttin dämonisiert worden ist, das uralte Totem der Frauen und des Heilens ist, beginnen sie, die positiven Eigenschaften der Schlange in ihr Leben zu integrieren. Wenn ich Schlangenträume habe, fühle ich mich immer geborgen und der Mutter nahe. Ich träume oft von Klapperschlangen, die mir freundlich gesinnt sind, oder von anderen kleinen Schlangen, die ich halte oder für die ich in irgendeiner Weise sorge. In einem meiner Träume hatte ich Schlangen als Schmuck um meinen Hals gelegt, was meine Kraft als Schamanin aufzeigte. Ich verwende in meinen Träumen die Schlangen auch häufig als Machtwerkzeuge – ziele oder schieße sie zu einem bestimmten Zweck irgendwohin oder verwende sie für die verschiedensten Dinge. Als ich kürzlich krank war, träumte ich von einem Medizinmann, dessen Haare wie die meinigen weiß waren. Er trug Tierhäute und hatte eine Schlange dabei; er war eine richtige «Klapperschlange».

Das dritte Totemtier, das mich immer in meinen Träumen besucht hat, ist die Eule. Die Medizin der Eule scheint sich ganz spezifisch auf die Gruppenarbeit von Frauen zu konzentrieren, insbesondere auf die schamanische Heilkunst. Sie hat mit einer bestimmten Art der Autorität oder Führung auf diesem Gebiet zu tun. Als ich mit dem Yoga-Studium begann, besuchte mich in meinen Träumen ein männlicher Guru, der eine Eule als Botschafter mitbrachte. Seither ist die Eule mehr zu einem Teil von mir und weiblicher geworden. Es ist noch nicht lange her, daß ich träumte: Ich stehe in einem Feld, wo gebaut wird und lärmige Maschinen im Einsatz sind. Die Eule kommt zu mir herunter, landet auf meinem Rücken und verschmilzt mit meinem Körper, bis wir eins sind und vom Lärm und der statischen, materiellen Welt wegfliegen. Dieser Traum wies auf eine Veränderung hin, die bald in meinem Arbeitsleben stattfinden würde, durch die ich in eine etwas mehr transpersonelle Ebene gelangen würde, wo ich weniger administrative Arbeit zu erledigen hatte und mehr kreativ «fliegen» konnte. Obwohl ich im Laufe der Jahre von vie-

18 Diese Abbildung von Lilith, der Nachthexe, wurde von Coral
Cadman nach dem Originalrelief im British Museum skizziert. Lilith
ist zum Teil Eule, zum Teil Frau und repräsentiert die dämonisierte
Dunkle Göttin in der westlichen Kultur. Sie war Adams erste Frau, aber
sie weigerte sich, sich ihm zu unterwerfen, und so ersetzte Gott sie
durch Eva. Sie verbringt ihre Zeit damit, sich mit Dämonen in der Nähe
des Roten Meers zu paaren und täglich hundert gräßliche Dämonen-
kinder auf die Welt zu stellen. Auf der ganzen Welt wurde die Eule,
die mit der Magie und Heilkunst der Frauen zu tun hatte, zu etwas
Gewöhnlichem und Unreinem degradiert. Sogar die Indianer scheinen
die Eulen-Medizin abzulehnen, obwohl sie noch immer genauso stark
mit den Frauen verbunden ist wie früher.

len anderen Tieren geträumt habe, scheinen diese drei – die Spinne, die Schlange und die Eule – meine Schutztiere zu sein, die immer wieder kommen, wenn ich sie brauche oder wenn mir das Universum eine Botschaft übermitteln will. Alle drei gehören interessanterweise zum verteufelten Reich der Dunklen Mutter.

Die Traumarbeit

Ich verwende ein einfaches System, um mit meinen Träumen zu arbeiten, welches verschiedene Bedürfnisse und Impulse berücksichtigt. Ich hoffe, daß meine Schülerinnen letztlich ihre Träume als numinose Wirklichkeit oder als Botschaften der unsichtbaren Welt verstehen lernen, als Helfer im Leben und als Vorbereitung auf den Tod. Das Leben selber ist, trotz seiner scheinbaren Handfestigkeit, in Wirklichkeit nur ein Traum, in dem wir die Möglichkeit haben, jeden Moment Entscheidungen zu treffen und den Traum zu verändern: fliegen, lieben, die Gestalt verändern, das Unmögliche erleben. Die erstaunlichen, synchronen Verbindungen zwischen dem Inhalt eines Traumes und dem, was wir tagsüber erleben, sollten ausreichen, um unser rationales Denken in bezug auf seine klare Trennung zwischen Träumen und der «Wirklichkeit» zu verwirren. Die ständige gegenseitige Durchmischung von Traumgeschehen und Realität sollte dazu beitragen, uns beizubringen, daß es sich um ein und dieselbe Erfahrung handelt. Die beiden Ebenen unterscheiden sich nur ein wenig in dem Stoff, aus dem sie gemacht sind.[1]

Es ist erstaunlich, wieviel Information, Gefühl und Bedeutung dadurch zutage treten, daß man einen Traum in der Ichform, Gegenwart, erzählt. Manchmal reicht dieser Wechsel (von Vergangenheit zu Gegenwart) aus, um der Träumerin die tieferen Ebenen ihres eigenen Traumes ohne zusätzliche Anstrengung zu erschließen. In dieselbe Richtung geht die Bearbeitung der ersten Ebene der Traumarbeit: Ich bitte die Leute, die schamanische Ebene der «echten Information» zu erarbeiten. Wieviel «echte» Information ist in diesem bestimmten Traum enthalten? Wenn ich von meiner Mutter träume, dann kann ich den Traum so nehmen, wie er ist, und sie anrufen, um herauszufinden, ob sich irgend etwas aus dem Traum wirklich ereignet hat. Wenn ich von einem Streit mit einer guten Freundin oder mit jemandem aus meiner Gemeinschaft träume, dann muß ich das der betreffenden Person mitteilen, als Vervollständigung und als Kommunikation von etwas, das sich zwischen uns auf unbewußter oder unsichtbarer Ebene abspielt. Es könnte der Hauptzweck des Traums sein, diesen Inhalt ins Bewußtsein zu bringen.

Auf der nächsten Ebene könnte ich damit beginnen, die Symbole des Traums zu interpretieren. Ich könnte zum Beispiel alles aufschreiben, das mir im Zusammenhang mit meiner Mutter in diesem Traum einfällt – was sie trägt, wie sie aussieht, mit wem sie zusammen ist, woran sie mich erinnert, wie alt ich im Vergleich zu ihr in diesem Traum bin, und so weiter. Ich versuche, sie als Symbol zu erfassen, als jemanden, der in dieser Form zu diesem Zeitpunkt in meinem Traum erscheint. Es handelt sich hier um eine eher psychologische Interpretation des Traums, die die Vorstellungskraft und das assoziative Denken anregt. Wofür steht diese Person (dieses Symbol) in diesem speziellen Traum? Woran erinnert sie mich, welche Gefühle und Bedürfnisse ruft sie hervor? Was bedeutet sie für mich? Manchmal wachen wir auf und wissen ganz genau, was eine bestimmte Person oder ein Ding in einem Traum bedeuten. Bei anderen Träumen muß man sich dieses Wissen erarbeiten.

Die tiefste Ebene der systematischen Traumarbeit ist die Verkörperung der Traumgestalten und -objekte. Die einfachste Methode, dies zu tun, ist wahrscheinlich die Gestaltmethode, bei der ich ein Kissen vor mich hinstelle, das meine Mutter oder sonst jemanden aus dem Traum darstellen soll, den ich verstehen möchte. Ich spreche mit ihr (laut oder innerlich) aus meiner Position als Ich. Wenn ich dazu bereit bin, ihr zuzuhören, begebe ich mich auf ihre Seite, setze mich auf ihr Kissen und lasse sie durch mich sprechen. Ich verschmelze mit ihr. Für Uneingeweihte mag dies seltsam erscheinen, aber es funktioniert sehr gut und schnell. Versuchen Sie es. Während die Assoziationsmethode zu einer Erweiterung des geistigen Verständnisses beiträgt, führt diese dritte Methode dazu, daß der Traum in den Körper integriert wird. Jede

Person und jeder Gegenstand, die im Traum außerhalb des Träumers zu sein scheinen, werden so eins mit dem Träumenden. Wir versetzen uns in andere Gestalten, wir vereinen uns mit ihnen, und sie werden zu einem Teil von uns. Wir wissen, was sie erleben, was sie denken und fühlen und was sie sagen würden. Wir können das Gespräch und das Traumgeschehen zu Ende führen, Frieden schließen und unsere Herzen öffnen.

Dies ist die schwierigste Ebene der Traumarbeit, denn sie muß häufig dann erledigt werden, wenn im Traum ein Gegenspieler auftaucht, jemand, mit dem wir uns normalerweise nicht identifizieren. Für den wachen Geist der Träumerin ist beispielsweise ein Vergewaltiger im Traum jemand, dem sie seine Tat nicht verzeihen kann, der völlig korrupt ist, für den es keine Hoffnung und kein Mitleid gibt. Wenn sie dazu bereit ist, sich auf den schmerzvollen Prozeß einzulassen, sich buchstäblich für eine gewisse Zeit in den Vergewaltiger hineinzuversetzen, wird es für ihr tieferes Bewußtsein klar werden, daß es Aspekte in ihr gibt, die ihn nicht nur verstehen, sondern die gleich sind wie er. Sie wird ihn spüren – seinen Schmerz, seine Verwirrung, seine Qualen. Diese Kontaktaufnahme mit unseren verstoßenen und inakzeptablen Aspekten wirkt heilend und erlösend. Es ist ja nicht so, daß die Träumerin diesen Schattenaspekt ihrer selbst ausleben würde; sie muß ihn nur kontaktieren, was zu unmittelbarem und tiefgehendem Verständnis und Mitleid führt. Dieses aus dem Körper entstandene Mitleid strömt aus uns heraus in die Welt und berührt andere. Unsere Fähigkeit, uns mit allen fühlenden Wesen zu identifizieren, eröffnet uns den Weg zur Selbstbefreiung und der Befreiung anderer Menschen vom schrecklichen, kollektiven Schmerz des Lebens auf diesem Planeten in der heutigen Zeit.[2]

Was wir durch die Traumarbeit lernen, ist, daß wir alle eins sind. Alle Menschen auf diesem Planeten machen mit kleinen Unterschieden grundsätzlich dieselben Erfahrungen. Die Bewußtseinsebenen unterscheiden sich, die äußeren (materiellen) Umstände sind ziemlich verschieden, und wir haben alle ein anderes «Karma» zu tragen. Unsere Gefühle, Hoffnungen, Träume, Ängste, Schmerzen und Leiden sind jedoch sehr ähnlich – eine kollektive Erfahrung. Wir versuchen, zu Individuen zu werden, tragen unterschiedliche Kostüme und Masken, aber im Inneren sind wir gar nicht so verschieden. Das ist eine spirituelle Maxime, die sich sehr abstrakt anhört, bis wir damit beginnen, sie in die Praxis umzusetzen. In unserer übertechnisierten und isolierten Realität des zwanzigsten Jahrhunderts braucht es bewußte Arbeit zur Entwicklung einer Offenheit, die es uns erlaubt, uns mit anderen Menschen, die sich in einer anderen Lage befinden, zu identifizieren oder uns in sie einzufühlen. Für uns Amerikaner ist es normal, daß wir uns Gruppen oder Clubs anschließen, die sich auf gewisse äußerliche Ähnlichkeiten abstützen. Wir bilden Gruppen aufgrund des Einkommens, des Wohnortes, der Rasse, der beruflichen Stellung, der Religion und des Umstands, daß wir Kinder haben oder nicht. Wir gelangen schließlich zur Überzeugung, daß die anderen ganz anders sind als wir und daß sie deshalb zumindest insgeheim gegen uns sind. Das führt natürlich dazu, daß wir die anderen als Bedrohung für unser Wohlbefinden zu fürchten beginnen.

Die Traumarbeit verschafft uns Zugang zum kollektiven Bewußtsein und seinen Bildern. Gruppenarbeit ist deshalb besonders förderlich und heilend, aber auch die Arbeit an sich selbst ist ein guter Einstieg. Wenn wir versuchen, mit der tiefen Realität Kontakt aufzunehmen, die unsere Träume uns zeigen, öffnen wir uns einer unsichtbaren Ebene des Lebens, die einen großen Teil dessen umfaßt, was uns in unserem täglichen Leben fehlt. Wenn wir unsere Träume über mehrere Jahre hinweg verfolgen, werden wir ein tieferes Verständnis für unser innerstes Wesen entwickeln, als das bei einer ausschließlichen Beschäftigung mit unserer bewußten Entwicklung möglich wäre. Es ist faszinierend, einem Traum den nötigen Spielraum zu geben, ihn aber gleichzeitig zu verfolgen und über ihn nachzudenken. Indem wir unsere Aufmerksamkeit auf die Traumebene (die Arnold Mindell als sekundäre Ebene bezeichnet)[3] konzentrieren, beginnen wir, auf unsere unbewußten Aspekte zu reagieren. Wir können ihnen so dazu verhelfen, daß sie sich besser zum Ausdruck bringen können und langsam zu einem Teil unseres komplexen Wesens werden.

Schließlich gibt es die aktive und gezielte Traumarbeit, bei der

man in den Traum zurückgeht und ihn verändert; ihn vervoll-
ständigt, überarbeitet oder verstärkt. Durch unsere Träume steht
uns ein natürliches Heilmittel zur Verfügung. Wenn wir einen
Alptraum oder einen immer wiederkehrenden, beunruhigenden
Traum haben, können wir entweder in Trance oder einem anderen Traum in ihn zurückkehren und andere Entscheidungen
treffen, Alternativen ausprobieren und ein anderes Resultat bewirken. Der Traumzustand ist fließender, als das tägliche Leben
zu sein scheint, und erlaubt schnelle Veränderungen und magische Handlungen. Wenn wir träumen, können wir – auf der
Stelle – beschließen, uns aufzulösen oder zu verschwinden, zu
fliegen oder uns in etwas anderes zu verwandeln. Wir können andere Menschen oder Dinge auflösen, wegwerfen, körperlich
überwinden oder sie vor unseren Augen in freundliche Wesen
verwandeln. Wie das Volk der Senoi in Malaysia, können wir dem
Gegner gegenübertreten und ein Geschenk erhalten. So werden
sie zu schamanischen Helfern. Irgendwann werden sich die Veränderungen, die wir im Traum vollbracht haben, auch im wirklichen Leben auf gut sichtbare und demonstrierbare Weise manifestieren.

Für die Frauen, die vom zentralen Geschehen in unserer Kul-
tur so lange ausgeschlossen waren und die so oft die Opfer von
Gewalt und Aggression sind, ist das schamanische Träumen ein
Weg zur Kraft. Durch die Traumarbeit können wir eine starke
geistige Verteidigung aufbauen, die Gefahren abwendet, gegen
Gewaltakte schützt und uns auch körperlich stärker macht. Die
Traumarbeit lehrt uns, uns durchzusetzen, uns zu äußern, wenn
wir etwas zu sagen haben, und uns zu verteidigen, wenn wir in
Gefahr sind, vernichtet zu werden. In einem Alptraum, den ich
am Anfang meiner schamanischen Heilung hatte, versuchte ein
Mann mich zu vergewaltigen und zu töten. Ich hatte furchtbare
Angst und versuchte zu schreien; ich konnte aber keinen Laut von
mir geben (ein sehr verbreiteter Frauentraum). In einer Meditation begab ich mich in diesen Traum zurück, fest entschlossen,
meinem Vergewaltiger und Mörder gegenüberzutreten und um
mein Leben zu kämpfen. Nachdem mir das gelungen war – aus
meinem Innersten heraus –, war ich von dieser Art Erlebnis er-

löst. Gewaltlosigkeit ist ein fester Bestandteil meines Lebens. Um mir Halt zu verschaffen und endlich auf eigenen Beinen stehen zu können, mußte ich mir genügend Respekt für mich selbst erarbeiten, damit ich mich beschützen konnte. Nachdem ich dies erreicht hatte, blieb das Resultat dieser Erfahrung während der folgenden Jahre ein Teil meiner geistigen Energie. Sie scheint zu einem Bestandteil meines Traumkörpers geworden zu sein.

Wenn die Schamanismus-Schülerin mit ihrer systematischen Traumarbeit weiter fortschreitet, wird sie immer seltener aktiv an ihren Träumen arbeiten müssen. Wie mit Yoga und anderen Formen der Meditation ist es auch bei der Traumarbeit so, daß sie nach einer Übungsphase auf einmal von selbst funktioniert. Sie wird zu einer fließenden Einheit mit den anderen Aspekten des Schamanismus. Die Träume sind wie der Wachzustand voller Zeichen und Orakel, Botschaften und Wahrheiten, Paradoxen und Herausforderungen, um die man sich kümmern muß, sobald sie von der Träumerin wahrgenommen werden. Heute stehe ich nicht mehr fast jeden Morgen auf und schreibe während fünfundvierzig Minuten meine Träume auf, wie ich das früher getan habe; ich lebe aber viel intensiver in meinen Träumen als jemals zuvor. Sie heilen und führen mich, und ich benütze sie dazu, ein möglichst gutes Leben zu führen. In meiner Ehe waren die Träume bei der Bewältigung von Konflikten sehr wichtig, denn sie sprechen aus einer Ebene, die tiefer liegt als der Kampf unserer Egos. Mein Mann und ich träumen oft füreinander und bringen heilende Botschaften und Erkenntnisse in eine Auseinandersetzung, die sonst blockiert oder von schmerzhaften Konflikten gezeichnet gewesen wäre. Wenn wir auf der bewußten Ebene in eine Sackgasse hineingeraten, wird unsere Beziehung in der Traumebene aktiviert.

Meine Schülerinnen träumen häufig von wirklichen Ereignissen im Zusammenhang mit mir und meinem Leben, oder sie träumen, daß ich sie besuche und sie lehre. Wir teilen diese Träume und arbeiten mit ihnen, wenn wir können. Wir haben auch häufig Gruppenträume über und zum Wohle der ganzen Gemeinschaft. Das ist die klassische Arbeit einer Schamanin: Träumen für die Gemeinschaft. Einige meiner wichtigsten strukturellen Entscheidungen in bezug auf meine Schule und Kurse fielen aufgrund solcher heilender Träume. Wenn der wache Geist nicht weiß, was er tun soll, kann die Lösung im Unterbewußtsein vorhanden sein. Wir müssen nur Geduld haben und warten, anstatt uns durch Angst und Ungeduld zum Handeln zwingen zu lassen. Manchmal braucht es ein paar Tage, bis sich das Traumbewußtsein ausdrücken kann, oder bis der Geist erwacht und sich daran erinnert. Wenn sich unsere Seele in einer Übergangsphase befindet, scheinen sich unsere Symbole und interne Sprache ebenfalls zu verändern. Während sie sich verändern, kann unser Geist sie nicht erkennen und vergißt deshalb den Traum, wenn er morgens erwacht. Damit sich der Geist an die neuen Bilder gewöhnen und auch an sie erinnern kann, muß der neue Traum einige Male geträumt beziehungsweise «geübt» werden.

Ist das nicht eine wunderschöne Metapher für die schamanische Ausbildung ganz allgemein? *Das Bewußtsein braucht eine Weile, um die tiefgreifenden Veränderungen, die sich in unserem Inneren abspielen, verarbeiten zu können.* Während Zeiten der radikalen Veränderung wird das Bewußtsein müde, stumpf, abwesend und verwirrt. Es kennt nur die alten, vertrauten Wege. Es fürchtet sich vor dem Unbekannten und schreckt vor ihm zurück. In solchen Zeiten möchten wir uns zusammenziehen und den Veränderungen ausweichen, als ob sie gefährlich wären und uns aufzulösen drohten. Unsere Ängste ragen vor uns auf und projizieren die schrecklichen Folgen, die unserer Meinung nach eintreten könnten, wenn wir weiterhin wachsen und uns verändern. Das Bewußtsein sucht nach Ausflüchten und Begründungen, die uns glaubhaft machen sollen, daß dieses Wachstum nicht gut ist für uns. Wir malen uns die «gute alte Zeit» aus, als wir noch angenehm unwissend waren und in friedlichem Schlaf lagen. Es ist deshalb wichtig, daß wir unsere neuen Träume immer wieder träumen und mehr als einmal von unseren Visionen erzählen, damit sie sowohl im Wach- als auch im Traumzustand durch das Teilen und Verkörpern mit Energie gespeist werden. Wir üben sie ein, bis sie für uns wirklich genug geworden sind, so daß wir die alten Bilder loslassen können.

Trance- und Geistreisen

Schamanismus wird als die Fähigkeit des Schamanen definiert, sich in einen Trancezustand zu versetzen und in einem anderen Körper als dem für uns sichtbaren zu reisen. Der Zweck dieser schamanischen Reise ist die Heilung. Die individuellen Methoden, wie dies geschieht, unterscheiden sich jedoch von Kultur zu Kultur. Häufig wird eine Geistreise durchgeführt, weil sich die Seele eines Kranken von ihrem Heim – dem Körper – entfernt hat und der Schamane die umherwandernde oder verirrte Seele wieder zurückholen muß. Manchmal findet die Reise auch ausdrücklich deshalb statt, weil ein Austausch mit mächtigen Wesen gesucht wird, die in einer anderen Realität als der unseren leben, um ihre Hilfe für eine Heilung zu erhalten oder um sie in einem schamanischen Kampf in der unsichtbaren Welt zu besiegen. Der Schamane, oder sein Patient, kann den Trancezustand dazu benutzen, um Informationen von Lehrern und Führern zu erhalten, die sich in einer anderen Ebene der Realität aufhalten. Der Trancezustand kann telepathische Kommunikation über weite Distanzen zwischen den Menschen ermöglichen, er kann aber auch zu Einblicken in die Zukunft (Divination) verhelfen. Die esoterische Lehre besagt, daß der Körper am besten mit Hilfe des Trancezustands geheilt werden kann, da man sich von einer anderen Bewußtseinsebene aus auf den materiellen Körper konzentriert.[1] Die Methoden zur Erreichung des Trancezustands unterscheiden sich von Kultur zu Kultur und umfassen ein Spektrum, das von stiller Meditation, wildem Trommeln und Tanzen über Fasten und Reinigungsritual bis hin zur Einnahme von psychotropen Substanzen reicht.

Wir verfügen über eindrückliche archäologische Abbildungen von Frauen im Trancezustand mit starrem Blick, die singen oder beten; manchmal tanzen sie, und oftmals tragen sie Häute oder Federn. Sie sind häufig schwanger oder gebären. Die Geschichten hinter der Verwendung von heiligen Heilkräutern und -pflanzen, die wild auf diesem Planeten wachsen, enthalten vielfach Hinweise auf Schwangerschaft und Geburt, was mich auf den Gedanken gebracht hat, daß diese Pflanzen ganz am Anfang sehr wohl dazu gedient haben könnten, die Schmerzen der Wehen zu beruhigen und zu lindern. Peyote war scheinbar von einer schwangeren Frau entdeckt worden, die sich in der Wüste verirrt hatte und kurz davor stand, zu verhungern oder zu verdursten. Sie legte sich neben einer schattenspendenden Pflanze nieder, um zu rasten. Dort entdeckte sie die winzige Peyotepflanze, die ihr (durch Telepathie) sagte, daß sie sie essen müsse und sie sich dann um sie und das Baby kümmern würde. Das tat sie auch, und was darauf folgte, führte zur Entstehung des Volkes der Huichol in Mexiko. Jedes Jahr kehren die Huichol zurück zum «Land, wo die Mütter leben», um die heiligen Peyotepflanzen zu sammeln, die für die Zeremonien der Gemeinschaft in der kommenden Jahreszeit bestimmt sind. Die Peyoteros gehen (und nehmen heute auch einen Bus oder Lastwagen) dreihundert Meilen weit zu dem Ort, wo sie herstammen, und zu der Zeit, als ihre zentrale Gottheit Großmutter Wachstum war, die erste Schamanin und Schöpferin der Welt.

Wenn sie die heilige Peyotepflanze essen und ins Feuer starren, sehen die Huichol unglaubliche, heilige Visionen, die sie in ihrem heute berühmten Kunsthandwerk zum Ausdruck bringen. Die Frauen besticken phantastische Taschen, Gürtel und Kleider; die Männer schaffen erstaunliche, schöne Geschichten mit Hilfe ihrer neu entwickelten Technik der Wollfädenmalerei. Ihre berühmten Ohrringe weisen den «Peyotestich» und das traditionelle Muster der Peyoteblume auf. Zu früheren Zeiten aßen sie auch im Rahmen einer Zeremonie die «Kieri-Pflanze» oder Windbaum (eine Form der heiligen Datura, Stechapfel), die jetzt als gefährlicher (und tabu) betrachtet wird als Peyote. Die Huicholschamanen weihen die Maisfelder in ihren jahreszeitlichen Zeremonien mit dem Opferblut eines Bullen (und früher eines Rehs), was ein Überbleibsel aus viel älterer Zeit ist, als die Frauen im alten Mexiko den Ackerbau erfanden und wahrscheinlich ihr Menstruationsblut zur Fruchtbarmachung der Felder opferten.[2] Sogar heute noch verehren die Huichol viele weibliche Naturgötter, unter anderem die Adlermutter, die Göttin des Meeres, des Regens, des Mais, der Bohnen usw.

Fast überall, wo es Schamanismus gibt, scheint er irgendwann mit Halluzinogenen oder bewußtseinsverändernden Pflanzen in Berührung gekommen zu sein. In einem anderen Teil Mexikos übte die berühmte Schamanin Maria Sabina während fünfzig Jahren ihre heiligen Pilzzeremonien in der Tradition der eingeborenen Völker in diesem Gebiet aus. Gordon Wassons Dokumentation über den «Pilzkult» und die Heilkraft von Maria Sabina und seine wissenschaftliche Arbeit über das uralte *soma* der sibirischen Schamanen geben uns einen Einblick in die uralten Praktiken, die uns exotisch erscheinen, die aber eine fast weltweit verbreitete Form der Tranceinduktion darstellen.[3] Die Frauenfiguren, die man zu Tausenden in Maisfeldern, Gräbern und Tempeln gefunden hat, belegen die allgegenwärtige Fähigkeit der Schamaninnen, in Trance zu geraten, und auch einige der Kräfte,

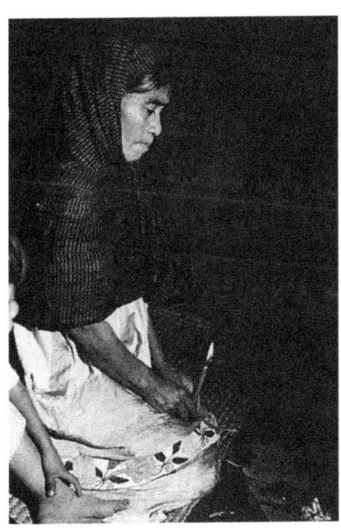

19   Maria Sabina ist wahrscheinlich die berühmteste Schamanin Mexikos im 20. Jahrhundert. Sie wurde durch die Bücher von Gordon Wasson in weiten Kreisen bekannt. Wie viele andere Frauen in Mexiko und Zentralamerika, übte sie bis zu ihrem Tod in den 80er Jahren die heilige Pilzzeremonie aus, um Kranke zu heilen. Das Bild wurde von *The Wasson Collection, The Botanical Museum, Harvard University* zur Verfügung gestellt.

die durch diese Praktik entstehen können. Diese Figuren mit weit offenen, starren Augen aus einer «anderen Welt» tanzen, trommeln, spielen Instrumente, singen, beten und üben Yogastellungen. Obwohl die Wissenschaftler sie willkürlich dem Reich der «Magie» zuteilen und sie als Gegenstück zur «Religion» betrachten, stellen diese Figuren selbst doch ganz klar heilige Tätigkeiten und ein Bewußtsein dar, das nicht von dieser Welt ist.

Die Frage, ob eine Schamanin halluzinogene Pflanzen braucht (oder benutzt), um einen anderen Bewußtseinszustand zu erlangen, ist im Westen heiß umstritten. Da die heiligen Pflanzen existieren und seit Menschengedenken für heilige Zwecke verwendet worden sind, kann man kaum behaupten, daß sie schlecht seien und gemieden werden sollten. Da sie jedoch in unserer Kultur illegal sind, kann man sie aber auch nicht gut empfehlen. Die Tatsache, daß wir Amerikaner materialistisch und konsumsüchtig sind und alles zu Genußmitteln unserer persönlichen, eigennützigen und sofortigen Befriedigung machen, ohne die Verantwortung für die Folgen zu übernehmen, macht das Ganze nur noch schwieriger. Ich bin nicht dafür, Freizeitdrogen zu gebrauchen, denn in Amerika besteht die Gefahr einer chronischen Abhängigkeit, von der man sich nur sehr schwer befreien kann. Marihuana ist das beste Beispiel für diese Problematik. Marihuana ist eine heilige Pflanze mit einer langen Geschichte der Verwendung für heilige, rituelle Zwecke in Kulturen auf der ganzen Welt. Marihuana und LSD waren die großen Befreier der sechziger Jahre in diesem Land, indem sie die Menschen aus ihren geistigen Strukturen ausbrechen und eine visionäre Kultur erschaffen ließen, deren Auswirkungen noch bis heute spürbar sind. Betrachten sie aber die große Zahl der Leute, die durch den Mißbrauch von «Gras» gelähmt wurden, die fast unfähig sind zu agieren und die mit ihren eigenen, kleinen, narzißtischen Luftblasen der Isolation und Lethargie beschäftigt sind; oder die armen, ausgebrannten LSD-Opfer, die man auf den Straßen von Berkeley sehen kann und die noch immer Stimmen hören und jedem, der ihnen zuhört, verrückte Vorträge halten.

Ich begann Mitte der siebziger Jahre Marihuana zu rauchen, lange nachdem viele Leute meiner Generation schon während

20 Die *Motherpeace*-Priesterin der Scheiben, eine Zeichnung der Autorin für *Motherpeace*. Die Priesterin (oder Königin) der Scheiben zeigt normalerweise eine fruchtbare Frau in engem Kontakt mit der Erde, die entspannt und gesund wirkt. In diesem Bild fügte ich eine Marihuanapflanze als Baum hinzu, der telepathischen Kontakt mit ihrem Kind hat, während sie Yogaübungen macht. Wie andere psychotrope Substanzen wurde Marihuana in Mexiko seit Menschengedenken für heilige Zeremonien verwendet.

eines Jahrzehnts mit Drogen experimentiert hatten. Die Spannungskopfschmerzen, unter denen ich litt, ließen durch die Verwendung dieser Pflanze kurzfristig nach. Viel wichtiger war aber die Entdeckung einer ganz neuen Welt, von der ich nichts gewußt hatte, die sich mir auftat, als ich anfing, für mich alleine zu rauchen. Ich lernte das heilige Spielen in diesem durch Drogen herbeigeführten Zustand kennen und begann dann, Zeit mit mir selber zu verbringen, still zu sein, mir Dinge vorzustellen, mich zu entspannen – Dinge, die ich seit meiner Kindheit nie mehr getan hatte. Da ich ein sehr extrovertierter Mensch war, hatte ich die innere Welt ganz einfach nie kennengelernt, außer wenn ich verliebt oder sonst irgendwie durch äußere Umstände verändert war. Ich begann zu zeichnen und schuf dann die *Motherpeace*-Tarotkarten, die alle mit den seelischen Türen zu tun hatten, die ich mit Hilfe der Pflanze zu öffnen gelernt hatte. «Gras» war in Ordnung, solange ich zu Hause blieb und nicht in die Welt hinausging, um zu arbeiten. Nach meiner selbstverschriebenen Zeit der Zurückgezogenheit sah ich mich jedoch außerstande, in meiner Kultur wieder Fuß zu fassen, als ich das wollte. Chronisch unter Drogen zu stehen und aktiv zu sein, waren zwei sich gegenseitig ausschließende Realitäten für mich, und ich gab die Droge für immer auf. Zu diesem Zeitpunkt hatte mein geistiges Erwachen sowieso schon alle meine Türen geöffnet, so daß ein einziger Zug mich schon völlig umwerfen konnte. Im Laufe von drei Jahren hatte sich Marihuana für mich von einer helfenden Substanz zu einem sehr ungesunden Abhängigkeitsverhältnis entwickelt. Seither habe ich denselben Vorgang auch bei anderen Nordamerikanern beobachtet. Die Kombination von Suchtanfälligkeit und fehlender spiritueller Grundlage in unserem Leben führt häufig dazu, daß der regelmäßige Genuß von Drogen zum Desaster wird. Es fehlen uns die Informationen für die korrekte Verwendung der Droge, sowohl als Individuen als auch als Gemeinschaft.

Wenn die Huichol durch den kollektiven Genuß ihrer heiligen Peyotepflanze zusammen in Trance gehen, dann tun sie etwas, das Teil eines uralten Gruppenlebens ist. Schon als Kleinkinder, sogar als Babys, nehmen sie Peyote ein und reisen mit den Schamanen in andere Welten, wo sie initiiert werden und das Stammeswissen erlernen. Dasselbe gilt für andere Stammesvölker auf der Welt, die für ihre religiösen Praktiken bewußtseinsverändernde Pflanzen verwenden. Sie sind als Gemeinschaft in einer Realität verwurzelt, die auf heiligen Werten aufgebaut ist und die ihnen viel bedeutet. Sie sind fest mit ihren Körpern verbunden und können sich auf die Stammesälteren verlassen. Unsere Verwendung von Halluzinogenen und chemisch hergestellten, psychotropen Stoffen hier in den Vereinigten Staaten verfolgt oftmals nur das Ziel, unsere Wirklichkeit durcheinanderzubringen, unsere Kontrolle aufzulockern und einen zersetzenden Prozeß einzuleiten, den wir durchlaufen müssen, um unserer Programmierung zu entfliehen. Wenn wir im Westen heilige Substanzen schlucken, kann es sein, daß wir den Geist spüren oder auch nicht. Es besteht jedoch die Möglichkeit, daß wir merken, daß die Dinge nicht so ordentlich und normal sind, wie man uns das gelehrt hat. Wenn unsere geistigen Gebilde zusammenbrechen, befreit uns das ein wenig in Richtung einer Öffnung gegenüber anderen Realitäten, was sehr hilfreich ist. Für ein Volk, dem man beigebracht hat, daß Geister nicht existieren, sondern bloße Ausgeburten der Phantasie sind, daß es keine Wiedergeburt gibt und daß eine Heilung nur durch Medikamente möglich ist, die einem von einem Arzt verschrieben worden sind, kann eine solche Öffnung von Vorteil sein. Für ein schamanisches Leben sind Drogen jedoch nicht das beste Mittel zur Erreichung einer ständigen Kontrolle über uns selbst. Der Schlüssel ist die integrative Arbeit. Können Sie die Informationen und das Wissen, das sie durch die Droge erhalten haben, zu einem Teil Ihres Lebens machen und verankern? Wenn nicht, werden sie merken, wie sie immer höhere Dosen der Substanz einnehmen müssen, um aus ihrem Leben in das «absolute Glücksgefühl» zu entfliehen, was eine ziemlich schwerwiegende (wenn auch nicht wirkliche) Trennung zwischen Geist und Materie bewirkt.

Der Tanz ist wahrscheinlich die älteste und am weitesten verbreitete Form einer schamanischen Aktivität, die zur Trance führen kann. In vielen Teilen der Welt tanzen die Schamanen, um ihre Energie zum Aufsteigen zu bringen und ihr Bewußtsein zu verändern. Die kopflosen, tanzenden, schwangeren Frauen oder diejenigen mit einem Vogelkopf, die man an den Wänden der Höhle von Pech-Merle bewundern kann, sind die ältesten tanzenden Schamanen der Erde. Diese vor dreißigtausend Jahren mit einem Finger in nassen Lehm gezeichneten Figuren, die mit den Tieren verschmolzen sind, verkörpern die Ekstase und die Freiheit, die für den Schamanismus und den Trancezustand charakteristisch sind. In der gleichen Art rennen und tanzen afrikanische Frauen auf Felsenklippen in der heutigen Sahara, wie auch die Aboriginal-Frauen in Australien. Im alten China tanzten nach Berichten von Joseph Needham die Schamaninnen – *Wu* genannt – mit Vogelfedern und Klappern. Die *Wu* konnten nebst ihren anderen Heilkräften auch Regen herbeirufen. Denken Sie an die chinesischen Künste wie Akupunktur, Geomantie und Meditation, dann können Sie sich ungefähr vorstellen, welches Wissen die *Wu* hinterlassen haben. Sie waren ursprünglich «Geistheilerinnen», deren Namen später die Bedeutung «Hexe» oder «Magier» erhielt. In Afrika tanzt das Buschvolk der Kung!, um die Krankheiten im Stamm zu heilen. Während die Frauen den Rhythmus klatschen, tanzen die Männer, und wenn die Hitze genügend groß ist, legen die Heiler ihre Hände auf die kranke Person, um die «Dämonen» oder Krankheitsgeister zu entfernen und die Seele in den Körper zurückzuholen. Die Heiler beschreiben die Erfahrung der Trance mit Hilfe von yogisch-körperlichen Phänomenen: Das *num* steigt in der Wirbelsäule des Trancetänzers hoch, und wenn es den Kopf erreicht, legt er oder sie (einige der besten Heiler sind Frauen) seine Hände auf den Kranken, um diese Energie in den kranken Körper einfließen zu lassen.[4] Einige Ojibwa-Schamanen beschreiben das Herbeiführen der Trance als einen Prozeß, der aus Tanz und wildem Schütteln zur Produktion von Hitze besteht, damit das Wetter und andere Phänomene beeinflußt werden können.[5]

Neben den psychotropen Pflanzen könnte die Trommel eines der mächtigsten Einzelinstrumente zur Herbeiführung einer Trance sein. Der stetige Rhythmus der Trommel zwingt das Bewußtsein grundsätzlich dazu, sich zu verändern. Er verlangsamt die Hirnfrequenz auf den Alpha-Rhythmus, wie unsere Wissenschaftler das nennen, oder noch stärker. Das führt dazu, daß die normalen Denkmuster unterbrochen oder sogar gestoppt werden können. Wenn sich der rationale Geist nicht mehr den normalen geistigen Prozessen widmen kann, können Visionen auftreten; das innere Auge kann sich gegenüber der unsichtbaren Welt öffnen, und eine neue Perspektive wird möglich. Sogar Menschen aus der westlichen Welt haben sich zu dieser Art der Trancereise Zugang verschaffen können, die innerhalb der weißen, angelsächsischen Bevölkerung Nordamerikas am beliebtesten ist. Bei den Schamanen in Sibirien und Lappland wurde die Trommel dazu verwendet, um den Schamanen in eine so tiefe Trance zu versetzen, daß er oder sie in dieser Welt «stirbt» und in die «andere Welt» eintritt. Der Schamane verläßt buchstäblich seinen Körper und reist in einem anderen Körper – der leichter und unsichtbar ist, dem «Seelenkörper» oder «Geistkörper» –, in die obere oder untere Welt. Der normale Körper wird durch einen menschlichen Helfer des Schamanen bewacht, der dafür sorgt, daß der Körper wieder bezogen werden kann, wenn der Schamane wieder sicher zurückgekehrt ist. Es scheint, daß in dieser tiefen Trance der Körper schläft, im Koma liegt oder sogar lei-

21 Gabrielle Roth ist eine
«Stadtschamanin», Autorin
von *Maps to Ecstasy: Teach-
ings of an Urban Shaman*
und eine sehr bekannte
Lehrerin der schamanischen
Bewegung und des Trance-
tanzes. In dieser Fotografie
verschmelzen sie und ihre
Trommel durch die Macht
der Trance zu einem aus-
drucksstarken Urklang.
Fotografie von Robert Ansell.
Abgedruckt mit seiner
Genehmigung.

chenähnlich wird und daß die lebensspendende Seele des Schamanen wirklich anderswo beschäftigt ist. Der Trommler hält den
Rhythmus mit einem regelmäßigen Schlag, der den Schamanen
auf seiner Reise begleitet und seine Seele nach Abschluß seiner
Aufgabe wieder zurück zu seinem Körper führt.

Diese tiefe, kataleptische Trance ist nicht unbedingt erforderlich für die Arbeit als Heiler, aber es handelt sich dabei um eine
ernstzunehmende Form des alten Schamanismus, der überall auf
der Welt praktiziert wird. In Japan war die Arbeit des Schamanen
Frauensache. Diese Frauen praktizierten diese Art der Trancereise und brachten mit Hilfe von praktischen Übungen auch
Hitze zum Aufsteigen. Sie hatten außerdem die Funktion eines
Mediums, das Informationen übermittelt. Nach dem Aufkom-
men des Buddhismus in Japan wurden die Aufgaben zwischen
den Geschlechtern aufgeteilt, wobei die Frauen zu passiven Medien wurden und die Männer die Rolle der aktiveren Heiler oder
«Schamanen» übernahmen.[6] Heute sind die Frauen, die diese
alte Kunst ausüben, meistens blind, da Blindheit für die Auf-
nahme in diese «Zunft» Bedingung ist. In Tibet verschmolz der
Buddhismus mit der alten, schamanischen Bön-Religion, und die
schamanischen Praktiken wurden in die Übungen der Mönche

integriert. Tibetische Lamas verwenden Trommeln, Hörner und Sprechgesänge, um den Trancezustand zu erreichen, den sie zu detaillierten Visualisierungen benutzen, die, wenn sie korrekt durchgeführt werden, das Bewußtsein verändern und den Körper auf wundersame Weise regenerieren können – in der gleichen Art wie die «primitiveren» schamanischen Praktiken, die anderswo ausgeübt werden.

Es ist möglich, in eine leichte Trance einzutreten, ohne daß man etwas davon merkt. Ich glaube, wir alle erleben das täglich. Unsere Kultur nennt diese Art Trance Tagträumerei, Phantasie oder einfach «wegtreten». Jeder Langstreckenfahrer, jeder Kinobesucher und Musikhörer hat schon einmal eine Trance erlebt. Kinder geraten sehr leicht in diesen Zustand und scheinen ihn ungeheuer zu genießen, bis ihnen ihre Eltern oft genug gesagt haben, daß sie ihre Zeit verschwenden und faul oder schlecht seien. Neugeborene befinden sich während der ersten Wochen fast vollständig in Trance und, wenn das Umfeld stimmt, auch die Mutter des Neugeborenen. Ich erinnere mich, wie ich jeden Tag stundenlang in einem Schaukelstuhl saß, meinen Sohn säugte, in einen tiefen, friedlichen Bewußtseinszustand versank und amüsiert zuschaute, wie meine Einfälle und Ideen an mir vorbeischwebten, ohne mich zu berühren. Es war, als ob ich verschiedenen möglichen Wirklichkeiten zuschaute, wie sie auftauchten, kurze Zeit existierten und dann verschwanden, ohne sich zu manifestieren, während ich bewegungslos in meinem Schaukelstuhl saß und in einem alles einschließenden Zustand des Nichts verharrte. Ich hatte das Gefühl, daß ich endlich den buddhistischen Zustand der Leere erfuhr. Später erfuhr ich, daß die buddhistischen Lamas für die Zeit, in der eine Mutter ihr Kind säugt, eine ziemlich abschätzige Bezeichnung haben: «Milchgeist». Sie wollen nicht, daß eine Frau in dieser Zeit lehrt oder dharmische Arbeit erledigt; welch ein Verlust für den Buddhismus! Auch Liebende kennen diesen Zustand der Leere, insbesondere, wenn sie die tantrische Kunst der gemeinsamen Entspannung nach dem Orgasmus erlernt haben und diesem Glücksgefühl erlauben, ihre Energiefelder zu durchdringen und ihr Bewußtsein ins Leere zu erweitern.

Der größte Fehler, den wir im Westen im Zusammenhang mit der Trance machen, ist unser Glaube, daß es sich nur um eine Meditation oder geführte Visualisierung handelt, daß die ganze Erfahrung vom Geist gesteuert und mit unserer Phantasie verwandt ist. Während sie all dies mitenthalten kann, ist die schamanische Geistreise selber jedoch eine tatsächliche Bewegung aus dem einen Körper (dem materiellen) in einen anderen Körper (Energiekörper, Lichtkörper, Geistkörper) und eine andere Dimension. Wohin der Geistkörper reist, hängt vom einzelnen Schamanen ab, der durch einen Spalt zwischen den Welten in eine andere Zeitzone oder Ebene eintritt. Bei Astralreisen oder bewußten Träumen können die Menschen ihre Körper auf dem Sofa oder dem Bett liegen sehen, während sie im Raum schweben oder um die Welt fliegen. Es ist auch möglich zu fühlen, daß man sich aus dem Körper entfernt hat, und trotzdem während der ganzen Zeit körperliche Empfindungen zu haben. Man kommt so in den Genuß eines Zusammentreffens zwischen dem Hier und Jetzt und dem Jenseitigen. Schamanen sind «Gestaltwechsler», die gelernt haben, ihre Gestalt willentlich zu verändern und sich so von den normalen Beschränkungen der materiellen Welt zu befreien. Sie verfügen über ungewöhnliche Hör- und Sehfähigkeiten und können sich auf unübliche Weise fortbewegen.

Daß Geistreisen nicht dasselbe sind wie Phantasie, erfuhr ich, als ich mit sehbehinderten Kindern arbeitete. Es handelte sich um kurz vor der Pubertät stehende Schüler einer alternativen Schule, an der ich Yogakurse gab. Nachdem wir eine Weile mit Yoga und den *Motherpeace*-Tarotkarten gearbeitet hatten, kamen sie einzeln in mein Studio, um an ihrer persönlichen Heilung zu arbeiten. Darunter waren ein Mädchen und ein Junge, die mir spezifische Informationen über Trance lieferten. Da die Kinder keine vorgefaßten Vorstellungen von Trance hatten und nicht wußten, was ich tat, waren sie offen für die körperliche Erfahrung, die sich so frei entwickeln und offenbaren konnte. Ich ließ sie auf dem Rücken auf den Boden liegen, während ich bei ihrem Kopf saß und ganz sanft meine Hände auf ihre Augen legte, um das Licht fernzuhalten und die Heilkraft zu übermitteln, die ich in meinen Händen spürte. Ich sagte ihnen, daß sie

sich entspannen und ausruhen sollten, bis ihr Atem ruhig wurde.
Dann half ich ihnen, sich vorzustellen, wie sie auf der Suche nach
einer Öffnung oder einem Tunnel für ihre Reise eine Straße ent-
langgingen.

Ich hatte diese Übung schon mit Erwachsenen durchgeführt,
wobei ich einem Muster gefolgt war, das ich aufgrund meiner eigenen Erfahrungen und dessen, was ich aus Büchern kannte, erarbeitet hatte. Diese Kinder, die weder das Konzept der geführten
Meditation kannten noch wußten, daß sie auf meine Instruktionen warten sollten, nahmen schließlich mich auf ihre Geistreisen
mit statt umgekehrt! Sie gingen durch die Öffnung, die sie sahen,
sobald ich sie ihnen suggerierte, und dann ging es auf eine Reise,
daß mir Hören und Sehen verging. Ich hatte genügend anthropo-
logische Bücher über den Schamanismus gelesen, um zu wissen,
was einige der vorherrschenden Erfahrungen an verschiedenen
Orten bedeuteten, und ich hatte Yoga, Meditation und vergangene Leben studiert. Sie erlebten und beschrieben ohne Ausnahme klassische schamanische Reisen, Archetypen, Wesen,
Orte und Dinge. Mir wurde immer klarer, daß sie wirklich an
einen bestimmten Ort reisten. Diese Orte waren dieselben, die
Schamanen und Reisende aus anderen Kulturen und Zeiten
besucht hatten. Ich begann zu verstehen, daß es ein bestimmtes
Gebiet in einer anderen Welt mit speziellen Wesen gibt, die dort
leben. Wir können sie sehen, ob wir Afrikaner, Chinesen, Perua-
ner oder Nordamerikaner sind.

Eines Tages traf der Junge mit sich selbst in einem andern Leben zusammen (ohne daß er wußte, was er erlebte und beschrieb;
er war auch zu jung, um dieses Konzept nach der Reise verarbeiten zu können). Ich spürte, daß ich in etwas Größeres und Interes-
santeres geraten war, als ich mir zuerst vorgestellt hatte, das aber
ein strukturelles Vorgehen und Normen erforderlich machte, die
ich später als universelle Prinzipien der schamanischen Trance
kennenlernen sollte. Die Reise von einer Welt in die andere verändert unser Verhältnis zu Raum und Zeit. Die Erdanziehungs-
kraft wirkt dort nicht mehr, und der Reisende kann sich über die
Naturgesetze hinwegsetzen. Man konnte gleichzeitig in diesem
Leben und in einem anderen Leben anwesend sein und in einem

Moment zwei Aspekten des Selbst begegnen. Die Lehrer und Heiler, die sich dort zeigten, waren mächtig und voller Mitgefühl und weise. Sie lehrten auf eine Art, die den bewußten Verstand meiner Schüler überstieg (und auch beinahe meinen eigenen). Die Tiere und Pflanzen, die sie antrafen, lieferten ihnen Informationen, die sich später in der Realität als richtig herausstellten, und ich konnte die Energie und Kraft, die diese Wesen von ihrer Ebene aus übermittelten, körperlich spüren. Meine Schüler kamen damit problemlos zurecht und wurden wieder zu normalen Teenagern, nachdem sie mein Büro verlassen hatten. Ich blieb zurück, völlig überwältigt von der Macht des Mysteriums. Ich entwickelte einen ganz neuen Respekt für den körperlichen Vorgang der Trance und für die Anweisungen, die ich den Leuten gab, mit denen ich arbeitete.

Ich begann mich mit immer größerer Sicherheit darauf zu verlassen, daß das einzig Wichtige für eine erfolgreiche, heilende Geistreise die Struktur war: ein Tunnel, ein geführter Eintritt in die andere Welt, ein paar einfache Vorschläge, was dort geschehen könnte, und eine Wegleitung auf dem Rückweg in das «normale Bewußtsein». Der Eintritt und die Rückkehr scheinen die schwierigsten Etappen zu sein, genauso wie uns das Klingeln des Telefons zu schnell und brutal aus der Realität der tiefen Trance oder des Träumens herausschrecken kann. Es bringt einen durcheinander, wie wenn wir mit dem Lift zu schnell hochfahren und dabei das bekommen, was die Tiefseetaucher Druckluftkrankheit nennen. Die Übergänge gelingen am besten, wenn man sich völlig entspannt oder sich auf ein bestimmtes Phänomen, wie zum Beispiel einen regelmäßigen Trommelschlag, konzentriert (auch wenn er ziemlich wild ist). Nur die Kontinuität ist wichtig. Ich versuchte, die Leute, die ich führte, dazu zu bringen, mir für meine Anweisungen Hinweise und Anregungen zu geben, indem sie während ihrer Reise laut sprachen und mir erzählten, was sie sahen und hörten. Dann konnte ich ihnen in ihrer Trance in der betreffenden Situation selber weiterhelfen. Ich merkte dabei, daß jemand, der seine/ihre Reise kommentierte, während sie stattfand, bei Bewußtsein blieb und sich danach an alles erinnern konnte. Schließlich begann ich die Dinge zu sehen, bevor sie mir davon erzählten, und ihnen etwas vorzuschlagen, das sie selbst gerade erst entdeckt hatten – eine für beide Seiten befriedigende und aufregende Erfahrung!

Als ich einige der Texte und Anweisungen über den Schamanismus las, die in den achtziger Jahren herauskamen, wunderte ich mich über die Rigidität von Form und Technik des Ganzen. Es klang wie ein Experte, der uns sagt, was in Ordnung ist und was nicht, was eine ʾgute Art der Erfahrung ist und was nicht. Ich werde sofort mißtrauisch, wenn jemand zu stark zwischen Schamanen und Medien oder zwischen Magie und Religion unterscheidet. Diese Autoritäten vertreten beispielsweise häufig die Ansicht, daß es sich, wenn Sie sich an das Geschehen auf Ihrer Geistreise nicht erinnern können, nicht um Schamanismus handelt und daß Sie sich nicht richtig unter Kontrolle haben. Ich habe jedoch mehrere ekstatische Trancereisen unternommen, an deren Inhalt ich mich nicht mehr erinnern konnte, obwohl ich zweifellos irgendwohin gereist bin und mir Lehren erteilt wurden von Wesen, die ich mit Mühe gerade noch im Grenzbereich zwischen den beiden Welten erkennen konnte, als ich in meinen Körper zurückgekehrt war.

Als ich jeden Tag während mehrerer Stunden Yoga praktizierte, schloß ich meine Übungen immer mit dem Yoga-Mudra ab, wo sich die Beine in der Lotusstellung und die Stirn auf dem Boden befinden. Diese Position behielt ich während genau fünfzehn Minuten bei (ohne bewußt auf die Uhr zu schauen). Nach diesem Zeitraum war meine Trance beendet, als hätte jemand eine Glocke geläutet, und ich raste wieder zurück in mein normales Bewußtsein mit der Vision eines Kreises von eingeborenen Frauen, der im Begriff war, sich aufzulösen – ich glaubte aber die Stimmen der Frauen noch zu vernehmen. Das war für mich sehr schön, und ich wußte, daß mir das beigebracht wurde, was ich benötigte. Meine Kraft und meine Fähigkeiten nahmen parallel mit meiner wachsenden Übung zu. Obwohl die heutige Fachliteratur großen Wert darauf zu legen scheint, daß man bewußt und ohne Unterbrechung das Geschehen mit dem Verstand kontrolliert (wenn Sie wirklich ein Schamane sein wollen), neige ich eher dazu, diejenigen ekstatischen Momente vorzuziehen, in denen ich nicht der «Drahtzieher» bin. Natürlich ist es sehr aufregend, bei vollem Bewußtsein zu träumen oder in Trance zu sein; es ist aber mit Sicherheit nicht Bedingung, um gute schamanische Arbeit leisten zu können. Ich habe den Verdacht, daß dieser frei erfundenen Unterscheidung die unterschiedliche Art zugrunde liegt, in der Männer und Frauen die Trance angehen. Es ist sehr gut möglich, daß die Frauen den intuitiven Vorgängen eher Vertrauen entgegenbringen, scheinbar das Bewußtsein verlieren, den Dingen ihren Lauf lassen und schließlich als Medien bezeichnet werden, anstatt daß man sie als richtige Schamaninnen anerkennt. (Erinnern Sie sich daran, daß im alten Japan die Frauen die Schamanenrolle innehatten; unter dem Einfluß des Buddhismus übernahmen die Männer die dynamischen Aspekte dieser Disziplin und überließen die Funktion des Trancemediums den Frauen.)

Meine Arbeit mit Menschen auf einer Trancereise ist klar strukturiert und besteht aus ein paar einfachen Schritten und Dingen, die für einen befriedigenden und heilenden Besuch in der unsichtbaren Welt erforderlich sind. Abgesehen von diesem einfachen Aufbau mische ich mich nicht in den Vorgang ein und lasse meine Schüler die Wesen und Orte auf ihre eigene Art erforschen. Die heutigen Amerikaner haben ihre eigenen Vorstellungen von anderen Welten und der Verwendung von gewissen Techniken, um Heilkraft zu erlangen. Sie verwenden ihre Interpretation der Dinge auf der Reise nach eigenem Gutdünken. Ich führe und steuere sie ein wenig wie ein Fährmann, der jemanden auf Wunsch, und ohne die Beweggründe des Betreffenden zu kennen, in einem Boot den Fluß hinunterbringt. Ich gehe mit ihnen durch eine Öffnung, welcher Art auch immer – ein Schlüsselloch, ein Fenster, einen Kaninchenbau, eine Öffnung in einem Hain, eine Höhle mit einer unterirdischen Quelle oder ein reich geschmücktes Tor. Nachdem sie die andere Seite erreicht haben, bitte ich sie, die Landschaft zu beschreiben und sich insbesondere auf die körperlichen Sinne wie Riechen, Spüren, Sehen und Hören zu konzentrieren. Ich sage ihnen, daß sie Wasser hören oder sehen werden, und führe sie in die entsprechende Richtung. (Wenn ich das Wasser erwähne, haben sie es häufig schon gefunden.) Ich sage ihnen, daß sie ins Wasser steigen sollen, um sich von ihm reinigen und heilen zu lassen. Für viele Leute kann das eine sehr tiefe Erfahrung sein, die keiner weiteren Ausschmükkungen bedarf. Insbesondere die Frauen weinen während dieser Phase häufig, weil sie sowohl den Schmerz spüren, den sie loslassen, als auch die wohltuende Gegenwart der Göttin in Form des Wassers.

Nachdem sie sich im Wasser erfrischt haben, heiße ich sie heraussteigen und die Kleider anziehen, die für sie am Ufer liegen. Sie ziehen sich an und beschreiben Gefühle oder Erinnerungen, die mit den Kleidern verbunden sind. Ich bitte sie dann, aus den Gegenständen in ihrer Umgebung einen Altar zu errichten. Dann setzen oder legen sie sich still vor den Altar hin, beten und definieren ihr Ziel. Wenn sie bereit zu sein scheinen, schlage ich ihnen vor, die Umgebung zu erforschen und ihre Aufmerksamkeit speziell auf die Pflanzen zu richten. Ich sage ihnen, daß ihnen eine bestimmte Pflanze auf irgendeine Art auffallen wird. Sie können sich zu ihr hinsetzen und mit ihr Kontakt aufnehmen, indem sie sie berühren, mit ihrem Bewußtsein verschmelzen, ihr zuhören usw. Wenn das getan ist, können sie die Pflanze bitten, ein Stück von ihr als Medizin mitnehmen zu dürfen. Oftmals wird die Pflanze genau das Pflanzenheilmittel vorschlagen, das sie brauchen. Dann geht die Reise weiter, wobei sich die Aufmerksamkeit diesmal auf die Tiere richtet. Wenn ein Tier durch auffälliges Verhalten oder mehrmaliges Erscheinen auf sich aufmerksam macht, stellen sie eine freundschaftliche Verbindung zu diesem Tier her und gehen mit ihm auf eine Reise oder tanzen mit ihm. Erfahrungsgemäß möchte das Tier ihnen etwas zeigen, eine Kraft demonstrieren oder ihnen etwas über den Körper beibringen. Häufig erlebt man dabei wilde Tänze, rasende Ritte oder Flüge.

Wenn das Tiererlebnis seinem Ende zugeht, bitte ich das Tier, sie zu einem heiligen Bereich zu führen, wo sie eine uralte Lehrerin finden werden, ein Wesen, das sie seit mehreren Leben kennt und das sie sehr liebt. Sie lassen das Tier außerhalb des Bereichs zurück und begeben sich ins Innere, um ihre/n Lehrer/in oder Führer/in zu treffen. Einige Leute sehen ihre/n Führer/in, andere spüren sie/ihn; manchmal spricht sie/er, und manchmal findet der außergewöhnliche Kontakt durch Berührung oder Telepathie statt. Ich bitte die Person, der/m Lehrer/in ein Geschenk zu machen und ihrerseits ein Geschenk von ihr/ihm entgegenzunehmen. Ich schlage ihnen vor, so um Rat zu bitten, wie es ihnen natürlich erscheint und gebe ihnen Zeit für diesen Austausch. Wenn ich das Gefühl habe, daß die betreffende Person genügend Zeit gehabt hat und entspannt und ausgefüllt zu sein scheint, sage ich ihr, daß sie die Begegnung mit ihrem Dank und einem Gruß beenden soll. Vielleicht wird auch eine Abmachung getroffen, wie oft sie zu Besuch kommen soll. Dann verläßt sie den Bereich, trifft wieder auf das wartende Tier und kehrt dorthin zurück, wo alles angefangen hat.

An diesem Ursprungsort lassen sie ihre Kleidung neben dem Altar zurück und vervollständigen Dinge, die sich unfertig anfühlen. Sie fragen das Tier, ob es mitkommen will. Wenn das der Fall ist, springt es direkt in ihren Körper und läßt sich häufig an einem bestimmten Platz nieder. Wenn das Tier nicht mitkommt, gibt es ihnen etwas von sich selber zum Mitnehmen. Wenn sie bereit sind, sage ich ihnen, daß sie tief einatmen sollen, noch einmal in den Tunnel eintreten und auf diese Seite der Realität und zu ihrem normalen Bewußtsein zurückkehren sollen. Ich erinnere sie daran, daß sie sich an alles für sie Notwendige erinnern werden und daß sie zurückkehren können, so oft sie wollen. Mit Stretching und langsamen Bewegungen helfe ich ihnen, in die körperliche Existenz zurückzufinden, und mache damit einen klaren Übergang zwischen hier und dort. Im allgemeinen möchten die Leute etwas Zeit haben, um das Tranceerlebnis mit allen Einzelheiten niederzuschreiben, während es noch ganz frisch ist. Dann besprechen wir den Inhalt – welches Tier, welche Bedeutung die Erlebnisse für das Leben der Betroffenen haben, und so weiter. Ich mache immer den Vorschlag, daß sie sich ein Bild des Tieres machen, sich Fotos von ihm beschaffen, die sie auf einem Altar zu Hause aufstellen, es zeichnen oder malen oder einen magischen «Fetisch» oder ein Abbild von ihm kreieren (siehe das folgende Kapitel). Meistens wird das Tier aus der Trance im wirklichen Leben in Erscheinung treten, sei das durch Postkarten, die

ins Haus flattern oder durch Begegnungen bei Spaziergängen im
Wald oder im Park.

Die Trancearbeit bringt uns die andere Welt etwas näher.
Durch diese Technik werden die Vorgänge in unseren Träumen,
in der unsichtbaren und in der sichtbaren Welt für uns leichter
zugänglich. Unsere Fähigkeit, uns zwischen den Welten zu bewegen, wird mit zunehmender Übung immer ausgeprägter – sie
ist die zentrale, definierende Eigenschaft aller Schamanen. Für
den einzelnen ist es eine entspannende Art der Selbstheilung, die
uns mit Lehrern/innen und Führern/innen in Berührung bringt,
die uns zu einem besseren Leben verhelfen können. Als ständige
Übung führt sie zu mehr Beweglichkeit in der Egostruktur, so daß
die betreffende Person schließlich die Wesen und Kräfte der unsichtbaren Welt für die Heilung von anderen Familien- oder Ge-
meinschaftsmitgliedern verwenden kann. Eine Schamanin ist in
hohem Maße geistig gesund, aber sie erlebt eine erweiterte Realität; sie mag exzentrisch erscheinen, aber sie verfügt über eine
echte Orientierung im Zusammenhang mit Raum und Zeit. Im
Gegensatz zu einem schizophrenen Menschen kennt die Schamanin den Unterschied zwischen hier und dort und kann sich bewußt zwischen den beiden Orten bewegen. Diese Kenntnis der
Grenzen und die Fähigkeit, sie zu überwinden, unterscheiden die
Schamanin von jemandem, der sich auf der Astralebene verirrt
hat und als Opfer von Geistern und seiner Phantasie voller Furcht
umherirrt.

Als schamanische Heilerin verwende ich die Trance-Inhalte
einer Klientin so, wie sie vorliegen, ohne viel hinzuzufügen.
Wenn jemand in der Trance eine Unterhaltung oder eine Begegnung mit einem Tier, einer Pflanze oder einer/einem Führer/in
hat, dann halte ich sie nur dort fest, um dieses Ereignis voll aus-
schöpfen zu können. Oftmals spüre ich die heilende Kraft, die von
einer Ebene auf die andere übergeht. In gewisser Weise wird sie
durch mich übermittelt – buchstäblich durch meinen Körper,
meine Hülle, meine Hände. Diese Vermittlung von Kraft, Intensität, Information und Führung sind das Hauptziel meiner
Arbeit. Meine Arbeit mit den Klientinnen verändert deren
Kreislauf: Es ist, als hinge ein Draht vom Himmel herunter – er ist

vorhanden, aber nicht angeschlossen. Meine Klientin ist der andere Draht. Ich nehme die beiden Drähte und verbinde sie zu einem funktionierenden Kreislauf. Man könnte es mit dem Starten eines Autos durch Überbrücken vergleichen, wodurch die Batterien neu aufgeladen werden. Von da an wird es der Klientin eher gelingen, selber Kontakt herzustellen, was auch das Ziel meiner Arbeit mit ihr ist. Eine Therapeutin könnte jedoch die Trance zum Beispiel dazu benützen, um an tiefliegende Informationen und Bedeutungen zu gelangen, die sie dann in weiteren Therapiesitzungen verwendet. Ärzte und Krankenschwestern könnten zusätzlich zu den Techniken und Medikamenten, die schon für eine bestimmte Patientin verwendet wurden, durch Trancereisen genaue Informationen über die Heilung erhalten. Menschen, die in einer Beziehung oder einer Familie leben, können die Trancereisen zusammen machen, um so einen engeren Kontakt mit ihren heiligen Kräften und einander zu schaffen. Es handelt sich bei der Trance um ein sehr vielfältig verwendbares Hilfsmittel.

In Gruppen verwende ich anstelle der Trommel den heiligen Klang von einigen anderen alten Instrumenten aus aller Welt, wie beispielsweise Kürbisrasseln, Samenkapseln, Glocken, Trommeln, Pfeifen und Rasseln aller Art. Glocken aus Peru klingen völlig anders als solche aus Tibet; «Regenstöcke» aus dem Amazonasgebiet haben eine ganz andere Wirkung als eine Trommel, und es gibt ein reichhaltiges Angebot an Trommeln jeglicher Machart. Ich habe eine Auswahl von Instrumenten gesammelt, um Gruppen-Trancereisen zu orchestrieren. Da wir Nordamerikaner mit europäischem Hintergrund über keine bestimmte schamanische Tradition verfügen, habe ich keinerlei Besitzanspruch an diese Instrumente. Sie gehörten nicht mir (oder meinem Volk), was mir bei ihrer Auswahl und ihrer Verwendung große Freiheiten läßt. Ich gebrauche sie mit höchstem Respekt und hoffe, daß keine ihrer ursprünglichen Eigentümer oder Hersteller meine Art der Verwendung als entheiligend oder beleidigend empfinden würden. Ich versuche nicht, die Zeremonien oder Liturgien, die zu diesen Instrumenten gehören, zu imitieren – ich verwende nur ihren magischen, heiligen Klang zur andäch-

tigen Einleitung der Trance. Sie sind außergewöhnlich wirkungsvoll bei der Veränderung des normalen Bewußtseins der
Leute, und sie erleichtern die Trancereise. Ich habe diese Form
der Tranceeinleitung in verschiedenen Situationen angewendet,
unter anderem auch vor ein paar Jahren, anläßlich einer Groß-
veranstaltung in der Nähe eines Atomtest-Gebietes in Nevada.

Bei großen Gruppen spreche ich durch ein Mikrophon, damit
ich nicht schreien muß und mich die Leute trotzdem noch verstehen können. Ich bitte die Leute, sich zu entspannen und sich
bequem hinzusetzen oder zu legen, da die Übung ungefähr zehn
oder fünfzehn Minuten dauern wird. Ich führe sie durch tiefes
Atmen in ihre Körper, wo sie mit der Mutter Erde Kontakt aufnehmen. Dann erkläre ich ihnen, daß es bei dieser Erfahrung um
das Konzept der Heilung geht. Ich sage ihnen jeweils ganz klar,
daß es keine einzig wahre Methode gibt und daß jeder seine eigene
Erfahrung machen wird. Ich bitte sie, denjenigen der fünf Sinne zu
verwenden, mit dem sie am besten zurechtkommen – das kann für
den einen der Gesichtssinn, also Bilder, sein, für jemand anderen
sind es Geräusche oder ein Gefühl im Körper. Ich folge denselben
Schritten, wie oben beschrieben, mit dem Unterschied, daß sie
ihre Erlebnisse nicht beschreiben müssen. Ich mache nur nach
jedem Schritt eine Pause, in der man den hypnotischen Klang der
Instrumente hört, damit alle Teilnehmer genügend Zeit für ihre
persönliche Erfahrung zur Verfügung haben. Ich weiß, daß die
Gruppenenergie ein mächtiger Verstärker ist, der die Erfahrung
der Trance erleichtert. Ich vertraue deshalb darauf, daß die Erfahrung jedes einzelnen nur schon durch das Gruppenerlebnis
intensiviert wird. Ich habe einmal eine Gruppe von hundert
Frauen in einem Raum in Trance versetzt, wo Babys über sie hin-
wegkrabbelten, als sie auf dem Boden lagen, und trotzdem erreichte jede von ihnen einen veränderten Bewußtseinszustand
und konnte ihre Erfahrung machen. Es sind vor allem die Klänge
der Instrumente, die die Seelen auf ihrem Flug tragen und den
Tanz jedes einzelnen Individuums bestimmen. Wenn die Leute
nachher ihre Erfahrungen austauschen (wie das in meinen
Workshops geschieht), haben sie oftmals dieselben Tiere angetroffen und erstaunlich ähnliche Erlebnisse gehabt.

Für eine Gruppentrance können Sie sowohl ein einziges Instrument (eine Trommel beispielsweise) als auch bis zu einem halben Dutzend verwenden und abwechslungsweise einsetzen, je nach ihrem Klang und ihrer Übereinstimmung mit dem jeweiligen Geschehen. Regenstöcke erzeugen zum Beispiel ein Geräusch, das wie Wasser klingt, sie sind deshalb eine ideale Untermalung für das weiter oben beschriebene Eintauchen in Wasser. Trommeln oder Rasseln sind für denjenigen Teil geeignet, wo das Tier mit jemandem tanzt oder auf eine Reise geht. Sanfte Glocken sind ideal für die Zeit, in der man vor dem Altar sitzt, den Lehrer oder die Lehrerin grüßt. Man kann sich dabei auf seine Intuition verlassen; es soll ja auch Spaß machen. Es gibt keine festen Regeln – das bedeutet auch, daß man sich nie wiederholt. Es braucht ein wenig Übung, um gleichzeitig mit den Leuten sprechen und die Instrumente spielen zu können, ohne den Bewegungsfluß zu unterbrechen, der für eine erfolgreiche Reise sehr wichtig ist. Die Instrumente können jedoch die Konzentration sehr gut aufrechterhalten und garantieren für eine starke Trance, insbesondere bei jemandem, der es zum ersten Mal versucht. Ich bin dieser Art Veranstaltung noch nie müde geworden und habe auch noch nie ein Publikum gehabt, das die Erfahrung nicht genossen und sie als wertvoll eingeschätzt hätte. Sobald jemand im Rahmen einer Gruppe in die Trance eingeführt worden ist, wird es viel einfacher, diese Erfahrung auch selbständig zu machen.

Ich möchte hier noch eine Warnung anbringen: Als Schamanin/Führerin helfen Sie mit, für die Leute eine Brücke zwischen den Welten zu bauen. Sie müssen aber über große Stärke verfügen, damit Sie mit dem Karma dieser Arbeit zurechtkommen können. Das soll niemanden davon abschrecken, diese Methode zu verwenden; ich möchte Ihnen nur raten, mit Einzelpersonen zu beginnen und dann langsam die Zahl zu erhöhen, damit Ihre Seele die nötige Abgrenzung und Offenheit entwickeln kann, die für diese Arbeit erforderlich ist. Die Magie der Gruppenarbeit trägt dazu bei, die Heilerin zu öffnen. Weil Sie aber die Kräfte, die aus der anderen Welt kommen, kanalisieren müssen, ist es wichtig, daß Sie sich diese Fähigkeit langsam erarbeiten. Nach meinen ersten Versuchen mit Gruppentrance litt ich unter unangenehmen Nebenerscheinungen, die von leichten Kopfschmerzen bis zu schlaflosen Nächten reichten. Ich habe gelernt, nach jeder Gruppenarbeit ein Bad zu nehmen und meine Aura von überschüssiger Energie zu befreien. Einerseits ist da das Problem der Verschmelzung mit anderen, und andererseits die Starkstromenergie, die den Organismus auf eine Weise öffnet, die am Anfang unangenehm ist. Anstatt nun ausführlich zu beschreiben, wie man sich gegen die Auswirkungen von Fremdenergie im eigenen Energiefeld schützen kann, finde ich es sinnvoller, wenn Sie einfach zu üben beginnen und mit ein paar unangenehmen Folgeerscheinungen umzugehen lernen. Während Sie lernen, ein reiner Kanal zu werden, ist es sehr wichtig, sich bewußt zu sein, daß Sie während einiger Zeit ein gewisses Maß an Reinigung benötigen. Die negativen Folgeerscheinungen dieser Tätigkeit werden sich mit der Zeit verlieren.

Die Befreiungskraft der Trance selbst ist minimal. In schamanischen Kulturen wird die Trance zusammen mit vielen anderen Heilmethoden und Konzepten verwendet. Sich in Trance zu begeben ist schön, na und? Ich glaube, daß wir die Trance mit Meditation, Yoga, Tagebuch, schamanischer Kunst, Trommeln und Ritualen kombinieren müssen. Wenn Sie in Trance einem Tier begegnen, wird es Ihnen viel bringen, wenn Sie von ihm eine Darstellung herstellen und sie täglich benutzen. «Tanze das Tier» heißt der Rat von Michael Harner.[7] Dieser Rat kann so erweitert werden, daß jegliche Art der Formgebung darin eingeschlossen ist. Über die Trance findet zwischen uns und den Mächten und Energien ein Austausch statt. Sie verleihen uns ihre Kraft, und wir leihen ihnen einen Körper, durch den sie sich manifestieren können. Wenn ein Führer oder eine Lehrerin mit Ihnen in der Trance einen wichtigen Kontakt herstellt, müssen Sie sich selbst durch den ständigen Kontakt mit dieser Führerin wieder aufladen und die Kraft der Führung, die sie erlebt haben, so benützen, daß sie zu einem Teil Ihres täglichen Lebens wird. Sonst wird die Trance zu einer exotischen Gelegenheit, während eines Wochenend-Workshops «wegzutreten», oder zu einer Methode, mit der Ihnen eine Heilerin oder Therapeutin zu einer interessanten Erfahrung «verhilft», anstatt daß Sie sie als die tiefgreifende Erfahrung verstehen, um die es sich hier handelt. Es fällt uns Menschen im Westen zu leicht, uns als etwas Besonderes zu betrachten, wenn wir eine solch ungewöhnliche Erfahrung wie die Trance mitgemacht haben. Der höchste Wert der Trance liegt aber, wie wir hoffen, in der Auflockerung der Egostruktur und nicht in der Verstärkung unserer egoistischen Neigung zur Selbstüberschätzung und zum Narzißmus.

In ihrer tiefsten Bedeutung bietet uns die Trance die Möglichkeit zur Überwindung der Ego-Persönlichkeit und zur Öffnung gegenüber einer höheren Macht. Durch die Trance können wir uns entspannen und Bewußtseinszustände erreichen, in denen wir andere Kräfte kennenlernen, die mit uns zusammen auf dieser Erde existieren. Wenn wir auf ein bestimmtes Ziel hinarbeiten, kann die Trance das normale Bewußtsein, das in gewohnten Mustern denkt, umgehen helfen und so die Persönlichkeit mit der Seele oder dem Ich in Übereinstimmung bringen. Während der Trance treffen wir auf unser tieferes, wirkliches Ich, die Essenz, die hinter der Form steht. Diese Erfahrung ist ein unermeßlicher Gewinn für die Gesundheit und sorgt für eine Art des Wohl-Befindens, die die westliche Wissenschaft nicht erfassen kann. Wenn wir dann die Informationen und das Erlebnis der Trance in unsere Realität integrieren können, erleichtert uns das den Weg zu unserem Ziel.

Im Schamanismus wird die Trance also zusammen mit schamanischer Kunst, Traumarbeit und der Durchführung von Ritualen und Zeremonien verwendet. All diese Praktiken gewinnen an Kraft, wenn sie im Rahmen einer Gruppe durchgeführt werden. Schamanische Gemeinschaften leben als Stamm zusammen: Jeder kennt jeden. Man verwendet die neu erlernten Techniken für das Bewußtsein und die Ekstase nicht allein für seine persönlichen Probleme; man verarbeitet seine Träume und Visionen vor der ganzen Familie, der ganzen Welt. Diese Art der Verwurzelung fehlt im modernen Schamanismus, der in unseren Städten praktiziert wird, die sich durch das Fehlen einer ständigen Gemeinschaft auszeichnen. Unsere Gruppen treffen sich nur ab und zu, so daß wir während der restlichen Zeit völlig uns selbst überlassen bleiben. Oder wir verarbeiten unser Material mit einer Therapeutin einmal pro Woche in einem privaten Büro, was dazu führt, daß wir unsere Erfahrung als einzigartig empfinden, als «mein» Problem, anstatt als gemeinsame Erfahrung. Wenn innerhalb eines Stammes jemand erkrankt oder eine Krise durchmacht, kommt die ganze Gemeinschaft zusammen, um die Krankheit zu verbannen und an einer Feier für die wiedererlangte Gesundheit teilzunehmen. Es wird zumindest die Familie der kranken Person in die Heilung miteinbezogen. Niemand wird allein gelassen.

Es gibt keine allgemeingültige Lösung für das sehr ernste Problem der Isolation in der westlichen Kultur. Ich habe mich im Laufe der Jahre immer stärker mit der Gruppenarbeit mit möglichst großen Gruppen angefreundet. Die Heilung von einzelnen Personen kann zu Abhängigkeitsverhältnissen führen. Es wird zu etwas, das man jede Woche braucht, um leben und funktionieren zu können. Manchmal können wir dadurch auch eine derart introvertierte Perspektive entwickeln, daß wir meiner Meinung nach die relative Bedeutung unserer Probleme nicht mehr einschätzen können. Obwohl es zutrifft, daß wir Frauen in der westlichen Welt unter der männlichen Beherrschung leiden müssen, engagieren wir uns manchmal so stark für die Heilung unserer Kindheitsverletzungen und so weiter, daß wir dabei die Tatsache aus den Augen verlieren, wie privilegiert wir eigentlich im Vergleich zu anderen Völkern auf dieser Welt sind.

Die Trance und andere Heilmethoden sollten letztlich dem Wohl der Gemeinschaft dienen und nicht nur dem Wachstum und der Vertiefung des einzelnen. Schamanismus ist eine Dienstleistung. Wir Schamanen lernen Praktiken und Techniken der heiligen Arbeit nicht, weil wir etwas Besonderes oder Außergewöhnliches sind, sondern weil wir dazu berufen werden, etwas mehr als nur unsere eigene Last zu tragen. Die Schamanen erledigen ihre eigene Arbeit innerhalb der Gemeinschaft – bestellen die Felder, erziehen Kinder, sind künstlerisch tätig, was auch immer –, und sie üben außerdem noch die Funktion des Schamanen und Heilers aus. Eine «verwundete Heilerin» lernt ihre eigenen Probleme zu bewältigen, damit sie die Lösungen auf das größere Ganze anwenden kann, von dem sie ein Teil ist. Jemand, der die Trance in seinem Leben richtig einsetzt, ist spürbar mit der Erde verbunden und kann anderen helfen, was andere Menschen wiederum anzieht. Das Energiefeld der Schamanin verändert sich je nachdem, wieviel Zeit sie in Trance verbringt, und diese Veränderung wirkt sich auf ihre Gemeinschaft aus. Sie ist ausgeglichener und stärker im Einklang mit dem inneren Ziel ihres äußeren Lebens; sie ist im Gleichgewicht. Wir alle sollten uns für die Trance öffnen, nicht damit wir exotische Erlebnisse haben können, die uns von anderen Menschen unterscheiden, sondern weil wir den Kontakt mit dem Unsichtbaren und der Welt der Geister, den wir durch die Trance herstellen können, brauchen. Wenn es der Trance gelänge, in der westlichen Welt Fuß zu fassen, könnte sie einen wichtigen Beitrag zur Förderung des Weltfriedens leisten, denn sie würde eine große Zahl von Menschen hervorbringen, die weder hochexplosive Hitzköpfe noch Menschen sind, die handeln, ohne vorher zu denken. Es gäbe viel mehr friedliche, nachdenkliche Menschen, die (deshalb) die vor ihnen liegenden Probleme effizienter angehen könnten.

Schamanische Kunst:
Die Manifestation der Kreativität

Die Herstellung schamanischer Kunstgegenstände ist eine der ältesten Arten, das Heilige darzustellen. Wie so viele andere Merkmale der alten Kulturen, scheinen auch die frühesten Kunstwerke im Rahmen eines Rituals von Frauen hergestellt worden zu sein. Die sogenannten Venusstatuen aus dem europäischen Paläolithikum, die im ersten Kapitel beschriebenen Kalenderknochen, die ersten Stoffe, Töpfereien, Körbe und so weiter – sie alle sind von Frauenhand gemacht. Wie viele Archäologen hervorgehoben haben, scheinen die ersten handwerklichen Produkte voller «Magie» gewesen zu sein, die ich als Ausrichtung auf das Heilige interpretieren würde. Die Akademiker sind da jedoch anderer Meinung. Eine Wissenschaftlerin, die in den fünfziger Jahren über das alte Mexiko geschrieben hat, ging so weit, daß sie zwischen der früheren und der späteren Kunst unterschied, indem sie erstere als «magisch» und letztere als «religiös» definierte. Der einzige Unterschied zwischen diesen beiden Kunstformen besteht in Wirklichkeit darin, daß die früheren Darstellungen weiblich und die späteren männlich sind. Sie und andere nennen die früheren Gestalten «hübsche Frauen» und diskutieren ihren Animismus; die späteren nennen sie Götter und beziehen sich auf sie, wenn es darum geht, den Ursprung der Religion zeitlich festzulegen.[1] Ihre Methodik basiert auf der weitverbreiteten, aber falschen Theorie, daß die «archaischen» Kulturen schon aufgrund ihrer Natur kein abstraktes Gottheitskonzept besitzen konnten, ergo konnten die weiblichen Figuren keine Göttinnen sein, sondern stellten nur Frauen oder vielleicht Mais und andere wachsende Pflanzen dar. Die ausführliche Arbeit von Marija Gimbutas sollte solch überholte Theorien jedoch für immer auf ihren Platz verweisen.[2]

Manchmal beschreiben die Wissenschaftler die Übergangsphase zwischen der alten, frauenzentrierten und den späteren,
von Männern dominierten Kulturen anhand von visuellen oder
künstlerischen Merkmalen. Sigfried Giedion, ein bekannter His-
toriker, beschreibt zum Beispiel die frühe paläolithische und
neolithische Kunst als den schönsten, erfüllten künstlerischen
Ausdruck, den die Welt je gekannt hat, und definiert die Veränderung, die vor fünftausend Jahren stattgefunden hat, ganz
klar. Er beschreibt die frühere Kunst (z. B. Höhlenmalereien) als
«räumlich» und hebt ihre naturalistische und «zoomorphe» Perspektive hervor, die im Gegensatz zur Kunst der Übergangszeit
(der Sumerer oder Ägypter beispielsweise) steht, die «vertikal»
und «anthropomorph» wurde. Die Menschen vermischten sich
auf den Wänden nicht mehr mit den Tieren, sondern wurden
von ihnen und jeglichen animalischen Wurzeln, die sie früher in
sich gespürt hatten, getrennt und unterschieden.[3] Die gemeinsame schamanische Erfahrung der früheren Höhlenkunst, wo
menschliche und tierische Identität verschmolzen, wurde zu
einer egozentrischen Fixierung auf die Form und die menschliche Perspektive. Diese Verschiebung brachte natürlich die
Merkmale der patristischen oder patriarchalischen Kulturen zum
Ausdruck, die in jener Zeit die Macht an sich rissen. Krieg wurde
plötzlich zu einem Thema für ein künstlerisches Werk, man schuf
Waffen anstatt Kalender, in schriftlichen Zeugnissen wurde festgehalten, wieviel Getreide dem König gehörte und so weiter. Die
Regierungsform wurde zentralistisch, die Frauen wurden ins
Haus verbannt, und es entstand eine Klassengesellschaft.

Die Macht der Bilder ist unbestreitbar. Die Gegenwart dieser
uralten Bilder in unserer Zeit, die die traditionellen, von so vielen
Wissenschaftlern unterstützten, archäologischen Theorien Lügen strafen, ist eine große Wohltat für diejenigen Frauen, die im
Begriffe sind, ihre innere Kraft wiederzuentdecken. Die Ausgrabung alter weiblicher Statuetten, die für die Zivilisationen, die sie
geschaffen hatten, ganz unverkennbar heilig und von zentraler,
ikonographischer Bedeutung waren, ist wirklich «tausend Worte
wert». Figuren von Frauen in Trance, die singen und beten, wirken befreiend auf uns moderne Frauen, denen es grundsätzlich

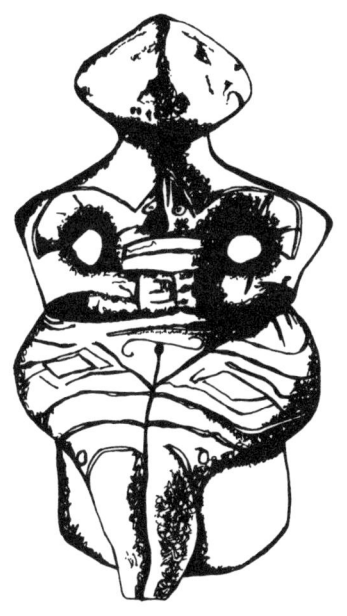

22 Buffie Johnson bezeichnet diese Figur aus Bulgarien, die Mitte des dritten Jahrtausends v. Chr. entstand, als Dame aus Pazardzik. Die Muster auf ihrem Körper gehören zu einer alten Tradition, die Marija Gimbutas als der Schwangeren Göttin oder Erdmutter zugehörig betrachtet. Wie die anderen meditierenden Figuren symbolisiert auch sie die Autorität der Frau, mitsamt dem Gebärstuhl, auf dem sie thront. Zeichnung von Jennifer Roberts.

verwehrt ist, Priesterinnen oder Rabbis zu werden, und die es nicht gewohnt sind, religiöse Autorität zu besitzen. Die unwiderlegbare Tatsache, daß die früheren Frauen heilige Kunst nach ihrem eigenen Vorbild schufen und diese Abbilder für religiöse Zwecke benutzten, ist von unschätzbarem Wert für die heutigen Frauen. Marija Gimbutas beschreibt eine Erfahrung zu Beginn ihrer wichtigen Ausgrabungen in Thessalien, Griechenland, wo sie sich bückte und eine kleine weibliche Figur aufhob, bevor sie überhaupt den ersten Spatenstich getan hatte.[4] Ein Gewitter hatte die winzige Figur einer «Yogini» oder Priesterin aus der Zeit um 6 ooo v. Chr. freigelegt, die also einige tausend Jahre älter ist als die Götter des Olymps und die griechischen Stadtstaaten. Während ihres bisherigen Berufslebens hatte sich Marija Gimbutas mit «Waffen, Waffen und nochmals Waffen» der indoeuropäischen Kulturen befaßt, die die alten einheimischen Kulturen überlagert hatten, deren Zeugen man in tieferliegenden archäologischen Erdschichten entdeckt hatte. Marija Gimbutas betrachtete schließlich diese früheren Kulturen als friedlich, dem Prinzip der Gleichberechtigung verpflichtet und matriarchalisch. Das Projekt in Thessalien bestätigte ihre Untersuchungen und erlaubte es ihr, die frühen Kulturen der Göttin in ihrem wundervollen Buch *The Language of the Goddess* vollständig zu dokumentieren.

Für die heutigen Frauen ist die Kunst eines der natürlichsten Ventile für die erwachende Kraft der Schlange. Die Herstellung schamanischer Kunstgegenstände entspricht einer rituellen Kontaktaufnahme mit den Geistern der unsichtbaren Welt, durch die wir in den Genuß der Unterstützung dieser Wesen gelangen.[5] Alle Künstler erleben im Laufe ihrer Entwicklung diesen Kontakt mit dem Reich des Unsichtbaren bis zu einem gewissen Grad. Sie bezeichnen ihn als Muse oder Inspiration. In einem gewissen Sinn kann man alle Künstler als Schamanen bezeichnen, insofern als sie Bilder oder Konzepte für die Gemeinschaft übermitteln, die (wie wir hoffen) eine heilende Wirkung haben und dem Wohl der Gemeinschaft förderlich sind. Eine schamanische Heilerin kann jedoch Kunstwerke herstellen, ohne eine «Künstlerin» zu sein. Wahrscheinlich ist es das Beste, jegliche künstlerischen Ansprüche schon von vornherein zu begraben, denn sehr viele Frauen fühlen sich durch die institutionalisierte Kunst und durch das, was als Kunst betrachtet wird, eingeschüchtert. Für unsere Zwecke ist sie am besten auf diesen speziellen Prozeß vorbereitet, der die Erweckung der schamanischen Ausdruckskraft zum Ziel hat, wenn sie so wenig wie möglich über Kunst weiß. Je weniger feste Vorstellungen sie hat, desto freier werden ihr Geist und ihre Seele sich in ihrem Wert ausdrücken. Je mehr sie sich dem Geist eines Kindes annähert (dem «Anfänger-Geist» des Zen-Buddhismus), desto echter wird ihre Arbeit sein. Das erste, von dem sie sich befreien muß, bevor sie beginnen kann, schamanische Kunst zu schaffen, ist der weitverbreitete und häufig geäußerte Glaube, daß sie «künstlerisch nicht begabt» sei.

Als Karen Vogel und ich von 1978 bis 1979 die Bilder zum *Motherpeace*-Tarot malten, hatte keine von uns je zuvor Bilder gemalt. Wir hatten mit dem Zeichnen begonnen, als ich mit der Heilung meiner Augen beschäftigt war, weil mir jemand gesagt

23 Die Sechs der Stäbe aus dem *Motherpeace*-Tarot, das erste Bild, das die Autorin zeichnete. Dieses Bild signalisiert einen Ausbruch der Kreativität oder das Erreichen einer Führerposition. Sie strotzt nur so vor Energie und Kraft. Es handelt sich hier um das Bild der Shakti, auf dem der ganze *Motherpeace*-Tarot basiert und welches buchstäblich den Beginn eines kreativen Projekts anzeigt.

hatte (oder vielleicht hatte ich es auch in einem Buch gelesen), daß das Zeichnen eine der besten Methoden zur Entspannung und Harmonisierung der beiden Augen wäre, die zu einer natürlichen Sehweise ohne Brille führte. Seit ich vierzehn Jahre alt war, hatte ich Kontaktlinsen getragen; mit neunundzwanzig (während meiner schamanischen Heilungskrise 1976) nahm ich sie heraus und habe sie seither nie mehr getragen. Ich war fest entschlossen, meiner Abhängigkeit von den Apotheken, soweit das meine Augen betraf, ein Ende zu setzen. Das «Bates Buch» *(Rechtes Sehen ohne Brille)*[6] unterstützte mich im Glauben, daß ich es schaffen konnte. Ich mußte mir zuerst ein paar Bücher über das Zeichnen von Menschen beschaffen, bevor ich überhaupt damit beginnen konnte, so etwas wie eine menschenähnliche Figur zu skizzieren. Meine ersten Zeichnungen waren Versuche, mit Hilfe meiner Phantasie darzustellen, wie die frühen Kulturen ausgesehen haben könnten, insbesondere in bezug auf Frauen und Kinder. Ich zeichnete Menschen, die Rituale ausführten, sangen, tanzten, kochten, einen Garten pflegten und heilten – all die Dinge, die mir in meinem modernen Leben fehlten und die Teil einer uralten Erbschaft waren, die ich zu rekonstruieren versuchte.

Diese spielerischen, positiven Bilder führten schließlich eines Tages zu meiner Zeichnung der Sechs der Stäbe. Es war dann auch diese Sechs der Stäbe – Shakti in ihrem Feuerrad –, die uns auf die Idee brachte, ein rundes Tarotspiel zu kreieren. Karen und ich verbrachten im folgenden Jahr fast jeden Tag damit, Bilder zu zeichnen, und hatten große Freude daran.

Während dieser Zeit nahmen wir an einem Kurs teil, an dem wir Cassandra Light kennenlernten, die heute die «Doll School» in Oakland leitet und damals ihre ersten Puppen machte. Casey kam jede Woche zu Karen und mir nach Hause und zeigte mir auf einfache Weise, wie man Kunstwerke schaffte. Wir arbeiteten zuerst mit Lehm und machten Töpfe und Masken. Unter Caseys einfühlsamer Betreuung begann ich, meine künstlerischen Talente als spielerisches, kindliches Geschenk des Geistes zu sehen – frei und ungeschult, ein Ausdruck von Aspekten von mir, die nicht unbedingt mit Form zu tun hatten. Im Gegensatz zu meiner Handschrift, mit der sich mein Ego identifizierte, erschien mir die Kunst als ein erfrischendes und unkontrollierbares (weder durch andere noch durch mich selber) Gebiet zu sein. Ich malte mit großer Begeisterung und erlebte jeden Tag während des Malens Ekstase. Ich glaubte damals (und bin auch heute noch davon überzeugt), daß die Kleinen Leute, die durch die Zeichnungen kamen, tatsächlich auf der anderen Seite lebten und eine Form erhalten wollten. Mich hatten sie als Mittel dazu auserwählt. Im Laufe der Jahre erfuhr ich, daß fast jede Kultur der Welt die Feen und Elementargeister kennt und auf irgendeine Weise verehrt; auch unsere europäischen Vorfahren, die sie jedoch hinter sich zurückließen, als sie nach Nordamerika auswanderten. Nur wir – die verwaiste Kultur der Vereinigten Staaten von Amerika – verleugnen und verbannen sie. (Wie es scheint, bestand ein Teil ihrer Motivation zu dieser Reise darin, in der alten Heimat solchen «Aberglauben» zugunsten der «Religionsfreiheit» zurückzulassen.)

Künstlerisch tätig zu sein war eine der überraschendsten Formen der Ekstase, die ich je erlebt habe. Es leuchtete mir ein, daß die Sexualität tantrisch ist (ekstatisch und nicht von dieser Welt), und ich verstand auch, daß hellseherische Kräfte aufgrund ihrer

Natur auch einen veränderten Bewußtseinszustand herbeiführen würden. Ich hatte jedoch nie gelernt, daß die einfache Herstellung von irgend etwas am Anfang einer religiösen Erfahrung stehen könnte. Jeden Tag stand ich vor meiner Staffelei, betrachtete das weiße Blatt Papier, holte mir die Tarotkarte, an der ich an jenem Tag arbeiten wollte, vor mein geistiges Auge und begann zu arbeiten. Stunden später erwachte ich wie von einer langen Reise in ein anderes Land, einer Reise, bei der ich jeglichen Sinn für Zeit und Raum verloren hatte und mit meiner Arbeit verschmolzen war. Nur die jeden Abend einsetzende Dunkelheit konnte mich dazu veranlassen, meine Arbeit zu beenden. Am Morgen machte ich Yogaübungen; abends befaßte ich mich mit den Bildern, an denen ich arbeitete, und entschied, welche Tiere in den verschiedenen Bildern vorkommen sollten und so weiter. Es war mit Bestimmtheit die interessanteste und aufregendste Arbeit, die ich je angepackt hatte. Die Leute in unserer Umgebung schienen sich jedoch darin einig zu sein, daß unsere Arbeit an einem neuen Tarotspiel absolut nutzlos, wenn nicht sogar ganz und gar unmöglich sei. Eine Künstlerin erklärte mir, daß nur GROSSE KUNST angemessen wäre und daß das Ganze mindestens zehn Jahre dauern müsse. «Was machen Sie?» fragten uns die Leute jeweils sprachlos vor Verachtung, «ein Tarotspiel?» Oder jemand schaute die Bilder an, die wir machten, und sagte uns geradeheraus, daß die Körper nicht «richtig aussahen» und wir gar nicht zeichnen könnten (was wir auch nicht konnten). Irgendwie schien das Ganze verfehlt zu sein.

Schließlich hatten wir das *Motherpeace*-Tarotspiel beendet, und Karen ließ die Karten drucken; ich schrieb das Begleitbuch dazu, und beide sind fröhlich in die Welt hinausgegangen und öffnen den vielen Seelen, die sich von ihnen ansprechen lassen, die Türen zu diesem Reich. Schamanische Kunst bleibt auch nach ihrer Vollendung und Entlassung in die Welt schamanisch. Da die Karten in einem Zustand der heilenden Trance entstanden sind, übermitteln sie diese Heilkraft an jeden, der sie benutzt. Deshalb funktionieren Tarotkarten so gut, auch für diejenigen, die nicht unbedingt an sie glauben. Die heilende Absicht, die sich durch die Erfahrung der Trance und den künstlerischen Prozeß ausdrückt, geht auf die Betrachterin über, die dadurch transformiert wird. In der Terminologie des indischen Tantra werden alle heilenden Bilder als Yantras bezeichnet – heilige Bezirke, in denen die *Ishta-Devata* (Schutzgottheiten) wohnen.[7] Wenn jemand über ein Yantra der Göttin in einer ihrer unzähligen Formen meditiert oder über dasjenige eines Krafttiers oder Elementargeistes, dann geht die Energie dieses Wesens irgendwann in den Körper und die Seele der Meditierenden über. Wir werden eins mit dem Wesen im Zentrum des Bildes, welches letztlich das Eine repräsentiert und verkörpert.

Wir bezeichnen das, was wir in unserer Kultur als schamanische Kunst betrachten, als «Fetischkult». Die Herstellung eines Fetischs ist eine heilige Arbeit; es ist meist auch die erste Aufgabe, die ich meinen Schülerinnen stelle, die Frauenschamanismus lernen wollen. Ein Fetisch ist eine Zusammenstellung von gefundenen Gegenständen wie Federn, Knochen, Steinen, Glasperlen, Haaren, Blättern, Zweigen und allem anderen, das einen anspricht und die verschiedenen natürlichen Materialien repräsentiert. Manche Fetische sehen aus wie Gefährte oder abstrakte Kunst. Einige sehen aus wie Schilde. Ich schicke die Frauen in die freie Natur, wo sie alles, was ihre Aufmerksamkeit auf sich zieht, mitnehmen sollen, ohne daß sie unbedingt über ein System verfügen, mit dem sie sich die intuitive Anziehung erklären können. Nehmen Sie alles, was Ihnen die Natur schickt, auch Gegenstände, die sie auf einer Straße finden! Jeglicher Kram, der von Autos oder Motorrädern heruntergefallen ist oder den jemand weggeworfen hat, kann magische Qualitäten entwickeln, wenn er die Form erhält, die ihrer Seele gefällt und die sie an einen Archetypus oder Prozeß in Ihrem Leben erinnert. Ich habe aussagekräftige Kunstwerke geschaffen, die aus Kupferringen, Metallstücken aus einer Garage und aus Federn, Glasperlen und Tierknochen bestanden, die ich in den Hügeln gefunden hatte.

Ein Fetisch (oder *Yantra*) dient der Heilung. Wahrscheinlich haben Sie alle schon einmal einen Zuni-Fetisch gesehen: kleine Keramik- oder Steinfiguren von Tieren, die den Eigentümer beschützen sollen. In Afrika machen die Frauen Töpfe, die später einmal Geister beherbergen, die sie ursprünglich krank gemacht hatten und die dann in diesen Töpfen gefangen werden, wo sie bezwungen und zur Heilung eingesetzt werden.[8] Sie können beispielsweise zuerst das Ziel der Heilung für sich formulieren und dann den Fetisch als Hilfsmittel zur Fokussierung Ihres Geistes oder Ihres Willens auf diesen Schwur benützen. So wie ich es Ihnen beschrieben habe, gibt es bei der Herstellung Ihres Fetischs weder ein richtiges noch ein falsches Vorgehen. Genießen Sie einfach den Vorgang, und seien Sie sich der Tatsache bewußt, daß alles wichtig ist. Jeder Knoten, den Sie knüpfen, ist ein Wunsch, der sich manifestiert; jeder Stein, jeder Knochen, jede Feder – alles hat seine eigene Bedeutung. Sie brauchen diese Bedeutung jedoch nicht bewußt zu kennen. Es reicht schon, wenn Sie den heiligen Vorgang genießen, der magischen Kraft vertrauen und das Kunstwerk zu sich sprechen lassen, während Sie an ihm arbeiten. Wahrscheinlich haben Sie schon vor seiner Vollendung eine Vorstellung von seinem Namen, seinem Zweck und von der Art, wie Sie mit ihm umgehen sollen. Einige Fetische «wollen» etwas Bestimmtes, wie zum Beispiel einen Platz auf einem Altar, wo ihm jeden Tag Blumen und Räucherstäbchen geopfert werden. Andere hängen in einem Zimmer und erinnern Sie Tag für Tag an ihren Zweck, wenn Sie an ihm vorbeigehen. Sie können einen Schutzfetisch herstellen, den Sie mit sich herumtragen oder in dem Zimmer oder Haus plazieren, das Sie beschützen möchten. Vielleicht hat Ihr Fetisch auch andere Instruktionen an sie. Der Fetisch selber dient der Kontaktaufnahme und der Öffnung Ihrer Person gegenüber Lehrern und Lehrerinnen aus dem Reich der unsichtbaren Geister.

Der Unterschied zur New-Age-Disziplin der kreativen Visualisierung besteht darin, daß der Fetisch aus natürlichen Materialien zusammengesetzt ist, die die Schwingungen ihres ursprünglichen Eigentümers enthalten. Die Tierhaare oder -knochen, die Sie in Ihrem Amulett tragen, verleihen dem Amulett das Wissen und den Instinkt dieses Tieres. Normalerweise beginnt dieser Prozeß schon, bevor Sie überhaupt an Ihrem Kunstwerk zu arbeiten beginnen, nämlich dann, wenn Sie eine bestimmte Feder, einen Knochen oder einen Zahn finden und Ihnen klar wird, zu welchem Tier er gehört. Zu diesem Zeitpunkt kommunizieren

Sie schon mit der Welt der Geister; die Tiere sprechen zu Ihnen, führen Sie und stellen Ihnen gewissermaßen ihre Macht zur Verfügung. Wenn Sie zum Beispiel aus der Feder eines Rotschulterstärlings ein Amulett oder einen Fetisch herstellen, sollten Sie sich vielleicht auch die Zeit nehmen, die Vögel und ihre Gewohnheiten zu beobachten, in Tierbüchern über sie nachzulesen, um auf einer tieferen Ebene verstehen zu können, was sie Ihnen zu sagen haben und was Sie zum jetzigen Zeitpunkt in Ihrem Leben brauchen. Eine Kolibrifeder hat eine andere Wirkung und Bedeutung für Ihr Leben als eine Eulenfeder. Die Tiere, deren abgestoßene Federn oder vertrocknete Knochen Sie finden, haben eine Heilmedizin für Sie, und um das bestmögliche Resultat zu erzielen, müssen Sie sie respektieren. Es bedeutet nicht, daß Ihnen der Kolibri sagt, Sie müßten dieses oder jenes tun, oder daß der Koyote Sie zu einer bestimmten Handlung bringt, die Sie aufgrund irgendeines intellektuellen Systems über die Bedeutung der Dinge herausfinden können. (Dieses Denken und der dazugehörige Rummel sind Ausgeburten der New-Age-Bewegung!) Es handelt sich eher um ein zweispuriges Ereignis: Sie finden einen Koyotezahn, und der Koyote ist als Archetypus irgendwie von Bedeutung in Ihrem Leben. Beide Phänomene treten gleichzeitig auf, das doppelspurige Ereignis hat eine Bedeutung, und keines von beiden verursachte das andere.[9]

Es handelt sich hier um etwas, das Rupert Sheldrake als morphogenes, unsichtbares Energiefeld bezeichnet, das alle Lebewesen umgibt und ihnen eine bestimmte, spezifische Schwingung verleiht, die von anderen Lebewesen wahrgenommen wird.[10] Wenn ein Zugvogel eine Feder verliert, kann er den Platz, wo sie liegt, durch die persönliche Schwingung der Feder immer wiederfinden. Die Wissenschaftler sind der Ansicht, daß die Zugvögel ihre gesamte Flugroute aufgrund von solchen Federn und Fäkalien festlegen. Alle Tiere tun das. Nur schon diese Tatsache sollte uns bewußt machen, daß wir nicht jeden Gegenstand, der von einem Tier stammt, einsammeln und behalten sollen. Wir müssen uns im klaren darüber sein, wie mächtig und heilig die Dinge sind, die wir für Kunstwerke oder beschützende Amulette verwenden. Dies ist die wissenschaftliche Basis der Zauberkraft von sogenannten Hexen und Zauberern, die mit den Teilen eines Tieres, Fingernägeln, Haaren und ähnlichem arbeiten. Eine Heilerin, die einen Patienten über weite Distanz hinweg heilen will, kann ihre Heilkraft auf einen Fingernagel oder eine Haarsträhne dieser Person oder noch besser auf eine Puppe, die nach dem Vorbild dieser Person gemacht wurde, konzentrieren, damit die Heilung stattfinden kann; dasselbe gilt unglücklicherweise auch für die negative Energie, die Schaden zufügt. – Denken Sie daran, daß auch die Hexen ein Sprichwort haben: Was man aussendet, kommt dreifach zurück. Denken Sie über niemanden etwas, von dem Sie nicht wollen, daß jemand anders das über Sie denkt.

Die Herstellung einer Puppe ist eine ausgefeiltere Version der Fetischherstellung. Es handelt sich meiner Meinung nach um eine komplexere und energiereichere Arbeit, die besonders für Frauen, die sich selber heilen wollen, von großer Tiefe ist. Eine Puppe kann die verschiedenen Aspekte eines Menschen verkörpern und kann auch ein Anstoß dazu sein, daß Sie einige Teile von sich selbst verstehen lernen, die bis dahin unsichtbar oder verborgen waren. Unter ihrer Leitung stellen die Schülerinnen von Cassandra Light lebensgroße Puppen her, die eine innere Struktur, bestehend aus Chakras und Gelenken, aufweisen; die Gesichter, Hände und Füße sind aus Porzellan; die Kostüme sollen die Persönlichkeit der Puppe, ein Märchen oder eine Geschichte darstellen, die in einem Traum oder einer Vision gesehen wurde. Ich habe viele Puppen gemacht, aber die interessanteste unter ihnen brauchte bis zu ihrer Vollendung mehrere Jahre und begleitete mich durch einen erstaunlichen Prozeß der Selbstentdeckung und Entfaltung. 1983, zu Beginn meiner Ehe mit Jonathan, wurde ich während einer ziemlich schweren Krankheit schwanger. Ich hatte die Krankheit, die mehrere Monate dauerte, in Mexiko aufgelesen. Während dieser Zeit fuhr eine unserer Mitbewohnerinnen eines Tages mit dem Fahrrad in die Berge von Santa Cruz, wo sie im Straßengraben einen kurz zuvor getöteten jungen Uhu fand. Sie brachte ihn nach Hause, und wir baten unsere Freundin Karen Vogel, ihn zu häuten, weil sie über eine instinktive, schamanische Verbindung zu den Tieren verfügte und, ohne ihre Ausgeglichenheit zu verlieren, mit toten Tieren umgehen konnte.

Die Eulen repräsentieren auf der ganzen Welt den Tod. Sie leben und jagen nachts, sie sehen im Dunkeln, und sie hatten schon immer mit Magie und Heilkraft zu tun. Überall auf der Welt sind die Schamanen mit der Eule verbunden, aber sie ist seit dem Übergang zum Patriarchat zu einem Symbol des Bösen geworden und hat die numinose Macht, über die sie einmal verfügt hatte, verloren. Eingeborene Völker scheinen die Eule mit Böswilligkeit und Unglück zu assoziieren und gehen ihr, wenn immer möglich, aus dem Weg – ob das aus eigenem Antrieb geschah oder aufgrund der spanischen (katholischen) Eroberer, ist nicht klar. In früheren Zeiten war die Eule jedoch eines der wichtigsten Attribute der Göttin gewesen. Sie hatte eine Schlange und einen Vogel als Begleiter, der meist die Form der Eule hatte. Ihre Weisheit, ihr nächtliches Bewußtsein und ihre schamanische Reise (Trance) wurden hoch geschätzt und verehrt. Im Land der Sumerer war die Eule ein Attribut von Lilith und Inanna und in Griechenland (und noch davor in Nordafrika, wo beide herstammen) von Athene und Medusa. In Indien gibt es eine Skulptur einer Göttin, die auf einer Eule reitet und die der sumerischen Lilith erstaunlich ähnlich sieht.

Innerhalb eines Monats nach unserer Zeremonie mit dieser speziellen Eule war die Beziehung unserer Wohnpartner in die Brüche gegangen, und ich hatte zur Wintersonnenwende eine Fehlgeburt gehabt. Die Gegenwart oder das Erscheinen der Eule in unserem Leben war wie das Klagen der gälischen Banshee – die Ankündigung eines bevorstehenden Todes. Die Eule hatte jedoch ganz eindeutig nichts mit diesen beiden Todesfällen zu tun und war also keineswegs dafür verantwortlich zu machen. Beide Ereignisse mußten geschehen. Mein Körper konnte in seinem geschwächten Zustand kein Kind austragen, und die Beziehung unserer Freunde war schon seit längerer Zeit auf ihr Ende zugegangen. Ich behielt die Flügel und die Krallen der Eule als ein Geschenk und eine Erinnerung an die numinose, heilende Gegenwart dieses Wesens, das die Güte gehabt hatte, in unserem Leben zu erscheinen.

Im nächsten Jahr zogen mein Mann und ich von Santa Cruz in die Wüste Arizonas, wo ich wieder schwanger wurde. Diesmal ging es mir gesundheitlich gut, und wir waren äußerst gespannt und freuten uns darauf, diese Schwangerschaft bis zur Geburt zusammen zu erleben. Ich lebte bewußt sehr gesund, um die besten Voraussetzungen zu schaffen. Etwa in der Mitte meiner Schwangerschaft mit Aaron Eagle hatte ich in der Zeit vor der Wintersonnenwende sehr starke innere Visionen einer großen Puppe mit den Flügeln und den Krallen der Eule. Ich fühlte mich dazu veranlaßt, eine solche Puppe zu machen, aber nur schon der Gedanke, so etwas zu tun, während ich schwanger war, verursachte in mir ein ungutes Gefühl. Ich stritt mit meiner inneren Stimme: Ich hatte Angst davor, die Körperteile der Eule zu verwenden, die ich mit meiner Fehlgeburt vor einem Jahr assoziierte. Meine innere Stimme aber beruhigte mich: Die Eule ist eine Beschützerin dieser Schwangerschaft; mach die Puppe. Jonathan und ich fanden einen Ast unseres Lieblingsbaums in unserem Wüstenhof bei dem Bach, an dem wir jeden Tag vorbeispazierten. Dies sollte der Körper der Puppe sein. Dann machte ich aus weißem Leder, das mir jemand geschenkt hatte, ein Kleid für sie. Als Gesicht nahm ich die Porzellanmaske, die ich vor Jahren in einem von Caseys Kursen für rituelle Kunst gemacht hatte. Während ich arbeitete, erhielt ich weitere Informationen über die Puppe und ihren Sinn. Sie sollte mit ausgebreiteten Flügeln als Beschützerin in der Nacht über Aarons Wiege hängen.

Ich kannte die Geschichte von Lilith. Ich wußte, daß sie die sumerische Göttin mit den Eulenfüßen und -flügeln war, die nachts die Kinder aus der Wiege stiehlt. Ich mußte daran glauben, daß es eine frühere Version dieser Geschichte geben mußte, auf die sich meine Seele bezog. Mehrere Jahre später erfuhr ich, daß Lilith ursprünglich die Beschützerin gebärender Frauen und danach ihrer neugeborenen Kinder gewesen war. Erst nach dem Übergang zum Patriarchat wurde sie dämonisiert und zu einer bösen Kinderdiebin gemacht.[11] In der Zwischenzeit hatten wir von einer Frau in Arizona gehört, die verhaftet worden war, weil sie ein Eulenskelett besaß. Sie wurde angeklagt, weil sie auf der Veranda ihres Hauses das Skelett einer Eule zum Trocknen aufgehängt hatte. Die Buße (für den Fall, daß sie für schuldig befunden würde) betrug fünftausend Dollar. Irgendwie unterbrach das meine künstlerische Tätigkeit. Ich konnte mich nicht dazu aufraffen, die Puppe zu vollenden, groß wie sie war, und sie dann im Wohnzimmer meines kleinen Ziegelsteinhauses in der Wüste aufhängen. Die Teile der Puppe wanderten in eine Schachtel, wo sie liegenblieben, bis ich Jahre später wieder zurück nach Berkeley zog und sie unbelastet beenden konnte.

Die Vollendung der Lilithpuppe fiel zusammen mit meiner Bekanntschaft mit Demetra George, mit dem Studium ihrer Nachforschungen und mit meinen Kursen über Mondlilith in ihren verschiedenen Erscheinungsformen. Während unseres Aufenthalts in Arizona, als ich die Puppe begann, befand sich Neptun im Transit zu meiner Schwarzen Mondlilith. Einige Jahre später, als ich sie vollendete, war es Uranus, der dieselbe passierte. Ich habe diese Geschichte im Kapitel über die Astrologie erzählt und wiederhole sie hier noch einmal, um hervorzuheben, wie wichtig es ist, seiner inneren Stimme zu folgen, wenn man künstlerisch tätig ist. Der Impuls kommt aus einer anderen Dimension, einer anderen Zeit. Im allgemeinen kennen wir nicht die ganze Geschichte dessen, was wir gerade tun. Kunst kommuniziert, und der Übermittler ist manchmal der letzte, der die Details erfährt.

Die Kunstwerke wollen ganz einfach erschaffen werden. Sie bedrängen das kreative Vehikel (den Künstler), bis er ihnen eine feste Form gibt. Ihr Zweck sind Heilung und Erweckung, die Stimulierung von verborgenen oder vergessenen Informationen und die Wiedererweckung von verloren geglaubten Archetypen und Bildern, die der Heilung in der Gegenwart dienen. Insbesondere für europäisch-stämmige Amerikaner kann die schamanische Kunst eine tiefgreifende Öffnung gegenüber der nicht-rationalen Welt bewirken – der Welt des Nichtwissens und Geführtwerdens, der Welt des erweckten Kindes. Wir können die uns vorenthaltene, natürliche Kindheit zurückfordern, die wir in unserer automatisierten High-Tech-Kultur des zwanzigsten Jahrhunderts in der amerikanischen Konsumgesellschaft nicht erleben durften. Durch magische Kunst können wir uns auf die Welt der Geister und der unsichtbaren Wesen einstimmen, die für die eingeborenen Völker der ganzen Welt eine Selbstverständlichkeit sind. Wir können so auch etwas von dem spüren, was die Natur, Gaia oder der «große Geist» von uns erwarten. Natürlich sind wir Westler ungeschickt und unsensibel gegenüber den subtilen Dingen, die ein erdverbundener Mensch intuitiv verstehen würde, und es unterlaufen uns aufgrund dieses ererbten, schwerfälligen Bewußtseins schwere Fehler. Wenn wir uns jedoch sowohl die erdverbundene Kunst als auch die Heilmethoden aus tiefstem Herzen zu eigen machen, wird es uns gelingen, einige unserer Fehler wieder gutzumachen und den Weg zurück zu einem harmonischen Leben im Einklang mit der Natur zu finden. Auch unseren ungesunden Lebensstil, an den wir uns bis zu diesem Zeitpunkt in Ermangelung eines besseren gehalten haben, können wir dann korrigieren. Alles, was man uns Tag für Tag in der Schule und in der Familie beigebracht hat, spricht gegen diese unsichtbare Welt und die kosmische Kraft, die ihr zugrunde liegt. Es fällt unserem Intellekt schwer, daran zu glauben, daß diese Dinge wirklich und wichtig sind. Wenn wir jedoch künstlerisch tätig sind, unsere Werke zu uns sprechen lassen und merken, wie sich dadurch unser Leben verändert, wird in unserem Körper und unserer Seele ein neues Weltbild entstehen. Wir wissen, daß die Eule zu uns gesprochen hat; wir spüren, daß diese Unterhaltung heilig war – das bedeutet, daß wir die alten Informationen, die solche Erfahrungen ins Reich des Aberglaubens oder des Bösen verbannen, neu überdenken müssen.

Die erste Puppe, die Cassandra Light machte, war eine uralte Frau namens Regina. Es war Liebe auf den ersten Blick, und ich kaufte sie Casey ab, schon bevor sie fertig war. Als sie in das Haus kam, das ich zusammen mit Karen Vogel bewohnte, hatten wir gerade damit begonnen, die *Motherpeace*-Bilder zu malen. Wir stellten Regina mit einem kleinen Magier-Tisch und einem Tarotkartenspiel vor sich in einem Kasten aus Glas und Holz in unserem Wohnzimmer auf. Sie war die Urzigeunerin, eine Art mythische Schamanin, die sowohl tibetische als auch mexikanische Elemente aufwies. Nachdem wir sie eine Weile lang bei uns gehabt hatten, beschloß Karen, für Regina Schuhe zu machen – kleine Mokassins, die sie mit einem feinen Muster aus winzigen

24 «Regina», die Hexe, die erste Puppe, die Cassandra Light in den 70er Jahren schuf und die der Autorin gehört. Vor ihr steht ein Magiertisch, und sie hält die Tarotkarten des Tages in ihren Händen. Foto von Craig Comstock.

Perlen bestickte. Casey hatte uns gesagt, daß wir Regina Schuhe anziehen müßten, wenn wir sie «aktivieren» wollten. In unserer Unschuld dachten wir: «Warum nicht?» Eines Tages besuchte uns eine ältere und weisere Lehrerin aus unserer Gemeinschaft. Als sie Regina sah, fragte sie: «Was tut ihr für sie?» Wir verstanden ihre Frage nicht. «Bringt ihr ihr jeden Tag frische Blumen und Räucherstäbchen?» Hmmm. Daraufhin begannen wir, genau das zu tun. Etwas später befragten wir unsere Freundin auch zu den neuen Schuhen. Sie riet uns, mit der Aktivierung der Puppe noch zuzuwarten. Sie sei ohne Schuhe in ihrem Kasten gut aufgehoben und könne uns helfen, weiße Magie zu betreiben. Wenn wir sie freiließen, sagte sie, würde uns Regina, die eine Schelmin sei, Schwierigkeiten ohne Ende bereiten. Diese Erfahrung, daß das leblose Produkt, das jemand mit eigenen Händen geschaffen hat und das das Resultat einer künstlerischen Vision war, ein Gefäß für einen Elementargeist mit eigenem Willen sein kann, war uns eine Lehre, die wir nicht so schnell vergaßen. Ich habe seither alle meine schamanischen Kunstwerke mit Respekt und angemessener Vorsicht behandelt.

Eine der wertvollsten künstlerischen Übungen, die ich meinen Schülerinnen im ersten Jahr aufgebe (und danach oft auch wiederhole), ist das Erstellen einer «Schatzkarte». Das Konzept der Schatzkarten entstammt der westlichen Lehre der Magie. Zum ersten Mal begegnete ich der Schatzkarte, als ich die Beschreibung einer kreativen Visualisierung las. Es geht darum, Bilder aus Magazinen und anderen Drucksachen auszuschneiden und so diejenigen Dinge darzustellen, die man sich auf dieser Welt wünscht. Sie möchten ein neues Auto? Kleben Sie ein Bild des gewünschten Typs auf Ihre Schatzkarte. Wünschen Sie sich ein Haus, Geld oder eine Reise nach Neuguinea? Kleben Sie ein Bild davon auf, und konzentrieren Sie sich darauf, es in Ihr Leben zu bringen. Einerseits ist das kraß und materialistisch und entspricht der modernen amerikanischen Denkensart. (Der genußsüchtigste, narzißtischste und schmählichste Aspekt der New-Age-Bewegung ist der trügerische Glaube, daß man alles haben kann, was man sich wünscht, und die daraus resultierende Tendenz, sich ein Leben lang auf sich selbst und seine materielle Existenz zu konzentrieren. Wenn es wahr wäre, daß man alles haben kann, warum hat dann nicht jeder Erdenbewohner genug zu essen, ein Dach über dem Kopf, Kleider und wird liebevoll umsorgt? Ist der kreative Visualisierer so wertvoll im Universum, so speziell in den Augen des Göttlichen, daß er es verdient, alles zu besitzen? Ich wage es zu bezweifeln.) Andererseits zieht die Schatzkarte auf einer tieferen Ebene die Persona von ihrem Alltagstrott weg und läßt so die innere Stimme zu Wort kommen. Wenn Sie es schaffen, die Bilder auszuwählen, ohne darüber nachzudenken, und alles herauszunehmen, was dem Kind in Ihnen gefällt, während Sie mit den Heften spielen, werden Sie schließlich Dinge auf Ihrer Schatzkarte finden, von denen Sie keine Ahnung hatten, daß sie zu Ihren Wünschen gehören, und die Ihnen sogar ein etwas mulmiges Gefühl vermitteln könnten. Letztlich handelt es sich dabei um eine Gelegenheit, gegenüber dem «höheren Ich», der «höheren Macht» oder dem «Universum» eine Verpflichtung einzugehen und ein Versprechen auf sich zu nehmen.

Die Frauen in meinen Kursen wählen Bilder des Weltfriedens, von Kindern der ganzen Welt, die genügend zu essen haben, von heiligen und erfüllenden zwischenmenschlichen Beziehungen, von liebevoller Beschäftigung mit den Kindern und so weiter – nebst Bildern, die mit der konkreten Verantwortung im Zusammenhang stehen, die sie für das Leben auf dieser materiellen Welt übernommen haben. Ja, wir wollen ein schönes Haus, genug Geld, um die Miete bezahlen zu können, und eine Beschäftigung, die sinnvoll ist und einen nicht erdrückt. Wer wollte diese Dinge nicht haben? Die vielleicht tiefste Form der Kreativität, mit der sich eine Shakti-Frau auseinandersetzen muß, ist die Erfindung ihres eigenen Lebens, die eigentliche Festlegung ihres Schicksals. Anstatt in der Opferrolle zu verharren, muß die Shakti-Frau ihre Schwingungen erhöhen und ihre Kreativität so gestalten, daß sie damit die Miete bezahlen und ihre Kinder ernähren kann. Sie muß sich aus dem Würgegriff der Wirtschaft befreien, wo sie als unterbezahlte Handlangerin nur ein Rädchen im Getriebe des Patriarchats ist; sie muß lernen, ihre kreative Ausdrucksfähigkeit und ihre Heilkraft zum Wohl der Gemeinschaft einzusetzen. Wir müssen die Verantwortung für die Gestaltung unseres Lebens und das unserer Kinder viel bewußter angehen, damit wir der Welt dienen können. Uns steht diese Möglichkeit offen, denn die meisten Amerikaner haben genügend zu essen, ein Zuhause und müssen nicht dieses unbeschreibliche Leid tragen, dem unsere Schwestern in anderen Ländern täglich ausgesetzt sind. Wenn die Frauen, die sich mit heilender Kunst befassen, schließlich nur noch jammern, sich eingeengt, verletzt, unzulänglich und nicht genügend geliebt fühlen, dann verschwenden wir unsere Zeit und unser Leben in einem Bewußtseinszustand, den ich als Prinzessinnen-Bewußtsein bezeichnen möchte.

Die Frauen in meinen Kursen, die Schatzkarten erstellen, wählen auch Bilder von Krafttieren, die sie kürzlich in ihren Träumen oder auf Trancereisen angetroffen haben. Vielleicht wissen sie nicht, was das Tier bedeutet, aber sie verlassen sich darauf, daß der Dialog oder die Kommunikation durch den täglichen Kontakt verbessert werden kann. Manchmal stellen sie dem Krafttier ein Foto ihres Kindes gegenüber, um so den Schutz auf das Kind zu übertragen. Manchmal wünschen sie sich etwas für ihre Ehe oder ihre spirituelle Arbeit, bitten um Führung oder Hilfe. Manchmal entstehen aus den Schatzkarten, die ja eigentlich aus aufgeklebten Ausschnitten aus Heften bestehen, kunstvolle Mandalas, ein wunderschöner, künstlerischer Ausdruck von etwas, das jenseits der individuellen Frau liegt, das aber durch sie und ihre speziellen Wünsche spricht. Wie beim tantrischen Yantra geht es bei der Scheinwelt dieser sprechenden Bilder, die der Heilung und dem Wachstum des Göttlichen im Leben eines Menschen dienen sollen, um eine magische und meditative Handlung. Der Geist spricht durch das Ego, die Seele äußert sich durch die Auswahl und die Wahrnehmung dessen, was gewünscht wird.

Nach der Vollendung der Karte müssen die Frauen darauf achten, welche ihrer Wünsche sich manifestieren und auf welche Art sie sich manifestieren. Manchmal beginnt die Manifestation sofort. Ich erinnere mich, daß ich einmal ein Bild von einer schönen Ruine irgendwo in Südamerika aufgeklebt hatte und daraufhin einen Brief von einem Reisebüro erhielt, in dem mir günstige Reiseangebote für das nächste Jahr offeriert wurden. Ich konnte nur lachen über diese oberflächliche Synchronizität. Dann erhielt ich einen völlig überraschenden Anruf, durch den ich angefragt wurde, ob ich für zwei Wochen in Chile unterrichten möchte, obwohl ich noch niemals außerhalb meines eigenen Landes gereist war – ich akzeptierte. Wenn die Gegenstände der Schatzkarte Wirklichkeit werden, klebe ich einen goldenen Stern darüber, als eine Art Dankeschön an das Universum. Ich ermutige auch andere dazu, die erfolgreiche Manifestierung formell anzuerkennen, sich zu bedanken und unsere Mitkreativität wahrzunehmen. Die Kreativität dieser Aufgabe liegt in der Tatsache, daß Sie sich selber erlauben, Wünsche zu haben, deren Erfüllung für Sie unvorstellbar ist. Als ich das Bild von Südamerika aufklebte, hatte ich keine Ahnung davon, wie ich dorthin gelangen würde. Wäre es nicht schrecklich gewesen, wenn ich mich nun deshalb hätte davon abhalten lassen, den Wunsch zu äußern? Ich überließ mich einfach meinem Gefühl, daß ich diese Erfahrung wirklich wollte, und dann wurde das Ganze wahr, und zwar auf eine Art und Weise, wie ich sie mir nie selber so interessant hätte vorstellen können.

Die esoterische Wissenschaft spricht häufig von der Notwendigkeit, den persönlichen Willen mit dem höheren spirituellen Willen in Übereinstimmung zu bringen, um ein aktives und effektives Leben im Dienste der anderen führen zu können. Die meisten westlichen Frauen haben nicht viel Erfahrung bei der Anwendung eines gut entwickelten persönlichen Willens, geschweige denn bei dessen Anpassung an den höheren Willen. Wir beginnen deshalb mit dem Akzeptieren und Zulassen der persönlichen Wünsche, damit sie dem Ich bewußt werden, während sie aus dem Inneren auftauchen. Wir glauben, daß es eine organische Verbindung gibt zwischen dem, was jemand im Innersten wünscht, und dem, was auf einer höheren Ebene von der Seele oder dem Universum von einer Person erwartet wird. Wenn es uns gelingt, solche Formen einzuüben, die uns mit dem, was wir für uns selbst, unsere Lieben und letztlich für den Planeten wünschen, in Berührung bringt und bewußt macht, dann können wir langsam den Weg für ihre Manifestierung durch unsere individuellen Wünsche öffnen. Diese Wünsche stimmen auf ganz natürliche und organische Weise mit den Wünschen und Bedürfnissen des Planeten überein. Ich glaube, daß diese Unterdrückung der tiefen, echten Wünsche der Frauen (für sich selbst und für andere) dazu geführt hat, daß wir im Alltag geopfert und für die Befriedigung männlicher Wünsche benutzt werden, daß wir zu Konsumentinnen von Produkten geworden sind, die wir weder wollen noch brauchen, und daß wir in unserer Kultur von den dominanten Männern wie Schachfiguren herumgeschoben werden.

Die inneren Bilder der Frauen sind für die Schaffung einer neuen Welt von großer Bedeutung. Wir müssen das zum Ausdruck kommen lassen, was in unserem Inneren steckt, auch wenn es uns angst macht. Das Zeichnen mit der linken Hand ist eine der einfachsten und erfolgreichsten Methoden, um die inneren Bilder zu Papier zu bringen. Ich meine damit das nicht-dominante Zeichnen oder unkontrollierte Zeichnen. Es entspricht dem, was man als Zeichnen mit der rechten Gehirnhälfte bezeichnet. Mein Vorgehen ist einfach. Ich verteile weißes Papier und Füllfederhalter mit schwarzer Tinte und bitte dann die Frauen, diejenige Hand zu gebrauchen, mit der sie normalerweise nicht schreiben. Ich gebe ihnen etwas Zeit, um still zu werden, dann beginnen sie, den Füller ohne bestimmtes Ziel auf dem Papier zu bewegen. Man kann das mit einer Miniatur-Seelenanalyse vergleichen. Während sich die vom Ego nicht geplanten Linien zu Zeichnungen verdichten, beginnt die Zeichnerin in diesem Durcheinander langsam etwas zu erkennen. Manchmal ist es ganz klar erkennbar eine Darstellung, die von jedermann als Tier, Mensch oder sonst etwas Konkretes erkannt werden könnte. Manchmal handelt es sich jedoch nur um ein Chaos von Linien, die etwas Abstraktes darstellen; sie enthalten jedoch für die Künstlerin ein bestimmtes Gefühl oder eine bestimmte Bedeutung. Ich lasse die Frauen ihr gegenwärtiges Gefühl zeichnen. Dann zeichnen sie das, was eine bestimmte Art der Musik in ihnen auslöst, die ich ihnen vorspiele, oder sie malen sich gegenseitig und so weiter. Man kann das mit allem tun. Wenn Sie den Stift in derjenigen Hand halten, die zu wenig Übung hat, um «Kunst» machen zu können, wird Ihr Verstand in dieser aussichtslosen Sache resignieren und das Feld räumen. Sobald dieser beherrschende Teil Ihrer Persönlichkeit aus dem Weg ist, werden Sie ein starkes Gefühl der Freiheit in Ihrem Körper und in Ihren Bewegungen feststellen können.

Ich hatte das Zeichnen mit der linken Hand zufälligerweise in der Zeit entdeckt, als ich mit der Heilung meiner Augen beschäftigt war, und praktizierte es danach während mehrerer Jahre. Ich zeichnete Bilder von jeder Person in meinem Leben, was interessante Analysen über meine Kinder, meine Partner, meine Lehrer oder Kursbekanntschaften ergab. Es handelt sich bei dieser Methode um «intuitives Zeichnen», das uns einen erweiterten Wahrnehmungsbereich erschließt. Ich habe Aufzeichnungen darüber gemacht und manchmal meine Zeichnung dem Porträtierten gezeigt. Wir konnten dabei immer etwas erkennen, das mit dem aktuellen Geschehen im Leben der betroffenen Person in Zusammenhang stand. Es half mir zu verstehen, daß wir über eine enorme Wahrnehmungsfähigkeit verfügen, die größtenteils ungenutzt bleibt, und daß diese Fähigkeit gänzlich mysteriöser Natur ist. Ich konnte meine Zeichnungen nicht manipulieren oder so gestalten, daß sie immer nach demselben System aufgebaut waren; sie entzogen sich jeglicher Kontrolle oder bewußten Nutzung. Jedesmal wenn ich versuchte, sie in irgendeiner Weise zu steuern, verließen sie mich, und es geschah gar nichts. Das beste Beispiel dafür waren einige Zeichnungen, die lesbare Schrift enthielten, wenn man sie auf den Kopf oder die Seite stellte. Umgekehrte Buchstaben, die ich linkshändig und ohne bewußten Gedanken geschrieben hatte, wurden zu Wörtern, die ich lesen konnte, wenn ich das Blatt umdrehte. Das war fast zuviel für meinen Verstand. Es gelang mir nie, es nochmals «geschehen zu lassen». Da ich aber im Laufe von ein oder zwei Tagen mehrere solcher Zeichnungen gemacht hatte, konnte ich dieses Erlebnis nicht von der Hand weisen. Schließlich wurden meine linkshändig gezeichneten Bilder so klar wie diejenigen, die ich mit der rechten Hand machte – Übung macht den Meister, auch hier. Nachdem ich über tausend Zeichnungen gemacht hatte, verlor ich jegliches Interesse an der Sache, da mein Verstand diese Tätigkeit offensichtlich unter seine Kontrolle gebracht hatte.

Was ich bis jetzt beschrieben habe, ist eine spezielle Art der Kunst – schamanische, heilkräftige Kunst –, die jedoch in keine der von unserer Kultur anerkannten Kunstkategorien paßt. Ich bin keine Künstlerin im eigentlichen Sinn des Wortes: Ich male, bildhauere oder gestalte nicht regelmäßig, und ich verkaufe meine Werke nicht. Für meine Schülerinnen und wahrscheinlich die meisten Menschen in unserer Kultur ist das im allgemeinen ebenfalls so. Wir kreieren keine Kunstwerke, die verkauft werden, die in die Welt hinausgehen und so Veränderungen bewirken können. Künstler sind empfänglich für Kulturgefühle und schaffen Bilder, nach denen die Kultur hungert, ohne es zu wissen. Einige Künstler sind Visionäre, die in die Zukunft sehen und darstellen, wer oder was wir dann sein werden; einige sind politisch aktiv und führen uns unsere Probleme in übertriebener, überlebensgroßer Form vor Augen. Wenn man die künstlerische

Tätigkeit aber im Sinne des von mir beschriebenen Prozesses versteht, dann kann jeder von uns Künstler sein, so wie das wahrscheinlich in jeder wirklich schamanischen Kultur der Fall sein würde. Ich habe zum Beispiel gehört, daß alle Balinesen entweder malen oder musizieren. In der Stammeskultur der Huichol im Westen von Mexiko sind alle Mitglieder entweder Künstler oder Schamanen. So drückt sich die Lebenskraft der Menschen aus. Es ist eine natürliche Form des Menschseins und eine normale Art, die Wirklichkeit wahrzunehmen und mit der Gemeinschaft zu teilen.

Wenn wir erwachsene Bewohner der westlichen Welt schamanische Kunst zu unserer eigenen Heilung oder zur Heilung anderer Menschen schaffen, dann geht es teilweise auch um die Heilung der Wunde, die wir uns durch unsere Loslösung von der Natur selbst zugefügt haben. Die Kommentare von Zeichnungslehrern, die uns sagten, daß wir etwas nicht «richtig» zeichneten, oder von Musiklehrern, die uns vorhielten, daß wir nicht «richtig» singen konnten, haben schließlich zur Unterdrückung des natürlichen und freien Ausdrucks geführt. Kinder drücken sich mit Vorliebe durch Zeichnungen, Gemälde, Skulpturen oder Klänge aus. Welch lähmenden Schmerz müssen wir alle in uns tragen, weil wir glauben, daß wir im Zeichnen, Singen und in anderen Dingen, die man uns abgesprochen hat, «unbegabt» sind. Insbesondere Frauen scheinen aufgrund mangelnden Vertrauens in die eigenen Fähigkeiten blockiert zu sein. Ich denke oft, daß es für mich ein Glück war, daß ich nicht zeichnen konnte, als ich die *Motherpeace*-Bilder schuf. Hätte ich eine richtige Ausbildung gehabt, dann wäre es dem Kleinen Volk nicht möglich gewesen, sich zu offenbaren!

Ich bin in einer ländlichen Gegend im Staat Iowa, in der Nähe der berühmten «Indian Mounds» (Indianerhügel), in einem alles anderen als intellektuellen Umfeld aufgewachsen. Als ich mit sechzehn Jahren zum ersten Mal nach Chicago, der nächsten Großstadt, fuhr, und auch bei späteren kurzen Besuchen als junge Erwachsene, zog es mich zum «Art Institute» (Kunstmuseum), wo ich voller Bewunderung für die Gemälde und Skulpturen umherwanderte und mich fragte, wie jemand wissen konnte, was gut war und was nicht, was große Kunst war und was nicht. Ich konnte es nie herausfinden, obwohl ich am College einen Kurs in Kunstgeschichte besuchte. Bevor ich heiratete und Kinder hatte, studierte ich ein Jahr lang an der Universität von Iowa. Als erstes trat ich einer Schwesternschaft (Pi Beta Phi) bei. Das Universitätsgelände war durch einen Fluß in zwei Gebiete unterteilt. Es wurde dort unterschwellig, aber offensichtlich ein Unterschied gemacht zwischen den «braven Mädchen», die auf dieser Seite des Flusses wohnten, und den «schlechten Mädchen», die den Fluß überquerten, um Kunst- und Schauspielkurse zu besuchen. Mein Kurs in Kunstgeschichte interessierte mich eher aus diesem Grund als wegen des Inhalts, an den ich mich kaum erinnern kann, obwohl ich die Dia-Vorlesungen gerne besuchte. Die Mädchen mit den schwarzen Trikots und Strümpfen oder Hosen (Pi-Phi-Mitglieder durften auf dem Universitätsgelände keine Hosen tragen) faszinierten mich und zogen mich unwiderstehlich an; sie schienen auf gefährliche und unbeschreibliche Weise freier zu sein als ich. Später heiratete ich brav einen zukünftigen Offizier der Fliegertruppen und stand weiterhin wie verzaubert vor den impressionistischen Gemälden des *Art Gallery Institute*, so oft ich in Chicago war. Aufgrund meiner für den mittleren Westen typischen Haltung gegenüber jeglichen intellektuellen Themen kam ich zum Schluß, daß ich zwar von Kunst wirklich nichts verstehe, aber immerhin weiß, was mir gefällt.

Als ich mich der Göttin zu öffnen begann und von den alten Kulturen erfuhr, die sie verehrt und nach den weiblichen Prinzipien gelebt hatten, begann ich auch die Kunst in einem Licht zu sehen, welches meinen ersten Eindruck ihrer gewaltigen Kraft noch verstärkte. 1973 las ich ein Buch mit dem Titel *Am Anfang war die Frau* von Elizabeth Gould Davis, das meinen Geist sprengte.[12] Irgendwie wurde das geheime Wissen der früheren matriarchalischen Kulturen zu meinem zentralen spirituellen Thema. Und als ich Karen Vogel kennenlernte (sie eine Anthropologin und ich eine feministische Historikerin), hatten wir beide das unstillbare Bedürfnis, in Erfahrung zu bringen, was mit den Frauen geschehen war. Wie kam es dazu, daß wir unsere Macht verloren? Als wir beide 1976 nach Berkeley zogen, verbrachten wir das erste Jahr damit, alle Kunstbücher der öffentlichen Bibliothek in Berkeley zu studieren, und wir betrachteten ehrfürchtig die uralten Frauen- und Göttinnenfiguren aus aller Welt. Was die Wissenschaftler auch über die von ihnen besprochenen Figuren sagen mochten, die Figuren selber hatten immer eine viel interessantere Geschichte zu erzählen. Ich begann zu verstehen, daß die Bilder in Wirklichkeit eigentlich mehr Wahrheit vermitteln können als die Sprache. Wie die Körpersprache Geheimnisse verrät, die wir in unseren alltäglichen Personas zu verstecken versuchen, erzählen die Figuren die ihnen zugrunde liegende Geschichte jeder historischen und prähistorischen Periode der Welt. Da die Archäologie nur auf ausgegrabenen Gegenständen aufgebaut ist, bleibt uns nur, die Darstellungen dieser lange verloren geglaubten Aspekte einer verschwundenen Kultur und Zivilisation zu interpretieren. Die Archäologie betrachtet die Fundgegenstände im Rahmen einer eng definierten Theorie. Es gibt aber keinen Grund, warum man das tun müßte. Man kann beispielsweise die Frauenfiguren aus Sumer oder Kreta auch einfach betrachten und dabei in ekstatische und sogar fast mystische Begeisterung geraten. Sie sind heilig, und es gibt in unserer sehr profanen Welt nicht viele Wissenschaftler, die das in Worte fassen können, was die Figuren aussagen.

Zuerst las ich die Standardinterpretationen der Geschehnisse auf Kreta, in Ägypten oder im Nahen Osten, dann schaute ich die Figuren an und versuchte herauszufinden, was sich dort sonst noch ereignet hatte, was darin nicht vorkam. Als ich die Bilder von mächtigen Frauen betrachtete – Frauen, die offensichtlich Selbstvertrauen hatten und innerhalb ihrer Kultur eine wichtige Position innehatten –, überkam mich ein unbeschreibliches Gefühl der Numinosität. Die Tatsache, daß die Männer, die die wissenschaftlichen Bücher geschrieben hatten, sie tanzende Mädchen oder Sklavinnen oder Tempeljungfrauen nannten, wurde immer unwichtiger. (Ich mag ja nichts von Kunst verstehen, aber ich weiß, was mir gefällt.) Die Beweise waren überall. Ich verbiß mich in die Lektüre von traditionellen Texten und studierte die Darstellungen, die die Theorien ganz klar Lügen straften. Ich begann selber in der Geschichte zurückzugehen und sammelte

Hinweise, verfolgte die Völkerwanderungen während der Übergangsphase aufgrund der Kunstgegenstände und Abbildungen von Frauen, die zu verschiedenen Zeiten an verschiedenen Orten auftauchten. Karen und ich hatten auch schon in Betracht gezogen, eine detaillierte Zeitlinie mit aufgeklebten Kunstwerken aus der Frühzeit zu erstellen, die sich in einem Kreis entlang den Wänden eines Zimmers erstrecken sollte. Wir waren entschlossen, der Sache auf den Grund zu gehen. Heute hat natürlich die brillante Arbeit von Marija Gimbutas all das dokumentiert und durch perfekte wissenschaftliche Arbeit fundiert, was wir intuitiv gespürt hatten und was uns angespornt hatte. Ihr Werk *The Language of the Goddess* ist eine wissenschaftliche Systematisierung, die der Lebensphilosophie, dem gesamten Paradigma und der Sicht der Realität, die die alten, matriarchalischen (frauenorientierten) Kulturen geprägt hatten, eine Struktur verlieh. Die *Motherpeace*-Bilder, die schließlich aufgrund all dieser leidenschaftlichen Nachforschungen entstanden, stehen heute Frauen und Männern für die verschiedensten Zwecke im täglichen Leben zur Verfügung.

Man kann die Karten der Stäbe betrachten, wenn man sich körperlich in das Leben und die Zeit vor den Dynastien hineinfühlen will, die Unter- und Oberägypten zu einem Land vereint hatten. Die Priester-Schreiber, die das Land kontrollierten, führten auch die Sklaverei, die Klitorisentfernung und die Klassengesellschaft ein. Wenn Sie die Kelch-Karten lesen, werden Sie intuitiv verstehen, wie Kreta hätte gewesen sein können, als es matriarchalisch war, als man die Toten noch in runden Gemeinschaftsgräbern bestattete und die Rituale und Zeremonien von Priesterinnen geleitet wurden. Jede Tarotkarte ist ein Potpourri an Informationen über die Geschichte und schamanische Heilpraktiken, die nicht nur auf Nachforschungen beruhen, sondern auch auf persönlichen Erfahrungen mit Yoga und Heilung. Eine schamanische Künstlerin kann auf kleinem Raum viel aussagen, da sie das Bild aus Konzepten und dem Wissen entstehen läßt, die vermittelt werden sollen. Die Bilder erhalten so die Fähigkeit, zu ihrem Betrachter zu sprechen. Sie sind nicht einfach nur da, um angeschaut zu werden. Jegliche Art der schamanischen Kunst verfügt über diese magische Fähigkeit, den Betrachter durch eine direkte Übermittlung der Energie anzusprechen, die bei ihrer Schaffung in sie gesteckt wurde. Die Betrachterin oder Benützerin eines bestimmten Bildes hat Teil an der schamanischen Energie und Erfahrung, die ihm zugrunde liegt. Wenn Sie also etwas über Trance erfahren wollen, können Sie zum Beispiel einige Zeit über dem Sohn der Kelche meditieren und so langsam Zugang finden zur Trance selber.[13]

Die Bilder einer schamanischen Künstlerin in Trance können natürlich auch Informationen vermitteln, die dem rationalen Bewußtsein der Künstlerin unter normalen Umständen nicht zur Verfügung stehen. Sie können auch in die Ausbildung, die die Schülerinnen des Schamanismus normalerweise durchlaufen, integriert werden. Ein Autor hat dieses Thema im Zusammenhang mit der Hieroglyphensprache der Maya-Schamanen aufgegriffen.[14] Aus diesem Grund ist es auch heute noch so, daß die *Motherpeace*-Karten uns Informationen übermitteln, von denen Karen und ich nichts wußten, als wir die Bilder malten. Manch-

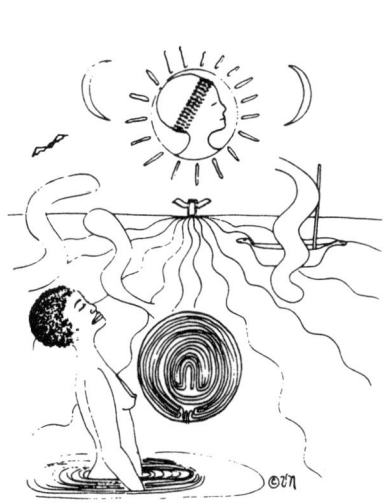

25   Die *Motherpeace*-Karte «der Mond», gezeichnet von der Autorin. Achten Sie auf das Flügeltor im Hintergrund des Bildes, das die erfolgreiche Durchquerung der unbewußten Welt der Initiation und die Befreiung ins Licht repräsentiert. Beachten Sie aber auch, daß es zu der Schwanzflosse eines Wals werden kann, die dem labyrinth-ähnlichen Eingangstor die bedrohendere Bedeutung des offenen Walschlunds verleiht. Die verschlingende Mutter lädt die Initiierte ein, einzutreten, wenn sie den Mut dazu hat.

mal finden wir aufgrund irgendeines Ereignisses heraus, weshalb wir ein bestimmtes Tier oder eine bestimmte Pflanze in einem bestimmten Sujet integrierten. Als ich zum Beispiel die *Motherpeace*-Karte «der Mond» zeichnete, hatte ich bestimmte intellektuelle Vorstellungen im Kopf, mit deren Hilfe ich Themen wie die alten Kulturen und die Initiation der Frauen darstellen wollte. Ich zeichnete Bilder von Frauen, die sich freiwillig ins Meer (das Unbekannte) begeben (die Abstiegsinitation wie bei Inanna) und sich für ihre Orientierung auf andere Sinne verlassen müssen als ihr rationales Tagesbewußtsein (Fledermäuse, die Ultraschall verwenden). Da war auch ein seetüchtiges Boot (Reise durch die Nacht) für die Eingeweihte, damit sie zum uralten, magischen Labyrinth gelangen kann, von dem man auf Kreta, in Indien, Arizona und auf der ganzen Welt Überreste gefunden hat. Erscheinungen aus der Astralebene schweben umher (das Übersinnliche und die Intuition), welche den Zauber und die Illusionen, die normalerweise in dieser Karte enthalten sind, noch verstärken. Zuletzt zeichnete ich ein geflügeltes Tor, das ich aus Erich Neumanns Buch *Die große Mutter*[15] entnommen hatte und das Tor am Ziel des Weges repräsentiert, durch das die Initiierte jubelnd in das Licht am Ende des dunklen, nächtlichen Tunnels der Seele auftaucht. All das weist auf einen sehr bewußten und durchdachten Initiationsprozeß hin, nicht wahr? In meinem ersten *Motherpeace*-Kurs äußerte jedoch eine Schülerin die Ansicht, daß das geflügelte Tor ganz offensichtlich die Schwanzflosse eines Wals sei. Erst da erkannte ich, daß ich auch das Bild von jemandem gezeichnet hatte, der unausweichlich in den offenen, labyrinthähnlichen Schlund des Wals (nach Neumann die Große Mutter in ihrer verschlingenden Gestalt) gezogen wird und einen schamanischen Abstieg erlebt, den er vielleicht gar nicht gewollt hatte. Kein Wunder, daß die traditionellen Tarot-Künstler die Mondkarte mit Angst und Schrecken in Verbindung bringen!

Dies ist eine der unendlich vielen Gelegenheiten, wo das, was wir über unsere Handlungen dachten, einer Ebene der Wirklichkeit entsprach, und das, was durch uns geschah, einer anderen angehörte. Zum Glück waren wir für Vorgänge dieser Art offen. Auch heute noch, wenn ich von den Bildern etwas Neues lerne, empfinde ich große Wertschätzung für das Mysterium und Respekt vor der unsichtbaren schamanischen Welt. Es gibt so vieles, von dem wir nichts wissen und das wir nicht verstehen – soviel wirklich Magisches. Wir gehören einer Kultur an, die alles zu messen und zu formulieren versucht, so daß man schließlich einfache, schwarz-weiße Systeme definieren kann, obwohl nichts in der schamanischen Welt so aufgebaut ist. Alles ist metaphorisch und besteht aus mehreren gleichzeitig stattfindenden Ereignissen, die alle gleich wichtig, aber nicht unbedingt immer für alle von gleich großem Interesse sind. Das Ego fühlt sich bedroht durch eine solche Auffächerung, solch ambivalente Symbole, wie man das in der Wissenschaft nennt. Man muß schon fast eine Dichterin oder Künstlerin sein, um ein solches Ausmaß an Substanzlosigkeit verarbeiten zu können. Die Kunst bietet uns eine Möglichkeit des direkten Austauschs und der Kommunikation mit den Wesen und dem Bewußtsein des Mysteriums, auch wenn sie es uns nicht erlaubt, das Ganze mit unserem Verstand zu erfassen. Das Wichtigste, das mich Cassandra Light über die Kunst lehrte, war die Erkenntnis, daß es keine Fehler gibt. Was während dem Entstehungsprozeß geschieht, ist heilig und wichtig. Wenn etwas zerbricht, über die Linien hinausschießt oder auseinanderfällt, dann ist das alles ein Teil dessen, was durch die Künstlerin geschehen soll. Die einzig richtige Reaktion darauf ist, sich dem nicht in den Weg zu stellen, die Intelligenz des Vorgangs selber zu bewundern und sich an der unerwarteten und manchmal außergewöhnlichen Schönheit zu freuen, die durch unsere «Fehler» oder unfreiwilligen Bewegungen entsteht. Sobald das Kunstwerk beendet ist, lebt es weiter, um zu heilen und die Seele zu beeinflussen, denn es beherbergt ein lebendes Wesen, das sich dieses Werk ausgesucht hat und das wir – wenn wir fähig wären, es zu sehen – wahrscheinlich auch als die ursprüngliche Inspiration erkennen würden, die das Projekt überhaupt ermöglicht hat.

Die Sexualität der Frauen: Die Rückkehr in den Garten

Obwohl die Sexualität vordergründig nichts mit Schamanismus zu tun zu haben scheint, ist sie trotzdem sehr stark mit ihm verbunden. Eine Frau, die die schamanische Heilkunst ausübt, wird früher oder später erleben, daß ihre sexuelle Energie erwacht, und sie muß lernen, mit diesen Energien zurechtzukommen und zu arbeiten, genauso oder noch ausgeprägter als mit anderen Energien. Das Sexualleben einer Frau hängt von ihrer Erdverbundenheit, ihrem Selbstbewußtsein und ihrer Fähigkeit ab, transformierende Kräfte und Energien zu übermitteln. Einer der häufigsten Kommentare zu den archäologischen Frauenfiguren betrifft ihre offensichtlich sexuelle Natur, was für uns ein Hinweis ist, daß es sich um eine Art der Darstellung handelt, die sowohl heilig als auch auf aktive Weise sexuell war. Da die Frauen im Westen hauptsächlich als Sexobjekte und/oder als Mittel zur Reproduktion betrachtet werden, stellt jeder Prozeß, der eine Frau zum Subjekt macht (mit Macht über ihr eigenes Leben), ihre sexuelle Rolle in Frage. Mächtige Frauen (Schamaninnen, Heilerinnen, Lehrerinnen, Führerinnen, Medizinfrauen) sehen sich häufig mit der Tatsache konfrontiert, daß man sie nicht mehr als «richtige Frauen» betrachtet. Ihre innere Kraft wird mit Männerhaß, Kastrationsabsichten oder «schwarzer Magie» in Verbindung gebracht. Es geht hier um grundlegende Anklagen: Sie seien Lesben und Hexen. Die schlimmsten Namen, die man Frauen gab, um sie unter Kontrolle zu halten, haben mit ihrer Sexualität zu tun: «Nutte», «Flittchen», «Saufutze», «Hexe». Die Angst der Männer vor der Macht der Frauen ist tiefverwurzelt, denn sie ist über einen Zeitraum von Tausenden von Jahren entstanden; die Angst der Frauen vor der eigenen Macht hat ebenfalls eine ziemlich lähmende Wirkung. Eine Frau, die ihre

Sexualität – aufgrund ihrer ureigensten Erfahrungen und ihres eigentlichen Wesens – zum Ausdruck bringt, gibt es heute nicht mehr, denn wir sind alle geprägt von einer männlich dominierten Gesellschaft, in der die Männer die Frauen hauptsächlich zum Erwecken und Befriedigen ihrer abartigen, sexuellen Lust gebrauchen. Aus dieser Sicht ist es absolut aussichtslos für uns, jemals erkennen zu können, wie die Welt des Femininen aussieht, abgesehen von unserem blinden Versuch, sie mit Hilfe unseres Instinkts aufzuspüren.

Wir leben in einer Kultur, die eine Vergewaltigung als sexuellen Akt definiert. Einer von acht Hollywood-Filmen enthält Vergewaltigungsszenen, und Untersuchungen haben ergeben, daß Männer, die Vergewaltigungen am Bildschirm sehen, das Gefühl dafür verlieren, welchen Schmerz eine solche Handlung den Frauen zufügt.[1] Man überhäuft uns mit Bildern und Werbespots, in denen der weibliche Körper und seine erotische Ausstrahlung als Lockmittel für den Verkauf von Produkten mißbraucht werden. Die Pornographie, die ja schon immer schlimm war, wird mit jedem Tag schrecklicher und bewegt sich auf die unvermeidliche Limite einer Kultur zu, die den männlichen Orgasmus dem Tod gleichsetzt. Es gibt nur wenige, die sich überwinden können, etwas dagegen zu sagen, denn man will weder die «Zensur» noch die «Repression» fördern. Daß eine liberale Kultur Inzest, Kindsmißbrauch, Vergewaltigung und körperliche Gewalt gegenüber der Ehefrau akzeptiert, weil sie nicht als repressiv gelten will, ist völlig absurd und schreit zum Himmel. Vor dem Hintergrund dieser Ausgangslage kann man auch verstehen, daß die Menschen, die diese alten Figuren von heiligen Frauen betrachten, verwirrt sind durch das, was sie sehen. Unsere Kultur stößt sich an nackten Frauen, die niemandes Eigentum sind, denn man stuft sie als primitiv ein. Aber schauen Sie sich einmal ihre Augen und ihre selbstbewußte Haltung an, die auch noch einige Tausend Jahre später soviel Würde ausstrahlen. Einige der ältesten Figuren von Schlangen- und Eulenfrauen sehen aus wie Menschen, die hart arbeiten und sich auf eine Tätigkeit konzentrieren. Ihre Nacktheit und ihre heilige Ausstrahlung sind für uns fast zuviel des Guten; der Widerspruch ist zu groß. Wir nennen sie Tempeldirnen und tanzende Mädchen, damit wir uns ihnen gegenüber wohler fühlen. Wir verweisen sie auf ihren Platz in einer Hierarchie, wo die Männer die Frauen beherrschen und wo die Frauen käuflich sind.

In den Höhlen des Paläolithikums, die dreißigtausend Jahre alt sind, war die Vulva das erste religiöse Symbol. Sie stellte einen Durchgang dar: unser Eingangstor ins Leben und unseren Abschied beim Tod. Unsere Vorfahren hämmerten Vulvas in die Höhlenwände, in Felsen, über Eingänge und schließlich in ihre Tempel. In Indien dreht sich eine ganze Religion um die Symbole der Yoni und des Lingams. Die indische Theologie sieht das ganze Universum als Manifestierung der Aktivitäten der Shakti, deren schöpferischer Leib unaufhörlich Lebewesen ausspeit, alles, was lebt und stirbt. Diese lebende Gebärmutter, die der Ursprung des Universums und aller Dinge ist, birgt in ihrem Inneren die Geheimnisse von Zeit und Raum. Wenn Sie ihre Yoni beim Betreten eines Tempels berühren, werden Sie ein glückliches Leben haben. Bis vor nur etwas mehr als dreißig Jahren praktizierten Tempelpriesterinnen, die *Devadasis*, in den Tempeln Indiens noch immer aktiv die alte Form der Verehrung: Sie kochten heilige Speisen, tanzten für die Göttin (oder den Gott) und führten die heiligen sexuellen Riten aus. Als die Briten nach Indien kamen und die *Devadasis* sahen, bezeichneten sie sie als Prostituierte und rotteten sie innert kürzester Zeit aus, indem sie sie als illegal erklärten.

Die Wissenschaftler neigen dazu, ihre eigenen Ansichten der Sexualität auf die Figuren und Malereien der frühen Völker zu übertragen, die eine Art der Sexualität aufzeigen, von der wir fast nichts wissen. Die Frauen dieser Kulturen waren frei in einer Weise, die wir uns gar nicht vorstellen können. Ihre Sexualität war zutiefst mit ihrer Spiritualität verbunden. Wie kann ein Volk diese Einheit verstehen, das diese beiden Aspekte selber unwiderruflich voneinander getrennt hat? Wir können uns mit diesen Bildern auseinandersetzen und sie auf uns selber übertragen in der Hoffnung, so wieder eine Verbindung zu diesem ursprünglichen und religiösen Ausdruck der Sexualität herzustellen. Wir können von ihr träumen, wir können versuchen, sie uns vorzustellen und sie mit Hilfe unserer Konzepte und Praktiken zu formulieren, aber wir können sie nicht zurückbekommen. Wir können ihr nachtrauern und uns durch unsere Sehnsucht nach ihr langsam so weiterentwickeln, daß wir eine Welt schaffen, die die Sexualität wieder als etwas Heiliges enthalten wird.

Ich möchte Ihnen einen Traum erzählen, den ich vor ein paar Jahren gehabt habe:

Da ist eine Mineralquelle, die einem Geysir gleicht, den ich als Kind einmal in Wyoming besucht hatte. Sie ist kochend heiß und fasziniert mich. Da ist noch eine Frau bei mir. Ich erzähle ihr, daß ich mich ständig gegen das Bedürfnis hineinzuspringen wehren muß, weil ich mich so zu ihr hingezogen fühle. Ihr geht es ebenso; sie versteht mich. Ich schaue dem dampfenden Geysir zu und bewundere seine natürliche Schönheit, seine Tiefe und sein Mysterium.

Die Szene verändert sich; es ist später. Die Quelle ist kühler und weist eine angenehme Temperatur auf. Wir sind mitten drin, schwimmen unter Wasser, in einem Tank mit bizarren Fischen, die sehr unwirklich sind. Sie haben seltsame Farben und Zeichnungen mit großen farbigen Tupfen, wie Luftballons. Ich weiß nicht, wer sie dahinein getan hat, aber sie stoßen uns von unten an. Ich sage zu der anderen Frau, daß ich sie nicht mag; sie sind nicht natürlich.

Wieder verändert sich die Szene. Menschen steigen aus dem Tank heraus. Jemand hat ihn gereinigt oder geöffnet, und fremdartige Wesen kommen aus ihm heraus, wie aus einem UFO. Sie tragen Anzüge und stehen wartend da. Ich beschließe, sie zu begrüßen; sie sind so steif. Ungezwungen gehe ich auf zwei von ihnen zu und sage: «Willkommen.» Ich strecke meine Arme aus, um sie zu umarmen, obwohl das für sie seltsam ist und sie dabei steif bleiben.

Letzte Szene: Ich gehe zur Quelle. Sie haben sie zu einem kleinen, zementierten Teich im Garten eines großen weißen Hauses gemacht, das man zu einem Mehrfamilienhaus mit Wohnungen umfunktioniert hat. Lange Zeit starre ich sie schockiert und enttäuscht an. Die Frau versteht meine Reaktion; sie nickt mitfühlend. Wir können nichts tun. Ich starre die Form des Teichs an, wie sie ihn verkleinert haben, völlig gezähmt und künstlich, wie ein Seerosenteich, umrahmt von Gehwegen. Fast nichts erinnert an die ursprüngliche Wildheit. Ich kann mich schon fast nicht mehr an die ursprüngliche Quelle erinnern. Ich frage mich, wozu sie das getan haben.

Ich erwache weinend.

Zu diesem Zeitpunkt arbeitete ich an einem Prozeß, der mit meiner Sexualität zu tun hatte, und der Traum war ein offensichtlicher Hinweis auf das, was für uns unwiederbringlich verloren ist. Mein ganzes Leben lang habe ich meine Sexualität als heilig betrachtet, wie das bestimmt auch viele andere Frauen getan haben. Ich konnte jedoch nur selten das erlangen, von dem ich wußte, daß es möglich ist, in mir existiert und sich ausdrücken möchte. Es ist beängstigend, als Frau in einer patriarchalischen Kultur zu leben. Wir alle schaffen es trotzdem irgendwie, so daß wir manchmal vergessen, welch unmenschliche Anstrengungen wir auf uns nehmen müssen, um der männlichen Gewalt gegenüberzutreten, die uns Tag für Tag bedroht. Ein kürzlicher Vergleich zwischen den Ängsten, die die Männer vor Frauen, und denjenigen, die die Frauen vor Männern haben, hat einen erstaunlichen, geschlechtsspezifischen Unterschied in der Art dieser Angst aufgezeigt: Die Frauen fühlen sich am stärksten bedroht durch Vergewaltigung und Mord; die Männer haben Angst davor, von Frauen ausgelacht zu werden.[2] Für viele Frauen ist eine Vergewaltigung keine abstrakte Bedrohung, sondern erlebte Realität. Für die anderen reicht nur schon das Wissen um diese Möglichkeit aus, um uns weitgehend dort zu behalten, «wo wir hingehören». Wenn wir nicht vergewaltigt worden sind, glauben wir, daß wir Glück gehabt haben, und fassen innerlich den Vorsatz, weiterhin «aufzupassen». Wenn wir vergewaltigt oder als Kinder belästigt worden sind, tun wir unser Bestes, das Ganze zu vergessen, zu verdrängen und normal weiterzuleben. Vielleicht heilen wir sogar die Wunde, die uns durch diese unentschuldbare Mißhandlung zugefügt wurde. Jedenfalls versuchen wir den Männern generell zu vergeben, denn es wäre unfair, den Männern als Gruppe die Schuld dafür zuzuschieben. Wir leben jedoch in einem Kriegsgebiet, wo wir uns ständig von Vergewaltigung,

Gewalttaten und Mord bedroht sehen. Robin Morgan behandelt diese heute weltweite Erfahrung der Frauen in ihrem Buch *The Demon Lover*. Sie beschreibt darin eine Frau, die auf irgendeinem Weg oder einer Straße irgendwo auf der Welt geht, die Schritte eines Mannes hinter sich hört und Angst bekommt.[3]

Gleichzeitig müssen wir Frauen uns ständig sexuell vermarkten. Wenn wir es in unserer Gesellschaft zu etwas bringen wollen, dann ist von Anfang an klar, daß wir für die Männer sexuell attraktiv sein müssen, denn sonst haben wir nicht die geringste Chance. Ob nun eine Frau dies als eine Herausforderung betrachtet, der sie sich stellen will, oder ob sie sich dieser Entwürdigung aktiv widersetzt, ändert nichts an der Tatsache, daß wir jeden Tag mit dieser Situation konfrontiert werden. Es sind die Männer, die bestimmen, was sexuell attraktiv ist. In den Männerdomänen der Werbung und des Films wird diese Vorstellung weiterverbreitet. Die Frauen nehmen sie pflichtbewußt zur Kenntnis und halten sich daran. Man verlangt von uns, daß wir nach der Musik anderer Leute tanzen, die andere Zwecke verfolgen als wir. Wir sind nicht selbständig. Ich würde sagen, daß das speziell für die westlichen Frauen ein Problem ist, aber dann denke ich auch an die gebundenen Füße der Chinesinnen und die Klitorisentfernung im Nahen Osten (die die Mütter an ihren Töchtern im Namen der erotischen Liebe durchführten); dieses Problem ist weltweit und kennt keine Grenzen.[4] Ich überlasse es den Psychologen herauszufinden, warum die Männer echten, lebendigen Frauen willenlose Puppen vorziehen, und möchte mich nun mit der inneren Welt der Frauen befassen, die sich in einer solchen Situation befinden.

Wir Frauen werden automatisch zu Unterdrückerinnen unserer inneren sexuellen Erfahrungen, wenn sie drohen, an die Oberfläche zu kommen und uns bloßzustellen. Wir tragen den Haß unserer Kultur gegenüber unserer natürlichen Sexualität in uns. Außerdem leben wir auch mit gerechtfertigten Ängsten, die für unser Überleben äußerst wichtig sind, was uns vor eine zwiespältige Situation stellt: Einerseits gibt es die inneren, geheimen Erfahrungen und andererseits die Erfahrungen, die wir gegen außen zeigen. Unsere innere Welt ist ein Garten, in den wir uns zurückziehen können, um der Göttin und ihren uralten Bräuchen zu begegnen, während wir träumen, Phantasien nachhängen, Visionen haben oder allein sind mit der Natur. Die äußere Wirklichkeit ist eher die einer Schauspielerin – wir passen uns den jeweiligen Umständen an. Wir werden zumindest im Unterbewußtsein durch die aktuellen Modeströmungen geformt. Wir verhalten uns so, wie wir als «nette Mädchen» erzogen worden sind, oder rebellieren gegen die Gesellschaft und benehmen uns wie «schlechte Mädchen», was ebenfalls zu unserer Unterdrückkung führt. Denken Sie an den Erfolg von Filmen wie *Waiting for Mr. Goodbar* oder *Fatal Attraction* (Frauen, die draußen Schlange stehen, um einen Mann zu bekommen!), dann wird Ihnen auch klar werden, daß wir Frauen etwas Falsches verinnerlicht haben, von dem wir aber nicht loskommen können und auf das wir reagieren wie Pawlows Hund. Die Tatsache, daß sich sogar sogenannt erstrangige Feministinnen für ihre männlichen Partner in Spitzennégligés, Strumpfbänder und hohe Stiefel kleiden oder lesbische Frauen beginnen, die schlimmsten heterosexuellen Exzesse in Form von Sado-Masochismus zu imitieren, beweist, wie stark die Kollaboration mit dem Unterdrücker ist.

Der innere Garten ist jedoch immer für uns da, und unsere Sehnsucht nach der Rückkehr zu unserer göttlichen Natur ist stark genug, damit sie sich in der Kunst niederschlagen kann. Auch die gesamte westliche Psychologie befaßt sich mit diesem Thema. Die westliche Kultur begann mit der Geschichte der «Erbsünde» von Adam und Eva, die zur Verstoßung aus ebendiesem Garten führte, an den wir uns alle, jeder für sich, in den Zellen unseres Körpers mit großer Trauer erinnern können. Am Anfang war Eva wie Lilith vor ihr eine Verbündete der Schlange, die ihr Gotteslästerungen ins Ohr flüsterte. Die «häretischen» Aussagen der Schlange betreffen die Themen der Reinkarnation und Sexualität. Aufgrund von Evas Glauben an diese Wahrheiten mußten alle Frauen der Geschichte die Schmerzen des Gebärens und das Exil vom Garten ertragen.

Als Karen Vogel und ich damit begannen, die Göttin auszugraben und neu zu entdecken, stellten wir unsere Fragen im Zusammenhang mit der Sexualität. Als wir die alten Abbildungen der

26 Zwei Frauen zusammen – ob sie Schwestern, Mutter und Tochter oder Geliebte sind, wir werden es nie erfahren. Diese Skulptur stammt aus einem Tempel in Indien. Früher wurden jedoch die Frauen auch bei uns oft gezeigt, wie sie liebevoll und sehr schön miteinander umgingen. Erst unter der Herrschaft des Patriarchats wurden die Frauen voneinander entfremdet, isoliert und eifersüchtig, wenn es um Männer geht. Abgedruckt mit der freundlichen Genehmigung des *Los Angeles Museum of Art*.

Frauen betrachteten und in ihnen einen Ausdruck der Sexualität entdeckten, den man heute kaum mehr findet, fragten wir uns: Was ist geschehen? Wie konnte es dazu kommen, daß die Frauen diese Macht, dieses erstaunliche Selbstbewußtsein und den Sinn für das Heilige verlieren konnten? Was könnte uns das weggenommen haben, und weshalb? In unserer persönlichen Beziehung erlebten wir beide eine entfesselte Kundalini oder Energie, die unsere Körper im ersten Jahr unseres Zusammenseins ständig durchschossen. In meinen früheren Beziehungen mit Männern hatte ich einen kleinen Bruchteil davon erlebt, aber für uns gab es da einen Unterschied, der uns dazu veranlaßte, die Erklärung dafür in der Vergangenheit zu suchen. Wir vereinten uns zu einer höchst kreativen Gemeinschaft, die dank unserem Seelenkontakt zur Entstehung der *Motherpeace*-Karten führte. Obwohl unsere sexuelle Beziehung nicht länger als zwei Jahre dauerte, blieben wir doch wie in einer Familie miteinander verbunden. Karen, die mir in der Zeit unseres Zusammenseins bei der Erziehung meiner Töchter geholfen hatte, war später bei der Geburt meines Sohnes anwesend und lebt nun mit mir und meinem Mann zusammen in unserer erweiterten Familie.

Als ich mich zum esten Mal Frauen gegenüber sexuell öffnete, erwachte mein Bewußtsein, wie wenn jemand eine Lampe angezündet hätte. Ich war dreiundzwanzig, hatte Kate Millets Buch *Sexual Politics*[5] gelesen und verstanden, und mein Zusammensein mit einer Frau bedeutete für mich, daß es für meine Sexualität keine Grenzen mehr gab. Ich war sicher, daß das «die Lösung» war. Wie einfach! Wenn alle Frauen ganz einfach nicht mehr auf die Männer eingehen und statt dessen aufeinander zugehen würden, wären unsere Probleme gelöst, denn wir würden nicht wie «sie» sein; wir würden unser eigenes kleines Paradies schaffen, wo wir liebevoll, zart, verbunden, frei und immer Teil einer Gemeinschaft wären. Ohne Männer! Aber schon ein kurzer Aufenthalt in einer lesbischen Gemeinschaft reicht aus, um zu verstehen, daß es nicht einfach ist, seine Identität ausschließlich auf dem Umstand aufzubauen, mit wem man schläft. Das ist einfach zu wenig. Nicht nur das, denn auch die Identität selber ist nichts Stabiles, sie verändert sich ständig – das Selbst unterliegt der Wandlung. Wie hätte eine Gruppe, die auf einem einzigen Identitätsmerkmal basiert, zu einem Vorbild für eine neue Welt werden können? Es war eine große Enttäuschung und das Ende meiner Illusionen, daß wir in dieser Beziehung mit der Frau, die ich liebte und «geheiratet» hatte, dieselben Verhaltensmuster entwickelt hatten wie heterosexuelle Ehepaare. Schock! Unsere inneren, vorprogrammierten Tonbänder laufen ständig ab, egal, wer der Empfänger ist. Karen und ich befreiten uns gegenseitig durch eine extreme Erfahrung von dem, was Psychologen als Projektion und gegenseitige Abhängigkeit bezeichnen: Bitte sei für mich so da, wie ich mich das gewohnt bin, in Ordnung? Als Gegenleistung werde ich auch für dich dasein, wie du dich das gewohnt bist.

Danach verbrachte ich zwei ganze Jahre im Zölibat und beschäftigte mich nur mit mir selber. Eigentlich war es eine Beziehung mit der Göttin, und ich verbrachte Stunden damit, mich zu einem kosmischen Orgasmus zu stimulieren, was mir zu einem tieferen Verständnis der Sexualität verhalf, als ich das je für möglich gehalten hätte. Ich dachte mir, daß niemand mein Wunschliebhaber sein könnte, wenn ich selber dazu nicht fähig wäre. Meine Sexualität war mir heilig und brachte mich immer in Kontakt mit dem Göttlichen, so daß ich einfach nicht mehr daran glaubte, daß Sex und Geist zwei getrennte Dinge sind. Ich lernte Yoga, welches auch tantrische und taoistische sexuelle Übungen umfaßt, und kam schließlich zu dem Schluß, daß sogar Yoga ein vorwiegend männliches System ist, das für Männer funktioniert. Es konzentriert sich hauptsächlich darauf, «das Organ unter Kontrolle zu halten» und die «Lebensenergie» zu bewahren. Was hat das mit den Frauen zu tun? Schließlich sind Frauen multiorgasmisch, wie uns Masters und Johnson in den sechziger Jahren beigebracht haben. Wir besitzen die Fähigkeit, von einem Orgasmus zum nächsten zu gelangen, während das Ganze noch an Intensität gewinnt. Es läßt sich kein absoluter Höhepunkt feststellen, und auch die Vitalität nimmt nicht ab. Es gibt keinen «kleinen Tod», keine Opferung der Erregung und keinen Verlust an Energie. Das bedeutet offensichtlich, daß unser Yoga im Bereich der Sexualität anders angegangen werden muß. Die alten Figuren zeigen uns einen Weg, dem wir folgen können.

Die meisten tantrischen Texte sind von Männern und für den Yogaschüler geschrieben worden; sie lassen die Gegenwart des weiblichen Gegenparts offen, außer wenn sie die übliche Rolle als Lustobjekt zu erfüllen hat. Die meisten Übungen zielen darauf ab, eine Frau bei sich zu haben und dann jegliche normale Reaktion auf sie zu unterdrücken. Extrem betrachtet scheinen die tantrischen Übungen dazu da zu sein, die Energie und Gegenwart der Frau zu benutzen, ohne einen direkten oder natürlichen Bezug zu ihr herzustellen. Die asketischsten Praktiken kommen ganz ohne Frauen aus, aber im allgemeinen will das Tantra, daß die Frau in ihrem vollen Glanz anwesend ist und so dem Yogi die ideale Gelegenheit bietet, sich in der Kunst der Selbstkontrolle zu üben. Sogar Gandhi, wie wir heute dank Mary Daly wissen, schlief mit schönen jungen Frauen, mit denen er scheinbar nicht sexuell verkehrte, um die uralte Kunst des Brahmacarya (Zölibat) auf experimentelle Art zu praktizieren.[6] Beim Tantra werden die Frauen dazu angeregt, sich auf schöne und verführerische Art an-(und aus-)zukleiden, zu tanzen und sich so zu bewegen, daß der heldenhafte Mann provoziert wird. Er wird es sich jedoch nicht wirklich erlauben, ihre Reize auszukosten und so seine Macht ihr gegenüber zu verlieren.[7] Wenn er schließlich mit ihr «Liebe» macht, dann setzt er alles daran, keinen Höhepunkt zu erreichen und seinen Samen zurückzuhalten, der sich vermutlich ansammelt und sich in der Form eines höheren Bewußtseins niederschlägt. Die taoistischen erotischen Praktiken scheinen insofern etwas fortschrittlicher zu sein, als der Mann sich auf die Frau einläßt und sie zu mehreren Orgasmen führt. Er ist sich der Tatsache bewußt, daß sie ihm mit jedem Orgasmus Energie zuführt, die seine Lebensdauer erhöht. Es handelt sich hier um ein Modell, das auf eine Beziehung zwischen dem alten Weisen und seiner jungen Geliebten zugeschnitten ist.

Ich will hier nicht bestreiten, daß ein Mann, der sich unter Kontrolle hat, ein besserer Liebhaber ist als derjenige, der das nicht kann, und daß die frühzeitige Ejakulation ein soziales Problem ist, ohne das wir gut leben könnten. Diese ganze Lehre des heldenhaften Mannes, der stark und unberührt bleiben soll, während die Frau alles in ihrer Macht stehende unternimmt, um seine Aufmerksamkeit auf sich zu ziehen, ist in der westlichen Welt zu einem allgegenwärtigen Ideal geworden, das zu ernsthaften Machtkämpfen zwischen Männern und Frauen führt, die im Schlafzimmer (und heute sogar im Schlafzimmer von lesbischen Paaren) ausgetragen werden. Die Frauen werden immer aufreizender und verführerischer, während die Männer immer unerreichbarer und abwesender werden. Alle machen einander etwas vor, und keiner ist wirklich da. Ohne die Seele kann es keine heilige Sexualität geben, und beim Verkehr zwischen den beiden eben beschriebenen, eiskalten Figuren sind die Seelen nicht beteiligt. Sex ist Energie, und die Energie wird durch Integration und echten Kontakt freigesetzt. Der Geist und seine Kräfte können die Sexualität mit Hilfe von Phantasie und Vorstellungsvermögen etwas nähren, aber wenn der Geist zur Hauptarena für das Zusammentreffen wird, dann bedeutet das das Ende der lebendigen Sexualität. Wenn zwei Menschen jedesmal neue Hilfsmittel und Drehbücher für ihren sexuellen Kontakt zu Hilfe nehmen müssen, weil alles andere nicht mehr funktioniert, und wenn sie soweit gehen müssen, sich gegenseitig Schmerz zuzufügen, dominieren oder dominiert werden wollen, um etwas zu bewirken, dann haben wir es mit einem ernsten Zusammenbruch zu tun.

Die sexuelle Entwicklung unserer Kultur ist fünftausend Jahre alt und hat Wandlungen durchgemacht. Die Bücher von Marija Gimbutas geben uns einen Einblick in die älteste Phase – die Zeit der frühen neolithischen Ackerbauern und des beginnenden städtischen Lebens. Unsere Vorfahrinnen in der Stadt Catal Hüyük hatten ein schönes Leben. Sie erbauten Tempel für die Göttin, wo Priesterinnen Initiationsrituale mit Musik, Tanz und Meditation in Räumen betreuten, die mit Brüsten und Stierköpfen und -hörnern geschmückt waren. Marija Gimbutas weist darauf hin, daß die Kopfform eines Stiers genau der anatomischen Form der Gebärmutter mit den beiden Eileitern entspricht und daß die Frauen dieser Zeit das offensichtlich wußten.

Ein Lehmgefäß von diesem Ort enthält die Figuren eines Mannes und einer Frau und einer etwas größeren weiblichen Figur, die zwischen ihnen steht, als würde sie eine heilige Ehe gründen helfen. Es könnte sich dabei um eine der ersten tantrischen Darstellungen handeln, denn in Indien führen alte Frauen (Priesterinnen der Schlangengöttin) junge Paare in die Geheimnisse der Sexualität ein. In Catal Hüyük wurden Frauen und Kinder innerhalb der Stadtmauern unter den Häusern begraben. Die Männer wurden draußen begraben. In einem Modell eines Tempels, den man ausgegraben hat, sitzt eine Gruppe von Frauen in einem Kreis. Größere Frauen umgeben diesen Kreis. Das Ganze sieht aus wie ein Frauenrat, der durch die Über-Ich der anwesenden Frauen bei der Selbstregierung und Führung der Gemeinschaft unterstützt wird. In einer anderen Gruppe von Keramikfiguren sieht man tanzende, musizierende und trommelnde Frauen. Catal Hüyük wird normalerweise auf etwa 7000 v. Chr. datiert. Merlin Stone liefert jedoch neue Informationen, die auf einen Ursprung um 11 000 v. Chr. hinweisen.[8] Diese friedliche, auf Gleichberechtigung basierende Stadt existierte in unveränderter Form bis etwa ins sechste Jahrtausend, als die patriarchalischen Horden diesen Ort anzugreifen begannen.

Die westlichen Frauen können den Ursprung ihrer Sexualität mindestens auf die Zeit von Gemeinschaften wie Catal Hüyük und Jericho datieren. Wir können über den Sturz der Göttinnenkulturen und der Sexualität, die sie verkörperten, in den schrecklichen Geschichten des Alten Testaments nachlesen. Die Eroberung von Jericho durch Josua ist eine historische Geschichte, die die Sieger über die besiegte, alte, heilige Frauenkultur erzählten, wo die Frauen die Rituale der Göttin seit Urzeiten aufrechterhalten hatten. Wie das Alte Testament unmißverständlich darlegt, war der Sturz der alten Göttinnenreligon und der «Hure von Babylon» weder einfach, noch fand er innert kurzer Zeit statt, sondern dauerte Tausende von Jahren. Sobald die Patriarchen alle «Tempelhuren» losgeworden waren, heiratete einer ihrer Männer eine von ihnen und begann die alten Praktiken wieder von neuem. Wieder und wieder wurden Menschen massakriert, was als göttliche Gerechtigkeit eines eifersüchtigen Jahwe verherrlicht wurde, der «keinen anderen Gott neben sich» dulden wollte. Die Herstellung von Statuen oder Abbildungen von Gottheiten wurde zu einer der Hauptsünden der neuen jüdisch-christlichen Religion, und so wurden die wunderschönen Figuren der Göttin, die seit dem frühen Paläolithikum geschaffen worden waren, zerstört, verboten und dämonisiert.

In der Übergangszeit zwischen dem Beginn dieser Zerstörungen und ihrer Vollendung (von ca. 4000 v. Chr. bis zum Beginn des Christentums) sahen sich die heiligen Frauen zum Dienst für die neue Regierungshierarchie gezwungen. Sie durften ihre heiligen sexuellen Praktiken in den Tempeln weiterführen, aber sie wurden zur Prostitution gezwungen. Früher waren sie «Jungfrauen» gewesen (die keinem Mann gehörten), die mit der Göttin verheiratet waren und ihrer Energie und ihren Zielen dienten; nun waren sie offiziell zum Dienst für die Männer in der Gemeinschaft gezwungen. Während einigen Jahrhunderten wurden in vielen Fällen die Rituale der Göttin noch praktiziert, aber die Frauen unterstanden einem Priester, der ihre Führung übernahm. Sie erhielten in den Tempeln Geld für ihre Dienstleistungen, und die Frauen mußten sich mindestens einmal im Leben als Opfer für das Göttliche zur Verfügung stellen. Sogar die berühmte Geschichte von Inanna[9] erzählt von diesen Veränderungen. Ihr neuer Ehemann Dummuzi baut ihr ein Bett aus dem alten Hulupabaum, der in ihrem Garten stand. Dummuzi ist ein Hirte und ersetzte ihren vorherigen Mann, der Bauer gewesen war. (Die einfallenden Nomaden ersetzten die früheren Männer, in dem sie sie töteten und ihre Frauen heirateten.) Dummuzi fällt den heiligen Lebensbaum mit seiner Axt und treibt so den Vogel, die Schlange und Lilith in die Flucht. Das Leben Liliths am Ufer des roten Meeres (Menstruation) wird beschrieben als «ungezügelte Promiskuität» im Dienst von Dämonen, was zur Geburt von Dämonenkindern führt. Bei Inannas Zustimmung zu der Tat, welche die Verstoßung ihrer früheren Schwester Lilith bedeutet, handelt es sich um einen Kompromiß, den sie eingehen muß, um das heilige Amt der Tempelpriesterin innerhalb des neuen Regimes weiterhin ausüben zu können. *Sarah, the Priestess* ist das Resultat umfassender Nachforschungen von Savina Teubal zur Übergangszeit und den damit verbundenen Schwierigkeiten der heiligen Frauen, die versuchten, ihr Priesteramt zu behalten, während sie sich gezwungenermaßen der Kolonisierung, der Ehe mit den einfallenden Männern und dem Leben im Exil unterwerfen mußten.[10]

In der Zeit von Moses bis zur Geburt Christi trugen die Männer Frauenkleider, falsche Brüste und begannen die Priesterinnen aus den heiligen Zeremonien zu verdrängen. Sie erfanden das Königtum und gründeten Dynastien (weltweit um 3000 v. Chr.). Die Männer wurden zu Königen, indem sie sich auf den Schoß der Göttin setzten (Ishtar, Isis usw.) und mit den Priesterinnen im Rahmen des *hieros gamos* oder der heiligen Ehe schliefen. Die Priester ersetzten die Menstruationsblutopfer durch das Blut geschlachteter Tiere[11] und in einigen Fällen auch durch das Blut von getöteten Menschen. Sie kastrierten sich sogar selber und stellten sich als Eunuchenpriester in den Dienst des verfälschten Weiblichen. Barbara Walker vertritt die Ansicht, daß der Apostel Paulus, der im Zusammenhang mit dem Zölibat ein Fanatiker war, selber ein kastrierter Eunuchenpriester gewesen sei.[12] Die Männer begannen die Sexualität als Rechtfertigung für ihren Besitzanspruch auf Frauen und Kinder zu sehen, und das neuerfundene ägyptische Wort für «Sklave» war gleichzeitig auch das Wort für «Ehefrau».[13] Die Männer begannen sich selber als Abbilder des Gottvaters zu sehen, sie sahen sich als göttliche Söhne dieser Macht mit unbegrenzter Herrschaft über Frauen und Kinder (als Vater über sein Kind). Der Sex wurde nach und nach aus den Tempeln verbannt und von der Religion abgetrennt. Prostitution wurde zu einem weltlichen «Beruf», zu dem bestimmte Frauen (oftmals in Kriegen gefangengenommene Sklavinnen) gezwungen wurden. *The Reign of the Phallus* der Altertums-Professorin Eva Keuls belegt auf eindrückliche Weise das Leben der Frauen unter der Hierarchie, die im olympischen Griechenland herrschte, wo die verheirateten Frauen in ihren Häusern eingeschlossen waren, während die Männer öffentlich sexuellen Verkehr mit Jünglingen pflegten und für diesen Zweck auch weibliche *hetairae* bezahlten oder besaßen.[14]

Als die griechischen Stadtstaaten entstanden, erlebte die Vasenmalerei in Griechenland einen großen Aufschwung (um 500 v. Chr.), und die Geschichten von griechischen Helden, die die Amazonen töten, wurden zum Hauptsujet aller Kunstwerke. Es entstanden die Götter und Göttinnen des Olymps, wobei die alte, schöpferische Erdgöttin Gaia in stereotype Frauenrollen aufgesplittert wurde, die nur Fragmente ihres ursprünglichen Wesens darstellten. Aphrodite wurde zum verführerischen Liebchen, Hera zur hysterischen und eifersüchtigen Ehefrau eines untreuen Himmelsgottes, Artemis wurde (wie Lilith vor ihr) der ungezähmten Natur zugeordnet, und Athene wurde als Tochter des Zeus neu erschaffen. Wir Frauen europäischer Abstammung mußten uns mit diesen Überresten einer früheren weiblichen Ganzheit begnügen, die vor fast fünftausend Jahren ausgerottet worden war. Wie soll unsere Sexualität aussehen, nachdem man sie in Prostitution (Aphrodite), Mutterschaft (Demeter), Frustration (Hera), Ablehnung (Artemis) und Vergeistigung (Athene) zerlegt hat?

Die frühesten Anfänge des Christentums scheinen menschenfreundlicher gewesen zu sein als die spätere orthodoxe Schule.[15] In der Lehre der Gnostiker gibt es Riten und Zeremonien, die mit ihren gemischten Gruppen und ihrem Sakrament mit Menstruationsblut an tantrische Praktiken aus Indien erinnern. Die Magdalene war ein heiliger Name für das Priesteramt, was Maria Magdalena und Jesus mit diesen älteren, weiblichen Wurzeln in Verbindung bringt.[16] Als sich das Christentum offiziell in der westlichen Welt etabliert hatte, gab es jedoch keine heiligen Frauen mehr. Die Sexualität war offiziell verboten, außer zum Zweck der Fortpflanzung, und wurde auch dann noch nur mit Abscheu ausgeübt. Um 400 n. Chr. waren alle zyklischen Prozesse (Mond- und Menstruationszyklen) vom Konzil offiziell zur Häresie erklärt worden, unter anderem auch der Glaube an die Wiedergeburt. Welche Rolle Maria Magdalena bei den Ursprüngen des frühen gnostischen Christentums auch gespielt haben mag, sie wurde verleugnet und ihr Name durch die üblichen Bezeichnungen der Verachtung in den Dreck gezogen: Hure, Dirne, Prostituierte. Eva, Adams zweite Frau, die Lilith ersetzte, wurde als die archetypische Frau dargestellt: die Wurzel allen Übels, die es ungezügelt nach den Früchten des Baumes der Erkenntnis im Garten Eden gelüstete. Die Bücher des Apostels Paulus im Neuen Testament bilden die Grundlage des heutigen Christentums, und die im Zölibat lebende Priesterschaft wandelt auf den Spuren von Paulus anstatt auf denjenigen von Jesus.[17]

Aber auch so überlebten die alten Praktiken in ganz Europa und dem Mittelmeerraum dank dem Dianakult der bäuerlichen Bevölkerung bis weit ins Mittelalter. Dann brach jedoch aus dem Unterbewußtsein der Priesterschaft ein ziemlich aktiver Schatten hervor; ein aufgestauter Haß auf die Frauen, der infolge des erzwungenen Zölibats entstanden war. Die Verbrennung von neun Millionen Europäerinnen durch die katholischen Priester der Inquisition war der Höhepunkt dessen, was tausend Jahre zuvor in der Form von Gewalt und Unterdrückung seinen Anfang genommen hatte. Die Erfindung des Buchdrucks im Mittelalter führte zur europaweiten Verbreitung des *Hexenhammers, des Malleus Maleficarum*, des schlimmsten Buches der Welt. Dieses Buch beschuldigte die Frauen in abartigen, detaillierten Beschreibungen, die nur dem unterdrückten Geist der katholischen Kleriker entspringen konnten, aller Arten der Lüsternheit und Hurerei. Am stärksten und in Worten, die unmöglich mißverstanden werden konnten, hob das Buch jedoch hervor, daß jede erfolgreiche Heilerin als Hexe entlarvt sei und verbrannt werden müsse. Man zwang Kinder dazu, der Verbrennung ihrer Mutter zuzuschauen, und die Frauen wurden routinemäßig vergewaltigt, gezüchtigt und gefoltert, bis sie alles zugaben, was die Inquisitoren von ihnen hören wollten. Die katholische Kirche beschlagnahmte den gesamten Besitz der Frauen, die sie ermordet hatte, und wurde durch diese Plünderungen reich. Man kann in den Aufzeichnungen Angaben zu ganzen Dörfern finden, die all ihre Frauen durch die Inquisition verloren.[18]

Die modernen westlichen Heilerinnen haben aufgrund ihrer Geschichte mit ihren rassen- und genspezifischen Ängsten zu kämpfen, die nicht nur das Heilen, sondern auch direkt ihre Sexualität betreffen. Man hat die Frauen angeklagt, daß sie zutiefst der «fleischlichen Lust» verfallen seien und daß sie für jede sündhafte Versuchung der Männer verantwortlich seien. Unsere seherischen Kräfte und Heilpraktiken wurden mit Sünde, dem Bösen und Entwürdigung gleichgesetzt, was in den darauffolgenden Jahrhunderten dazu führte, daß die gesamte westliche Welt die unbewußten Kräfte der Frauen fürchtete. «Aufmüpfige Frauen» müssen überall auf der Welt um ihr Leben fürchten. Obwohl viele der Anklagen und Beschreibungen davon, was die «Hexen» taten, unverkennbar der Phantasie ihrer Mörder entstammten, weisen einige Verhaltensweisen und Einstellungen, die in den offiziellen Aufzeichnungen aufgeführt sind, auf schamanische Heilpraktiken, Initiation und die Verehrung der Göttin der alten Religion aus dunkler Vergangenheit hin. Vor den Hexenverbrennungen war das Wissen über die Heilpflanzen sehr fundiert gewesen, und in den europäischen Dörfern und Städten waren die Hebammen/Heilerinnen die wichtigsten Vertreterinnen der Heilkunst. Die Frauen hatten damals ihre Fruchtbarkeit unter Kontrolle. Die Bauern, die in den heiligen Hainen für ihre erdverbundenen Zeremonien zu Ehren von Diana und der Natur zusammenkamen, praktizierten zweifellos die verbotenen Disziplinen der Magie und des Schamanismus. Sie strichen sich mit halluzinogenen Kräutertinkturen ein, die ihnen die Fähigkeit zu «fliegen» verliehen, d. h., sie konnten wie ein Schamane ihren physischen Körper verlassen und mit ihrem Geistkörper reisen.[19] Sie praktizierten, ungeachtet der neuen christlichen Dogmen, sicherlich auch noch die uralten sexuellen Riten, die sie schon seit Menschengedenken ausgeübt hatten. Die Hexen wurden sowohl wegen solch «häretischen Handlungen» als auch aufgrund ihrer Heilkünste verbrannt, Heilkünste, welche sich die neuen männlichen Ärzte in der Folge sehr schnell aneigneten.

Obwohl tabu, sind in Frankreich, Großbritannien und wahrscheinlich auch an anderen Orten einige der schamanischen Praktiken anscheinend noch immer bekannt und werden im geheimen von einigen alten Frauen ausgeübt.[20] Marija Gimbutas beschreibt viele litauische Bräuche, die diese ununterbrochene Überlieferung aus der Vergangenheit belegen, unter anderem auch die bis in dieses Jahrhundert weitergeführte Verwendung von Saunas bei Geburten.[21] Ich stelle mir vor, daß hier sowohl sexuelle Geheimnisse als auch Heilungsrituale ein Teil dieses Vorgangs sind. Die von der Jahreszeit abhängigen Feste, die bis vor kurzem noch von den europäischen Bauern gefeiert worden sind, standen in engem Zusammenhang mit wichtigen Daten des alten Kalenders, die ursprünglich, zumindest teilweise, mit sexuellen Riten begangen wurden. Die Zwischenfeiern wurden mit Feuern begangen, die das sexuelle Feuer der Frau, die Kundalini, repräsentierten. Der Glaube, daß die Sexualität die Gemeinschaft gesund erhält, daß die Vereinigung von Männlich und Weiblich in einer ekstatischen Umarmung die Energie hervorbringt, die die Fruchtbarkeit des nächsten Jahres sichert, war Allgemeingut. Gerüchte und Legenden, die davon erzählen, wie unsere Vorfahren zu Beltane nackt durch die Felder rannten und während Festen wie dem Bacchanal jegliche sexuellen Hemmungen fallenließen, sind Überreste des Göttinnenkultes. Beltane ist auch jener Tag im Mai, an dem die Kirche als Reaktion auf die damals vorherrschenden sexuellen Bräuche die meisten «Hexen» verbrannte.[22] Während der gesamten fünftausendjährigen Geschichte des Übergangs von der Göttin zum Gott wurde die weibliche Sexualität ununterbrochen unterdrückt und haßerfüllt verfolgt, da man ihr nachsagte, sie sei das Werk des Teufels.

Während fünftausend Jahren wurde das Weibliche verleumdet

und massakriert. Das einzige Verbrechen einer Frau besteht darin, daß sie liebt und Leben hervorbringt. Die biologische Grundlage unserer Macht ist zum Anlaß für unsere heute weltweite Unterdrückung geworden. Auch wenn sich die Frauen seit den späten sechziger Jahren etwas befreien konnten, nahm die Anzahl der Vergewaltigungen dermaßen zu (viermal mehr als andere Verbrechen), daß jegliche kleinen Erfolge, die wir erreicht haben mögen, dadurch relativiert werden. Die alten Darstellungen von Frauen, die gebären, sind durch das Gespenst des männlichen Arztes verdrängt worden, der die Frau von ihrem Kind «entbindet». Der Kaiserschnitt ist in den Vereinigten Staaten zur normalen Geburtspraktik geworden, und wir haben weltweit den höchsten Anteil an ledigen Müttern, weil wir von den jungen Menschen absolute Abstinenz von jeglicher sexuellen Aktivität verlangen, während sie aber schon von klein auf von allen Seiten mit der Sexualität bedrängt werden. Unsere Weigerung, ihnen sichere und einfache Informationen und Mittel zur Empfängnisverhütung zur Verfügung zu stellen, trägt ebenfalls zur Entstehung einer Situation bei, wie wir sie heute kennen. Diese doppelte Bindung unserer Sexualität in einer von Männern dominierten Kultur ist sehr komplex.

Wie können wir jemals den Weg zurück in den Garten finden? Meine ehemalige Quelle ist nur noch ein lächerlicher Goldfischteich hinter einem Wohnhaus. Die heißen Quellen der alten Welt sind erkaltet und durch Menschenhand eingegrenzt worden. Die Frauen erinnern sich heute an die sexuellen Übergriffe in ihrer Vergangenheit; der Vater, Stiefvater, Großvater, Bruder, Onkel – all die Männer, die eigentlich die jungen Mädchen beschützen sollten, bis sie alt genug sind, um das elterliche Nest zu verlassen – mißbrauchen sie gegen ihren Willen, ja sogar noch, bevor sie überhaupt einen eigenen Willen entwickelt haben. Diese Erinnerungen wurden verdrängt und jahrzehntelang ins Unterbewußtsein verbannt, zu unseren Erinnerungen an andere Leben, als wir anders geliebt hatten. Jetzt kommen diese Erinnerungen auf wundersame, schmerzhafte Weise wieder an die Oberfläche. Sie stehen uns massenhaft gegenüber, wie ein unaufhaltsames Sichaufbäumen des kollektiven Bewußtseins. Es handelt sich hier um eine Notlage auf dem Gebiet der Sexualität. Seit sich die Dunkle Mutter selber, der äußerste Planet unseres Sonnensystems, Pluto, im Zeichen des Skorpions befindet, wo sie zu Hause ist, findet die Aufarbeitung dieser Erinnerungen statt. Pluto bleibt nur während vierzehn Jahren im Skorpion und zieht dann weiter, aber die Folgen dieses Transits werden noch während Generationen spürbar sein. Die tiefe, häßliche und bis anhin verborgene Wahrheit in bezug auf Sexualität und Macht in unserer Kultur ist zu einem Thema für Zeitungen und Zeitschriften geworden, und die modernen Frauen sind fest dazu entschlossen, sich von diesen zerstörerischen Kindheitserlebnissen zu befreien.

Als ich sechs Jahre alt war, brach meine Kundalini-Energie in ihrer ganzen Kraft los. Ich hatte begonnen, mich von meinem Selbst zu entfernen, und ich glaube, daß dieser Ausbruch von Starkstromenergie mich vor meinem Drang nach Selbstzerstörung rettete. (Ich war von einem Gartenstuhl gesprungen und hatte mir das Schlüsselbein gebrochen; ich wurde von einem Hund gebissen und mußte mich gegen Tollwut impfen lassen, und ich mußte meine Mandeln schneiden lassen, und das alles in einem Zeitraum von etwas mehr als einem Jahr.) Die Kundalini-Energie bedeutete konkret, daß ich meine Sexualität ganz allein für mich entdeckte. Ich begann diese sexuelle Energie und die Orgasmen jeden Tag zu spüren, dadurch daß ich meine Beine kreuzte und in einer bestimmten Weise aneinander rieb. Ich hatte weder einen Namen für dieses Gefühl, noch wußte ich, wie ich es einordnen sollte, aber ich vergnügte mich, soweit ich mich erinnern kann, stundenlang mit mir selbst und diesem wunderbaren Erlebnis. Unglücklicherweise tat ich das auch in der Schule, und ich kann mich noch sehr gut an den Tag erinnern, als ich in der zweiten Klasse war und meine Lehrerin zu meinem Pult kam, um mir zu verstehen zu geben, daß das, was ich da tat, nicht in Ordnung war. Danach verschob sich dieses Erlebnis unter die Oberfläche, es wurde zu etwas, von dem nur ich wußte, und ich lernte es so gut zu vollziehen, daß die anderen nichts davon merkten. Jedesmal, wenn ich vor einer schwierigen Situation stand, einer Prüfung beispielsweise, benutzte ich diese innere Masturbation bis ins Oberstufenalter als Mittel, um mich zu beruhigen und zu stärken. In diesem Moment wurde ich mir jedoch der sozialen Realität bewußt, wie das nach den Psychologen von Siebenjährigen erwartet werden kann. Ich teilte mich auf in den intimen (gut, tu das) und den öffentlich zugänglichen Bereich (schlecht, erzähl niemandem davon). Diese Spaltung wurde noch durch die verstörte Reaktion meiner Mutter auf meine Masturbation verstärkt, wenn sie in mein Zimmer hereinplatzte und mich «erwischte». Es war mir damals nicht bewußt, daß sie diejenige war, die ihre Kompetenzen überschritt, indem sie ohne anzuklopfen in mein Heiligtum eindrang; ich spürte nur ihren emotionellen Rückzug nach einer solchen Entdeckung und ihren bösen Blick in meine Richtung. Es handelte sich bei meinem Tun ganz klar um etwas Unaussprechliches, und ich muß sie sehr verstört haben. Als ich später herausfand, daß viele amerikanische Mädchen, die masturbierten, durch die Gynäkologen einer Klitorisbeschneidung unterzogen wurden, wurde mir klar, warum sie so verstört gewesen war!

Frauen, die mit Inzest und sexuellem Mißbrauch konfrontiert worden sind, haben zu diesem Thema noch viel bewegendere Dinge zu erzählen. Die Literatur zu diesem Thema, die jetzt endlich veröffentlicht wurde, durchbricht langsam die unglaubliche Isolation, in der (mindestens) eine von drei Frauen gelebt hat, die in ihrer Kindheit mißbraucht worden ist.[23] Einige Jahre später, als ich in der Oberstufe war, weihte mich meine Mutter in die esoterische Kunst der Verwendung von Tampons ein. In der Folge hatte ich ein Erlebnis, das meine eigene Verwirrung im Zusammenhang mit der Sexualität noch verschlimmerte. Die Tatsache, daß ich Tampons brauchen durfte, verlieh mir ein Gefühl der Reife, und ich war überzeugt davon, daß ich hiermit in eines der großen weiblichen Geheimnisse eingeführt worden war. Ich war in dieser Zeit auch sehr darauf bedacht, meinem Freund während unserer Pettingsessionen nicht zuviel zuzugestehen. Ich war der Überzeugung, daß ich mich wie ein «gutes Mädchen» verhielt und mir nichts vorzuwerfen hatte. Eines Tages beschuldigte mich mein Vater scheinbar völlig grundlos, daß ich schwanger sei. Ich war am Boden zerstört. In meinem Unterbewußtsein mußte ich mir meine Jungfräulichkeit für ihn intakt erhalten haben, denn diese völlig aus der Luft gegriffene Beschuldigung verletzte mich zutiefst. Es stellte sich dann heraus, daß er, als er den Abfalleimer mit meinen benutzten Binden hinausgetragen hatte, meinen Menstruationszyklus mitbekommen hatte. Als er nach drei Monaten im Abfalleimer noch immer keine Binden entdecken konnte, schloß er daraus, daß ich schwanger sein müsse (das hieß: Er glaubte, ich hätte mit meinem Freund geschlafen, was ich nur seinetwegen bewußt nicht getan hatte!). Die Illusion meiner scheinbar heiligen Jungfräulichkeit löste sich daraufhin in Luft auf, und ich verlor oder, wohl besser gesagt: ich verschenkte sie kurze Zeit später.

In Anbetracht der allgemeinen Stimmung in Mittelamerika in den späten fünfziger und frühen sechziger Jahre konnte ich mich glücklich schätzen, eine angenehme, kreative und ziemlich selbstbestimmte sexuelle Initiation mit einem Jungen gehabt zu haben, der mit mir ebenfalls seine erste Erfahrung machte. Meine langjährige sexuelle Erfahrung mit meiner spirituellen Masturbation half mir dabei, auf diesem Gebiet instinktiv die richtigen Entscheidungen zu treffen. Aber auch so war der Verlust meiner Jungfräulichkeit auf dem Vordersitz eines Fords auf dem Schulparkplatz nicht gerade ein mystisches Erlebnis. Wenigstens war es ein wirklich guter Freund, und ich lernte, mit ihm zusammen Orgasmen zu haben und mich mehr oder weniger frei auszudrücken. Danach waren wir Geliebte, was so absolut persönlich und tabu war, daß ich nicht einmal meiner besten Freundin davon erzählte. Iowa war 1964 dermaßen strikt, und die Regeln, die die guten von den schlechten Mädchen trennten, waren so klar definiert, daß keine von uns den anderen davon erzählte, bis sie heiraten «mußte». Wir alle taten es und hielten es geheim. Als ich herausfand, daß eine meiner Freundinnen eine Abtreibung gehabt hatte, zog ich mich schockiert und mißbilligend von ihr zurück. Ab und zu machte ein «Test» die Runde, der Zahlen als Antworten auf detaillierte Fragen zu unserer Sexualität enthielt und den wir allein ausfüllten, um später die Zahlen untereinander zu vergleichen. Der Test sollte aufgrund des Gesamtresultats die guten von den schlechten Mädchen abgrenzen. Wir alle fälschten die Zahlen, um ein niedriges Resultat zu erhalten.

Die unterdrückten, von der Oberfläche verbannten Gefühle und Energien, die zwischen und unter uns Mädchen hin und her gingen, gehören ebenfalls in das Bild dieser Zeit. Ich schlief mehrmals pro Woche mit meiner Freundin aus der Oberstufe – derjenigen, der ich nicht erzählte, daß ich mit meinem Freund schlief – in ihrem schmalen Bett. Wir waren uns so nahe, daß ich mir im nachhinein nicht vorstellen kann, wie wir irgend etwas voreinander geheimhalten konnten. Ich kann mir nur vorstellen, daß es zwischen uns ein stillschweigendes Übereinkommen gab, nicht darüber zu sprechen, da es ein Teil unseres persönlichen, nicht-öffentlichen Lebens war. (Zwanzig Jahre später heiratete ich meinen Mann Jonathan, der am genau gleichen Tag Geburtstag hat wie sie. Ihre Horoskope unterscheiden sich nur durch den Aszendenten.) Meine Beziehungen zu Mädchen waren vom Kindergartenalter bis zu meiner Heirat von großer Bedeutung in meinem Leben. Als ich meinen Ehemann nach fünf Jahren und zwei gemeinsam gezeugten Kindern verließ, verliebte ich mich in eine Frau und erlebte die Leidenschaft der lesbischen Liebe. Sie rief in mir Erinnerungen an Nächte wach, die ich im vorjugendlichen Alter mit Mädchen verbracht hatte, Erinnerungen, die ich bis dahin völlig unterdrückt hatte. Ich lud damals meine Freundinnen ein, bei mir zu übernachten. Dann zogen wir uns nackt aus, kuschelten uns im Bett zusammen und küßten und liebkosten einander. Wir gaben vor, für später zu üben, wenn wir es mit den Jungen tun würden, aber wir küßten und streichelten Brüste, und das ist es, was in meiner Erinnerung hängengeblieben ist. Als ich dies im Laufe der Jahre gegenüber anderen Frauen erwähnte, berichteten sie von ähnlichen sexuellen Erfahrungen mit Mädchen, die sie in der Zeit zwischen dem Erwachen der Sexualität und dem ersten Rendezvous gemacht hatten.

Ein wichtiger Unterschied zwischen unserem Zusammenleben und demjenigen unserer Vorfahren in Catal Hüyük oder im alten Indien ist die Tatsache, daß die Frauen dort nicht in einer isolierten Einheit mit Mann und Kindern zusammengelebt hatten. Die Frauen dieser uralten Gesellschaften lebten in einer Gemeinschaft zusammen und übten als eigentlichen Lebensinhalt gemeinsam ihre Religion aus. Die Männer jagten und trieben Handel, reisten von Ort zu Ort und kehrten in regelmäßigen Abständen zu Frau und Kindern zurück. Es gibt keine Hinweise darauf, daß Frauen und Männer nicht harmonisch zusammengelebt hätten, aber keine Frau war in bezug auf ihr Überleben von einem einzigen Mann abhängig. Keine von ihnen steckte mit ihrem männlichen Partner in einer Beziehungskiste und mußte jeden Moment damit rechnen, daß seine Frustration Aggressionen auslösen könnte, die er an ihr und ihren Kindern abreagieren würde. Unsere heutige Form des Zusammenlebens ist ziemlich unnatürlich und wird auch nicht mehr lange bestehenbleiben. Das Ende der Kernfamilie könnte schließlich unsere Befreiung bedeuten, auch wenn wir uns im Moment vielleicht in einer unangenehmen Situation befinden und die Frauen in großer Zahl zur unteren Kaste unserer Kultur werden. Nachdem uns «unsere» Männer verlassen haben, können wir uns hoffentlich wieder einander zuwenden und uns zu einer Gruppe zusammenschließen – einer Lebensform, die den Frauen viel eher liegt.

Es gibt zwei Erfahrungspole, zwei Wege zur Urenergie: den männlichen und den weiblichen. In der alten Religion hatte die Göttin einen männlichen Partner, der nicht Vater, sondern Geliebter war. Man stellte ihn sich als erdverbundene, männliche Mondenergie vor und nannte ihn Shiva, Dionysos, Adonis und schließlich Jesus. Die Frau stand in direkter Verbindung mit der Göttin und der weiblichen Urenergie. Sie suchte die Wahrheit nicht durch die Vermittlung des männlichen Partners, sondern tanzte ihm gegenüber den Tanz des Andersartigen. Der innere Garten ist das Heiligtum, wo wir wieder zur Göttin finden, dem zutiefst Weiblichen, dem Urquell der weiblichen Macht und Lebenskraft. Wir waren dort einmal stark verwurzelt und brachten von dort aus unsere Macht und Sexualität uneingeschränkt zum Ausdruck. Diese unmißverständliche Ganzheit können wir in den uralten Frauenfiguren erkennen. Wir waren Schlange und Vogel, Erde und Himmel, Körper und Geist. Wir konnten die Männer zu einem Zusammentreffen in diesen Ort einladen, und sie folgten diesem Ruf. Und auch heute noch kann ich von diesem heiligen Ort aus einen Mann durch das einfache Zusammenkommen mit mir einweihen und heilen, wenn ich als Priesterin die magischen Riten des uralten, tief verwurzelten Weiblichen ausübe.

Was geschieht aber, wenn sich der Held davor fürchtet einzutreten, Angst hat vor den zusammenprallenden Felsen, der *vagina dentata*, dem offenen Schlund, dem alles verschlingenden Schoß des Weiblichen? Was ist, wenn er (als Kollektiv) die Gesellschaft, die Religion und die Psychologie zu einem Punkt entwickelt hat, daß sie seine Abwesenheit, seine Weigerung, in dieses Heiligtum einzutreten, unterstützen, ja sogar fördern – auch dann noch, wenn er sich verliebt hat und die Sehnsucht spürt, dorthin zurückzukehren? Was ist, wenn die Zivilisation als solche eigentlich ein ausgeklügelter Versuch ist, Strukturen zu schaffen, die sich der Macht der Frau über den Mann in dem Moment entgegenstellen, wenn er sich verliebt, so daß er diese gefährliche Zeit überstehen und die Frau richtig in Besitz nehmen kann? Die Heldensagen sind voll von Versuchungen und Helden, die in ihren Kämpfen um die Macht der überwältigenden Anziehungskraft des (heiligen) Weiblichen gegenüberstehen. Und was bietet sie ihm an, das so gefährlich ist, daß es als tabu erklärt wurde? Sie lädt ihn einfach nur in ihren Garten, ihre Oase, ihr Heiligtum ein. Dort wird er die mystische Sexualität aus *ihrer* Perspektive kennenlernen, einer frauenorientierten, instinktiven Haltung, die ihn unweigerlich transformieren wird. Sie ist dort zu Hause und überwältigend stark, überlebensgroß. Das übersteigt die Kapazitäten des Durchschnittsmannes.

Als ich während der fünf Jahre meiner schamanischen Heilung nichts mit Männern zu tun haben wollte, glaubte ich, daß ich auch in Zukunft ohne sie leben würde. Überraschenderweise vermißte ich sie. Ich vermißte den Freund-Bruder, die Polarität und den Austausch, den es in meiner reinen Frauenwelt nicht gab. Wenn ich zu lange ohne die Gesellschaft von Frauen bin, vermisse ich sie auch. Ich frage mich, was dieses Gerede um sexuelle Neigungen soll, wo doch das Herz von sich aus gar nie darauf käme, zwischen den Geschlechtern zu trennen. Schamanen haben im allgemeinen einen Geist-Geliebten des anderen Geschlechts; eine Beziehung, die alle weltlichen Beziehungen überlagert. Die Gegenwart, die mein Leben rettete, als ich sechs war, ist mir von diesem Zeitpunkt an ohne Ausnahme eine liebevolle und mächtige Geliebte gewesen. Meine körperlichen Partner nahmen in meinem Herzen und meinem Leben einen anderen Platz ein. Als ich mich mit neunundzwanzig wieder öffnete, heiratete ich offiziell die Göttin und anerkannte so meine geistige Geliebte als das Wesen, dem ich ewig treu bleiben werde.

Es ist heute nicht einfach, entweder nur mit Männern oder nur mit Frauen Beziehungen zu haben. Sich selber treu zu bleiben, während wir dem unwiderstehlichen Ruf der sexuellen Energien folgen, die uns zur Paarung treiben, ist ein spiritueller Weg. Wir sind unheilbar geschädigt und gehemmt, wie der Goldfischteich in meinem Traum, und trotzdem sehnen wir uns nach Erfüllung in unseren sexuellen Beziehungen. Wahres Tantra ist ein Bund, der auf der tiefsten Ebene des spirituellen Gedächtnisses geschlossen wird und dann in einen für diesen Zweck in diesem Leben geschaffenen Behälter transferiert wird und dort verbleibt. Wenn zwei Menschen diesen heiligen Bund miteinander in einer Beziehung einhalten können, wenn sie den Schmerz, die Enttäuschung und die Wut zulassen können, ohne sich davon zerstören zu lassen, kann das zu einer Transformation führen. Das ist ein riesiger Unterschied zu unseren romantischen Vorstellungen von einer perfekten Beziehung. Sie machen es uns schwer, unsere Seelenpartner zu erkennen, auch wenn sie vor unserer Nase stehen. Oder wir erkennen sie, können aber nicht akzeptieren, daß sie sich längerfristig nicht unseren Vorstellungen anpassen wollen. Es braucht großes Vertrauen in den Partner, um ihm erlauben zu können, seine wahre Persönlichkeit zu entfalten, ohne die Gewißheit zu haben, ihn oder sie behalten zu können. Der Beziehung ihren Lauf zu lassen und die beiden Egos im Feuer der Auseinandersetzungen brennen zu lassen, das ist die wahre Arbeit. Die Beziehung entwickelt sich wie ein lebendiges Wesen bis zur Eigenständigkeit, wie jeder Mensch. Sie findet ihren Weg, der sich wie eine Schlange hin und her windet, sie weiß instinktiv, was gebraucht wird, und wendet sich dorthin, in der gleichen Art wie das Bewußtsein, das sich weiter entwickelt.

Es gibt eine Form der Sexualität, die den Frauen von Geburt an offensteht und die in Indien durch Kali oder in Tibet durch die

Dakini verkörpert wird. Dieser Ausdruck der sexuellen Energie hat sehr wenig mit unseren Beziehungen und Abhängigkeitsbedürfnissen zu tun, aber um so mehr mit der kosmischen Energie und ihrer Manifestierung auf der Erde. Um mit dieser uralten Ebene der weiblichen Sexualität Kontakt aufnehmen zu können, müssen die Egostrukturen bis zu einem gewissen Grad aufgelöst und muß die Person zu einem etwas flexibleren Empfänger für die alte Macht werden. Sowohl Kali als auch die Dakini eröffnen sich heute manchmal den Frauen spontan. Die Dakini repräsentiert freigesetzte Energie, spirituelle Freiheit und die ungezähmte, spirituelle Natur. Sie steht für das Weibliche auf viel umfassendere Weise als alle Archetypen der westlichen Kultur aus den letzten zweitausend Jahren. Wie Kali ist sie eine Gaunerin, Lehrerin der Sexualität, Machtinstanz und liebevolle Bodhisattva. Sie erwacht in uns durch spontanes, heiliges Spielen. Ihre Lehren sind möglicherweise nicht einfach für uns, denn wir sind dazu erzogen worden, klare Definitionen der Wirklichkeit zu erwarten, doch wenn der Prozeß einmal begonnen hat, können wir uns von diesen Einschränkungen befreien, die unserem Unwohlsein zugrunde liegen. Sowohl Kali als auch die Dakini tragen ein Messer, ein Schwert oder eine Klinge irgendwelcher Art, die sie über ihrem Kopf schwingen, um vom Ego verursachte Unklarheiten zu beseitigen. Kali geht sogar so weit, daß sie Shivas Kopf (Ego, Identität) abschlägt, damit seine Energie frei werden kann. Sie steht für die archetypische Funktion des Weiblichen bei heiligen, heterosexuellen Zusammentreffen: Sie beschafft genügend Energie, damit der männliche Partner ganz still werden kann und in eine ekstatische Trance gelangt (beispielsweise Shiva, der zur «Leiche» wird). So kann er seine Ejakulation für eine bestimmte Zeit zurückhalten, während der die beiden auf der geistigen Ebene miteinander tanzen. Während dieses kosmischen Tanzes werden für beide Partner und ihre Gemeinschaft heilende Energien frei, die eine vollständige Regenerierung erlauben. Dieser sexuelle Tanz zwischen zwei Menschen (die beiden Geschlechtern oder dem gleichen Geschlecht angehören) ist eines der ältesten Rituale der Menschen auf dieser Erde, denn es ist älter als das sexuelle Ritual, das der Vermehrung dient. Obwohl ich glaube, daß die paläolithischen Höhlenbewohner den Zusammenhang zwischen der Zeugung und dem Geschlechtsverkehr zwischen Mann und Frau verstanden, gibt es keinen Beweis dafür, daß wir als Primaten die Sexualität vorerst nicht ausschließlich wegen ihrer Heilkraft feierten.

Wir scheinen keine große Ahnung davon zu haben, wie man nackt und ohne Scham zum Altar kommt, als Person, ohne Drogen und Hilfsmittel, und doch so strahlend im Einklang mit der Göttin und/oder dem Gott, daß wir einander im blendend hellen Licht der Gottheit gegenseitig kaum erkennen können. Die Tantrischen Schriften sagen uns, daß die Partner auf vielen Ebenen übereinstimmen müssen, damit sie eine solche Vereinigung erleben können. Es ist nicht genug, wenn er von irgendeinem Playboy-Häschen träumt, während sie sich eine ähnlich unmögliche Szene vorstellt, um dann zusammen die Ekstase zu erreichen. Wie es in den Schriften heißt, sind ihre Chakren oder Energiezentren, wenn sie sich mit diesen unterschiedlichen Bildern und Phantasien beschäftigen, nicht miteinander verbunden. Das Tantra, das heute im Westen praktiziert wird, konzentriert sich fast ausschließlich auf Instruktionen und schrittweise zu erlernende technische Leistungen, die darauf abzielen, irgendwie ihren G-Punkt zu stimulieren und das Paar im großen O zusammenzubringen, das heute als Talorgasmus bezeichnet wird. Auch die heutige Tendenz, unsere Phantasien einander laut mitzuteilen und sich füreinander zu verkleiden, ist keine Lösung. Es braucht Offenheit und bedingungslose Präsenz. Wir müssen den Mut aufbringen, ohne Masken und Ausflüchte zusammenzukommen, einander in die Augen zu sehen, ganz uns selbst zu sein und so dem heiligen Wesen des anderen zu begegnen. Wir müssen mit all unseren sexuellen Gefühlen, Energien und Kräften, die uns während der sexuellen Begegnung durchströmen, im Einklang stehen. Das bedeutet, daß manchmal Gefühle und Bilder in uns auftauchen können, die nicht in unsere stereotypen Sexrollen passen, und es ist möglich, daß wir Dinge erleben, die wir mit unserem Verstand nicht erklären können.

Wenn ich mich auf diese Ebene begebe, spüre ich die Gegenwart des Göttlichen und bin erfüllt von großer Ehrfurcht. Wenn mein männlicher Partner diesen Zustand an mir erlebt, reagiert er manchmal zwiespältig: Einerseits fühlt er sich zu der Macht und Heiligkeit hingezogen, andererseits fühlt er sich durch ihre Intensität bedroht. Wir haben beide daran gearbeitet, diesen Raum für uns lange genug existieren zu lassen, damit wir ihn genießen können. Es erinnert mich an bewußtes Träumen oder eine Trance im Wachzustand. Das Bewußtsein ist so verunsichert durch die höhere Intensität dieses Raums, daß es versucht, davon Besitz zu ergreifen, entweder um diesen Raum zu kontrollieren oder um ihn zu etwas Vertrautem zu machen. An diesem Ort, den ich den Garten nenne, fühlen wir uns beide wie durch elektrischen Strom verbunden und voller Grazie. Die telepathische Kommunikation, die zwischen zwei «wirklich» verliebten Menschen im intensivsten Augenblick, von Angesicht zu Angesicht stattfindet, kann ein überwältigendes spirituelles Erlebnis sein. Wie bei Heilungssitzungen, wo man ebenfalls mit solch starken Energien arbeitet, ist es notwendig, daß man dabei geerdet bleibt.

Die spirituelle Wärme, die unter diesen Umständen entsteht, kann den Körper reinigen und sogar die Seele von negativen Bildern befreien, damit sich die beiden Herzen einander öffnen können. Ich habe es in diesem magischen Raum manchmal erlebt, wie die Gottheit in meine Partner überging – der männliche Gott in meinen Mann, die Göttin in meine weibliche Partnerin –, oder ich verkörperte die Gottheit selber. Wenn ich mit einem männlichen Partner die Schlangenfrau oder Aphrodite oder Kali «bin», sind das unvergeßliche und wunderbare Momente; und es war beeindruckend, wenn ich zusammen mit einer weiblichen Partnerin zu Dionysos «wurde». Wenn die Sexualität einmal auf dieser Ebene erfahren worden ist, gibt es kein Zurück zu dem, was wir als Gelegenheitssex bezeichnen. Warum sollte ich meine Energie für eine Begegnung verschwenden, die ein bloßer «Fix» ist, wenn ich durch die leidenschaftliche Vereinigung mit einem anderen Menschen, dem ich mit meinem ganzen Selbst gegenübertreten kann, spirituelle Ekstase erleben kann?

Mutter und Schamanin:
Artemis und ihre Jungen

Die meisten Frauen, die als Schamaninnen arbeiten, sind auch Mütter. Daß wir die Rolle der Mutter übernommen haben, ist die direkte Folge unserer innersten Lebensphilosophie. Die schamanische Philosophie bedingt eine gänzlich neue Art der Kindererziehung, die sich grundsätzlich von der nordamerikanischen Norm unterscheidet. Die Veränderung der streng geregelten, stereotypen und geschlechtsspezifischen Rolle der «Mutter» übersteigt aber die Kräfte der meisten Frauen, die meist auf sich allein gestellt sind. Wenn wir nicht lernen, mit unseren Kindern anders umzugehen, wird es uns auch nicht gelingen, die Welt oder uns selbst wirklich zu verändern.

Meine Töchter waren schon acht und zehn Jahre alt, als ich eine große Wandlung durchmachte, die ich als schamanische Heilungskrise beschrieben habe. Sie hatten mich mit drei und fünf Jahren als gestreßte alleinerziehende Mutter erlebt. Wir hatten viele ungesunde Verhaltensmuster entwickelt, die zusammen ein System ergaben, das gar nicht funktionieren konnte. Wir waren durch eine von Schuldgefühlen belastete Liebe und Abhängigkeiten aneinander gefesselt und beschuldigten und bestraften einander gegenseitig für die Probleme in unserem Leben. Wenn ich mir manchmal selber zuhörte, wie ich meine Kinder anschrie, schien es mir, als ob eine schreckliche Mutter (viel schlimmer als meine eigene Mutter, die nicht so aggressiv war) in mir steckte, die durch bestimmte Verhaltensweisen meiner Töchter aktiviert wurde. Das Ausmaß des Stresses, dem ich ausgesetzt war, und mein Gefühl, die Kontrolle über die Ereignisse verloren zu haben, führten zu Szenen, die in meinen Augen von jemand anderem als von mir erdacht worden waren. Manchmal hörte ich auch die Stimme meiner Mutter heraus oder

merkte, wie ich Dinge sagte, die ich einmal aus ihrem Mund gehört hatte und die überhaupt nichts mit meiner gegenwärtigen
Situation zu tun hatten. Mir wurde sogar klar, daß meine eigene
Mutter diejenigen Muster wiederholt hatte, die ihr von ihrer Mutter weitergegeben worden waren usw. bis weit in die Vergangenheit. Es war eine fürchterliche Vision: hoffnungslose Konditionierung ohne absehbares Ende.

Eines Tages, mitten im intensiven, konzentrierten Prozeß meiner geistigen Öffnung und Selbstheilung, beschloß ich, daß ich
die Art, wie ich mit meinen Töchtern umging, von Grund auf ändern mußte. Ich konnte die Aussicht auf eine hoffnungslose und
verzweifelte Zukunft, sich endlos wiederholende Muster und
eine ununterbrochene Weiterführung der geschlechtsspezifischen Rolle der Frau nicht ertragen. Ich wollte aus diesem Kreislauf ausbrechen und sagte einfach: NEIN. Obwohl ich nicht die
geringste Ahnung hatte, wie ich das bewerkstelligen sollte, war
mir, wie auch bei all den anderen Dingen, die sich in meinem Leben veränderten, vor allem eines klar: Ich mußte meine Eltern-
rolle authentischer und bewußter gestalten. Ich konnte nicht als
Roboter weiterleben, der einfach das tut, was die Gesellschaft von
ihm auf diesem für mich lebenswichtigen Gebiet erwartet. Ich
muß hier kurz unterbrechen, um zu sagen, wie sehr ich meine
Kinder liebte (und noch immer liebe), wie stark wir verbunden
waren und welcher Segen dieser Bund mit meinen Kindern in
meinem Leben war. Wie so viele Mütter, die ich kennengelernt
habe, wünschte ich mir nichts sehnlicher, als meinen Kindern
eine perfekte und liebende Mutter zu sein: alles richtig zu machen, anstatt immer überfordert, aufgebracht und hilflos zu sein.

Meine älteste Tochter kam zur Welt, als ich neunzehn war. Ich
war völlig unerfahren und glaubte, sämtliche mageren Möglichkeiten ausgeschöpft zu haben, die mir die Zukunft zu bieten
gehabt hatte. Meine Eltern betrachteten das College nicht als
wichtig genug, um mich an die Schule zu schicken, die ich mir
ausgesucht hatte und in die ich auch aufgenommen worden wäre.
Obwohl also meine Noten sehr gut waren, wurde mir die Möglichkeit verwehrt, das zu verwirklichen, was ich vor mir hatte liegen sehen. Während all der Jahre davor hatte ich mich mit Hilfe

von SAT-Examen und Aufnahmeprüfungen für Colleges darauf vorbereitet, und als ich schließlich an eine große Universität in meinem Heimatstaat gehen mußte, war ich orientierungslos und verwirrt und begann mich immer mehr zu einem oberflächlichen Menschen zu entwickeln. Ich lernte, mich so zu verhalten, wie das die Leute scheinbar von mir erwarteten, während sich mein authentisches Selbst in einen tiefen Winterschlaf begab und auf bessere Zeiten wartete, die seine Befreiung zulassen würden. Am Ende meines ersten Studienjahres hatte ich mich mit einem ROTC-Studenten eingelassen, der als Berufsoffizier der Luftstreitkräfte auf Reisen gehen wollte. Er war meine Fahrkarte weg von zu Hause. Ich ließ mich auf dem Sofa im Gemeinschaftsraum seines Studentenwohnheims von ihm schwängern, und drei Monate später heirateten wir. Die Schwesternschaft entließ mich zusammen mit den fünf anderen neuen Mitgliedern, die in diesem Jahr heiraten «mußten».

Wir zogen in einen Stützpunkt der Luftstreitkräfte in New Hampshire, wo man mir ein Merkblatt aus der Stützpunkt-Bibliothek in die Hand drückte, die «Mrs. Lieutenant» hieß. Ich richtete meine Aufmerksamkeit auf die Fortschritte meiner frühreifen Tochter und wollte bald schon ein zweites Kind. Es kam weniger als zwei Jahre nach meinem ersten Kind zur Welt. (Ich muß hier erwähnen, daß wir während ihrer gesamten Entwicklung ein kollektives Hilfssystem für einander gewesen sind!) Obwohl ich in meiner Ehe furchtbar unglücklich war, war mir klar, daß ich für eine Weile dort nicht wegkonnte. Ich traf eine klare Abmachung mit mir selber, daß ich gehen würde, sobald sich mir eine Türe öffnen würde. Bis dahin tat ich mein Bestes, eine kreative Mutter im traditionellen Sinn des Wortes zu sein: Ich las Dr. Spocks *Parent Effectiveness Training*, Glenn Domans *How to Teach Your Baby to Read* usw. (Robyn konnte mit drei Jahren schon lesen.) Ich nähte wunderhübsche Kleider für meine kleinen Töchter, spielte mit ihnen wie mit den Puppen, die ich mit zehn gehabt hatte, und wenn sie schliefen, las ich die *New York Times* von der ersten bis zur letzten Seite, um den Kontakt zum Weltgeschehen nicht zu verlieren. Meine beste Schulfreundin, die das College besucht hatte, das ich ebenfalls ausgesucht hatte, hielt mich auf dem laufenden über die Ereignisse in der Welt draußen: Marihuana, Bürgerrechtsbewegung und Demonstrationen gegen den Krieg.

In meinem Kopf geisterten bizarre Gedanken über meinen Mann herum – ich wünschte mir, daß er aus meinem Leben verschwinden würde, damit ich frei sein könnte. Wie vielen Frauen muß es in einer solchen Situation der erzwungenen Passivität und Unzufriedenheit genau gleich gegangen sein. Die schamanischen Kräfte wenden sich in einem solchen Moment der dunklen Seite zu und lösen Verzweiflung und Unwissenheit aus. Es war mir bewußt, daß es keine gute Idee war, ihm den Tod zu wünschen, deshalb konzentrierte ich meine Gedanken auf den Wunsch, daß er nach Vietnam geschickt würde; ein Jahr später wurde er eingezogen. (Er ging dorthin als Offizier der Versorgungstruppen, die für die anderen Offiziere Golfplätze bauten.) Das Jahr ohne ihn war eine große Befreiung. Ich lernte, durch den Verkauf von Kosmetika auf Frauenparties mein eigenes Geld zu verdienen, und ich bezahlte sogar selber für eine Reise irgendwohin, ganz allein, während meine Töchter bei meiner Mutter waren. Ich wurde selbstsicherer und unabhängiger als jemals zuvor. Ich saß auch vor dem Fernseher und las die Zeitungsartikel über die Ereignisse in Vietnam. Als ich Seymour Hersch über das My-Lai-Massaker sprechen hörte, wurde ich endgültig politisch aktiv.

Als mein Mann nach Hause kam, war ich nicht mehr die Frau, die er geheiratet hatte. Auf der Fahrt vom Flughafen nach Hause stellte ich ihn wegen My Lai zur Rede, was zu unserem ersten politischen Streit führte. Wir konnten nicht mehr in unsere alte Haut zurück. Wir zogen nach Colorado, wo er eine Stelle an der *Air Force Academy* übernahm. Innerhalb von einem Jahr hatte ich mich der Frauenbewegung angeschlossen, sexuelle Erfahrungen mit einer Frau gemacht und mich von ihm scheiden lassen. Als ich meinen Töchtern mitteilte, daß er ausziehen würde, saßen sie am Küchentisch in unserem neuen Haus und malten in ihren Malbüchern. Robyn malte weiter, wie wenn nichts wäre, und sagte: «Gut, dann werdet ihr wenigstens nicht mehr miteinander streiten.» Ich war überglücklich und voller Lebensfreude; ich war zum ersten Mal offen für ein Abenteuer in meinem eigenen Leben. Die Notwendigkeit, alles gleichzeitig tun zu müssen – alleinerziehende Mutter zu sein, meinen eigenen Lebensunterhalt zu verdienen, zurück ins College zu gehen, in der Frauenbewegung mitzumachen und Beziehungen zu haben –, war aber zuviel für mich, und meine Verspannungskopfschmerzen wurden beinahe unerträglich. Ich konnte die Stärke der Spannung und der Belastung in meinem Leben nicht wahrhaben, weil ich so aus dem Innersten heraus glücklich war, endlich mir selbst zu gehören. Es sollte nochmals fünf Jahre dauern, bevor ich mich dem Schamanismus öffnete und meine Heilung zuließ.

In der Zeit, die ich als alleinstehende Mutter in Colorado verbrachte, hatten meine Kinder das Glück, eine Schule besuchen zu können, die von Eltern eingerichtet worden war, die mit dem dort ansässigen kleinen College der freien Kunst in Verbindung standen. Sie konnten dort eine wirkliche Gemeinschaft erleben, und meine feministischen Freundinnen waren gleichzeitig auch ihre Lehrerinnen und Schulleiterinnen. Sie erhielten wie ich auch Stipendien, um das College besuchen zu können. Ich bin mir bewußt, daß ich in gewisser Weise sehr privilegiert war – als Weiße aus der Mittelklasse, die zu einer Quote von älteren Müttern gehörte, die ins College zurückkehrten. Rückblickend empfinde ich aber im Zusammenhang mit meiner Beziehung zu meinen Kindern einen tiefen Schmerz. Ich habe sie so oft beschimpft und angeschrien. Es war mir damals klar, daß mich nur ein verinnerlichter Kontrollmechanismus davon abhielt (glücklicherweise), meine Wunschvorstellungen Wirklichkeit werden zu lassen und meine Kinder quer durchs Zimmer zu schmeißen. Ich habe sehr großes Verständnis für den Schmerz und die Frustration der alleinstehenden Mütter in diesem Land. Niemand kann wirklich verstehen, wie es ist, wenn er es nicht selbst erlebt hat. Und mittlerweile sehen sich ja immer mehr Frauen mit einer ähnlichen Situation konfrontiert.

Was kann isolierender sein, als als Frau «versagt» zu haben, mit kleinen Kindern, die Platz zum Rennen und Spielen brauchen, in einer billigen, engen Wohnung gefangen zu sein, tagein, tagaus sowohl Vater als auch Mutter sein zu müssen und von

Lebensmittelmarken oder der Wohlfahrt zu leben, weil eine Frau nicht genug verdienen kann, um eine Familie ernähren zu können? Sie versucht ihr Leben in den Griff zu bekommen, indem sie sich weiterbildet, außer Haus arbeitet und ihre Kinder einer Betreuung überläßt, die nicht ausreichend ist und ihr Schuldgefühle verursacht – als würde sie ihre Kleinen verlassen, die sie doch mehr liebt als ihr eigenes Leben. Das erinnert mich an Delphin-Babys, die in japanischen Fischernetzen gefangen sind und in ihrer Verwirrung nicht flüchten können. Die Männchen können sich befreien, genau wie die Weibchen – die aber nicht flüchten. Sie kommen zurück. Sie bleiben bei ihren Jungen und singen für sie bis zu ihrem Tod im Fleischwolf.[1] Obwohl die modernen Frauen infolge der unnatürlichen Gebärmethoden in den Spitälern weniger stark durch den Instinkt mit ihren Kindern verbunden sind, gehen wir doch durch ähnliche Konflikte in bezug auf das, was mit den Kindern geschieht. Kinder wollen an ihrer Kultur teilhaben, aber fast alles ist schrecklich für sie. Es ist ein unglaublicher Konflikt, ein enormer Graben, der sich zwischen dem «guten Selbst» der Mutter, das die Kinder liebt, und ihrem «schlechten Selbst» auftut, das sie schlägt oder beschimpft. Bei mir war es so, daß damals mein Bedürfnis nach einer sinnvollen Aktivität außerhalb des Haushalts so groß geworden war, daß ich oftmals das Gefühl hatte, ich opfere meine Kinder der Arbeit für die Frauenbewegung oder welches dringende Projekt auch immer, das gerade aktuell war. Ich stritt mit ihnen fast den ganzen Tag und saß nachts an ihrem Bett, während sie schliefen, und weinte für uns alle. Ich kenne keine Liebe, die mehr schmerzt als die Liebe einer Mutter, die nicht das für ihre Kinder tun kann, was für ihr Wachstum und ihr Wohlsein wichtig wäre.

In der westlichen Kultur überläßt man die ganze Verantwortung für die Kindererziehung den Müttern, die dann auch die Schuld an allem, was schiefgeht, zu tragen haben. Es ist uns keineswegs erlaubt, die Kinder nach unseren eigenen Vorstellungen zu erziehen. Es gibt «Experten», die uns ganz genau sagen, was auf welche Art getan werden muß, damit es moralisch «richtig» ist. Wenn unsere Kinder klein sind, verbringen wir die Zeit damit, alles «richtig» zu machen und «gut» zu sein. Dann müssen wir hilflos zusehen, wie unsere Kinder belästigt, mißhandelt, bedroht, beherrscht, indoktriniert und uns weggenommen werden. Wenn alles vorüber ist, werden wir für alles verantwortlich gemacht, wenn sie rebellieren oder sonst nicht «gut» herauskommen. Eine Mutter, die in einer patriarchalischen Gesellschaft lebt, leidet unter den schlimmsten passiven Existenzängsten, die man sich vorstellen kann. Die einzige spirituelle Grundlage für die meisten amerikanischen Frauen ist ein weit entfernter, moralisierender Gott, der Edikte und Gesetze erläßt, die bestimmte Verhaltensweisen verbieten. Wir hoffen, daß unsere Kinder genug gesunden Menschenverstand besitzen, diesen aus dem Weg zu gehen. Wir versuchen unsere Kinder vor den unglaublichen Gefahren und Versuchungen zu beschützen, von denen sie umgeben sind, ohne ihnen Angst zu machen. Wir möchten, daß sie glücklich werden und das Leben genießen, aber wir wollen nicht, daß sie sich mit der Sexualität befassen und in Schwierigkeiten geraten (wie wir selber!). Ich glaube, daß das besonders für Mütter von Mädchen zutrifft. Wie sollten unsere Töchter unter diesen Voraussetzungen nicht genauso ihren Müttern nachschlagen, wie wir das getan haben?

1976, mitten in meiner schamanischen Heilungskrise, beschloß ich, die Dinge anders anzugehen. Es stieg ein klarer Wille in mir auf, der mich danach nie mehr verlassen hat. Wie das Rauchen oder den Genuß von Zucker kann man auch seine Erziehungsmethoden nicht von heute auf morgen aufgeben, doch es brachte mir viel mehr als die Aufgabe all meiner anderen Gewohnheiten. Wie die Leute Karen und mir gesagt hatten, daß wir doch gar keine Tarotkarten malen konnten, sagten mir auch viele Frauen, daß ich meine Pläne mit meinen Kindern nicht würde verwirklichen können. «Warten Sie, bis die Kinder fünfzehn sind», forderte mich eine Frau heraus, als ich zu erkennen gab, daß ich darauf vertraute, eine gute Lösung finden zu können. Ich hatte jedoch eine tiefe, spirituelle Vision, in der ich sah, wie ich es anpacken konnte, und begann danach zu handeln, als wäre es das einzig Richtige. Wenn meine inneren Stimmen mir all die schrecklichen Dinge vorzujammern begannen, die geschehen könnten, war diese Vision wie ein heller Schein, der mich durch die Jugendjahre meiner Kinder begleitete, und wir alle profitierten davon. Manchmal mußte ich mich mitten im Satz unterbrechen, wenn ich merkte, wie meine Stimme in den Tonfall meiner Mutter oder der Gesellschaft verfiel. Ich schaute die Gesichter meiner Töchter an und bat sie, einen Moment zu warten. Dann mußte ich entweder lachen oder weinen und ihnen erklären, daß ich mich in einen alten Film verirrt hatte, der nichts mit meinen wirklichen Gefühlen zu tun hätte, daß ich aber nicht sicher sei, was ich wirklich empfinde, weil ich nie die Gelegenheit dazu gehabt hatte, das herauszufinden. Dann setzten wir uns wieder zusammen, und ich sagte ihnen, daß sie alles vergessen sollten, was ich gerade gesagt hatte, und daß ich in mir die echte, tiefere Reaktion suchen wollte, die sich zu melden versuchte.

Wir begannen zusammen herauszufinden, wie wir sie erziehen sollten. Ich sagte ihnen, daß ich nicht die geringste Ahnung hätte, wie ich das anstellen sollte, und daß die gesellschaftlich akzeptierten Methoden mir nicht zusagten. Ich sagte ihnen, daß die Gesellschaft von mir erwartete, daß ich sie so formen sollte, daß sie zu «lieben kleinen Mädchen» mit dem richtigen Rollenverhalten werden. Ich erzählte ihnen, daß man von ihnen erwartete, daß sie sich an alle Regeln der Gesellschaft halten, genauso werden sollten wie alle andern, die die Autoritäten und ihre Regierung nicht in Frage stellen usw. Ich sagte ihnen auch, daß ich selber nicht mehr an diese Werte glaubte, weil ich sie als unecht erachtete. Ich sagte ihnen aber auch, daß sich kleine Mädchen in unserer Gesellschaft in großer, echter Gefahr befänden und ich deshalb nicht den Mut hätte, ihnen zuviel Freiheit zuzugestehen. Ich wollte nicht, daß sie verletzt, mißhandelt oder geschändet würden. Ich sagte ihnen, daß ich nicht die ganze Zeit mit ihnen zu Hause bleiben oder Mitglied der Eltern-Lehrer-Vereinigung und eine «gute Mutter» werden wollte. Ich wollte Bücher schreiben, Yoga lernen, Geistheilung erforschen und etwas über andere Realitäten lernen. Ich wollte mit Lesben, Politikern und anderen «Spinnern» zusammen sein und alles andere als ein normales Leben führen. Ich wollte kein Fleisch mehr essen oder kochen, auch wenn sie jeden Tag Hamburger essen wollten. Wenn sie also keinen Vollreis mit Bohnen essen wollten, dann müßten sie eben selber kochen; ich wollte keine A-la-carte-Köchin meiner Töchter werden.

Im zarten Alter von acht und zehn Jahren kochten Robyn und Brooke ihr eigenes Abendessen und fuhren mit dem Bus in der Gegend von Berkeley herum. Ich sagte ihnen, daß ich keine normale Stelle annehmen wollte, weil das meine kreative Freiheit einschränken würde, die für mich das Wichtigste im Leben sei. Das bedeutete, daß wir kein Auto besaßen, für nichts Geld hatten und von Lebensmittelmarken lebten. Brooke wollte Gymnastik machen und an die Olympiade gehen, aber ich konnte es mir kaum leisten, sie in die Gymnastikstunden an der örtlichen Schule zu schicken. Wir mußten Opfer bringen, zu denen sie nichts zu sagen hatten. Ich fragte mich damals, ob sie mir jemals vergeben würden, daß ich mich für mich selbst entschieden hatte. Auf einer tieferen Ebene wußte ich jedoch, daß ich dabei war, eine neue Lebensform für Frauen zu erarbeiten, damit auch die Töchter als Erwachsene die Möglichkeit haben würden, ihre eigenen Entscheidungen zu treffen. Diese Vision hielt ich mir ständig vor Augen. Obwohl es meinen Töchtern zutiefst peinlich war, daß ich in dieser Zeit eine Lesbe war, wo sie sich doch nichts sehnlicher wünschten als eine normale Mutter, glaubte ich sogar, daß ich sie – zu ihrem eigenen Besten – während ihrer Jugend vor dem Einfluß und der Kontrolle der Männer beschützte.

Es war wunderschön, als ich zehn Jahre später die Asteroiden-Astrologie von Demetra George kennenlernte und erfuhr, daß der Asteroid Diana, die Beschützerin junger Mädchen, in Konjunktion mit meinem aufsteigenden Mondknoten (meine Bestimmung) steht und daß sich der Asteroid Ceres, die Mutter, in Konjunktion mit meinem Mars im Zeichen Widder befindet.[2] Ich war eine kriegerische Mutter, eine beschützende Bärin, und nachdem ich das einmal erkannt hatte, hielt ich mich daran, wie an eine Berufung. Ich kam zum Schluß, daß ich in bezug auf meine Erziehungsmethoden niemandem Rechenschaft schuldig war. Weshalb sollte ich sie nicht nach meinen eigenen Vorstellungen erziehen und mich so stark auf meine Gebete und Zielsetzungen für ihr Leben konzentrieren, daß keinem von uns etwas geschehen konnte? Warum sollte ich sie nicht auf eine Art aufwachsen lassen, die mit unseren natürlichen Prozessen und unseren echten Gefühlen und Impulsen im Einklang steht? Welch eine Prüfung für eine Frau, sich gegen die Werte der damaligen Ansichten über die Erziehung zu stellen. Die Religion und die Psychologie scheinen ausschließlich darauf ausgerichtet zu sein, den Müttern Vorschriften zu machen. Schon vor der Geburt schaffen sie es, die schwangere Mutter so zu beeinflussen, daß sie sich entsprechend ihren Richtlinien verhält. Ich kann mich erinnern, daß ich während meiner letzten Schwangerschaft ein New Yorker Flugblatt zur Gesundheit der Frau las, wo Gerichtsurteile besprochen wurden, die gegen schwangere Frauen ausgesprochen worden waren. Diese Urteile zwangen die Mütter gegen ihren Willen dazu, in einem Krankenhaus anstatt zu Hause zu gebären oder durch Kaiserschnitt anstatt auf dem normalen Weg durch die Vagina ihr Kind zur Welt zu bringen.

In einer Welt, die für Kinder viel gefährlicher ist, als das wilde Tiere in einer «primitiven» Umgebung je sein könnten, liegt das Problem bei der instinktiven Erziehung der Kinder darin, daß es keine Faustregeln gibt, an die man sich halten kann. Alles muß aus einem selber kommen, was zur Folge hat, daß man ständig experimentieren muß. Dabei läuft man Gefahr, am Ende herausfinden zu müssen, daß man es doch falsch gemacht hat. Ich kann mich an ein wichtiges Ereignis im Zusammenhang mit meiner älteren Tochter erinnern, als sie ein Teenager war. Sie hatte begonnen, über die Stränge zu schlagen, sich nicht an die Spielregeln zu halten, zu trinken, zu rauchen und generell Dinge zu tun, die ich (nebst einem Großteil der Gesellschaft) prinzipiell nicht gut fand. Ich wollte sie nicht kraft meiner Autorität zum Spuren bringen, wie das meine Eltern mit mir in diesem Alter getan hatten, denn ich erinnerte mich sehr gut daran, wie nutzlos das gewesen war. Obwohl ich im Grunde in meiner Jugend ein «braves» Mädchen gewesen war, hatte ich es mir trotzdem zu meiner kreativen Aufgabe gemacht, die Spielregeln zu durchbrechen und mich dabei nicht erwischen zu lassen, als meine Eltern strengere Disziplin und Kontrolle walten ließen. Ich wußte, daß meine Töchter mindestens ebenso gut lügen, sich davonstehlen und die Spielregeln mißachten konnten wie ich, und mir war auch klar, daß Gewalt meinen Eltern gar nichts genützt hatte. Die Beziehung zwischen mir und meinen Eltern hatte sich während meiner Pubertät auch stetig verschlechtert, so daß ich schließlich nur noch von zu Hause weg wollte, um allein sein zu können. Auch zu dem Zeitpunkt, als sich bei der Erziehung meiner Töchter dieses Problem stellte, hatte ich kein gutes Verhältnis zu meinen Eltern, weil ich keinen normalen Beruf ausübte, mich von meinem Mann hatte scheiden lassen und mit einer Frau zusammenlebte.

Da setzte ich mich mit klarem Geist und voller Liebe hin und schrieb meiner ältesten Tochter einen Brief. Ich erklärte ihr so gut ich konnte das karmische Gesetz von Ursache und Wirkung. Ich schrieb ihr, daß ich sie in der Welt noch beschützen konnte, als sie sozusagen noch «unter meinen Fittichen» war und sich als mein Kind an meine Regeln hielt. Wenn sie aber darauf bestand, wie das der Fall zu sein schien, die Dinge anders zu sehen als ich und sich nicht mehr an die Spielregeln halten wollte, die ich ihr empfohlen hatte, dann würde sie sich aus meinem Schutz begeben und müßte deshalb ihre eigene karmische Verantwortung übernehmen. Ich könnte sie lieben, aber sie müßte lernen, sich selber zu schützen, wenn sie dazu bereit wäre, sich von mir abzulösen. Ich sagte ihr, ich würde mir Sorgen machen, wäre aber überzeugt, daß sie langfristig die richtigen Entscheidungen treffen und so ihre Pubertät gut überstehen würde. Ich versprach ihr, daß ich in meinem Geist einen Lichtstrahl für sie bewahren würde, der sie buchstäblich durch diese schwierige Phase begleiten würde. Sie hat mir kürzlich erzählt, daß sie diesen Brief aufbewahrt hat und ihn jedes Jahr einmal hervorholt und liest. Das war eine der wichtigsten Transaktionen, die jemals zwischen uns stattgefunden hat. Wir wurden gemeinsam frei.

Das Hauptproblem bei der Erziehung meiner beiden Töchter war meine Neigung, sie beide genau gleich zu behandeln, obwohl sie völlig verschieden sind. Nachdem ich eine von ihnen erzogen hatte, war ich der Meinung, daß ich nun schon wüßte, wie ich es bei der anderen anpacken müßte. Auf dieser Annahme basieren alle Sachbücher zu diesem Thema. Aber dann fragte mich meine zweite Tochter Brooke, warum ich sie nicht gleich oder nicht im gleichen Alter wie Robyn freiließe. Ich erinnere mich, wie ich da saß und ihr erklärte, sie sei ein ganz anderer Mensch, sie könnte (im gleichen Alter wie Robyn) noch nicht so unabhängig leben und sie hätte mich noch gar nicht darum gebeten, frei zu sein. Wenn sie das aber täte, würde ich sie freigeben. Diese Tatsache traf mich wie ein Schlag. Brooke lehrte mich, daß Kinder auch Liebe in Form von Grenzen und Verhaltensregeln brauchen. Nach Robyns einschneidender Lektion über ihr Bedürfnis nach Freiheit und Autonomie war es ein Schock für mich zu sehen, daß Brookes Verhalten manchmal eine völlig andere Reaktion erforderte. Ich mußte in bezug auf sie sehr aufmerksam sein, damit ich nicht einfach davon ausging, daß sie dieselbe Erfahrung machte wie ihre Schwester. Wenn ich nein sagte oder sie davon abhielt, etwas Destruktives zu tun, reagierte sie danach mit größerer Ruhe und Ausgewogenheit und war glücklich, daß man ihr aus einer großen Verwirrung wieder zurück in ihr Zentrum geholfen hatte.

Die größte Schwierigkeit einer alleinerziehenden Mutter ist die Notwendigkeit, Grenzen irgendwelcher Art setzen zu müssen. Es würde mich nicht überraschen, wenn das generell für moderne oder radikale Frauen so wäre. Wir möchten großzügig sein und unseren Kindern die Gelegenheit zum Wachstum und zum Ausdruck der eigenen Persönlichkeit bieten, die man uns vorenthalten hat. Wir vergessen aber manchmal, daß ein Teil der Erziehungsaufgabe auch darin besteht, den Kindern die Sicherheit zu zeigen, die durch Grenzen geschaffen werden kann. Im allgemeinen ist es in unserem Familiensystem der Vater, der bestimmte Regeln aufstellt und auch für deren Einhaltung sorgt, wenn es auch die Mutter ist, die sie in Wirklichkeit bewahrt. Und das tut sie, indem sie mit der schlimmsten Bestrafung durch den Vater droht. Wenn es nun in einer Familie keinen Vater gibt, gibt es in bestimmter Weise auch keine klar definierten Grenzen. Ich wollte so sehr eine gute Mutter sein (weil ich während so vieler Jahre der einzige Elternteil war), daß ich die strengen Maßnahmen, die manchmal nötig gewesen wären, vernachlässigte. Langfristig betrachtet wäre unser Leben etwas friedlicher verlaufen, wenn ich ein bißchen strenger gewesen wäre. Im Laufe der Jahre mußte ich dann wohl oder übel lernen, Grenzen zu setzen.

Es gab einmal eine Zeit, in der Robyn und Brooke ihr Schlafzimmerfenster im ersten Stock als Ein- und Ausgangstüre für unser Haus benutzten, ohne daß ich davon wußte. Als ich es herausfand, erschrak ich, weil man diesen Zugang zu unserem Haus,
das in der Stadt stand, so gut sehen konnte. Ich hatte Angst um
unsere Sicherheit. Ich sagte den Mädchen, sie sollten diese Ge-
wohnheit sofort aufgeben. Eines Nachts kamen Robyn und eine
Freundin nach Hause. Ich hörte Robyn sagen, daß sie ums Haus
gehen würde, durchs Schlafzimmerfenster einsteigen und dann
die Haustüre für ihre Freundin öffnen wollte. Ich stand auf und
trat ihr gegenüber, als sie durch das Fenster stieg. Das war das
einzige Mal, daß ich eine meiner Töchter je total betrunken gesehen hatte. Es war ein Schock, und ich reagierte instinktiv. Es war
ganz offensichtlich nicht möglich, vernünftig mit ihr zu reden. Ich
ging hinunter, holte einen Hammer und Nägel und nagelte ihr
Fenster zu. Das war eine der entschiedensten Maßnahmen, die
ich je im Zusammenhang mit meinen Kinder getroffen habe. Sie
ging in unsere Familiengeschichte ein; Robyn hat mir allerdings
erzählt, daß sie die Nägel später wieder herausgenommen habe.
Es war jedenfalls zu dem Zeitpunkt sehr wichtig, daß ich eingriff.

Als meine Töchter einmal außer Kontrolle gerieten und unter anderem wegen Ladendiebstählen festgenommen worden
waren, nahmen Karen und ich sie mit zur Familientherapie bei
einer lesbischen Therapeutin im *Pacific Centre* in Berkeley. Dabei
kam heraus, daß sie eigentlich böse auf mich waren, weil ich mit
einer Frau zusammen war. Brooke hatte einmal auf die Seite
einer Schachtel in ihrem Zimmer geschrieben: «Familien bestehen aus einem Vater, einer Mutter und Kindern!» Ich war offenbar böse auf sie, weil sie sich vor dem Spiegel als Stereotypen
ihrer Geschlechterrolle (wie «Charlies Engel») verkleideten. Wir
verarbeiteten dieses Problem im Rahmen einer Gruppenthera-
pie, machten Skulpturen, spielten Theater und befreiten uns so
vom größten Teil unserer angestauten Wut und unseres Ärgers.
Kurz darauf wurden die Mädchen von ihrem Vater eingeladen,
ein Jahr lang bei ihm zu leben. Sie nahmen an. Welch eine Prüfung für meine harterarbeiteten Theorien der Unabhängigkeit
und der authentischen Erziehung! Verließen sie mich, weil ich

versagt hatte und wirklich komisch war, wie sie vermuteten? War ich, wie alle anderen wahrscheinlich dachten, wirklich eine schlechte Mutter, wenn ich meine Kinder für ein Jahr weggehen ließ? Dieser Konflikt hinterließ seine Spuren in meinen Träumen und meinen Tagebüchern.

In Tat und Wahrheit war es jedoch so, daß ich total frei wurde. Diese Erfahrung von freier Zeit und freigesetzter Energie führte zur Entstehung der Bilder für das *Motherpeace*-Tarot. Während der ersten sechs Monate war ich glücklich. Sie waren ja schließlich nicht verlassen, sie waren bei ihrem Vater. Im Frühling träumte ich, ich hätte sie beim Meer verloren, und rief und weinte nach ihnen. Ich begann mir Sorgen zu machen und wollte, daß sie nach Hause kommen, was sie auch bald darauf taten. Als sie wieder da waren, entschuldigten sie sich dafür, daß sie geglaubt hatten, es könnte woanders besser sein. Sie dankten mir dafür, daß ich so war, wie ich war, und sagten, daß sie meine Bereitschaft, alles mit ihnen zu teilen, was ich hatte, zu schätzen wußten, auch wenn wir nicht reich wären, und daß sie dafür dankbar seien. Wir hatten daraufhin keine weiteren ernsthaften Konflikte oder unharmonischen Phasen mehr. Wir respektierten uns nun gegenseitig, hatten eine neue Sicht des anderen gefunden und irgendwie mit unseren negativen Projektionen aufgehört.

Die eindrücklichste Lektion, die ich in dem einen Jahr ihrer Abwesenheit lernte, betraf meine eigene, mich behindernde Abhängigkeit von ihnen. Sobald meine richtigen Kinder mit ihren Bedürfnissen und Anforderungen an meine Zeit und Energie nicht mehr Teil von meinem Leben waren, füllte ich diese Leere sofort mit Erwachsenen, um die man sich kümmern mußte wie um Kinder. Mir wurde dabei klar, daß ich ein sehr starkes (bzw. neurotisches) Bedürfnis hatte, ständig die Rolle der Mutter zu übernehmen, wenn ich so viele «Kinder» mit so vielen unbefriedigten Bedürfnissen um mich scharen konnte. Ich hatte gedacht, daß ich während ihrer Abwesenheit mit unbegrenzter Freiheit gesegnet sein würde. Es war aber so, daß ich bei meiner Arbeit immer wieder von Leuten unterbrochen wurde, die mit ihren Gefühlsproblemen und -bedürfnissen zu mir kamen. Das war die beste Lektion, die man mir hatte erteilen können. Um mich selber unter Kontrolle zu bekommen, mußte ich mich jeden Morgen zuerst zwei Stunden lang in einem Zimmer verbarrikadieren und Yogaübungen machen, bevor ich überhaupt mit jemandem sprach oder meinen Tag begann. Wenn ich aufstand und meinen Tag ohne dieses Ritual der Konzentration begann, war ich völlig verloren und wurde zum Spielball derjenigen Kräfte, die an diesem bestimmten Tag gerade durch mein Leben flossen. Es war, als wäre ich dazu dressiert, für alle außer für mich voll da zu sein. Als meine Töchter nach diesem Jahr der Abwesenheit zurückkamen, wurden sie nicht mehr Opfer meiner auf sie projizierten Angst davor, daß sie mich auslaugten oder mich ständig von all den Dingen ablenkten, die mir wichtig waren. Das war zehn Jahre bevor ich von Arnold Mindells Vorstellung des Traumkörpers und unserer Tendenz erfuhr, alles, was vertraut ist, als Teil des Traums oder Films, in dem wir gerade stecken, vor uns aufzutürmen und dann darauf zu reagieren, als handelte es sich um etwas, das «außerhalb von uns» kommen würde.[3]

Eine Frau, die ihre Kinder nach eigenem Gutdünken erziehen will, hat es sehr schwer – als würde sie ein Tabu oder ein Gesetz brechen. Es ist ihr strikte verboten, zu ihren Kindern eine Beziehung aufzubauen, die auf ihrer eigenen inneren Autorität beruht. Denken Sie an die Mutter, die ins Gefängnis mußte, weil sie ihre Tochter versteckte, um sie vor dem sexuellen Mißbrauch durch den Vater zu schützen. Der Richter weigerte sich stur, die zu Tage tretenden Beweise, daß das Kind vom Vater belästigt worden war, in irgendwelcher Form wahrzunehmen. Er gab weiterhin die Erlaubnis zu unüberwachten Besuchen, während das Kind unter diesen Erlebnissen sichtlich immer mehr litt. Schließlich versteckte die Mutter ihre Tochter einfach und ging ins Gefängnis, ohne ihre beschützende Haltung aufzugeben. Wie Artemis, die Bärenmutter, war sie ein sichtbares Vorbild für die modernen Frauen, als es darum ging, die Notwendigkeit und die Möglichkeit aufzuzeigen, unerschütterlich für ihre Kinder einzutreten, sogar im Angesicht der gesellschaftlichen Ablehnung und Bestrafung. Das eindeutige Gefühl dieser Mutter dafür, was richtig war, war stärker als ihre Skrupel davor, das Gesetz zu brechen oder den Vorschriften des Richters nicht nachzukommen.

Vorher noch gab es einen anderen Fall, wo sich die Mutter passiv verhielt und sich nicht für die Tochter einsetzte, die schließlich von dem Mann ermordet wurde, der sie auch mißbraucht hatte. Die beiden Fälle haben eines gemeinsam, nämlich die gesellschaftliche Bestrafung der Frau. Noch weiter zurück liegt der Fall eines Anwalts in New York City, der seine Frau wahrscheinlich vor den Kindern ermordete und dann (trotz öffentlichem Aufschrei) vom Gericht das Sorgerecht für die Kinder zugesprochen erhielt. Eine Mutter kann unmöglich das «Richtige» tun, deshalb müssen wir Mütter uns dazu erziehen, das zu tun, was wir tun müssen. Wir müssen auf irgendeine Weise ein inneres Gefühl des Wohlbefindens schaffen, ein inneres Zentrum, wo wir uns selbst weniger hart beurteilen als die Gesellschaft und von wo aus wir aufgrund unserer inneren Impulse handeln können. Eine Mutter muß lernen, ihrem Instinkt zu folgen, sonst wird sie von Konflikten und Schuldgefühlen zerrissen. Wenn wir einmal diesen Weg gewählt haben, fühlt sich das so gut an – so echt –, daß der Erfolg sofort eintritt und sich diese Haltung langsam auf alle Lebensbereiche auszudehnen beginnt. Wir spüren, wie unser Mut, unsere natürliche Tapferkeit und unser inneres Gefühl für die wirkliche Ethik langsam immer stärker werden.

Die uralten Kulturen waren matriarchalisch – *matri* (Mutter) und *arche* (Anfang), mit der Mutter beginnend. Diese Kulturen bestanden aus einer Gesellschaft, in deren Zentrum die Mutter-Kind-Beziehung stand. Feministische Anthropologen haben eine Theorie erstellt, die davon ausgeht, daß der Sprung vom Affen zum menschlichen Bewußtsein nicht durch «den Jäger und seine mächtigen Waffen» ermöglicht wurde, sondern durch die enge Bindung zwischen Mutter und Kind, das Teilen der Nahrung und die Kommunikation, die dadurch entstand.[4] Der Bruder der Mutter war das ursprüngliche Rollenvorbild oder die Autoritätsperson. Einige Feministinnen haben die Hypothese erstellt, daß diese Blutsverbindung den Mann zu einem guten Erzieher machte, weil sie ihn davon abhielt, die Mutter (seine Schwester) oder ihr Kind zu mißhandeln. Sie waren ja schließlich blutsverwandt. Die patriarchalische Ehe dagegen – der Mann besitzt Frau und Kinder wie eine Sache, die einen bestimmten Wert hat und seinen Status erhöht – bringt eine gewisse Entfremdung zwischen Mann und Frau mit sich, da die Frau nicht seine Schwester, sondern eine Fremde ist, über die er aufgrund seines Geschlechts Macht ausübt.

Für uns Frauen ist es wirklich unangenehm, aus unseren Geschlechtsrollen auszubrechen. In einigen «primitiveren» Kulturen, wie z. B. in Neuguinea, droht man den Frauen ausdrücklich mit Vergewaltigung, wenn sie zu unabhängig werden, das Dorf verlassen oder sich sonst in einer Weise nicht an die Regeln halten, die die Männer aufgestellt haben.[5] In unserer Kultur ist das genau gleich, wenn auch nicht so offenkundig. Das Alte Testament strotzt nur so von Geschichten, die von Feministinnen wieder und wieder angeführt worden sind, um zu beweisen, daß die Gesetze ganz klar geschaffen worden waren, um zu definieren, wie sich die Frauen «unter Gott» zu verhalten haben.[6] Damals wurden die Frauen für fast alle selbständigen Handlungen zu Tode gesteinigt, insbesondere, wenn sie ihre Sexualität frei auslebten.[7] Die gegenwärtige Realität – und jegliche Ansichten, die wir über die Natur der Dinge haben mögen – ist auf dieser Geschichte begründet. Wir sind das Produkt dieser Anfänge, wir bestehen aus dieser Substanz. Die Erziehung unserer Kinder ist eines der zentralen Getriebe der heute funktionierenden patriarchalischen Maschine. Wenn wir also die Erziehung nach eigenem Gutdünken umgestalten, werden wir zu Revolutionärinnen. Diese Tatsache erzeugt bei den meisten modernen Frauen eine gewisse Angst. Es ist nicht möglich, über schamanische Erziehung zu sprechen, ohne das Gespenst der patriarchalischen Gewalt heraufzubeschwören. Eine Frau muß festen Willens sein, diesen Weg zu gehen, und verfügt hoffentlich über die Unterstützung von anderen Frauen bei der Bewältigung dieser Aufgabe.

Es ist in den letzten zehn Jahren eher schwieriger als einfacher geworden, zu Hause zu gebären. Die Krankenhäuser bieten als Option zur Hausgeburts-Bewegung «Gebärzimmer» und «alternative Geburtszentren» an, die den Anschein erwecken wollen, daß sie die Philosophie und Ideale dieser Bewegung umsetzen. In Tat und Wahrheit ist jedoch das Gegenteil der Fall. Die Frauen werden immer mehr von der traditionellen Medizin und der allgegenwärtigen Technologie abhängig. Monitoren, die in den Schädel des ungeborenen Kindes eingepflanzt werden, ersetzen die alten Beobachtungsmethoden, die aus den Empfindungen und der Intuition der Mutter und der Hebamme bestanden. Hebammen wußten, wie man Babys im Mutterleib umdrehen konnte, so daß eine Steißlage nicht das Ende der Welt bedeutete; der gegenwärtige Lehrplan an den Medizinschulen enthält aber nichts Derartiges. Die Ärzte kennen sich aus mit Instrumenten und Medikamenten, und ein Viertel der Frauen in Kalifornien gebären heute mit Hilfe eines Kaiserschnitts. Weniger als ein Prozent von uns Frauen gebären noch zu Hause – weniger als zu Beginn der Hausgeburts-Bewegung. Wir alle, die uns für die natürliche Geburt eingesetzt haben, müssen heute unsere Niederlage auf diesem Gebiet einsehen. Jetzt sind es die Frauen selber, die die elenden Litaneien der Ärzte über Sicherheit, Verantwortung gegenüber dem Kind, Dankbarkeit für die technische Unterstützung usw. übernommen haben.

Vor fünf Jahren entschloß ich mich, noch ein Kind zu bekommen. Nur schon der Gedanke, mich in der Nähe eines Krankenhauses aufhalten zu müssen, war für mich damals haarsträubend. Sicher, ich bin eine Extremistin, aber ich fühle mich dermaßen bedroht durch die Einflußnahme eines Krankenhauses, daß ich geschworen hätte, in Todesgefahr zu schweben, wenn man mich in dessen Nähe gebracht hätte. Mein Mann und ich zogen aufs Land nach Arizona, in ein liebliches kleines Haus in der Wüste beim schönen Oak Creek, wo die blauen Reiher leben. Es war idyllisch. An dem Tag, als wir umzogen, fand ich heraus, daß ich schwanger war, was uns zeigte, was der eigentliche Grund für unseren Umzug gewesen war. Ich wollte anonym sein – allein sein, um auf meine Art gebären zu können, genau so, wie ich wollte. Zum Teil war mir das ein persönliches Bedürfnis, weil ich meine früheren Geburten wettmachen wollte, die in Krankenhäusern stattgefunden hatten, bevor ich es besser gewußt hatte. Ich hatte mich bei diesen Geburten dermaßen vergewaltigt und mißhandelt gefühlt – man hatte mir sogar die Freuden des Stillens und der Kontaktaufnahme versagt, die für die Entwicklung von Mutter und Kind so wichtig sind. Ich wurde grundlos unter Drogen gesetzt, herumkommandiert, respektlos behandelt, rasiert und gedemütigt, so daß das Heilige dieser Erfahrung dabei völlig abhanden kam. Ich trauerte diesen Geburten nach und hatte diese Trauer auch mit meinen Töchtern geteilt. Ich schwor mir, daß diese Geburt anders werden sollte.

Ich fand eine Hebamme ohne Lizenz. Sie hatte Angst, daß dies ein zu großes Risiko für mich sein könnte, und schlug mir vor, nach einer geeigneteren Person Ausschau zu halten. Ich lachte und war glücklich, genau das gefunden zu haben, was ich brauchte. Sie fragte mich, was das wäre, worauf ich ihr sagte: «So wenig medizinische Einflußnahme wie möglich!» Wir machten ab, daß ich nicht ins Krankenhaus gehen würde, egal, was geschieht, und mein Mann versprach, daß er niemandem erlauben würde, mich ins Krankenhaus zu bringen. Unser kleines Drama war also perfekt. Ich machte jeden Tag Spaziergänge in der Wüste, um mich für die Geburt zu stärken, trank Himbeerblättertee und aß frisches Gemüse aus unserem Garten. Eines Tages packte mich eine unheimliche Lust auf Fisch – eine richtige Gier, wie sie nur eine schwangere Frau haben kann. Ich kaufte mir daraufhin eine Fischerlizenz, eine Angelrute und Würmer. Ich ging zum Bach und fing einen riesigen Seewolf zum Abendessen. Ich hatte die Mutter der Fische gebeten, mir nur soviel zu geben, wie wir – das Baby und ich – brauchten, und der Fisch sprang praktisch ans Ufer. Ich tötete ihn sogar selber, weil ich das Gefühl hatte, ich müsse das Ganze selbst tun, wenn ich es überhaupt schaffen wollte. Ich war stärker im Einklang mit meinem Instinkt als jemals zuvor oder danach. (Seltsamerweise gelang es mir nie wieder, dieses Erlebnis zu wiederholen. Ich war nie mehr in solch perfekter Harmonie mit allem, und die Fische bissen nie mehr an.)

Einmal während dieser Schwangerschaft gab es ein gewaltiges, beeindruckendes Gewitter, während ich auf den Klippen lief, die entlang dem Fluß verlaufen. In der Wüste sind Blitze immer ehrfurchterweckend, aber diesmal schien es mir besonders stark zu sein. Der Blitz spaltete sich und fuhr klar über die endlose Weite des Wüstenhimmels. Er öffnete mich von Grund auf, und ich schenkte mich und das Kind dort, in diesem Moment, der Mutter

Erde. Ich versprach ihr, daß wir ihr ganz gehörten, egal, was geschehen würde, und stellte uns unter ihren Schutz. Danach machte ich mir keine Sorgen mehr um unsere Sicherheit. Ich war endlich davon überzeugt, daß ich wenn nötig hinausgehen, mich unter eine Weide hinkauern, gebären und selbst die Nabelschnur durchbeißen würde, so stark fühlte ich mich mit der Erde verbunden. Es war ein wundervolles, unbeschwertes Gefühl, das von keinerlei Negativität, Zweifeln oder Ängsten überschattet wurde, die einer gesunden, glücklichen Geburt hätten im Weg stehen können. Ich begann einfach so zu tun, als gäbe es keine medizinischen Einrichtungen, als gäbe es für mich keine andere Möglichkeit als mein eigenes kleines Ziegelsteinhaus und dieses kleine Kind, das dort in unser Leben eintreten würde. Wenn ich über das Land ging, stellte ich mir oft vor, wie all die anderen schwangeren Frauen vor mir dort gegangen waren. Ich fühlte mich als Eingeborene, ich gehörte dorthin.

Nur einmal mußte ich wirklich der offiziellen Medizin gegenübertreten. Meine Hebamme bat mich, in der Stadt, im Labor des einzigen Frauenarztes, einen Test zu machen. Ich rief dort an und versicherte mich, daß ich das ohne irgendwelchen Eingriff tun konnte, was mir bestätigt wurde. Sie nahmen eine Blutprobe, und die Tests konnten ohne jegliche Probleme durchgeführt werden. Als ich aber zum Schalter ging, um zu bezahlen, änderte die Dame am Schalter ihren Tonfall und blickte mich ernst und besorgt an. Sie sagte mir, daß mich der Arzt sprechen wollte. Da ich ihnen ganz klar gesagt hatte, daß ich keine Betreuung wünschte und eine Hebamme hatte, fühlte ich mich angegriffen und sagte brüsk: «Ich will nicht mit dem Arzt reden.» Sie sah mich schokkiert an, drehte sich um und schaute in das andere Zimmer, wo er saß, und sagte: «Er möchte mit Ihnen nur über die Risiken einer Schwangerschaft in Ihrem Alter reden.» (Ich war damals sechsunddreißig.) Meine Knie begannen zu zittern, und ich sah mich schon, wie ich aus diesem Büro herausrannte, um meinen Mann zu holen, der mich verteidigen sollte. Ich wurde hysterisch. «Ich weiß, daß er darüber mit mir sprechen will, darum will ich auch nicht mit ihm sprechen.» Meine Frechheit gegenüber dem Allmächtigen Herrn Doktor überwältigte sie vollends, ich bezahlte und ging ohne weitere Probleme hinaus. Während einer Weile hatte ich Angst, daß sie mich verfolgen würden, doch es geschah nichts weiter.

Meine Hebamme träumte immer von Komplikationen, die ihren Patientinnen bevorstanden, und gegen den Schluß meiner Schwangerschaft träumte sie, daß ich sehr früh gebären, daß aber alles gutgehen würde. In dem Traum sah sie aber auch, daß etwas nicht stimmte, daß wir traurig waren, sie wußte aber nicht, was es war. Am 14. März 1985 wurde unser kleiner Aaron Eagle auf natürliche Weise nach sechs Stunden dauernden, entspannten Wehen geboren. Wir hatten unsere Freunde und den Rest der Familie um uns herum versammelt. Er kam, wie vorausgesagt, dreieinhalb Wochen zu früh. Meine Gebärmutter hatte eine Woche vor der Geburt einen Prolaps gehabt, so war ich ans Bett gefesselt. Aaron war so leicht und seltsam wie eine Elfe, und wir witzelten, daß er unter einer Pflanze hervorgekommen sei. Er war leicht bläulich, als er herauskam, aber er begann bald normal zu atmen und schien sehr ruhig und nachdenklich, wie das für einen kleinen Fische-Jungen mit einer Konjunktion von Mond und Neptun eigentlich erwartet werden durfte. Wir sagten voraus, daß er sehr sensitiv sein würde, und liebten ihn intensiv. Vierundzwanzig Stunden nach der Geburt, als ich ihn in meinem Arm hielt, ließen wir Musik laufen, die wir während der Schwangerschaft oft gehört hatten, worauf Aaron sich ganz zart im Rhythmus der Musik zu bewegen begann. Erstaunlich!

In den nächsten Tagen schien er jedoch nicht in der Lage zu sein, wirklich zu saugen zu beginnen. Zuerst dachten wir, daß er es lernen würde, sobald meine Milch kam. Das tat er jedoch nicht. Die Milch kam, und er saugte noch immer nicht und wurde immer magerer. Wir versuchten alles mögliche, aber schließlich gebrauchte ich meinen Willen, um durch den unsichtbaren Schleier in die andere Welt zu gelangen und ihn zurückzuholen. Ich sagte zu ihm in klarer, telepathischer Sprache: «Du bleibst hier. Wir wollen Dich.» Danach begann er zu gedeihen. Jonathan kaufte eine Brustpumpe und eine Pipette, mit der wir ihn wie einen kleinen Vogel zu füttern begannen, bis er lernte, wie man schluckt und saugt. Nachts saß ich mit ihm im Arm da und versuchte, ihn zu stillen. Meine Mißerfolge hielten sich in etwa die Waage mit meinen Erfolgen. Eines Nachts war ich entmutigt und niedergeschlagen und fragte mich, was ich falsch machte, daß dieses kleine Wesen nicht richtig saugen lernte. Auf einmal fiel mir dabei die La Leche League ein, und ich dachte für mich, daß es Tausende von Müttern im ganzen Land geben müsse, die nachts wach sind, um ihre Babys zu stillen. Dieser Gedanke gab mir Mut, und ich sagte mir, daß ich genauso dazu in der Lage sei, wenn sie das schafften. Es war ein bewegendes, zutiefst verbindendes Erlebnis.

Als Aaron sechs Tage alt war, machten wir einen Termin beim Arzt ab, um festzustellen, ob die westliche Medizin etwas wußte, das wir nicht wußten. Es war die Frühlings-Tagundnachtgleiche. Ich mußte die ganze Nacht aufbleiben und Aaron in seiner Wiege, die im Wohnzimmer stand, hin und her wiegen. Ich spürte, wie sehr ich ihn liebte, und ein nie gekanntes Gefühl der Geduld durchströmte mich. In meinem Inneren hörte ich eine Stimme, die sagte: «Sei zärtlich mit diesem Kind.» Als der Morgen graute, gab es vor dem Fenster in meinem Rücken einen Riesenaufruhr. Ich drehte mich um und sah, wie eine unserer Katzen einen Vogel fing. Es schien für diesen heiligen Morgen ein sehr seltsames und nicht sehr vielversprechendes Omen zu sein. Ich hatte ein schlechtes Gefühl. Wir brachten Aaron zum Kinderarzt (demselben, bei dem ich schon einmal gewesen war), und als die Krankenschwester ihn nicht gerade zart anfaßte, schrie Aaron zum erstenmal in seinem kurzen Leben. Der Arzt betrat den Raum, untersuchte ihn kurz und sagte ohne Vorbereitung: «Ich bin nicht sicher, aber ich glaube, daß er das Downs-Syndrom hat.»

Es war mir, als würde alles in neblige Entfernung gerückt. «Was wollen Sie damit sagen», fragte ich, aber ich hatte mich innerlich abgeblockt und hielt die Wörter und ihre Bedeutung in sicherer Distanz. «Downs Syndrom. Mongolismus. Ich kann es nicht sicher sagen, weil er nicht alle Symptome aufweist, aber ich glaube, es ist so.» Er zeigte auf Aarons Augen und sagte etwas von einem erhöhten Gaumen, während er seinen Finger in Aarons Mund steckte. «Sie können ihn testen lassen», sagte er und verließ den Raum. Alles, was ich hören konnte, war die Stimme in mir, die sagte: «Tu nichts, sei ein Kristall. Sei ein Kristall. Laß es durch dich hindurchgehen.» Die brüske Art des Arztes, die strafende Haltung der Angestellten. Wenn sie gesagt hätten: «Wir haben es Ihnen ja gesagt», hätte es nicht deutlicher sein können. Alles, woran ich denken konnte, war, den Raum und das Gebäude zu verlassen. Als wir draußen waren, begann ich zu weinen und wollte nicht mehr aufhören. So konnte ich die Spannung abbauen. Jonathan begann die Ärzte zu verfluchen und schwor, niemals wieder einen von ihnen aufzusuchen. Als wir nach Hause fuhren, begannen wir das Gesagte zu verarbeiten und uns zu fragen, was es für uns bedeuten würde. Wir waren uns sicher gewesen, daß unser Kind speziell sein würde – aber was war das? Jetzt begannen alle seine kleinen Eigenheiten in diesem Rahmen einen Sinn zu ergeben. Seine kleinen, asiatischen Mandelaugen (wir hatten uns glauben machen wollen, daß das eine Verbindung zu Jonathans früherem Leben in China war), seine kleinen, spitzen Ohren (wir wußten, daß er eine Elfe war), seine langsamen Reaktionen (wir dachten, er sei ruhig) und seine ungewöhnliche Sensibilität für Musik (wir hielten ihn für ein Genie).

Aaron Eagle ist ein Schatz, das Kind meines Herzens, das mir geschickt worden ist – wie ich glaube – als ein Zeichen der Anerkennung für meine früheren Leistungen als Mutter. Nachdem ich meine Töchter in den Augen der Göttin so gut in ihrem Sinne erzogen hatte, erhielt ich diese Herausforderung als Belohnung, als ein Anlaß, wach zu bleiben und nichts als gegeben zu betrachten. Wenn mein Beschützerinstinkt schon vorher erweckt worden war, können Sie sich ja vorstellen, wie wach er jetzt ist! Schon als junge Mutter war meine Kreativität dynamisch, stellen Sie sich vor, wie meine reifere Weisheit mit diesem Kind stimuliert wird. Wenn ich irgendwann das Gefühl hatte, gebraucht zu werden, dann jetzt. Wenn ich mich schon einmal als Anker, als ruhender Pol im Angesicht von Verwirrung und Orientierungslosigkeit gefühlt habe, dann habe ich jetzt meine Aufgabe erhalten. Wenn ich schon jemals bedingungslose Hingabe erlebt habe, wurde sie nicht wirklich auf die Probe gestellt, wenn ich sie mit der Tiefe und Kraft vergleiche, die sie heute in meinem Leben gewonnen hat. All die Jahre, in denen ich meine Fähigkeiten als Mutter so ausbildete, daß sie authentisch wurden und meinen Instinkten entsprachen, müssen gewissermaßen die Vorbereitung auf meine Arbeit mit Aaron gewesen sein. Seit ich ihn empfangen habe, habe ich mich mit ihm wie mit einem Tier verhalten, und ich kommuniziere viel öfter mit ihm auf diese Weise als anderswie. Unsere körperliche Verbindung ist sehr wichtig: unser Tasten, Brüllen, Kuscheln, Umherrollen, Kitzeln und Lachen. Aaron hat viele gute Eigenschaften, und er kommuniziert mit vielen Leuten auf viele verschiedene Arten, aber es ist diese körperliche, animalische Verbindung – Artemis/Diana und ihr Junges –, die für uns am besten funktioniert.

Ich bin so froh um das Vertrauen, das ich mir im Umgang mit meinen Kindern über längere Zeit hinweg durch Ausprobieren erarbeitet habe. Ich bin sehr dankbar für die Gnade der Mutterschaft in meinem Leben, die ich auf ihrer tiefsten, archetypischen und instinktiven Ebene erfahren durfte. Meine Erfahrung bei der Erziehung meiner Kinder, die so wundervoll sind und auf die ich wirklich stolz bin, verleiht mir ein Selbstwertgefühl, das nicht zu unterschätzen ist. Es hat mit meiner Arbeitsidentität oder meiner äußeren Identität nichts zu tun. Mein Zusammensein mit Aaron heute, zu diesem späten Zeitpunkt in meinem Leben, hat eine sehr erdende Wirkung auf mich. Aaron ist jetzt fünf Jahre alt und steckt noch immer in den Windeln, was für mich viel Arbeit, große Beanspruchung und eine lange, ausgedehnte Kleinkinderbetreuung bedeutet. All dies verankert mich in der körperlichen Realität, wie das meines Wissens nichts sonst hätte tun können. Er ist für mich die perfekte «Entschuldigung», um mich um mich selbst (mein inneres Kind) kümmern zu können, weil er hier und jetzt in meinem Leben ist und Betreuung braucht. Er hat für mich oberste Priorität, und ich ziehe einen klaren Trennstrich zwischen meiner Arbeit und meinem Leben zu Hause. So mache ich unsere gemeinsam verbrachte Zeit zu etwas Heiligem und Besonderem, etwas, für das wir uns Zeit nehmen, wie für ein Ritual oder eine Zeremonie.

Damit habe ich einen weiteren Schritt in Richtung meiner Heilung von der gegenseitigen Abhängigkeit geschafft. Weil ich die-

27 Dieses Familienfoto zeigt die Großfamilie der Autorin: die *Mother-peace*-Partnerin Karen Vogel, Vicki, die Töchter Robyn und Brooke, den Ehemann Jonathan, den Sohn Aaron Eagle und Jonathans Mutter Marga, die Matriarchin der Familie. Außer den beiden Töchtern, die auswärts leben, teilen wir alle ein Haus in Berkeley. Helen Nestors Buch über alternative Familien ist auf den neuesten Stand gebracht worden und wird durch *New Sage Press* herausgegeben. Der Titel heißt *Family Portraits: A Changing View of the American Family.* Foto von Helen Nestor.

ses echte Kind mit echten Bedürfnissen habe, das mich wirklich braucht, neige ich weniger dazu, mich durch andere manipulieren zu lassen, die sich auf der Leinwand meiner Projektionen als Kinder verkleiden und mich dazu verführen, mich um sie zu kümmern. Ich bin ganz einfach zu beschäftigt dafür, weil ich mich um dieses Kind kümmere, das aus meinem Körper gekommen ist. Ich glaube, daß es sogar meine Beziehung zu meinem Mann verändert hat (nebst den eigenen Veränderungen meines Mannes, die ebenfalls mit Aarons Gegenwart in unserem Leben zu tun haben). Ich brauche nicht mehr mit einem Jungen verheiratet zu sein, denn ich habe einen echten Jungen, den ich aufziehe. Genausowenig braucht Jonathan ein Junge zu sein, denn er hat diesen wirklichen Jungen, dem er ein männliches Vorbild sein will. Es ist alles sehr komplex und gleichzeitig sehr einfach, sowohl wunderbar als auch alltäglich.

Das Gebären dieses Kindes aus meinem eigenen Körper heraus, auf meine eigene Weise im Umfeld einer liebenden Familie zu Hause, hat mich für immer verändert. Vielleicht haben mein einjähriger Aufenthalt in der Wüste und das Leben auf dem Land ebenfalls dazu beigetragen. Aber ich bin nicht mehr dieselbe Person, die ich einmal war. Seit meiner natürlichen Schwangerschaft und Geburt bin ich weniger ängstlich; ich habe an Kraft gewonnen. Ich glaube, daß ich eine der ältesten Initiationen erlebt habe, die es gibt: die Geburt als schamanische Erfahrung, der zentrale Akt des Frauenschamanismus – die essentielle Handlung, die für die Frau durch die Überwindung ihrer Ängste und dem Erreichen der anderen Seite eine vollständige Erfahrung darstellt. Es ist nicht so, daß die Geburt für eine Frau die einzige Möglichkeit wäre, diese Initiation zu erleben – viele Frauen besteigen Berge oder nehmen andere körperliche Anstrengungen auf sich und überstehen sie mit einer neugewonnenen Kraft. Aus biologischer Sicht ist jedoch die Geburt ein Durchgang, eine Gegebenheit für die meisten Frauen auf diesem Planeten. Die meisten von uns, die heute gebären, können jedoch nicht mehr die vollständige Erfahrung machen, weil sie bis zur Unkenntlichkeit verfälscht worden ist. Aus einem aktiven Vorgang wurde etwas, das mit uns gemacht wird, als wüßten wir nicht, wie wir es selber tun könnten. Die Forderung nach diesem Recht auf eine Geburt im Einklang mit unseren Instinkten ist eine schamanische Handlung, die viel Mut verlangt. Sie ist uns leider genauso fremd wie unsere Fähigkeit, in Form einer Eule durch die Nacht zu fliegen oder die Kranken mit der Macht der Trommel zu heilen. Es würde nicht schaden, wenn wir das Gebären und die Kindererziehung als zentrale Aspekte der schamanischen Arbeit betrachten würden – Dinge, die wir uns durch Übung und Disziplin im Laufe einiger Jahre aneignen können.

Frauen-Schamanismus:
Die Austreibung
des Patriarchats

Die Situation, mit der wir heute auf diesem Planeten konfrontiert sind, ist wirklich alles andere als erfreulich. Sie zwingt uns, neu zu überdenken, was man uns beigebracht hat und woran wir geglaubt haben. Überall auf der Welt sterben die Menschen an Hunger oder weil sie einander wegen Meinungsverschiedenheiten über den Landbesitz gegenseitig umbringen. Unser Boden ist fast völlig ruiniert, unsere Wälder sind abgeholzt; die Meere, die Flüsse und die Luft sind so stark verschmutzt, daß in ihnen bald kein Lebewesen mehr existieren kann. Unsere Steuergelder werden für die Entwicklung von Bomben ausgegeben, während die sozialen Institutionen langsam zugrunde gehen; die Kriminalität hat ein noch nie dagewesenes Ausmaß erreicht: Die Gefängnisse sind überfüllt und müssen trotzdem immer noch mehr Straffällige aufnehmen. Und der Drogenhandel ist an die Stelle des natürlichen Handels zwischen Menschen und Nationen getreten. In unserem eigenen «freien Land» wagen sich die Frauen ganz langsam ans Licht der Öffentlichkeit, um von ihren unglaublichen, allgegenwärtigen Qualen zu erzählen: Inzest in der Kindheit (eine von drei Frauen), Vergewaltigung (1988 wurde der Polizei alle sechs Minuten eine Vergewaltigung gemeldet), Mißhandlung und Ermordung durch den Partner oder Ehemann («Neun von zehn Frauenmorden wurden durch Männer begangen, und drei von zehn solcher Morde waren auf Partner oder Ehemänner zurückzuführen»[1]), ungewollte Schwangerschaften und Abtreibungen, sexuelle Belästigung am Arbeitsplatz, in der Therapie, in spirituellen Zentren; sexueller Mißbrauch in der Zahnarztpraxis, beim Arzt, auf der Straße und im Kino. Es gibt für Frauen und Kinder auf dieser Welt keinen absolut sicheren Ort. Ihr Hauptfeind scheint, zumindest oberflächlich betrachtet, der männliche Teil der Menschheit zu sein! Es gibt heute auf dieser Erde auch keinen Ort mehr, der noch nicht verschmutzt oder verseucht wäre; dieser Zustand ist die Folge einer geistigen Haltung, die es sich zur Aufgabe gemacht zu haben scheint, alles Leben zu vergiften und auszurotten. Die Feministinnen nennen diese Geisteshaltung Patriarchat. Wie man nun herausgefunden hat, ist dieses Patriarchat nicht mehr als ungefähr fünftausend Jahre alt. Gesamthaft betrachtet, ist das glücklicherweise eine relativ kurze Zeitspanne. Wir brauchen also nicht davon auszugehen, daß das Patriarchat die einzig mögliche Form des menschlichen Lebens darstellt oder daß unser gegenwärtiger Lebensstil zwangsläufig zum menschlichen Dasein gehört.

Ein nicht zu unterschätzender Teil des Problems gründet auf der falschen Auslegung der Geschichte, die man uns gelehrt hat, und auf unserem blinden Glauben an die vorwärtsgerichtete Bewegung, die lineare Entwicklung und den Fortschritt. Unsere westliche Wissenschaft behauptet, daß die Zivilisation vor fünftausend Jahren im Westen begann, und zwar mit der Entstehung von Städten, von Klassengesellschaften, dem Königtum und den Erbdynastien sowie der dominanten Stellung der Männer. Die Gelehrten präsentieren das Modell einer linearen Entwicklung der Menschheit. Sie gehen von einer stetigen Entwicklung der primitiven «Höhlenmenschen-Mentalität» aus, die zu unserer heutigen Fixierung auf Wissenschaft und Technik geführt hat. Die Geschichte und die Archäologie beschreiben das Leben in prähistorischer (prä-patriarchalischer) Zeit als unerträglich hart und als einen ständigen Kampf ums Überleben: ein Kräftemessen zwischen der Natur und einer Art von Menschen, die ungeformt waren und keine Vorstellung von sich als Individuum hatten. Wenn wir solche Dinge lesen, können wir gar nicht anders, als uns glücklich schätzen, daß wir heute leben und über sämtliche technischen Errungenschaften verfügen. Wie konnten wir etwas anderes glauben, als daß die Wissenschaft zweifellos die erforderlichen Lösungen zu unseren Problemen finden würde?

Die Wissenschaftler datieren fälschlicherweise auch die Menschenopfer auf die Zeit der primitivsten Religionen der am weitesten zurückliegenden Perioden. In Tat und Wahrheit ist es aber so, daß sie erst zur Regel wurden, als sich die patriarchalische Kultur zu entwickeln begann. Infolgedessen vertreten sie natürlich die Theorie, daß wir uns von diesem frühen Stadium der «Barbarei» zu unserem gegenwärtigen hohen Stand entwickelt haben. Sie übersehen dabei aber bewußt die Haltung der modernen Zivilisationen, die in ihren «Bürgern» nicht viel mehr sehen als Konsumenten oder Kanonenfutter. Diese These geht Hand in Hand mit der Behauptung, daß die «Entwicklung» anderer Kulturen (in Asien und Afrika) natürlich primitiver war, später stattfand als unsere eigene und weniger gut vonstatten ging.

Diese Thesen stehen jedoch in krassem Gegensatz zur Wirklichkeit. Mit jedem Tag wird es offensichtlicher, daß mit diesem Bild etwas nicht stimmen kann. Jetzt, wo die Archäologen die Überreste aus der entferntesten Vergangenheit ausgraben und über genauere Datierungsmethoden und Dokumentationen verfügen, können wir auf einmal erkennen, daß die frühen Kulturen auf künstlerischer und wissenschaftlicher Ebene bemerkenswert weit entwickelt waren. Sie schafften es jedoch, ohne Krieg zu überleben und sich weiterzuentwickeln. Auch ohne Klassengesellschaft und Sklaverei gelang es ihnen offenbar, große Städte zu bauen und dort friedlich zusammenzuleben. Sie schufen die schönsten und individuellsten Kunstwerke, die die Welt je gesehen hat, und an einigen Orten (im Industal oder Knossos/Kreta beispielsweise) verfügte man auch über Toiletten mit Wasserspülung, Badewannen und andere Einrichtungen, die wir als Notwendigkeiten bezeichnen würden. Diese uralten, hochzivilisierten Gesellschaften existierten ohne Vergewaltigungen, Königtum, dominante Stellung des Mannes oder Krieg gegen die Natur. Wenn wir bei unseren Beobachtungen wirklich objektiv wären, müßten wir zum Schluß kommen, daß sie auf einem höheren Entwicklungsstand waren als unsere eigene Kultur. Eines war ihnen allen gemeinsam: die Verehrung einer zentralen weiblichen Gottheit, einer Schöpferin oder Großen Mutter. Die Priesterinnen hatten die Aufgabe, die heiligen Riten dem Volk verständlich zu machen. Die Existenz dieser Kulturen stellt für die Wissenschaft eine Bedrohung dar, denn sie vertritt die Ansicht, daß der «Fortschritt» parallel mit der Entwicklung der Welt verlief und daß die Herrschaft der Männer eine natürliche und allem anderen vorzuziehende Herrschaftsform ist. Diese Vorstellung von Fortschritt behindert die geistige Forschung, weil sie uns daran hindert, klar zu erkennen, was vor uns liegt – als würden wir eine Brille mit verschmierten Gläsern tragen.

Die Literatur über diese uralten Kulturen der Göttin ist umfangreich. Sie beginnt bei frühen, intuitiven Pionieren wie Helen Diner *(Mothers and Amazons)*, Esther Harding *(Women's Mysteries)* und Elizabeth Gould Davis *(Am Anfang war die Frau. Die neue Zivilisationsgeschichte aus weiblicher Sicht)*. Während eines zweiten Aufschwungs der feministischen Bewegung in Nordamerika traten Merlin Stone *(When God Was a Woman)*, Anne Kent Rush *(Moon, Moon)*, Starhawk *(Der Hexenkult als Ur-Religion der Großen Göttin)*, Charlene Spretnak *(Lost Goddesses of Early Greece)* und Marija Gimbutas *(Gods and Goddesses of Old Europe)* in Erscheinung. Mit Monica Sjöö und Barbara Mor *(Wiederkehr der Göttin)*, Riane Eisler *(Kelch und Schwert)*, Buffie Johnson *(Die Große Mutter in ihren Tieren)*, Judith Gleason *(Oya: In Praise of the Goddess)*, Marija Gimbutas *(The Language of the Goddess)* und Elinor Gadon *(The Once and Future Goddess)* eröffnete sich uns schließlich in den letzten zehn Jahren ein reicher Quell an intuitiven Schriftstellerinnen und Künstlerinnen. Auch meine *Motherpeace*-Tarotkarten und das Buch *Mythen, Musen und Tarot* gehören zu dieser Art Literatur.

Obwohl es zwischen diesen Werken große Unterschiede gibt, sind sie sich über das grundsätzliche Wesen der frühen Kulturen einig: Es handelte sich um eine auf die Frauen ausgerichtete bzw. matriarchalische Gesellschaftsform. Im Zentrum ihrer religiösen Welt stand eine weibliche Gottheit, und Priesterinnen organisierten die Rituale. Sie praktizierten Magie, schufen freie und sehr kreative Kunst und lebten ohne Krieg, Vergewaltigung, Mord und all die anderen Formen der Gewalt, an die wir uns in unserer modernen Welt gewöhnt haben. Diesen frühen, die Göttin verehrenden Völkern gelang es, ohne Klasseneinteilung der Gesellschaft, zentralistische Regierung, Steuern, Technik, Krieg oder Sklaverei all das zu erfinden, was wir heute als wichtig erachten (mit der Ausnahme von Plastik und giftigen Chemikalien), und in

Harmonie mit der Erde zusammenzuleben. Sie waren auf dem Gebiet des Pflanzenanbaus sehr weit fortgeschritten und konnten auf jedem Boden genügend Nahrungsmittel für sich produzieren, indem sie das Land in angemessener Weise bearbeiteten und die Natur als eine lebendige, kommunikative Realität betrachteten, die ihren eigenen Willen hat und ihre eigenen Ziele verfolgt. Zu ihren vielfältigen, fortschrittlichen Errungenschaften gehörten die Töpferei, die Weberei, die Schrift, komplexe Kalender und mathematische Systeme, Astronomie und Astrologie, die Malerei, die Korbmacherei, die Domestizierung von Tieren, die Züchtung von Getreide und Samen, das Maurerhandwerk und die Architektur von Sakralbauten. Die Wissenschaftler neigen dazu, diese Vorstellung als reines Phantasiegebilde der Frauenbewegung abzutun, doch es gibt Beweise genug, um jede einzelne dieser Feststellungen zu belegen.

Die seriöseste Dokumentation zu diesen Gesellschaften stammt von der Archäologin Marija Gimbutas, deren letztes Werk *The Language of the Goddess* die Dinge in dem Gebiet ins rechte Licht rückt, welches sie «altes Europa» nennt. Es umfaßt sowohl das Mittelmeergebiet als auch die baltischen Länder. Sie hat die frühen neolithischen Zivilisationen in Jugoslawien, Bulgarien, der Türkei und Griechenland unter Verwendung des Materials aus ihren eigenen und den Ausgrabungen anderer Archäologen untersucht. Dabei berücksichtigte sie aber nicht nur die beschränkten Gesichtspunkte der Archäologie. Marija Gimbutas ist nicht nur Archäologin, sondern auch Linguistin (sie kennt fünfundzwanzig Sprachen) und Spezialistin für Folklore und Mythologie. Diese Voraussetzungen erlauben es ihr, die Funde aus verschiedenen Blickwinkeln zu beurteilen, denn sie verfügt über die Mittel, die dort lebenden Völker zu studieren, die noch immer einige der Riten ihrer Vorfahren ausüben. In allen frühen Kulturen wurde die Mutter verehrt, und überall wurden frauenorientierte Kunstwerke geschaffen, die nun mit Hilfe der Gedanken und Ideen von Marija Gimbutas interpretiert werden können. Man findet die Vogel- und Schlangengöttin, die sie in den frühen siebziger Jahren bestimmt hatte, überall in der Frühzeit. Sie waren ohne Ausnahme älter als die späteren Himmelsgott-Religionen und Kriegskulturen. Sogar der sogenannte Quetzalcoatl (die gefiederte Schlange) im alten Mexiko war einmal eine Vogel- und Schlangengöttin, die später, als die Tolteken ins Land eindrangen, durch ihren Sohn ersetzt wurde. Dieser neue Rahmen, den Marija Gimbutas geschaffen hat und in dessen Zentrum die sich selbst befruchtende Göttin als wichtigstes und stärkstes Symbol dieser frühen, gewaltlosen und auf Gleichberechtigung basierenden Kulturen steht, stellt für die etablierten Wissenschaftler eine Bedrohung dar. Andere Archäologen und Kritiker reagierten sehr negativ auf den Inhalt ihres Werks und nannten sie eine Träumerin; ihre ausführliche Dokumentation bezeichneten sie als Phantasiegebilde. Es handelt sich dabei vielfach um dieselben Leute, die in der Vergangenheit ihre Arbeit bewundert und respektiert hatten, als sie Bücher über die eher konventionellen Aspekte der Archäologie schrieb.

Meine eigenen Untersuchungen der frühen Kulturen in anderen Gebieten der Erde stimmen mit Marija Gimbutas Ansichten überein und werden durch ähnliche Beweisstücke untermauert. Ich bin ihr für ihre hartnäckige Suche nach der Wahrheit auf diesem Gebiet sehr dankbar, denn das konventionelle Denken in dieser Wissenschaft läßt eine solch andersartige Ansicht nicht zu. Wenn man die Theorien von Marija Gimbutas auf die prähistorische Zeit in China, Indien oder Mexiko anwendet, können sie dazu beitragen, die Unklarheiten und die Verwirrung im Hinblick auf gewisse Fundstücke zu beseitigen, die auf eine Verehrung des Weiblichen in den frühen matriarchalischen Zivilisationen hinweisen. Die Forscher der ganzen Welt sind mit Blindheit geschlagen, wenn es darum geht, eine bedeutende Wandlung – die immer in den Funden zutage tritt – zu erkennen, welche auf einen patriarchalischen Umsturz einer früheren matriarchalischen Kultur hinweisen würde. Ohne diese Perspektive scheint die Geschichte sehr verworren, und die Funde ergeben keinen wirklichen Sinn. Marija Gimbutas hat einen theoretischen Grundstein gelegt, der, wenn er von der Wissenschaft übernommen würde, das Drama der Vorgeschichte und der historischen Zeit in einen sinnvollen Zusammenhang bringen könnte.

Überall auf dem Erdball wurden vor ungefähr fünftausend Jahren diese frühen, friedlichen Zivilisationen gestürzt und durch Dynastien, Könige, Sklaverei, zentralistische Regierungen, Krieg, Herrschaft der Männer, Unterdrückung der Frau und die Entwicklung moderner Institutionen wie Ehe und organisierte Religionen verdrängt. Was in den Geschichtsbüchern nie klar gesagt wird und in archäologischen Abhandlungen nur selten erwähnt wird, ist die Tatsache, daß das, was gestürzt wurde, auf der ganzen Welt ausnahmslos frauenorientiert und besser war und daß als Ersatz dafür eine Männerherrschaft kam, die schlechter war. Man braucht kein moralischer Hirsch zu sein, um zu sehen, daß Frieden besser ist als Krieg und daß ein Leben in Harmonie mit der Natur unserem gegenwärtigen Zeitalter der Zerstörungswut vorzuziehen ist. Das, was vor dem Übergang entstanden war, war matriarchalisch. Die Clan-Oberhäupter und Stammesmütter – die Führung der Gesellschaft – waren Frauen. Die Kinder gehörten ihren Müttern, aus deren Körper sie hervorgegangen waren, und die Abstammung wurde logischerweise über die Linie der Mutter bestimmt. Das, was nach dem Übergang kam, war patriarchalisch in dem Sinne, daß die Männer wissen wollten, welche Kinder zu ihnen gehörten, obwohl die Kinder nicht in ihrem Körper wuchsen und also nur schwer zurückverfolgt werden konnten. Die Männer nahmen also die Frauen gewaltsam in ihren Besitz, um sie, ihr Sexualleben und die daraus resultierenden Kinder kontrollieren zu können. So entstand das Konzept des privaten Eigentums, und so nahm auch die Unterdrückung der Frau ihren Anfang. Dieser Übergang ist in den letzten zwanzig Jahren sehr ausführlich dokumentiert worden, so daß ich die sorgfältig aufgeführten Erkenntnisse der weiter oben erwähnten Autorinnen nicht zu wiederholen brauche.

Wie würde eine Gesellschaft aussehen, in der man die Abstammung auf die Mutter zurückführt und wo davon ausgegangen wird, daß Sie und Ihre Mutter und Ihre Töchter freie Menschen sind, die in ihrem Leben einen Zweck zu erfüllen haben? Welche Erfahrungen hätten wir in einer Kultur gemacht, wo die Frau und ihre biologischen Abläufe wie Blutungen und Geburten respektiert, wenn nicht sogar verehrt wurden? Was für ein Leben hätten die Männer, die sich selbst als Söhne dieser heiligen Mutter betrachteten, die ihnen das Leben gegeben hatte? Wie war das Leben eines Volkes, das ohne größere technische Entwicklungen in der Lage war, alles Lebensnotwendige zu produzieren und im Einklang mit der Natur zu leben? Aus all den uns noch erhaltenen Zeugnissen aus der Zeit unserer frühen Vorfahrinnen läßt sich schließen, daß sie genügend Nahrungsmittel, angenehme und schöne Unterkünfte hatten, künstlerisch begabt waren und über genügend Freizeit verfügten, um ihre Talente auszuüben; ein wissenschaftliches Verständnis der Planeten- und Sternenbewegungen, das unser eigenes übertrifft, und ein spirituelles Wissen über ihre Zugehörigkeit zu einem größeren Ganzen. Überbleibsel dieses Bewußtseins sind in der heutigen Indianerkultur noch erhalten. Sally Roesch-Wagner zeigt auf, daß «die indianischen Männer den weißen Männern eine Vision vermittelten, wie ‹zivilisierte› Länder die Frauen behandelten» und daß die Männer dieses Landes im 19. Jahrhundert von der hohen Stellung der Frau bei den Irokesen wußten. Ein Häuptling erwähnte in einer schriftlich festgehaltenen Geschichte «die Inexistenz von Vergewaltigungen bei irokesischen Männern» und die Tatsache, daß «der sexuelle Mißbrauch von Frauen unter allen indianischen Männern buchstäblich unbekannt war». Er betonte voller Bewunderung, daß ganze Nationen, die aus Millionen von Menschen bestanden, so erzogen worden seien – sei es durch die Religion, sei es durch die Gesellschaft –, «daß [nichts] sie davon hätte abhalten können, sich ehrenhaft und nur mit größter Liebenswürdigkeit zu verhalten». Diese Achtung der Frau galt auch außerhalb des Stammes, auch für fremde Frauen; die Indianer vergewaltigten keine gefangenen weißen Frauen. Die irokesischen Frauen hatten ihren eigenen Besitz, beachteten die matrilineare Abstammung und «waren die bestimmende Macht im Clan, wie auch sonst überall».[2] Nur die Frauen konnten entscheiden oder ihr Veto einlegen, wenn die Männer in den Krieg ziehen wollten! Die Männer betrachteten eine Zuwiderhandlung gegen die Wünsche der Frauen als «böses Omen».

Was geschah also? Wenn doch das Matriarchat so toll war, warum kam es zu einem Ende? Gab es einen inneren Anstoß zur

Zerstörung dieser uralten Lebensform, der ihren weltweiten Zusammenbruch zur Folge hatte? Feministische Forscherinnen werden immer wieder mit diesen Fragen konfrontiert – der verhängnisvollen, nicht beantwortbaren Anschuldigung, die das Opfer für seine eigene Vergewaltigung verantwortlich macht. Die Vorstellung, daß diese Kulturen etwas von Natur aus Schlechtes an sich hatten, das dann ihren Zusammenbruch verursachte, und daß wir sie daraufhin verbessert haben, würde uns irgendwie gefallen. Es ist schmerzhaft, denken zu müssen, daß wir selber ein schlechtes Leben führen und wir uns seit dieser frühen Zeit rückwärts entwickelt haben. Welche Demütigung. Eine solche Erkenntnis bedingt ein persönliches und kollektives Verantwortungsgefühl, das jenseits unserer Möglichkeiten zu liegen scheint. Ich denke, daß es an dieser Stelle sehr wichtig ist, eine Perspektive zu erlangen, die den persönlichen oder historischen Bereich übersteigt. Die meisten ernsthaften Wissenschaftler, die das Beweismaterial studiert und diesen Übergang erkannt haben, haben sich auf einen einzigen Ort zu einer bestimmten Zeit konzentriert, z. B. das Ende der sumerischen Kultur, das Ende der Induskultur oder den Aufstieg der ägyptischen Dynastien usw. In diesen Einzelsituationen gab es immer einen «Eindringling», der aus dem Norden kam, meist zu Pferd und immer mit Waffen. Sie zerstörten die dortigen friedlichen Kulturen, die die Natur verehrten und die Göttin liebten. Oftmals werden die Eindringlinge in Geschichten («Heldensagen») verherrlicht; wenn man aber betrachtet, wofür sie die Verantwortung tragen, werden sie zu Anomalien, die aus dem Nichts gekommen sind. Es ist daher kein Wunder, daß man schließlich auch Außerirdische in Betracht zu ziehen bereit ist, um dieses Mysterium zu erklären.

Wenn wir uns aber von den einzelnen Orten loslösen, wird uns klar, daß sich dasselbe Muster an vielen Orten zu praktisch derselben Zeit wiederholt hat, und das Mysterium wird noch undurchdringlicher. Wie entstand dieser Eindringling? Was machte ihn so gewalttätig? Wie entwickelte er das Konzept eines Himmelsgottes mit Waffen und einer Regierung durch die dominanten Männer? Wo in aller Welt (das ist hier die Frage) kam diese Lebensform her? Weshalb überfielen diese Männer friedliche Zivilisationen, verbrannten ihre Häuser, vergewaltigten die Frauen, ermordeten die Männer, zerstörten die Tempel und religiösen Statuen und ersetzten sie durch ihre eigenen oder schufen Zerrbilder von existierenden Figuren, um sie für ihre eigenen Zwecke zu mißbrauchen?

Der radikale Wissenschaftler James DeMeo spricht von der Schaffung von Wüsten als Grundursache für die weltweite patriarchalische Kultur. Die Völker dieser Erde holzen heute so viele Bäume in einem derartigen Tempo ab, daß viele Beobachter uns vor bevorstehenden Trockenperioden und einer Temperaturveränderung in der Erde selber warnen, was eine weitere Eiszeit herbeiführen könnte. Die Zerstörung der Regenwälder dehnt sich mit der erschreckenden Geschwindigkeit von über vierzig Aren pro Sekunde aus – eine Zahl, die mein Vorstellungsvermögen übersteigt. James DeMeo stimmt den feministischen Gelehrten zu und sagt: «Es gibt keine klaren und eindeutigen Hinweise auf Krieg, Sadismus, Traumatisierung von Babys, Unterordnung der Frau oder jegliche andere Mißbildungen im Stil des Patriarchats irgendwo auf der Welt vor 4000 v. Chr. KEINE!» Er sagt weiterhin, daß das Patriarchat zuerst in den Gebieten auftauchte, in denen es Klimaveränderungen gegeben hatte. Das einstmals fruchtbare, grüne Land verkam dort zu unfruchtbarer Wüste. Er bringt alle schlimmsten Erscheinungen der modernen Kulturen dieser Welt mit dieser Verwüstung in Verbindung: von Marija Gimbutas Einfall der Kurganen im alten Europa bis zum heutigen Tag. Als Saharasien austrocknete, «entstand eine Art von Gesellschaft, die Tempel zu Ehren von männlichen Göttern errichtete – oder die Göttin dem männlichen Gott unterordnete. Sie beginnen, Menschenopfer zu bringen; sie beginnen damit, die Frauen im Rahmen eines Rituals zu ermorden.» Die Sahara dehnt sich im Moment gegen Süden mit einer Geschwindigkeit aus, die zwischen acht und zweiunddreißig Kilometern pro Jahr liegt, was zu einer «Zunahme der Gewalt zwischen den verschiedenen Stammeskulturen in Form eines Guerilla-Kriegs um die Wasserrechte und den Besitz des fruchtbaren Landes führt»[3]. Peter Tompkins und Christopher Bird, die Autoren von *Die Geheimnisse der guten Erde*, ergänzen die Aussagen von James

DeMeo noch.[4] Sie weisen ganz klar nach, daß bestimmte Haltungen gegenüber der Erde dazu führen, daß sie unfruchtbar wird und verwüstet. Andere Behandlungsarten (mit Kompost und Liebe) hingegen können die Regenerierung eines sogar schwer geschädigten Bodens bewirken, so daß er fast sofort wieder fruchtbar wird. Könnte es sein, daß die Invasionen der männerzentrierten Nomaden in fruchtbare Täler und ihre gefühllosen, lebensverachtenden Herrschermethoden die Entstehung der Wüsten erst verursachten, und nicht umgekehrt, und daß sie sich bis zum heutigen Zeitpunkt fortgesetzt hat, wo die ganze Erde zu verwüsten droht?

Es ist äußerst unwahrscheinlich, daß das Patriarchat an so vielen Orten gleichzeitig auftauchte, die dortigen Kulturen zerstörte und überall derart ähnliche Merkmale aufweist. Die traditionellen Wissenschaftler beharren auf der These, daß die Völker der verschiedenen Kulturen damals (rund 3500 v. Chr.) untereinander keine konkreten Verbindungen über die Kontinente hinweg hatten, geschweige denn, daß sie dieselben Erfahrungen machten. Im Gegensatz zu diesem Glauben führen die traditionellen Stammesvölker der Cherokee in Amerika, die Tibeter im Osten und die Dogon in Afrika den Ursprung ihrer Zivilisation auf Atlantis zurück, einen großen Kontinent, von dem die Mutterkulturen aller späteren Zivilisationen abstammen. Sogar wenn man ihnen Schiffe vorweisen kann, die den Ozean überqueren konnten, und die Verbreitung von gleichartigen Gegenständen oder kulturellen Vorstellungen nachweist, halten die modernen Wissenschaftler an dem Konzept fest, daß sich die Menschen an verschiedenen Orten zufälligerweise genau dasselbe ausgedacht hatten. Die Schüler von C. G. Jung erklären sich diesen Sachverhalt mit dem kollektiven Unterbewußtsein; alle hatten aufgrund dieser unbewußten Verbindungen zur selben Zeit fast dieselbe Idee. Das ist jedoch eine sehr abstrakte Theorie, während das, was passierte, sehr konkret war. Wirkliche Männer wurden grausam und vernichteten die Kulturen, die wirkliche Frauen zum Mittelpunkt hatten. Sie taten das an vielen Orten zum gleichen Zeitpunkt und mit nie dagewesener Brutalität. In all diesen Fällen brauchte es viele Jahrhunderte – ja sogar Jahrtausende – bis zum erfolgreichen Abschluß dieser Umwälzung. Sie sieht jedoch in allen Fällen genau gleich aus. Die siegreichen Männer schrieben immer ihre eigene Version der Ereignisse nieder und schufen so die mythologische Grundlage für die nächsten tausend Jahre. Merlin Stone und Riane Eisler haben zahllose Passagen aus dem Alten Testament zitiert und die Geschichten von Massakern an denjenigen Völkern erzählt oder neuerzählt, die die Göttin verehrten. Die Verbrennung ihrer Tempel war ein Versuch, ihre Religion zu vernichten.[5]

In China hat man kürzlich eine Stadt ausgegraben, die von ungefähr 7500 v. Chr. stammt. Das ist sehr alt und entspricht in etwa dem Alter der hochentwickelten Städte Jericho und Catal Hüyük im Nahen Osten, auf die sich die Archäologen bisher am meisten konzentriert haben. In dieser uralten chinesischen Stadt findet man die heute noch gebräuchlichen chinesischen Schriftzeichen vor, die heute noch gelesen werden können. Es gab dort einen Tempel mit einem Altar, auf dem der Göttin Getreide geopfert wurde. An der Außenseite des Tempels steht völlig unmißverständlich geschrieben: «Tempel des weiblichen Geistes». Die Samen und Körner, die auf dem Altar gefunden wurden, keimen auch heute noch, wenn man sie aussät, und werden zu Tomatenpflanzen usw. Die aufgefundenen Texte erzählen von den Praktiken der damaligen Schamanen-Priesterinnen.[6] (Ein ernsthaftes Problem, mit dem die moderne Agrarwirtschaft zu kämpfen hat, ist die Tatsache, daß die meisten heutigen Hybridsamen schon nach ein paar Jahren, geschweige denn nach Jahrtausenden, nicht mehr keimen. Wissenschaftler, die sich mit dem Studium der Samen befassen, fürchten, daß unser Verlust an natürlich vorkommenden, wilden Samen schließlich zu einer Hungersnot führen könnte.) Bis jetzt hat uns nur das Werk von John Needham *Wissenschaft und Zivilisation in China* (mehrere Bände) Informationen über das matriarchalische China vermittelt. Er erwähnt die früheren Schamaninnen, Wu genannt, die Federn trugen und tanzten, um Regen zu machen. (Das war wahrscheinlich um die Bronzezeit in China oder um ca. 2500 v. Chr.) Um 200 v. Chr. waren die *Wu* vom Hof verbannt und offiziell durch männliche Schamanen ersetzt worden, die dem Kaiser unterstellt waren.

Das entspricht («zufälligerweise») dem Zeitpunkt, an dem der Taoismus und der Konfuzianismus in China ihren Anfang nahmen.[7]

In China verfügen wir über den bemerkenswerten Vorteil, daß die Schrift während mindestens neuntausend Jahren dieselbe geblieben ist, so daß die Geschichte dort anhand von Quellen erforscht werden kann. Im Nahen Osten und an anderen Orten, wo diese frühen Kulturen entstanden und blühten, hatten wir nicht soviel Glück, denn die Sprachen, die vor der Invasion gesprochen wurden, können größtenteils nicht übersetzt werden. Sie unterscheiden sich von den Sprachen, die nach ihrem Niedergang verwendet wurden, was es den Wissenschaftlern erschwert, der Geschichte auf den Grund zu gehen. In Catal Hüyük gibt es aber, wie schon vorher erwähnt, Hunderte von weiblichen Figuren, die man überall in den Ruinen gefunden hat, Göttinnen, die auf die Wände gemalt waren, Brüste, Stierköpfe, die ein genaues Abbild der menschlichen Gebärmutter sind, und Modelle von Tempeln, aus denen ersichtlich ist, daß die Frauen in den Tempeln Brot buken. Frauen und Kinder wurden innerhalb der Stadtmauern begraben; die Männer außerhalb. Die unübersetzte Sprache existiert nur in den Lehmtöpfen, der Webkunst und auf den Frauenstatuen.

An all diesen Orten finden wir heute eine Männerherrschaft und eine Philosophie vor, die besagt, daß diese Gesellschaftsstruktur der Wille der Natur ist, daß es schon immer so war und immer so sein wird. Die Fundstücke beweisen uns jedoch etwas gänzlich anderes, und diese andere Vision zu entdecken war in den letzten zwanzig Jahren das Ziel der feministischen Wissenschaftlerinnen. «Wozu?» mögen Sie sich fragen. Was ändert das für uns, die wir uns an die andere Lebensart völlig angepaßt haben? Das Wissen, daß unsere heutige Lebensweise nicht durch die menschliche Natur bedingt sein muß oder eine positive Entwicklung darstellt, befreit unseren Geist von seinen Fesseln. Wenn ich diese Orte und Statuen sehe, bin ich zutiefst bewegt. Etwas in mir erwacht und erinnert sich. Ich weiß in meinem tiefsten Inneren, daß es eine andere Lebensweise gibt. Am wichtigsten ist es, zu wissen, daß auch etwas anderes möglich ist, daß wir nicht dazu verdammt sind, auf ewig so zu leben, wie wir das heute tun. Ich schaffe aus diesem Wissen heraus. Ich will mit meiner Erinnerung an etwas Menschlicheres und Gerechteres als unsere heutige Lebensform eine neue Welt kreieren. Ich will einen Beitrag zur Heilung der Erde und zur Schaffung einer Welt leisten, in der Kinder willkommen und wertvoll sind, wo es genügend Nahrungsmittel und keinen Mangel gibt. Ich will eine Einheit mit der Natur und dem Universum bilden. Ich will mich selbst bis in mein innerstes Heiligtum kennenlernen und auch andere dort berühren. Ich will wissen, was es bedeutet, in einer Welt eine Frau oder ein Mann zu sein, die beide für ihre Eigenschaften und Talente schätzt und keinen von beiden unterdrückt. Und ich glaube, daß das Wissen, wie man das schaffen könnte, in mir und Ihnen lebt; wir müssen nur rechtzeitig, bevor es zu spät ist, den Weg zu diesem inneren Wissen finden.

Vor zwanzig Jahren begannen die Feministinnen als eine Gruppe unsere frühe, matriarchalische Vergangenheit zu entdecken. Vor nicht allzu langer Zeit gelang es jedoch der New York Times, eine Geschichtsprofessorin ausfindig zu machen, die es vorzog, Riane Eislers Buch *Kelch und Schwert* lächerlich zu machen, anstatt eine objektive Buchbesprechung durchzuführen. Sie stellte Riane Eislers Position so dar, als wäre sie ein reines Phantasiegebilde und nicht auf Fakten aufgebaut.[8] Sogar Marija Gimbutas neues Buch *The Language of the Goddess* wurde durch die *Women's Review of Books* auf diese Art behandelt.[9] Nun, da die Archäologen mehr oder weniger bewiesen haben, daß die alten Kulturen eine Große Mutter verehrten, Priesterinnen hatten usw., haben die Wissenschaftler ein neues Modell erfunden, mit dessen Hilfe sie diese Tatsache interpretieren können. Dieses Modell geht davon aus, daß diese matriarchalischen Kulturen über ein homogenes Gruppenbewußtsein verfügten wie Kinder, die innerhalb des geschützten Bereiches der Großen Mutter spielten. Das wird in diesem Modell als das weibliche Prinzip definiert. Dann begannen sich die Menschen natürlich und unumgänglich nach der Individualisierung und Unterscheidung von dieser formlosen Masse zu sehnen. Das war die Entstehung der Zivilisation (des Patriarchats). Wenn wir das Patriarchat als Manifestation des männlichen Prinzips sehen, das bei der Schaffung der Zivilisation nun seinerseits aktiv wurde, müssen wir natürlich Mittel und Wege finden, um es als gut oder zumindest als unausweichlich und gerecht zu beschreiben. Wenn ich ein Mann wäre, würde ich eine solche Definition jedoch nur höchst ungern akzeptieren. Ich würde die Kultur, in der wir heute leben, niemals mit dem männlichen Prinzip identifizieren. Wie häßlich und geschmacklos, das Männliche mit Mord und Vergewaltigung, Plünderung, Geldgier und einer hirnlosen Ausbeutung des Planeten gleichzusetzen. Ich stelle mir lieber vor, daß es noch eine andere Manifestation des Männlichen gibt, die uns noch enthüllt werden wird, genauso wie zu dieser Stunde eine neue Form des Weiblichen sichtbar wird.

Was aus den fünftausend Jahre alten Funden ganz klar ersichtlich ist, ist eine Veränderung der Wertvorstellungen von einer erdverbundenen Kultur hin zu etwas Abstrakterem und gleichzeitig, wie James DeMeo meint, Sadistischem. Es fand eine radikale Abtrennung des Individuums von «seinem» Platz innerhalb der Gruppe statt – auch von demjenigen innerhalb der eigenen Art, allen Lebens und des Universums. Wir sind vom rechten Weg abgekommen und haben unsere Verbindung zur Erde und der Mutter zugunsten unserer Unterwerfung unter das abstrakte Konzept des Vaters aufgegeben. Der Schöpfer-Vater war grausam, aber allmächtig, und wehe, man befolgte seine Vorschriften nicht. Die Erfindung von Krieg und Vergewaltigung, von Institutionen wie Vaterschaft, Ehe und Sklaverei und die Umformung der Religion in eine Religion mit ausschließlich männlichen Göttern kamen alle gleichzeitig. Die heutigen Wissenschaftler neigen dazu, diese Veränderung als universelle Form der «Differenzierung» zu betrachten. Das ist jedoch nicht der richtige Begriff, um diese beiden Kulturen zu charakterisieren. Differenzierung heißt wörtlich «anders machen» und «den Unterschied erkennen» zwischen zwei Dingen. Es impliziert das Wissen, daß wir einmalige Individuen sind, die sich von allen anderen und der Umgebung unterscheiden. Die frühen Völker zeigten nur schon durch die Herstellung von Werkzeugen, mit denen sie etwas bearbeiteten, oder durch Kunstwerke als Ausdruck einer Beziehung zu etwas einen gewissen Grad der Differenzierung. Sie empfanden sich selbst ganz klar als Organismen, als Individuen – sie hatten den «Individuationsprozeß» im Jungschen Sinne abgeschlossen. Sie wußten besser als die heutigen westlichen Völker, wer sie waren. Sie benutzten zweifellos auch einen größeren Teil ihres Gehirns als wir, wenn wir davon ausgehen, daß wir nur zehn Prozent des Verfügbaren anwenden. Es gibt in unserer westlichen Welt ein starkes und abstraktes Konzept der Individualität; trotzdem neigen wir sehr stark dazu, uns dem Kult und dem Konformismus hinzugeben. Nur schon die Tatsache, daß die Menschen in unserer Gesellschaft durchschnittlich pro Tag neun bis zehn Stunden lang fernsehen, ist in diesem Zusammenhang erstaunlich. Wie die Esoterik-Lehrerin Alice Bailey meint, handelt es sich bei dem, was wir als Denken bezeichnen, um nichts anderes als das Wiederkäuen der Programmierung unseres Hirnbewußtseins.[10] Die frühen Menschen sahen sich selber nicht als abgetrennt von der Natur und den anderen Lebewesen. In diesen frühen Zeiten gab es weder Hierarchien oder Kasten noch Hinweise auf Sklaverei oder Unterdrückung. Der Umsturz zu Beginn der westlichen Kultur vor fünftausend Jahren führte also zu einer tödlichen Abtrennung von der Natur und dem Körper zugunsten der Herrschaft des Egos über alles andere.

Hier könnte man die schamanische Metapher zu Hilfe nehmen. Wenn ein Mitglied eines Stammes krank wird, ruft man einen Schamanen, der sich mit der Krankheit, die den Betreffenden «überfallen» hat, auseinandersetzt. Krankheit wird als ein Verlust der Ausgeglichenheit, der Seele und als Invasion durch einen «bösen Geist» gesehen. Der Kranke muß so viel Willen und Kraft aufbringen, daß er die ihn besetzende Macht abstoßen und sein Gleichgewicht wiederfinden kann. Der Schamane unterstützt ihn bei diesem Prozeß. Manchmal trägt er dazu bei, indem er zur Heilung seine Hand auflegt und so eine gewaltige Kraft oder Energie übermittelt, die den «Dämonen» austreibt; manchmal katalysiert er auch nur die Heilkräfte im Geist und im Körper des Kranken. In beiden Fällen handelt es sich um eine nicht urteilende Erkennung einer Invasion von außen, die die Seele geschwächt oder in unerreichbare Ferne gerückt hat. Wenn die

Seele nicht zurückgewonnen werden kann und das Wesen, das den Kranken besetzt, nicht ausgetrieben werden kann, muß der Körper früher oder später sterben.[11]

Wenn wir diese schamanische Metapher auf die Erde als Körper anwenden, könnten wir sagen, daß vor fünftausend Jahren eine Art Invasion auf oder in der Erde stattfand. Die Erde wurde daraufhin sehr krank und geriet völlig aus dem Gleichgewicht. Mary Daly wies in *Gyn/Ökologie* auf etwas Derartiges hin, als sie die Meinung vertrat, daß das Patriarchat eine Religion der sadistischen Rituale war, die dieselbe Funktion erfüllte wie ein «böser Geist». Die «besetzende Kraft des Patriarchats» kann ihrer Ansicht nach von den Frauen abgestoßen werden, weil wir nichts zu verlieren haben und nur gewinnen können, wenn wir uns aus seinem eisernen Griff befreien.[12] Die Vorstellung einer besetzenden Kraft, die groß genug ist, um den ganzen Planeten zu vereinnahmen, erscheint uns, vom wissenschaftlichen Standpunkt aus betrachtet, als unrealistisch, wie Science-fiction oder Aberglauben. Wenn wir unsere vorgefaßten Meinungen über den Aberglauben und unseren Glauben an das evolutionäre Modell des Fortschritts aufgeben könnten, würden wir vielleicht entdecken, daß wir uns in einem Zustand befinden, der der Besessenheit vergleichbar ist, und daß die Seele der Welt (anima mundi) in Gefahr ist. Man braucht nicht an die Existenz von Außerirdischen zu glauben, um diese Sicht zu erlangen, obwohl die beiden Versionen sich nicht widersprechen.[13] Man braucht sich nur darin einig zu sein, daß etwas geschehen ist, das den ganzen Planeten betraf – es war nicht auf einzelne Orte beschränkt –, und daß es sich dabei nicht um etwas Positives oder um «Fortschritt» handelte. Es sieht auch so aus, daß der Körper unserer Erde sehr bald sterben wird, wenn wir nicht sofort etwas gegen diese Krankheit unternehmen, an der sie leidet.

Einige New-Age-Philosophien vertreten die Ansicht, daß das, was heute mit uns geschieht, nicht nur ein Teil der Evolution ist, sondern daß es uns hier und jetzt einen «evolutionären Sprung» in unserem Bewußtsein und im erwachenden Bewußtsein unseres Planeten ermöglicht. Es gibt einen allgemeinen Trend in Richtung der unmöglichen Vorstellung, daß Gaia sich zum erstenmal ihrer selbst bewußt wird. Aufgrund der archäologischen Funde kann ich das nur entweder als Unkenntnis des Beweismaterials oder als eine Verleugnung unserer Vergangenheit zugunsten einer Umformung der aktuellen Geschehnisse zu einem weiteren Paradigma interpretieren. Die Gefahr einer solchen Einstellung liegt darin, daß man uns glauben machen will, daß wir uns auf dem Weg der Evolution befinden, wo «alles perfekt» ist, so daß wir uns nicht mehr ernsthaft mit unseren gegenwärtigen Schwierigkeiten auseinandersetzen (die sterbenden Meere und Wälder, die Erde selber, die verschmutzte Luft und die Gefahr unseres eigenen Aussterbens). Kaltherzige Schlußfolgerungen und eine unverständliche Tatenlosigkeit können die Folge davon sein. Einige Esoterik-Lehrer oder «Medien» haben beispielsweise angedeutet, daß große Fortschritte eine gewaltige, aus irgendwelchen Gründen unumgängliche Opferung der meisten Menschen, Tiere, Bäume usw. auf der ganzen Erde erfordern, damit einige Auserwählte gerettet oder «geerntet» werden können. Diejenigen, die auserwählt sind, befinden sich zum letzten Mal hier auf der Erde, in ihrer letzten Inkarnation, weil sie aufgrund einer bestimmten Eigenschaft nicht mehr in die materielle Welt zurückzukehren brauchen wie alle übrigen Menschen. (Obwohl es ziemlich unwahrscheinlich ist, daß es dann noch eine materielle Welt geben wird, zu der wir zurückkehren können, wenn sich die Dinge noch länger so weiterentwickeln wie bis anhin.) Diese These unterscheidet sich kaum von der christlich-fundamentalistischen Version von Armageddon, wo Gott in seinem Zorn und seiner Empörung über die Sündhaftigkeit der Menschen die gesamte Menschheit, mit Ausnahme von 144 000 Gläubigen, zerstören wird. Diese Glaubensrichtungen nehmen gegenüber dem Schmerz und dem Leiden der Erde eine besserwisserische Haltung ein. In die gleiche Kategorie gehört das scheinbar intelligente Buch *Famine 1975* (Hunger 1975), das ich als junge Mutter gelesen hatte. Der Autor schlug darin (unter anderem) vor, daß wir Indien, das ja derart unter seiner Überbevölkerung litt, keine Unterstützung mehr zukommen und das indische Volk zu Tausenden sterben lassen sollten, als notwendiges und unumgängliches Opfer für die Rettung der restlichen Menschen auf diesem Planeten. Ich fragte mich damals, wie die Menschen, die in Indien lebten, eine solch kaltherzige Theorie beurteilen würden.

Diese Vorstellung, etwas Besonderes zu sein und «geerntet» zu werden, ist das Produkt einer ineressanten Vermischung von christlichem und hinduistischem Gedankengut, welches auf aktuelle Trends angewendet wird. Diese Beurteilung der irdischen Existenz als eine Art Strafe ist unter den gegebenen Umständen verständlich. Schließlich haben wir während mehr als zweitausend Jahren diese organisierten Religionen ertragen, die den Geist als gut und die Materie als schlecht betrachten, Männer mit Geist und Frauen mit Materie gleichsetzen. Es ist nicht einfach, eine Verbindung zur Erde und dem Körper (und den Frauen) aufzubauen, wenn die «Großen Religionen» uns vorhalten, daß sie die eigentlichen Verursacher des Bösen, des Schmutzigen und des karmischen Gesetzes sind. Wenn aber das, was heute in der Welt mit uns geschieht, nicht in unsere Vorstellung der Evolution gehört, also kein Fortschritt ist, wovon Indianervölker wie die Hopi überzeugt sind, was tun wir dann? Wie verhält man sich gegenüber einer schamanischen Krankheit von solchem Ausmaß? Sollen wir uns mit dem unabwendbaren Tod und der darauffolgenden Wiedergeburt abfinden? Die Kalender der Maya und der Hopi scheinen darauf hinzuweisen, daß sich diese fünftausend Jahre dauernde Periode langsam ihrem Ende nähert. Wie bei allen tödlichen oder unheilbaren Krankheiten ist es notwendig, sich bis zu einem gewissen Grad der Krankheit auszuliefern, bevor eine Veränderung eintreten kann. Dann aber tritt für diejenigen das erstaunliche Heilungs-Phänomen auf, das die Ärzte als die paar Ausnahmefälle bezeichnet haben, die spontan gesund werden. Ohne sichtbaren Grund müssen einige Menschen, die an Krebs erkrankt sind, nicht sterben; sie regenerieren ihre Kräfte und ihre Vitalität und leben als Gesunde weiter. Die Kraft, die einigen unheilbar kranken Menschen zu überleben hilft, kann auch der Erde helfen, sich selbst zu heilen. Möglicherweise werden die Formen sterben, doch der lebende Geist kann wieder reinkarniert werden.

Wenn wir uns an die Göttin und die alte, erdverbundene Reli-

gion erinnern, finden wir auch den Kontakt zu den Zyklen und
der ewigen Wiederkehr, die uns dem Tod ohne Angst entgegen-
blicken lassen. Erst 400 n. Chr. erklärte die christliche Kirche,
daß es weder Zyklen noch die Reinkarnation gebe. Davor wußte
jeder ohne Zweifel, daß es ein Leben nach dem Tod gibt, und
zwar nicht nur im Himmel. Einer der erfreulichen Aspekte bei
unserem Erinnerungsprozeß ist die Überwindung unserer Angst
vor der Todesgöttin, wenn uns klar wird, daß sie nur ein anderer
Aspekt der Mutter ist. Wenn wir uns ihr hingeben, überlassen wir
ihr unsere Probleme; wenn wir uns zur Heilung des Planeten zur
Verfügung stellen, werden wir zu einem Teil der Lösung. Erst seit
dem Ende des Zweiten Weltkriegs lehrt man uns, daß die Erde
tote Materie ist und chemische Schädlingsbekämpfungsmittel
und Dünger braucht, damit sie produktiv sein kann. Wenn wir
unseren Lebenszyklus durch verschiedene Existenzen auf der
Erde wieder zu verstehen lernen, verstehen wir vielleicht auch
eher, wie der Lebenszyklus von Sterben und Wiedergeburt der
Mikroorganismen unser aller Leben erst ermöglicht und wie die
Bäume erst unsere Atmung garantieren. Bauern, die biologischen Ackerbau betreiben, wissen aufgrund ihrer eigenen, an
Wunder grenzenden Erfahrungen, daß sogar der schlechteste
Boden wieder regeneriert werden kann und daß die Menschen,
Tiere und Pflanzen, die auf diesem erneuerten Boden leben, gesund werden. Sogar chemische oder radioaktive Verseuchungen
können beseitigt werden, so daß wieder ein natürlicher Gesund-
heitszustand entsteht. Die Bewegung des biologisch-dynamischen Ackerbaus ist eine der wenigen Gruppierungen, die über
den Glauben und die Mittel verfügt, die wir benötigen, um die
Umwelt schnell genug heilen zu können, damit den schon erfolgten Verwüstungen entgegengetreten werden kann. Aber auch
diese unverwüstlichen Seelen befürchten, daß das Abholzen der
Wälder zu schnell vor sich geht, als daß uns die biologischen Methoden noch retten könnten. Wir brauchen ein Wunder.

In Indien sagt man, die Große Göttin Durga sei eine Kriegsgöt-
tin, die in dieser Welt nur auftritt, wenn die Dämonen außer Kontrolle geraten. Das heute wiedererwachende Interesse für den
Schamanismus und die Rückkehr der Göttin ist unsere Version

der sich bemerkbar machenden Durga. Sowohl die Göttin als auch die Schamaninnen treten auf, um den Planeten von den bösen Kräften zu befreien. Am besten manifestiert sich die Göttin durch die Frauen – ihre Priesterinnen – und alle Menschen, die sich «weiblich» verhalten. Die Frauen erinnern sich. Weil wir nichts zu verlieren und alles zurückzugewinnen haben, scheint es uns möglich zu werden, uns diesen Erinnerungen zu öffnen und die aus dem Innersten unserer Seele aufsteigenden Informationen mit unserem Bewußtsein zu erfassen. Wenn wir das tun und wenn wir gewillt sind, dieses Wissen, so wie es ist, zu verteidigen und uns gegen jegliche Versuche, es durch etablierte Werte und Paradigmen verfälschen zu lassen, zur Wehr setzen, werden sich früher oder später auch die Männer nach einer neuen Welt zu sehnen beginnen und uns bei ihrer Erschaffung nach den Bildern in unserer Erinnerung unterstützen.

In der heutigen Zeit ist es aber für eine Frau äußerst schwierig, ihr ureigenstes Territorium zu verteidigen. Die Menschen scheinen das Bedürfnis zu haben, ihr Wissen zu etwas Vertrautem und leicht zu Handhabendem zu machen; sie brüsten sich, es zu einem Teil der bestehenden Denkmuster gemacht zu haben. Es ist eine enorme Aufgabe für eine Frau, ihren Instinkten, ihrem intuitiven Wissen und ihrer inneren Stimme die Treue zu halten. Wir müssen so viel Stärke in uns mobilisieren, daß wir heute zu Anführerinnen, Heilerinnen und Lehrerinnen werden können. Wir müssen eine genügend starke, zentrale Achse schaffen, so daß jede von uns jeglicher sichtbaren oder unsichtbaren Opposition standhalten kann, die sich der Befreiung von den Kräften widersetzen könnte, die die Welt in ihrem eisernen Griff gefangen halten. Wir befinden uns inmitten eines Prozesses der Manifestierung, bei dem Frauen (und Männer), auch wenn sie keine entsprechende Ausbildung verfügen, zu bereitwilligen Gefäßen der Vision werden. Die Frauen, die diese Funktion ausüben, nenne ich Shakti-Frauen; Shakti bedeutet «fähig sein» und bezieht sich auf die weibliche Macht des kreativen, instinktiven Werdens. Durch die weltweite, heilende Bewegung, die einer modernen Version der traditionellen schamanischen Heilungskrise entspricht, verleihen wir der zurückkehrenden Göttin Form und Ausdruck.

Nachwort

Während ich «Die Shakti-Frau» schrieb, führten die Vereinigten Staaten unter George Bush einen kurzen, erbarmungslosen Krieg gegen den Irak und Saddam Hussein, der unzählige Tote und weltweite Umweltschäden in noch nie dagewesenem Ausmaß hinterließ. Diejenigen, die ihr Leben der Schaffung einer friedlichen Welt gewidmet haben, waren von dieser Tat, die auch in ihrem Namen erfolgt war, am Boden zerstört. Als zu Neumond im Januar 1991 die Bombardierungen begannen, konnte ich (wie viele andere auch) nicht schlafen. Ich verspürte das Bedürfnis, mich anderen Menschen anzuschließen, die auf der Straße gegen diesen Krieg protestierten, und so meinen Willen öffentlich kundzutun. Eines Nachts in den darauffolgenden Wochen, als ich meinen kleinen Jungen in den Schlaf wiegte, hatte ich die schreckliche Vision einer armen Mutter im Irak, die ebenfalls ihr Kind in den Schlaf wiegte, während um sie herum die Bomben fielen. Ich fühlte mich ihr in ihrer Angst verbunden. Ihr einziges «Verbrechen» war, im Irak geboren worden zu sein, genauso wie ich hier geboren worden war. Und da ich hier Steuern bezahle, sind meine Hände blutbefleckt, und ich werde unversehens mitschuldig am Tod ihres teuren Kindes. Diese karmische Schuld ist eine schwere Bürde.

Im Moment weiß ich nicht, wie ich direkt auf die Entscheidungsprozesse in diesem Land Einfluß nehmen könnte. Die Medien sind die Werkzeuge und Sprachrohre der Regierung, und die Menschen in meinem Umfeld scheinen durch das Nonstop-Fernsehprogramm völlig hypnotisiert zu sein. Als ich in einem meiner Heilungszirkel während des Kriegs meine Hände einem Patienten auflegte, hatte ich eine klare Vision meiner Verantwortung in diesem Moment. Ein Körper, der von Krebs befallen ist,

ist unheilbar krank, weil die Krebszellen verrückt spielen. Sie teilen sich und vermehren sich in abartiger, unkontrollierter Weise, ohne Rücksicht auf den Organismus, von dem sie ein Teil sind. Irgendwann übernehmen sie aufgrund ihrer Zahl und der Geschwindigkeit ihres blinden Wachstums die Kontrolle und schwächen das Immunsystem so stark, daß der Körper stirbt. Als Heilerin gehe ich an den Krebs nicht mit der Absicht heran, die Krebszellen zu bekämpfen oder zu «töten», sondern ich konzentriere meine Aufmerksamkeit auf die gesunden Zellen. Wenn diese Zellen aktiviert und vitalisiert werden können, so daß sie auf einer höheren Frequenz zu schwingen beginnen, kann das dazu führen, daß der Krebs spontan und wie durch ein Wunder ohne ersichtlichen Grund den Körper verläßt.

Es ist offensichtlich, daß der Körper dieser Welt an unheilbarem Krebs leidet – George Bush und Saddam Hussein haben dabei die Funktion der verrückt spielenden Krebszellen übernommen, die immer mehr Platz einnehmen und so das Leben auf der Erde verdrängen. Ich bin jedoch eine gesunde Zelle in diesem armen, kranken Körper, und ich gehe jede Wette ein, daß Sie das ebenfalls sind. Unsere Verantwortung als gesunde Zellen sehe ich darin, daß wir einfach unsere Schwingungen erhöhen und uns für die Erhaltung der Gesundheit zusammenschließen. Ich habe gesehen, wie wir genau das taten, als Tausende von uns auf die Straße gingen und für den Frieden demonstrierten und sangen. Ich sehe es auch in meinen Heilungszirkeln, wenn wir zusammen trommeln und singen, die schlafenden Zellen im Körper aufwecken und das geschwächte Immunsystem kickstarten. Eines Nachts, während eines Auftritts mit der Sängerin Barbara Higbie und der Trommlerin Barbara Borden, führte ich das Publikum so, daß es seine Energie auf das folgende Bild konzentrierte: Ich bin eine gesunde Zelle, ich bin ein/e Heiler/in, ich will in Frieden leben. Wir sangen zusammen, hielten uns an den Händen und ließen den Trommelrhythmus auf der Ebene der Zellen auf unsere Körper einwirken. Er erinnerte uns an das Herz der Mutter Erde, das schlägt und schlägt für neues Leben.

Wir müssen die Zeremonien weiterführen, Schwestern und Brüder. Auch wenn unser Tod kurz bevorsteht, müssen wir uns zusammentun und singend dem Ende entgegengehen. Ich bete, daß die Kraft des Friedens stärker ist, als es heute den Anschein hat, und daß die Bewegung in Richtung der Heilung dieses Planeten schließlich den Sieg davontragen wird. Seid gesegnet.

Dank

Ich möchte all jenen danken, die mir bei der Erarbeitung von *Shakti – Die heilende Kraft der Frau* geholfen haben, insbesondere meinen Schülerinnen, die meine Theorien auf die Probe gestellt und die praktischen Übungen in meinen Kursen angewandt haben. Ich danke Khara Whitney-Marsh, meiner treuen Assistentin, die die administrativen Aufgaben meiner Schule übernommen hat, alle Telefonanrufe für mich in Empfang nimmt und mich voll und ganz unterstützt, wenn ich mich in mein Arbeitszimmer zurückziehen will. Ebenso Reba Rose und JoAnn Peirce, die so aufmerksam zugehört, die richtigen Fragen gestellt und sich mit mir zusammen über Jahre hinweg weiterentwickelt haben. Sie haben auch begonnen, unsere Arbeit in die Welt hinauszutragen.

Ich danke meinem Ehemann Jonathan Tenney, der mich dazu gezwungen hat, stärker zu werden, als ich es je für möglich gehalten hätte. Sogar der Traum, der der Entstehung dieses Buches zugrunde liegt, wurde durch eine unserer grundlegenden Meinungsverschiedenheiten hervorgerufen, welche meine Verwandlung erst ermöglichten. Unsere Beziehung, eine dharmische Beziehung, die tiefgehende persönliche Transformationen mit sich bringt, hat mich im Laufe der Jahre stark geformt und mir zu mehr Ausgeglichenheit verholfen. Wie bei den Kristallen, die sich gegenseitig beim Wachstum unterstützen, haben wir durch das Wachsen des anderen die eigene Richtung gefunden. Mehr als einmal ist die Axt der Dakini gefallen, und wir haben unsere Köpfe verloren, aber unsere tiefe Verbindung ist dabei unversehrt geblieben.

Ich bin sehr dankbar für die technische Hilfe, die ich für dieses Buch erhalten habe. Ich danke Jennifer Roberts, die ursprünglich

Zeichnungen für meine Zeitschrift *Snake Power: A Journal of Contemporary Female Shamanism* gemacht und mir nun erlaubt hat, sie auch hier zu verwenden. Ich danke meinen Freunden, den Fotografen Irene Young, Craig Comstock, Catherine Allport, Robert Ansell und Helen Nestor für ihre großzügige Unterstützung. Ganz herzlichen Dank auch an Laurelin Remington-Wolf, die sich durch meinen ohne Vorwarnung erfolgten, kurzfristigen Auftrag von mehreren Zeichnungen nicht aus der Fassung bringen ließ. Ihre Kunstwerke haben den Darstellungen der Göttin ein eigenes Leben verliehen. Dies ist nur möglich durch persönliches Engagement und direkten Zugang zu den Energiequellen des Weiblichen. Ich danke Margaret Pavel, Anne Herbert und Karen Vogel, die mein Manuskript sorgfältig durchgelesen haben und ihre konstruktive Kritik zum richtigen Zeitpunkt an mich weitergegeben haben. Ich danke Kate Kaufmann, die bei der Titelfindung mitgearbeitet hat.

Vor etwas mehr als einem Jahr widersetzte ich mich noch immer stur allen Versuchen meiner Freunde, mich davon zu überzeugen, einen Computer für meine Arbeit zu verwenden. Ich war der Meinung, daß der Computer das Produkt jenes alles verschlingenden Wesens sei, das unseren Planeten beherrscht! Als ich mich dazu entschloß, meine Zeitschrift herauszugeben, war mir, als ob ich stürbe und wiedergeboren würde. Ohne jegliches Zögern kaufte ich einen Mac II und einen Laser-Drucker und benutzte sie, um dieses Buch zu schreiben. Es wäre nicht fair von mir, meiner Maschine nicht auch für ihre guten Dienste zu danken.

Mein Dank geht ebenfalls an Clayton Carlton von Harper (San Francisco), der zu mir gesagt hat: «Das ist eine tolle Idee – das müssen wir unbedingt herausbringen», als ich ihm von *Shakti – Die heilende Kraft der Frau* erzählte. Ich habe auch Jan Johnsons klaren Geist und ihre ernsthafte Art, auf meine Arbeit einzugehen, sehr geschätzt. Nach ihrem Weggang übernahm Barbara Moulton ihre Aufgabe und wurde zu meiner Verbündeten. Ich danke ihr für ihre Ernsthaftigkeit und ihre nützlichen Vorschläge im Laufe unserer Zusammenarbeit.

Schließlich danke ich dem Universum für mein Leben und die

Erfahrungen, die es mir ermöglicht haben, dieses Buch zu schreiben. Ich glaube, daß alle anderen Menschen dieselben Erlebnisse haben können wie ich. Diese Haltung liegt meinem Leben und Schreiben zugrunde, das sich um heilige Dinge dreht, die man nicht vollständig erklären kann. Möge die Göttin wie bei mir Teil Eures Lebens werden und uns helfen, unsere Fähigkeit, ihre Energie zu spüren, in dieser Zeit der weltweiten Krise zu neuem Leben zu erwecken. Seid gesegnet!

Wintersonnenwende 1990 *Vicki Noble*

Anmerkungen

Vorwort

1 Riane Eisler, *Kelch und Schwert. Von der Herrschaft zur Partnerschaft. Weibliches und männliches Prinzip in der Gesellschaft*. Goldmann, München 1993.
2 Mary Daly, *Gyn/Ökologie. Die Metaethik des radikalen Feminismus*. Verlag Frauenoffensive, München 1991.

Blut – Die Wurzel des Frauen-Schamanismus

1 Sonia Montecino und Ana Conejeros, *Mujeres Mapuches: el saber tradicional en la curación de enfermedades comunes*. Centro de Estudios de la mujer. Santiago, Chile, o. J.
2 Susan Eger (bekannt auch als: Susana Valadez), *Huichol Women's Art* in: *Art of the Huichol Indians*. M. H. de Young Museum. San Francisco 1979.
3 Geoffrey Ashe: *Kelten, Druiden und König Arthur. Mythologie der Britischen Inseln*. Walter Verlag, Olten 1992.
4 Menstrual Health Foundation, Scarlet Moon, *A Journal of the Feminine*. P. O. Box 3248, Santa Rosa, CA 95402.
5 Monica Sjöö und Barbara Mor, *Wiederkehr der Göttin. Die Religion der großen kosmischen Mutter und ihre Vertreibung durch den Vatergott*. Labyrinth, Braunschweig 1985.
6 Lawrence Durdin-Robertson, *The Cult of the Goddess*. Cesara Publications, Enniscorthy 1974.
7 Stephan Beyer, *The Cult of Tara: Magic and Ritual in Tibet*. University of California Press, Berkeley 1978.
8 Peter Tompkins und Christopher Bird, *Die Geheimnisse der guten Erde*. Droemer und Knaur, München 1991.
9 Raphael Girard, *The Esotericism of the Popul Vuh*. Theosophical University Press, Pasadena 1979.
10 Lawrence Durdin-Robertson, *The Cult of the Goddess*.
11 Alexander Marshack, *The Roots of Civilization: The Cognitive Beginnings of Man's First Art, Symbol, and Notation*. McGraw-Hill, New York 1972.

12 Marija Gimbutas, *The Language of the Goddess*. Harper & Row, San Francisco 1989.

13 Barbara Tedlock, *Time and the Highland Maya*. University of New Mexico Press, Albuquerque 1982.

14 Philip Rawson, *Tantra: The Indian Cult of Ecstasy*. Bounty Books, New York 1974.

15 Dhyahni Ywahoo, *Am Feuer der Weisheit. Lehren der Cherokee-Indianer*. Theseus, Küsnacht 1988.

16 Robert K. Temple, *The Sirius Mystery*. St. Martin's Press, New York 1976.

17 Bruce Lincoln, *Emerging from the Crysalis: Studies in Rituals of Women's Initiation*. Harvard University Press, Cambridge 1981.

18 Barbara Walker, *The Women's Encyclopedia of Myths and Secrets*. Harper & Row, San Francisco 1983.

19 Lawrence Durdin-Robertson, *The Cult of the Goddess*.

20 Evan Hadingham, *Secrets of the Ice Age*. Walker, New York 1979.

21 Monica Sjöö und Barbara Mor, *Wiederkehr der Göttin*.

22 Ebd.

23 Merlin Stone, *When God Was A Woman*. Harcourt Brace Jovanovich, New York 1978.

24 Sally Roesch Wagner, *The Iroquois Confederacy: A Native American Model for Non-sexist Men*. In: *Changing Men*, Spring-Summer 1988, Seite 32.

25 Frédérique Marglin, *Wives of the God-King: The Rituals of the Devadasis of Puri*. Oxford University Press, New York 1985.

26 Ebd., Seite 18.

27 Ebd., Seite 203.

28 Ebd., Seite 60.

29 Ebd., Seite 203.

30 Ebd., Seite 234.

31 James Preston, *Cult of the Goddess: Social and Religious Change in a Hindu Temple*. Vikas Publishing House, Delhi 1980.

32 Pauline Kolenda, *Pox and the Terror of Childlessness: Images and Ideas of the Smallpox Goddess in a North Indian Village*. In: *Mother Worship*, Hrsg. James Preston. University Press, North Carolina 1982, Seite 243.

33 Barbara Walker, *The Women's Encyclopedia of Myths and Secrets*, Seite 636.

34 Frédérique Marglin, *Wives of the God-King*, Seite 243.

35 Barbara Walker, *The Women's Encyclopedia of Myths and Secrets*, Seite 636.

36 Lawrence Durdin-Robertson, *The Cult of the Goddess*.

37 Monica Sjöö und Barbara Mor, *Wiederkehr der Göttin*.

38 Penelope Shuttle und Peter Redgrove, *Die weise Wunde Menstruation*. Fischer, Frankfurt a. M. 1980.

39 Barbara Walker, *The Women's Encyclopedia of Myths and Secrets*, Seite 643.

40 Ebd., Seite 638.

41 Ebd., Seite 635.

42 Mary Daly, *Gyn/Ökologie*

43 Polly Young-Eisendraht und Florence Wiedmann, *Female Authority: Empowering Women Through Psychotherapy*. Guilford Press, New York 1987.

44 Sylvia Perera Brinton, *Der Weg zur Göttin der Tiefe. Die Erlösung der dunklen Schwester. Eine Initiation für Frauen*. Ansata, Interlaken 1990.

45 Ebd.

46 Ebd.

47 Ebd.

48 Ebd.

49 Ebd.

50 Ann und Barry Ulanov, *The Witch and the Clown: Two Archetypes of Human Sexuality*. Chiron Publications, Wilmette 1987.

51 Mary Daly, *Gyn/Ökologie*.

52 Ann und Barry Ulanov, *The Witch and the Clown*, Seite 12.

53 Ebd., Seite 76.

54 Ebd., Seite 77.

55 Mary Daly, *Gyn/Ökologie*.

Schamanismus auf der Ebene der Zellen: Ihr Körper ist mein Körper

1 Nancy Makepeace Tanner, *On Becoming Human*. Cambridge University Press, Cambridge 1981.

2 Ron Williams, persönliche Mitteilung, 8. Juni 1990.

3 Ich muß hier ergänzen, daß mein Bruch mit der Frauengesundheitsbewegung nicht endgültig war. In meiner Entwicklung als Heilerin war es jedoch eine notwendige Zeit der Neuorientierung. Ich arbeite gegenwärtig in meinen Heilungszirkeln an einer Zusammenführung und Integration der Frauengesundheitsbewegung und der schamanischen Heilkunst. In Zusammenarbeit mit anderen an diesem Thema interessierten Frauen, die zum Teil der Menstrual Health Foundation in Santa Rosa, Kalifornien, angehören, bin ich auch dabei, Konferenzen zu organisieren. Ich hoffe auch, daß es mir gelingt, eine interamerikanische Konferenz bzw. Kulturveranstaltung mit dem Thema Frauengesundheitsbewegung und schamanische Heilkunst ins Leben zu rufen und zusammen mit Isis International, einer Frauengesundheitsorganisation in Santiago (Chile), zu organisieren und finanzieren. Diese Konferenz soll in Mittelamerika statt-

finden und sowohl Heiler/innen als auch Aktivisten/innen des gesamten amerikanischen Kontinents zusammenbringen. Durch Anlässe, an denen die Frauen das Ende des Krieges und die Wiederherstellung der heiligen Blutriten begehen, wollen wir den Graben zwischen Gesundheit und Heilung überbrücken und die künstlichen Unterschiede beseitigen, die geschaffen wurden, um die Frauen verschiedener Rassen und Kulturen einander zu entfremden.

4 Robert Temple, *The Sirius Mystery.*
5 Michael Dames, *The Avebury Cycle.* Thames & Hudson, London 1976.
6 Robert Temple, *The Sirius Mystery.*
7 Janet Gyatso, *Down with the Demoness: Reflections on a Feminine Ground in Tibet.* In: *Feminine Ground: Essays on Women and Tibet.* Hrsg. Janet Willis. Snow Lion Press, Ithaca 1987, Seite 51.
8 Namkhai Norbu, *Der Kristallweg. Die Lehre über Sutra, Tantra und Dzogchen.* Diederichs, München 1989.
9 Mircea Eliade, *Schamanismus und archaische Ekstasetechnik.* Suhrkamp, Frankfurt a. M. 1975.
10 John Robbins, *Diet for a New America.* Stillpoint Publishing, Walpole 1987.
11 Bruce L. Cathie, *Acoustic Levitations of Stones.* In: *Gravity and the World Grid.* Hrsg. David Hatcher Childress. Adventures Unlimited Press, Stlelle 1986.
12 Peggy Dylan steht als Leiterin für Feuerläufe zur Verfügung und kann über Sundoor Spiritual Adventures, PO Box 669, Twain Harte, CA 95383, Tel. (209) 928-4800 kontaktiert werden. Sie können aber auch das Buch lesen, das sie in Zusammenarbeit mit ihrem früheren Ehemann, Tolly Burton, über die Prozesse bei der Überwindung von Angst und einschränkenden Vorurteilen geschrieben hat: *Guiding Yourself into a Spiritual Reality.* Reunion Press Inc., 1983.
13 Barbara Tedlock, *Time and the Highland Maya.*
14 Barbara Wilt, *Is There an Enemy? Snake Power. A Journal of Contemporary Female Shamanism* 1, 1(1989), 43.

Synchronizität: Der Weg des Orakels

1 Margaret Pavel, persönliche Mitteilung an die Autorin, Frühling 1990.
2 Peter Tompkins/Christopher Bird, *Die Geheimnisse der guten Erde.*
3 Ebd.
4 Judy Chicago, *The Birth Project.* Doubleday, Garden City 1985.
5 Monica Sjöö, persönliche Mitteilung an die Autorin, Frühling 1990.
6 Viele kapitalistische Unternehmen stellen die natürlichen Vorgänge im Körper der Frau verzerrt dar oder nützen sie aus, um ihre Produkte ver-

kaufen zu können. Nestlé hat sich durch ihre erfolgreiche Werbekampagne in Afrika zur Zielscheibe der Kritik gemacht, da sie die afrikanischen Mütter dazu verleitete, ihre Neugeborenen mit der Flasche anstatt mit der Brust zu füttern. Sie hat unbeschreibliches Leid verursacht, weil die Mütter sich die Babynahrung nicht leisten können und sie deshalb mit Wasser verdünnen. Da das Wasser aber verseucht ist, sterben die Kinder entweder an Unterernährung oder direkt an den im Wasser enthaltenen Giftstoffen. Aus diesem Grund wurden die Produkte von Nestlé boykottiert. Während einer gewissen Zeit schien man dort auf diesen Boykott zu reagieren, doch das Problem wurde nicht gelöst, wie feministische und andere Beobachter kürzlich festgestellt haben. Wir sind deshalb aufgerufen, auch weiterhin alle Produkte von Nestlé zu boykottieren.

7 Für die Motherpeace-Tarotkarten und andere gute Dinge können Sie sich an den Gaia Bookstore, 1400 Shattuck Avenue, Berkeley, CA 94709, wenden. Man wird Ihnen einen wunderschönen Katalog mit den Schätzen der Göttin zustellen. – Im Buchhandel erhältlich unter den Angaben: Vicki Noble/Karen Vogel: Motherpeace Tarot.

8 Peter Redgrove, *The Black Goddess and the Unseen Real*. Grove Press, New York 1987. – Arnold Mindell, *Traumkörper und Meditation. Arbeit an sich selbst*. Walter-Verlag, Olten 1992. – Arnold Mindell, *Das Jahr eins. Ansätze zur Heilung unseres Planeten*. Walter-Verlag, Olten 1991.

9 Nigel Pennick, *Handbuch der angewandten Geomantie. Wie wir heute Landschaft und Siedlung wieder in Einklang bringen können*. Neue Erde, Saarbrücken 1992.

10 Anne Kent Rush, *Moon, Moon*. Random House, New York, und Moon Books, Berkeley 1976.

11 Namkhai Norbu, *Der Kristallweg*.

12 Für gute Texte mit Vorschlägen zu Feiertagsritualen lesen Sie: Zsuzsanna Emese Budapest, *Herrin der Dunkelheit, Königin des Lichts. Das praktische Anleitungsbuch für die neuen Hexen*. Hermann Bauer, Freiburg i. Br. 1987; Starhawk, *Der Hexenkult als Ur-Religion der Großen Göttin. Magische Übungen, Rituale und Anrufungen*. Hermann Bauer, Freiburg i. Br. 1991; Diane Stein, *The Women's Spirituality Book*. Llewellyn Publications, St. Paul 1987.

13 Sally Roesch Wagner, *The Iroquois Confederacy*.

Astrologie: Die Grundlage des Frauen-Schamanismus

1 Barbara Tedlock, *Time and the Highland Maya*.

2 Gary Urton, *At the Crossroads of the Earth and the Sky: An Andean Cosmology*. University Press, Austin 1981, Seite 37.

3 Ebd., Seite 179.

4 Ebd., Seite 79.

5 Ebd., Seite 199.

6 Ebd., Seite 198.

7 Palden Jenkins, *Living in Time: Learning to Experience Astrology in Your Life*. Gateway Books, Bath 1987.

8 Mary Daly, *Gyn/Ökologie*.

9 Ever' Woman's Calendar, Morning Glory Collective, P.O. Box 1631, Tallahassee, FL 32301.

10 Es werden heute eine Anzahl von guten Mond- oder Astrologiekalendern auf dem Markt angeboten. Meine Lieblingskalender sind von Celestial Arts. Besonders ihr winziger *Pocket Astrologer* läßt sich überallhin mitnehmen; bestellen Sie sie bei Quicksilver Productions, P.O. Box 340, Ashland, OR 97520. Dieser handliche Kalender zeigt Ihnen jede Bewegung der Planeten durch die Tierkreiszeichen an jedem Tag. Er enthält im hinteren Teil auch Angaben zu den Aspekten, die sie bilden, und den Ephemeriden. Ich gehe nie ohne ihn aus dem Haus.

11 Merlin Stone, *When God Was a Woman*.

12 Frédérique Marglin, *Wives of the God-King*.

13 Elinor Gadon, *The Once and Future Goddess: A Symbol for Our Time*. Harper & Row, San Francisco 1989.

14 Vicki Noble und Jonathan Tenney, *The Motherpeace Tarot Playbook*. Wingbow Press, Berkeley 1988.

15 Computer-Horoskope werden von verschiedenen Beratungsstellen und Astrologie-Verlagen angeboten.

16 Demetra George und Douglas Bloch, *Astrology for Yourself: A Workbook for Personal Transformation*. Wingbow Press, Berkeley 1987. – Vgl. auch: Jean Claude Weiss: *Astrologie. Eine Wissenschaft von Raum und Zeit*. Edition Astrodata, Wettswil 1987.

17 Siehe Anmerkung 14.

18 Neil Michelsen, *The American Ephemeris for the Twentieth Century*. ACS Publications, San Diego 1988. – Vgl. Die Deutsche Ephemeride, 8 Bd., O. W. Barth-Schag Verlag, München 1980 ff.

19 Melanie Reinhart, *Chiron. Der verwundete Heiler*. Astrodata, Wettswil 1992.

20 Nebst Geburtshoroskopen können Sie bei den entsprechenden Stellen auch Angaben zu allen Arten von Kompositen, Transiten, Progressionen usw. bekommen (siehe Anmerkung 15).

21 Demetra George, *Das Asteroidenbuch. Mythologie, Psychologie, Astrologie und neue Weiblichkeit*, Chiron, Mössingen 1991.

22 *Snake Power* 1, Nr. 1, 18.

Die Träumerin: Ein Kanal Ihrer Macht

1 Weitere Informationen zu diesem Thema können Sie nachlesen bei Patricia Garfield, *Kreativ träumen*. Droemer Knaur, München 1986. – Vgl. auch Patricia Garfield, *Frauen träumen anders*. Scherz, München 1991.
2 Wenn Sie mehr Informationen zu dieser Übung wünschen, empfehle ich Ihnen Strephon Kaplan Williams, *Durch Traumarbeit zum eigenen Selbst. Die Jung-Senoi-Methode*. Ansata Verlag, Interlaken 1993.
3 Arnold Mindell, *Traumkörper und Meditation. Arbeit an sich selbst*.

Trance- und Geistreisen

1 Alice Bailey, *Esoterisches Heilen*. Lucis Trust, Genève 1988.
2 Vicki Noble, *The Matriarchal Backbone of Huichol Shamanic Culture*. In: *Mirrors of the Gods; Proceedings of a Symposium on the Huichol Indians*. Hrsg. Susan Bernstein. Museum of Man, San Diego 1989.
3 Gordon Wasson, *Soma: Divine Mushroom of Immortality*. Harcourt Brace Jovanovich, New York 1973.
4 Joan Halifax, *Shaman Voices: A Survey of Visionary Narratives*. E. P. Dutton, New York 1979.
5 John Grim, *The Shaman: Patterns of Siberian and Ojibway Healing*. University of Oklahoma Press, Norman 1983.
6 Carmen Blacker, *Catalpa Bow: A Study of Shamanistic Practices in Japan*. Allen & Unwin, London 1975.
7 Michael Harner, *Der Weg des Schamanen. Ein praktischer Führer zu innerer Heilkraft*. Rowohlt, Reinbek 1986.

Schamanische Kunst: Die Manifestation der Kreativität

1 Laurette Séjourné, *Burning Water: Thought and Religion in Ancient Mexico*. Shambala Publications, Berkeley 1976.
2 Marija Gimbutas, *The Gods and Goddesses of Old Europe*. Thames & Hudson, London 1982, und *The Language of the Goddess*.
3 Sigfried Giedion, *Ewige Gegenwart. Ein Beitrag zu Konstanz und Wechsel*. Köln 1964.
4 Vicki Noble, *Marija Gimbutas: Reclaiming the Great Goddess*. In: *Snake Power: A Journal of Contemporary Female Shamanism* 1, 1, 6 (1989).
5 Für weitere Informationen lesen Sie Elinor Gadon, *The Once and Future Goddess: A Symbol of Our Time*. Harper & Row, San Francisco 1989. Lucy Lippard, *Overlay: Contemporary Art and the Art of Prehistory*. Pantheon

Books, New York 1983. Gloria Orenstein, *The Reflowering of the Goddess.*
Pergamon Press, New York 1990.

6 William H. Bates, *Rechtes Sehen ohne Brille. Heilung fehlerhaften Sehens durch Behandlung ohne Brille.* Rohm, Sindelfingen 1991.

7 Madhu Khanna, *Yantra: The Tantric Symbol of Cosmic Unity.* Thames & Hudson, London 1979.

8 *Heresies:* A Feminist Publication on Art and Politics, Nr. 5, «The Great Goddess», Frühling 1978.

9 Das Sammeln von Federn oder Körperteilen von Vögeln erhält durch unser Gesetz über den Schutz der Zugvögel einen bizarren Aspekt. Dieses Gesetz wurde auf die Initiative von Umweltschutz-Organisationen geschaffen, die die Wildvögel vor Wilderern und denjenigen Kapitalisten beschützen wollten, die Tiere des Geldes wegen umbringen. Leider macht sich durch dieses Gesetz jeder strafbar, der eines oder sämtliche Teile eines Zugvogels besitzt – jemand, der auf der Autobahn anhält, um einen toten Uhu aufzulesen, riskiert somit eine Buße von fünftausend Dollar. Einige Indianer sind deswegen vor Gericht gegangen und haben für sich auch eine Ausnahmeregelung erreichen können, weil sie für ihre traditionellen religiösen Bräuche Adlerfedern und ähnliches benötigen. Weiße Amerikaner, die mit Teilen eines geschützten Vogels erwischt werden, müssen jedoch nach den von uns geschaffenen Gesetzen bestraft werden! Bis jetzt anerkennt das Gericht die Tatsache noch nicht, daß auch wir eine heilige Beziehung zur Natur haben könnten.

10 Rupert Sheldrake, *Das Gedächtnis der Natur. Das Geheimnis der Entstehung der Formen in der Natur.* Piper, München 1993.

11 Lawrence Durdin-Robertson, *The Goddesses of Chaldea, Syria, and Egypt.* Cesara Publications, Enniscorthy 1978.

12 Elizabeth Gould Davis, *Am Anfang war die Frau. Die neue Zivilisationsgeschichte aus weiblicher Sicht.* Ullstein, Berlin 1987.

13 Vicki Noble, *Mythen, Musen und Tarot. Motherpeace.* Frauenoffensive, München 1986.

14 Richard Luxton und Pablo Balam, *The Mystery of the Mayan Hieroglyphs: The Vision of an Ancient Tradition.* Harper & Row, San Francisco 1981.

15 Erich Neumann, *Die große Mutter. Eine Phänomenologie der weiblichen Gestaltungen des Unbewußten.* Walter, Olten 1974.

Die Sexualität der Frauen: Die Rückkehr in den Garten

1 Eloise Salholz in Zusammenarbeit mit Eleanor Clift, Karen Springen und Patrice Johnson, *Women under Assault.* Newsweek, 16. Juli 1990, Seite 23.

2 Jan Caputi und Diana E. H. Russell, *Femicide: Speaking the Unspeak-*

able. In: *The World of Women*, Band 1, Nr. 2, September–Oktober 1990, Seite 34.

3 Robin Morgan, *The Demon Lover. On the Sexuality of Terrorism.* W.W. Norton, New York 1989.

4 Mary Daly, *Gyn/Ökologie.*

5 Kate Millet, *Sexual Politics.* Doubleday, Garden City 1970.

6 Mary Daly, *Reine Lust. Elementar-feministische Lust.* Frauenoffensive, München 1986.

7 Kenneth Grant, *Cults of the Shadow.* Samuel Weiser, New York 1975.

8 Merlin Stone, *A Letter from Merlin* (Rundschreiben), Sommer 1990. Wenden Sie sich für Bestellungen an: P.O. Box 266, 201 Valrick Street, New York, NY 10014.

9 Diane Wolkenstein und Samuel Kramer, *Inanna: Queen of Heaven and Earth.* Harper & Row, San Francisco 1983.

10 Savina Teubal, *Sarah the Priestess: The First Matriarch of the Genesis.* Swallow Press, Athens 1984.

11 Carol J. Adams, *The Sexual Politics of Meat: A Feminist Vegetarian Critical Theory.* Continuum Publications, Harper & Row, New York 1990.

12 Barbara Walker, *The Women's Encyclopedia of Myths and Secrets.*

13 W.B. Emery, *Archaic Egypt.* Penguin Books, Hammondsworth 1963.

14 Eva Keuls, *The Reign of the Phallus: Sexual Politics in Ancient Athens.* Harper & Row, San Francisco 1985.

15 Elaine Pagels, *Versuchung durch Erkenntnis. Die gnostischen Evangelien.* Suhrkamp, Frankfurt a. M. 1987.

16 Barbara Walker, *The Women's Encyclopedia of Myths and Secrets.*

17 Ebd.

18 Dadurch, daß die feministischen Nachforschungen immer ausgefeilter und als «echte wissenschaftliche Arbeit» anerkannt werden, gibt es auch immer mehr Frauen, die uns diese schrecklichen Tatsachen aus dem europäischen Mittelalter vor Augen halten. Die erste Quelle war das informative Pamphlet von Barbara Ehrenreich und Deirdre English, *Hexen, Hebammen und Krankenschwestern.* Frauenoffensive, München 1975, welches die Entstehungsgeschichte der Gynäkologie klarstellte – ihr Fundament sind die Leichen unserer Ahninnen. Danach sind drei ausgezeichnete Texte erschienen, die in der grundsätzlichen Geschichte des Frauen-Holocausts übereinstimmen, welcher im sogenannten Zeitalter der Aufklärung vier Jahrhunderte lang Europa heimsuchte: Mary Daly, *Gyn/Ökologie;* Andrea Dworkin, *Woman Hating.* E. P. Dutton, New York 1974, Jeanne Achterberg, *Die Frau als Heilerin.* Scherz, München 1993.

19 Hans Peter Dürr, *Traumzeit. Über die Grenzen zwischen Wildnis und Zivilisation.* Suhrkamp, Frankfurt a. M. 1985.

20 Pamela Berger, Annie Leibovici und George Reinhart (Produzenten), *The Sorceress,* Mystic Fire Video, 1988.

21 Marija Gimbutas, *The Language of the Goddess*.

22 Lucy Lippard, *Overlay*.

23 Seit der explosive Planet Pluto seinen vierzehn Jahre währenden Transit durch sein eigenes Zeichen Skorpion begann, haben sich die Frauen an ihre Inzest-Erlebnisse zu erinnern begonnen und sind in Gruppen zusammengekommen, um die Schrecken dieses allgegenwärtigen Gesellschaftsproblems mit anderen zu teilen. Zu den besten Büchern der Literatur über Inzest und sexuellen Mißbrauch in der Kindheit gehören: Ellen Bass und Laura Davis, *Trotz allem Wege zur Selbstheilung für sexuell mißbrauchte Frauen*. Orlanda Frauenverlag, Berlin 1990, und Ellen Bass und Loise Thornton (Hrsg.), *I Never Told Anyone*. Harper & Row, New York 1983.

Mutter und Schamanin: Artemis und ihre Jungen

1 John Robbins, *Your Food Choices Can Change the World*. In: *New Times* 6, 2 (Juli 1990).

2 Demetra George, *Das Asteroidenbuch*.

3 Arnold Mindell, *Traumkörper und Meditation. Arbeit an sich selbst*.

4 Nancy Makepeace Tanner, *On Becoming Human*.

5 Marilyn Strathern, *Women in Between*. Seminar Press, New York 1972, 186–188; oder Yolanda und Robert F. Murphy, *Women of the Forest*. Columbia University Press, New York 1974, 88. Beide Bücher beschreiben die Gruppenvergewaltigung als eine gesellschaftlich akzeptierte Form der patriarchalischen Machtausübung in Stammeskulturen. Das erste behandelt solche Kulturen in Papua, Neuguinea, und das zweite das Volk der Munduruku in Brasilien.

6 Riane Eisler, *Kelch und Schwert. Von der Herrschaft zur Partnerschaft. Weibliches und männliches Prinzip in der Geschichte*.

7 *It's War: Our Bodies, Our Business*. In: *Ms*-Heft, Spezialausgabe zum 17. Jubiläum, 1990.

Frauen-Schamanismus: Die Austreibung des Patriarchats

1 Tamar Raphael, *Feminist Analysis: The Assassinations in Montreal*. In: *The Feminist Majority Report* 2, 3 (Februar 1990).

2 Sally Roesch Wagner, *The Iroquois Confederacy*.

3 James DeMeo, *The Origins and Diffusion of Armoring (Patrism) in Saharasia, c. 4000 BCE: Evidence for a Climate-Linked, Global Geographical Pattern in Human Behavior*. In: *Pulse of the Planet*, Nr. 3, Herbst 1990.

4 Peter Tompkins/Christopher Bird, *Die Geheimnisse der guten Erde*.

5 Riane Eisler, *Kelch und Schwert. Von der Herrschaft zur Partnerschaft. Weibliches und männliches Prinzip in der Geschichte;* Merlin Stone, *When God Was a Woman.*

6 Lily Siou, persönliche Mitteilung an die Autorin, Januar 1988.

7 Joseph Needham, *Wissenschaft und Zivilisation in China.* Suhrkamp, Frankfurt a. M. 1984.

8 *New York Times Book Review* 92, 4. Oktober 1987.

9 *Woman's Review of Books* 7, 9 (Juni 1990).

10 Alice Bailey, *Esoterisches Heilen.*

11 John Grim, *The Shaman.*

12 Mary Daly, *Gyn/Ökologie.*

13 Als ich dieses Statement schrieb, hatte ich das Buch *Die Götter von Eden* von William Bramley noch nicht gelesen. Er präsentiert eine gut recherchierte und ausführlich dokumentierte These, in der er den Standpunkt vertritt, daß die Erde tatsächlich von UFOs kolonisiert worden sei. Krieg, Hunger, Pest und andere unerfreuliche Begleiterscheinungen der modernen Gesellschaft, die ich als Patriarchat bezeichne, waren demnach ein Teil der Absichten der Kolonisten, die er als «Wächter» bezeichnet. Ihre «Wächterreligionen» (d. h. die patriarchalischen Religionen) waren mindestens seit der Kultur der Sumerer ein Mittel zur Unterdrückung der Menschheit − zuerst durch das Königtum und die religiöse Hierarchie und später durch geheime Gesellschaften wie die Freimaurer. Siehe William Bramley, *Die Götter von Eden.* Verlag In der Tat, Peiting 1991.

Bibliographie

Achterberg, Jeanne, *Die Frau als Heilerin.* Scherz, München 1993.

Ashe, Geoffrey, *Kelten, Druiden und König Arthur. Mythologie der Britischen Inseln.* Walter, Solothurn und Düsseldorf 1992.

Bass, Ellen/Davis, Laura, *Trotz allem Wege zur Selbstheilung für sexuell mißbrauchte Frauen.* Orlanda Frauenverlag, Berlin 1990.

Biedermann, Hans, *Die großen Mütter. Die schöpferische Rolle der Frau in der Menschheitsgeschichte.* Böhlau, Wien 1987.

Budapest, Zsuzsanna Emese, *Herrin der Dunkelheit, Königin des Lichts. Das praktische Anleitungsbuch für die neuen Hexen.* Hermann Bauer, Freiburg i. Br. 1987.

Daly, Mary, *Gyn/Ökologie. Die Metaethik des radikalen Feminismus.* Frauenoffensive, München 1991.

Daly, Mary, *Reine Lust. Elemental-feministische Lust.* Frauenoffensive, München 1986.

Davis, Elizabeth Gould, *Am Anfang war die Frau. Die neue Zivilisationsgeschichte aus weiblicher Sicht.* Ullstein, Berlin 1987.

Drewermann, Eugen, *Die Botschaft der Frauen. Das Wissen der Liebe.* Walter, Olten 1992.

Dürr, Hans Peter, *Traumzeit. Über die Grenzen zwischen Wildnis und Zivilisation.* Suhrkamp, Frankfurt a. M. 1985.

Egli, Hans, *Das Schlangensymbol. Geschichte – Märchen – Mythos.* Walter, Olten 1985.

Ehrenreich, Barbara/English, Deirdre, *Hexen, Hebammen und Krankenschwestern.* Frauenoffensive, München 1975.

Eisler, Riane, *Kelch und Schwert. Von der Herrschaft zur Partnerschaft. Weibliches und männliches Prinzip in der Gesellschaft.* Goldmann, München 1993.

Eliade, Mircea, *Schamanismus und archaische Ekstasetechnik.* Suhrkamp, Frankfurt a. M. 1975.

Feldman, Christina, *Die wache Frau. Wege zur eigenen Spiritualität.* Walter, Solothurn und Düsseldorf 1994.

Gaia – Das Erwachen der Göttin. Die Verwandlung unserer Beziehung zur Erde. Hrsg. von Susanne G. Seiler. Aurum, Braunschweig 1991.

Garfield, Patricia, *Frauen träumen anders.* Scherz, München 1991.

Garfield, Patricia, *Kreativ träumen*. Droemer Knaur, München 1986.

George, Demetra, *Das Asteroidenbuch. Mythologie, Psychologie, Astrologie und neue Weiblichkeit*. Chiron, Mössingen 1991.

Gerlitz, Peter, *Mein Totem ist zornig. Mensch und Natur in archaischen Kulturen*. Walter, Olten 1992.

Harner, Michael, *Der Weg des Schamanen. Ein praktischer Führer zu innerer Heilkraft*. Rowohlt, Reinbek 1986.

Heiler, Friedrich, *Die Frau in den Religionen der Menschheit*. Walter de Gruyter, Berlin 1977.

Johnson, Buffie, *Die Große Mutter in ihren Tieren. Göttinnen alter Kulturen*. Walter, Olten 1990.

Lovelock, James, *Gaia – Die Erde ist ein Lebewesen*. Scherz, München 1992.

Matthews, Caitlin, *Sophia – Göttin der Weisheit*. Walter, Solothurn und Düsseldorf 1993.

Mindell, Arnold, *Das Jahr eins. Ansätze zur Heilung unseres Planeten*. Walter, Olten 1991.

Mindell, Arnold, *Traumkörper und Meditation. Arbeit an sich selbst*. Walter, Olten 1992.

Namkai Norbu, *Der Kristallweg. Die Lehre über Sutra, Tantra und Dzogchen*. Diederichs, München 1989.

Neumann, Erich, *Die große Mutter. Eine Phänomenologie der weiblichen Gestaltungen des Unbewußten*. Walter, Olten 1974.

Noble, Vicki, *Mythen, Musen und Tarot. Motherpeace*. Frauenoffensive, München 1986.

Perera, Sylvia Brinton, *Der Weg zur Göttin der Tiefe. Die Erlösung der dunklen Schwester. Eine Initiation für Frauen*. Ansata, Interlaken 1990.

Riedel, Ingrid/Weth, Elisabeth, *Ikonen der Erde. Von der heilenden Kraft des Gestaltens*. Walter, Solothurn und Düsseldorf 1994.

Riedel, Ingrid, *Die weise Frau in uralt-neuen Erfahrungen*. Walter, Olten 1989.

Sheldrake, Rupert, *Das Gedächtnis der Natur. Das Geheimnis der Entstehung der Formen in der Natur*. Piper, München 1993.

Shuttle, Penelope/Redgrove, Peter, *Die weise Wunde Menstruation*. Fischer, Frankfurt a. M. 1980.

Signell, Karen A., *Frauenträume. Zugang zur Weisheit des Herzens*. Walter, Solothurn und Düsseldorf 1994.

Sjöö, Monica/Mor, Barbara, *Wiederkehr der Göttin. Die Religion der großen kosmischen Mutter und ihre Vertreibung durch den Vatergott*. Labyrinth, Braunschweig 1985.

Starhawk, *Der Hexenkult als Ur-Religion der Großen Göttin. Magische Übungen, Rituale und Anrufungen*. Hermann Bauer, Freiburg i. Br. 1991.

Tier – Pflanze – Mensch. Eingebundensein und Verantwortung. Hrsg. von Helga Egner. Walter, Solothurn und Düsseldorf 1993.

Tompkins, Peter/Bird, Christopher, *Die Geheimnisse der guten Erde.* Droemer und Knaur, München 1991.

Walsh, Roger N., *Der Geist des Schamanismus.* Walter, Olten 1992.

Weiss, Jean Claude, *Astrologie. Eine Wissenschaft von Raum und Zeit.* Edition Astrodata, Wettswil 1987.

Wendepunkte Erde Frau Gott. Am Anfang eines neuen Zeitalters. Hrsg. von Peter Michael Pflüger. Walter, Olten 1987.

Williams, Strephon Kaplan, *Durch Traumarbeit zum eigenen Selbst. Die Jung-Senoi-Methode.* Ansata, Interlaken 1993.

Ywahoo, Dhyahni, *Am Feuer der Weisheit. Lehren der Cherokee-Indianer.* Theseus, Küsnacht 1988.

Register

Abtreibung 275
Ackerbau, biologisch-dynamischer
  294
Adam und Eva 225
Adamah 40
Adlermutter 165
Adonis 242
Ägypten 63, 109, 111, 213 f.
Afrika 169, 174
Akupunktur 62, 86, 169
Altes Testament 265, 286
Amerika 174
Amulett 197 f.
Anaszasi 110 f.
Anima 9 f.
Animismus 152, 189
Animus-Ego 90
Aphrodite 233, 247
Apollo 61, 63
Arabia, Asteroid 136
Archäoastronomie 62
Archäologie 213
Archetyp 174, 202, 272
Arizona 216
Arkana, Große 119
Arkana, Kleine 119
Artemis 24, 45, 233, 272
Ashe, Geoffrey 23 f.
Asklepios 139
Asteroid 134 f.
Astrologie 30 ff., 65, 109,
  113 ff., 119, 124 f., 127 f.,
  131, 134 ff., 279
Aszendent 124

Athene, Pallas 135, 200,
  233
Atlantis 285
Auge, drittes 83
Austen, Hallie Igelhart 97
Australien 169
Azteken 111

Babylon 12, 111
Babylonier 118
Bär, Großer 24, 30
Bailey, Alice 99, 125
Bali 211
Beltane 128, 236
Bewußtsein, kollektives 158
Bilder, innere 208, 246
Bird, Christopher 284
Birth Project 88
Bloch, Douglas 121
Blutungen 281
Blutzyklus 117
Bön-Religion 64, 98, 171
Brahmacarya 228
Buddhismus 64, 99, 121
Bulgarien 279
Bulle 98

Caldicott, Helen 82
Canyon, Chaco 110 f.
Catal Hüyük 36, 42, 230 f., 241,
  286 f.
Ceres 135, 257
Chakra 35, 62, 150, 199, 246
Cherokee 33

Chicago, Judy 88
Chile 21, 23, 207
Chin 36
China 23, 64, 109, 111, 169,
    286 f.
Chiron 131, 136
Chirurgie, spirituelle 55
Chöd, Chöd-Ritual 64 f.
Clairsentience 68
Coyolxauhqui, Mondgöttin 12
Creatrix 50, 71
Crowley, Aleister 100
Cuzco 112 f.

Dakini 64 f., 78 f., 98, 245
Daly, Mary 12, 40, 44, 46 f.,
    117, 228, 291
Dames, Michael 61
Davis, Elizabeth Gould 212,
    278
Delos 61
Delphi 43, 61, 63
DeMeo, James 284, 289
Demeter 233
Dendera (Ägypten) 109
Depression 15, 42, 45 f.
Devadasis 37, 221
Diana 257, 272
Dianakult 36, 234
Dine 34
Diner, Helen 278
Dionysos 242, 247
Diosa Escondida, La 150
Divination 92, 163
Dodona 61
Dogon 33, 63
Drachenpfade 94
Drachenströmung 62
Durdin-Robertson, Lawrence
    25 f., 28, 35, 38 f., 100
Durga 294 f.
Dylan, Peggy 67
Dzogchen 98 f.

Eagle, Aaron 201
Ehe 10, 264, 281, 289
Eisler, Riane 278, 286, 288
Eisprung 56, 117 f.
Ekstase 65 f., 85, 98, 169, 194, 247
Elementargeist 194, 196
Elementarkräfte 76
Elfe 79
Eliade, Mircea 65
Empfängnisverhütung 237
Energie(n) 50, 85 f., 90, 94, 170,
    219, 226, 229, 236, 242, 244 f.
Energiehaushalt 84
Energiekörper 55, 173
Energieort 60
Energiestrahlen 60
Energieströme 68
Ephemerid(en) 122, 124, 130, 135
Erde 16 f., 49, 60 ff., 65, 70, 72 f., 76,
    82, 86, 92, 101, 242, 291, 293 f.
Erde, Mutter 50, 61, 267
Erdgöttin 111
Erdströmung 60
Ereschkigal 42
Erziehung 249, 254, 259 f.
Eskimo 103
Eule(n) 153, 155, 200 f., 274
Eulenfrau 220
Eva 73
Evolution 49, 51, 66, 292

Familie 10
Fasten 163
Fee 79, 81, 194
Feiertag(e) 95, 100 f., 128 f.
Feminismus 11
Fetisch 196 f., 199
Feuerlauf 55, 67 f.
Findhorn Foundation 77
Frauen-Schamanismus 81, 90
Frauenbewegung 252, 254, 279
Freßsucht 15, 53
Fruchtbarkeitskult 32

Gadon, Elinor 118, 278f.
Gaia 65, 203, 233
gamos, hieros 232
Garten 73
Garten, innerer 225, 242
Gartenspinne 145, 148
Gebärmethode 254
Geburt 11, 21, 24, 33f., 56, 76,
   86f., 123, 164, 266ff., 274, 281
Geburtshoroskop 126
Geburtsplanet 130
Geist 49, 242
Geist-Geliebter 243
Geistkörper 173
Geistreise 163, 173f.
Gelbknietarantel 144, 147f., 150
Geomantie 62, 94, 169
George, Demetra 121f., 135, 257
Giedion, Sigfried 190
Gimbutas, Marija 30, 32, 39, 189,
   191, 214, 230, 236, 278ff., 284,
   288
Gleason, Judith 278
Glocke 181, 183
Gnostiker 233
Göttin 33, 50, 116, 123, 134, 200,
   212, 278, 286, 293, 295
Göttin als Schöpferin 30
Göttin, Dunkle 5, 16, 19, 38, 41ff.,
   47, 64, 135, 147, 153
Göttin, Große 50, 73, 147
Göttin, zerstückelte 11
Graves, Robert 36, 99
Greer, Mary 99
Greif, Vogel 98
Griechenland 63, 191, 200, 279
Großbritannien 62
Großmutter allen Wachstums 23
Gruppenarbeit 183, 186
Gruppenbeichte 106
Gruppenträume 160
Gruppentrance 183f.
Guatemala 30, 111

Gyatso, Janet 64
Gynäkologie 12, 46f.

Halloween 95
Halluzinogene 60, 165f., 168, 235
Harding, Esther 278
Hatha-Yoga 86
Hathor 109
Hausgeburt 265f.
Hebamme 266ff.
Heilen 92, 101, 163
Heiler, philippinische 66
Heilkräuter 164
Heilkraft 246
Heilkunst 23
Heilungskrise 75
Heldensagen 243
Hera 233
Herpes 45
Hexe 12, 44
Hexenhammer 234
Hexenverbrennung 235
Hieroglyphen 215
Hopi 293
Hormonhaushalt 25, 82
Hormonzyklen 17
Horoskop 114, 121, 124, 126f.,
   130, 133
Huichol 21, 23, 26, 105f., 164f.,
   168, 211
Huitzilipotli 12
Hustenreiz 59
Hygieia 139

Identitätskrise 77
I-Ging 92
Inanna 41f., 118, 133, 200, 232
Indien 11f., 23, 38, 109, 150, 200,
   216, 221, 234, 241
Individuationsprozeß 290
Indra 12
Induskultur 277, 283
Initiation 274

Initiationsprozeß 87
Inka 113 f.
Instinkt(e) 52, 55 ff., 73 f., 76, 82,
    264, 267, 272, 274, 295
Intellekt 121
Intuition 18, 55 f., 76, 137
Inzest 15, 43, 53, 220, 239, 275
Irland 111
Irokese(n) 37, 103
Ishta-Devata 196
Ishtar 111, 118 f., 128
Isis 63, 80

Jahwe 73, 231
Japan 23, 171, 177
Jericho 231, 286
Jesus 234, 242
Johnson, Buffie 278
Jugoslawien 279
Jung, C. G. 9 f., 92, 285, 290
Juno 135 f.
Jupiter 130, 134

Kabbala 116
Kaiserschnitt 266
Kalenderknochen 109, 189
Kali 43, 111, 244 f., 247
Kampfsport 86
Kassandra 60
Kechua 114
Kernfamilie 242
Keuls, Eva 233
Kieri-Pflanze 164
Klassengesellschaft 277
Klitorisbeschneidung 239
Klitorisentfernung 224
Knossos 277
Körper 49 f., 52, 55, 57 f., 60,
    62, 64 ff., 68 ff., 76, 82, 84 ff.,
    93 f., 109, 111, 115, 117, 120,
    125, 127, 153, 157, 163, 168,
    170, 173, 176, 182, 220, 242,
    247, 281, 291, 293

Kolenda, Pauline 38
Kommunion 35
Konfuzianismus 287
Kopfschmerzen 54, 59, 167, 184
Korea 23
Koyote 78 f., 198
Krafttier 144, 196, 206
Kreta 213 f., 216, 277
Kultrun 21
Kundalini 39, 47, 70, 85 f., 97, 100,
    150 f., 226, 236, 238
Kung 169
Kunst, schamanische 184 f.
Kürbisrassel 181

Labyrinth 110 f.
Lakshmi 38
Lammas 112, 128
Landbau, biologischer 80
Lappland 170
Lascaux 139
Laussel 26 f., 32
Leylinien 94
Lichtkörper 173
Lichtmeß 97, 100, 112, 128, 150 ff.
Light, Cassandra 147, 194, 199,
    203, 217
Lilith 200 ff., 225, 232 ff.
Lilith, Asteroid 135
Lingam 221
Löwe 98
LSD 166

Magie 52, 67 f., 116, 136, 235, 278
Malaysia 159
Malta 139
Mapuche 21, 23
Marduk 12
Marglin, Frédérique 37 f.
Maria Magdalena 234
Marihuana 166, 168
Mars 111, 124 f., 127 f., 130 f.,
    134, 257

Marshack, Alexander 28, 30, 32
Masturbation 258ff.
Matriarchat 282
Matrix 50
Maya 26, 30, 61, 94, 111, 215, 293
Meditation 86, 159f., 163, 169,
  173f., 184
Medizin 265
Medusa 43, 111, 200
Memphis 63
Menarche 37
Menopause 47
Menschenopfer 284
Menstruation 17, 21, 24ff., 28, 30,
  33f., 36ff., 41, 43, 45ff., 56, 109,
  111, 114, 117ff., 122f., 165, 233,
  240
Menstruationsblut 24ff., 28, 35ff.,
  46
Menstruationskalender 24, 28, 71,
  122
Menstruationskult 37
Menstruationssymbol 21
Menstruationszyklus 21, 31
Merkur 130, 134
Mesopotamien 109
Mexiko 11f., 21, 62, 105, 107, 109,
  111, 150, 164f., 189, 199, 203,
  211, 280
Migräne 45
Milchstraße 112
Millet, Kate 227
Mindell, Arnold 92, 158, 263
Minderwertigkeitskomplex 53
Mißbrauch 220, 237, 239, 263, 275
Mißhandlung 15
Mond 17f., 21, 24f., 28, 31, 33, 37,
  90, 109, 113, 115, 117ff., 122f.,
  125, 128ff., 134, 136, 269
Mond-Tierkreis 113f.
Mondastrologie 114
Mondenergie 242
Mondgöttin 92, 147

Mondhäuser 46
Mondknoten 126, 135f., 257
Mondkuchen 36
Mondlilith 135f., 202
Mondmonate 129
Mondphase 115, 118f.
Mondrhythmus 117
Mondriten 21
Mondyoga 95
Mondzyklus 118f., 126
Mor, Barbara 25, 36f., 39, 278
Morgan, Robin 224
Motherpeace-Tarot 92, 99, 121,
  124f., 144, 151, 167, 173, 192,
  195, 215f., 262
Mutter 249f., 253f., 258,
  260, 262ff., 271, 279,
  281f., 294
Mutter aller Tiere 23
Mutter, Dunkle 23, 155, 238
Mutter, Große 50, 89, 139,
  277, 288
Mutter-Göttin 33, 71

Nahtod-Erlebnis 77
Naturgeister 79
Navajo 34
Needham, John 286
Needham, Joseph 169
Neolithikum 109
Neptun 117, 131ff., 202, 269
Neuguinea 265
Neumann, Erich 216
Neumond 126, 128
New-Age 197f., 205
New Grange 111
Norbu, Namkhai 64f., 98
Num 68, 170
Nut 110

Oblate 36
Östrogen 17
Ojibwa 170

Orakel 92, 94, 101, 104
Orakelzentren 61, 63
Orgasmus 172, 220, 227 ff.

Paläolithikum 24, 109, 189
Patriarchat 15, 57, 276, 284 f.,
    288, 291
Pech-Merle 139, 169
Perera, Sylvia 41 ff., 90
Periode 117
Persephone 134
Peru 112, 174, 181
Petri Kettenfeier 112, 128
Petting 239
Peyote 164, 168
Pfeife 181
Pflanzengötter 79
Picchu, Machu 113
Pilzzeremonie 165
Planet(en) 115, 119
Pluto 115, 117, 131 ff., 136, 238
PMS 25, 41, 43
Popul Vuh 26
Pornographie 220
Preston, James 38
Priesterin 191, 214, 277 f., 295
Progesteron 17
Prostitution 231, 233
Psychokinese 55
Puppe 194, 199, 201 ff.
Pyramide 111
Python 61, 63, 151

Quetzalcoatl 280

Raja 37 f.
Rasputin 140
Rassel 181, 183
Redgrove, Peter 92
Regeneratrix 50
Regenstöcke 181, 183
Reinigungsritual 163
Religion der Göttin 97

Riesenschlange 150 f.
Ritual(e) 184 f., 189, 193, 214, 231,
    263, 272, 278, 284
Roesch-Wagner, Sally 282
Rush, Anne Kent 97, 278

Sabbat 111, 118 f.
Sabina, Maria 165
Samenflüssigkeit 35
Samenkapsel 181
Samttarantel 146
Saturn 130, 134
Schamane 21
Schamanin der Stäbe 126
Schamanismus 14
Schatzkarte 205 ff.
Schlange(n) 17 f., 30, 59 ff., 73, 87,
    90, 112, 150, 152 f., 155, 192,
    200, 220, 225, 232, 242, 244, 280
Schlangenfrau(en) 39, 247
Schlangentraum 152 f.
Schöpfer-Vater 289
Schöpferin 277
Schütteln 170
Schwangerschaft 15, 28, 31, 34,
    111, 164, 267 ff., 274 f.
Schweiz 67
Seele 57 f., 163
Senoi 159
Sexualität 219 ff., 227 ff., 237 ff.,
    242 f., 245, 247, 265
Shakti 16, 37 f., 125, 146, 194, 221,
    295
Shakti-Frau 43 f.
Sheldrake, Rupert 198
Shiva 242, 245
Sibirien 170
Sirius 33, 61, 63
Sjöö, Monica 25, 36 f., 39, 89, 278
Sklaverei 277
soma 165
Sonne 112 f., 116 f., 119, 121, 123,
    125, 128 ff., 134 ff.

Sonne, Schwarze 117
Sonnenfinsternis 111
Sonnentanz 88
Sonnenwende 95, 110, 128, 200
Sothis 63
Spinne 92 f., 98, 104, 144 ff., 149,
  155
Spinnenfrau 147
Spiritualität 57
Spretnak, Charlene 278
Srin-Mo 63
Starhawk 44
Stechapfel 164
Steiner, Rudolf 26, 80
Sterben 90
Stillen 266
Stone, Merlin 37, 118, 230, 278,
  286
Stonehenge 71, 94, 111
Sucht 52 f., 56
Sumer 11, 200 f., 213, 283
Sumerer 118
Symbol(e) 156
Synchronizität 75, 92 f., 99, 121,
  135, 207
Syndrom, prämenstruelles 25

Tagebuch 184
Tagundnachtgleiche 95, 110, 128,
  270
Tantra 25, 31 f., 35, 85, 136, 196,
  228, 244, 246
Tantra-Yoga 32
Tanz 86, 163, 169 f., 178, 182, 193,
  221, 229, 242, 245, 286
Taoismus 287
Tara 26
Tarot 92, 94, 116, 119, 132, 144,
  255
Taube 61
Temple, Robert 61 ff.
Tenney, Jonathan 121, 125
Teotihuacán 107

Teubal, Savina 232
Tiamat 12
Tibet 25, 35, 63 f., 67, 98 f., 171 f.,
  181, 203, 244
Tierkreis 111 ff., 120
Tierkreiszeichen 109, 119, 129 f.
Tod 90
Todesgöttin 23, 294
Tolteken 280
Tompkins, Peter 284
Totem 79, 90, 152 f.
Träume 60, 117, 121, 137, 139 ff.,
  143, 147 ff., 151, 153, 155 ff., 158,
  161, 247, 262, 269
Trance 163, 165, 169 ff., 177,
  179 f., 181 ff., 190, 195, 200, 247
Trancereise(n) 170 f., 177, 181 f.
Trancetänzer 170
Transit(e) 114, 126, 129 ff., 202,
  238
Transpluto 134
Traum, Großer 69
Traumarbeit 142, 155 ff., 185
Traumkörper 160
Traumtagebuch 144
Traumyoga 144
Trommel 21, 163, 170, 172, 175,
  181, 183 f., 274
Türkei 279

Ulanov, Barry und Ann 44
Unterdrückung der Frau 281, 284
Uranus 115, 128, 131 ff., 136, 202
Urenergie, weibliche 242
Urton, Gary 112 f.
Uxmal 61

Venus 111, 130, 134
Venus von Laussel 26 f., 32
Venus von Willendorf 71
Vergewaltigung 15, 56, 220, 223,
  237, 265, 275, 277, 282, 289
Verspannungskopfschmerz 253

Vesta 135
Victoria 135
Vilaconato 112
Vision 60, 99 f., 164
Visualisierung 172 f., 197, 205
Vogel 30, 242
Vogel, Karen 95, 147, 151, 192,
    199, 203, 212, 225
Vogel- und Schlangengöttin 279 f.
Vollmond 126
Vulva 221

Walker, Barbara 37 f., 40, 232
Wasson, Gordon 165
Welt der Geister 82
Weltbild 203
Widder 124 f., 127
Wiedemann, Florence 40
Wiedergeburt 116, 123
Willendorf 71
Williams, Ron 50
Wirbelsäule 170

Witwe, Schwarze 145 ff.
women's health movement 53
Wu 169

Yang 42, 117
Yantra 196, 207
yin 117
Yoga 28, 39, 69 f., 73, 83, 85 f.,
    95, 97, 109, 150, 153, 166,
    173 f., 176, 184, 195, 214, 228,
    256, 263
Yoga-Mudra 176
Yoga-Sexualpraktik 26
Yogini 191
Yoni 119, 221
Young-Eisendrath, Polly 40
Yucatan 62

Zeichnen mit der linken Hand
    208 f.
Zeremonie 185
Zuni 196

Caitlin Matthews

Sophia – Göttin der Weisheit

Aus dem Englischen übertragen von Clemens Wilhelm
424 Seiten mit 10 Abbildungen, Leinen

»Dieses umfangreiche und spannend geschriebene Buch spürt
quer durch die unterschiedlichsten Religionen die Tradition der
weiblichen Gottesvorstellung auf.
... das seit langem spannendste Buch zur Weiblichkeit.«
CONNECTION

Heidemarie Langer

Das auftauchende Wissen

Briefe vom Wasser
144 Seiten, Broschur

Das Wasser gehört zu jenen notwendigen Lebenselementen,
über die wir immer weniger selbstverständlich verfügen können
und dürfen. In ihren Briefen macht uns die Autorin zur Mit-
Verschworenen in einem neuen, liebevollen Umgang mit dem
Wasser.

WALTER-VERLAG

Buffie Johnson

Die große Mutter in ihren Tieren

Göttinen alter Kulturen
Aus dem Amerikanischen übertragen von Brigitte Siegel
420 Seiten mit 332 Schwarzweiß- und 50 Farbfotos, Leinen

Die große Mutter gilt nicht nur als Erd- oder Fruchtbarkeitsgöt-
tin, sondern als Herrin der gesamten Schöpfung. Buffie Johnsons
außergewöhnliche Arbeit behandelt ägyptische, griechische,
mexikanische und mittelalterliche Bildwerke.

Roger N. Walsh

Der Geist des Schamanismus

Aus dem Amerikanischen übertragen von Dieter Kuhaupt
338 Seiten mit 16 Abbildungen, Leinen

Eine breite, einführende Darstellung des Schamanismus, der
verschiedenen Praktiken und Techniken, der Glaubensgrund-
lagen und Wirkungen.

WALTER-VERLAG